Manfred Gerner

Historische Häuser
erhalten und instandsetzen

Manfred Gerner

Historische Häuser
erhalten und instandsetzen

2., neubearbeitete und erweiterte Auflage

AUGUSTUS VERLAG AUGSBURG

Cip-Titelaufnahme der Deutschen Bibliothek

Gerner, Manfred:
Historische Häuser erhalten und instandsetzen / Manfred Gerner. – 2., völlig neubearb. u. erw. Auflage. – Augsburg: Augustus-Verl., 1990
1. Aufl. u. d. T.: Gerner, Manfred: Instandsetzen und Erhalten historischer Häuser
ISBN 3-8043-2490-8

Tabelle 1 aus DIN 4108 Teil 2 ist wiedergegeben mit Erlaubnis des DIN Deutsches Institut für Normung e.V. Maßgebend für das Anwenden der Norm ist deren Fassung mit dem neuesten Ausgabedatum, die bei der Beuth Verlag GmbH, Burggrafenstraße 6, 1000 Berlin 30, erhältlich ist.

Umschlaggestaltung: Klaus Neumann, Wiesbaden

Layout: Anton Walter, Gundelfingen

Das Werk einschließlich aller seiner Teile ist urheberrechtlich geschützt. Jede Verwertung außerhalb des Urheberrechtsgesetzes ist ohne Zustimmung des Verlags unzulässig und strafbar. Das gilt insbesondere für Vervielfältigungen, Übersetzungen, Mikroverfilmungen und die Einspeicherung und Verarbeitung in elektronischen Systemen.

AUGUSTUS VERLAG AUGSBURG
© 1990 Weltbild Verlag GmbH, Augsburg
Gesamtherstellung: Appl, Wemding
Printed in Germany
ISBN 3-8043-2490-8

Vorwort zur 2. Auflage

Seit Erscheinen der ersten Auflage hat sich der Trend zur Sanierung weiter verstärkt. Das Instandsetzen und Erhalten historischer Häuser, weitergehend das sogenannte »Bauen im Bestand« hat längst mehr Anteile am Bauen als der reine Neubau. Viele Veröffentlichungen sind nach der ersten Auflage von »Instandsetzen und Erhalten« erschienen, die ein gleiches oder ähnliches Ziel anstreben.

Auf die erste Auflage gab es eine Reihe von Reaktionen. Entsprechenden Anforderungen folgend wurde der Aufbau der jetzt vorliegenden Auflage geringfügig geändert, an einigen Stellen gestrafft, in erster Linie aber vertieft. Neue Entwicklungen wurden aufgenommen.

Zwischenzeitlich wurden zahlreiche Reparatur- und Sanierungstechniken sowie Materialien neu entwickelt, die Erfahrungen aus »Sanierungsschäden« können bereits rückgekoppelt werden und allgemein ist verstärkt der Trend zu spüren, historische Bausubstanz mehr zu pflegen oder zu reparieren als auszutauschen.

Im Bereich der Denkmalpflege ist nach den Sanierungen des letzten Jahrzehnts, bei denen vielfach die Originalsubstanz weitgehend durch Austausch zerstört wurde, ein verstärkter Wille zur Erhaltung originaler Bauteile und Materialien festzustellen. Das Bewußtsein für Denkmalschutz und Denkmalpflege ist zwischenzeitlich stark gewachsen – jetzt ist es notwendig, noch mehr technische Hinweise zu geben, deutlich den heutigen Stand der Entwicklungen aufzuzeigen, deutlich aufzuzeigen wie man denkmalschonend sanieren kann, wie man langfristig Bauwerke unterhalten soll.

Den ideellen, logistischen und technischen Entwicklungen wird voll Rechnung getragen, und dabei viele direkte Hinweise, z. B. in Form von Checklisten bzw. Informationen zu den Normen, zur Literatur und zu den Beratungsstellen gegeben, um ein direktes Umsetzen in die Praxis zu ermöglichen.

Dieses Handbuch zum Instandsetzen und Erhalten historischer Häuser kann und will nicht als Entwurfslehre für historische Bauten angesehen werden – allein die Vielfältigkeit unserer gebauten Umwelt und die völlig unterschiedlichen Schadensursachen und Mängel und der daraus resultierende Umfang einer »Sanierungsentwurfslehre« verbieten das. Vielmehr soll der Band dazu dienen, ein breites Spektrum von Reparatur- und Sanierungsmöglichkeiten aufzuzeigen, weitere Anhaltspunkte zu den notwendigen Untersuchungen und Untersuchungsmethoden zu geben und schließlich Erfahrungen und Informationen zu verbreiten. Die reinen Sanierungstechniken gelten dabei vielfach gleichermaßen für Denkmäler wie für nichtdenkmalgeschützte Bauten. Darüberhinaus werden dort, wo bei denkmalpflegerischen Maßnahmen besondere Vorsicht, Behutsamkeit oder gar Zurückhaltung und völlig andere Methoden notwendig sind, entsprechende Hinweise gegeben.

Daß dabei kein Bauelement erschöpfend behandelt werden konnte, zeigt sich schon daran, daß sich nicht nur mit Fachwerk oder Betonsanierung umfangreiche Literatur beschäftigt, sondern auch zu vielen Details Spezialliteratur vorhanden ist. Normen, die den Rahmen abgrenzen, weiterführende Literatur sowie Verbände, Institutionen und Beratungsstellen, die wiederum Rat und Informationen geben, runden deshalb jeden Abschnitt ab.

In diesem Sinne wünscht der Autor, daß das Buch helfen möge, viel historische Bausubstanz qualitätvoll zu sanieren und zahlreiche Denkmäler als Zeugnisse menschlicher Geschichte und Entwicklung mit möglichst viel originaler Bausubstanz zu bewahren.

Fulda-Johannesberg
Manfred Gerner

Inhalt

Teil I:
Grundlagen und vorbereitende Maßnahmen 9

Modernisierung, Sanierung, Denkmalpflege 10
  Modernisierung und Sanierung ... 10
    Städtebauförderung und Wohnungsmodernisierung 11
    Dorferneuerung 12
  Denkmalschutz und Denkmalpflege 13
    Denkmalschutzgesetze der Bundesländer 14
  Stadtgestaltung, Orts- und Gestaltungssatzungen 17
  Umgang mit historischen Gebäuden und Gesamtanlagen 18
  Begriffe 20
  Informationen 23

Untersuchungen und Sanierungskonzept 25
  Untersuchungen, Aufmaß und Dokumentation 25
    Notwendigkeit gründlicher Untersuchungen 26
    Umfang von Voruntersuchungen .. 26
  Verformungsgerechtes Aufmaß ... 28
    Checkliste Bauaufnahmegeräte ... 29
  Konstruktive und geologische Untersuchungen 30
  Restauratorische Untersuchungen . 30
  Schadensanalyse 31
  Sanierungs- oder Restaurierungsbericht und Fotodokumentation ... 32
  Altersbestimmung 32
    Urkunden 32
    Daten am Bauwerk 33
    Konstruktive Merkmale 33
    Radiokarbon-Methode 34
  Rechnergestützte Untersuchungsmethoden 34
    Thermografie 34
    Endoskopie 36
    Dendrochronologie 38
    Fotogrammetrisches Aufmaß 39
  Sanierungskonzept 40
    Erarbeitung des Konzepts 40
    Checkliste Konzepterarbeitung ... 42
  Nutzungen, Umnutzungen, Übernutzungen 43
  Informationen 46

Genehmigung, Planung und Finanzierung 47
  Genehmigungsverfahren 47
    Genehmigungsverfahren bei Maßnahmen an nichtdenkmalgeschützten Gebäuden 47
    Genehmigungsverfahren bei Maßnahmen an denkmalgeschützten Gebäuden 48
  Planung 49
    Umfang von Sanierungsmaßnahmen 49
    Checkliste für die Durchführung größerer Maßnahmen an einem Baudenkmal 49
    Fehlerquellen 50
    Planungsschritte 51
  Bauphysik, Bauchemie, Baubiologie 54
    Bauphysik 54
    Bauchemie 56
    Konstruktiver, chemischer oder biologischer Holzschutz 57
    Baubiologie 57
  Wärme-, Schall- und Brandschutz .. 59
    Wärmeschutz 59
    Berechnung von k-Wert und Tauwasser erforderlich 60
    Wärmedämmung innen oder außen 61
    Schallschutz 61
    Brandschutz 62
  Normen, Bauvorschriften und Regelwerke 63
  Kosten, Finanzierung, Zuschüsse, Unwägbarkeiten 65
    Kosten und Unwägbarkeiten 65
    Finanzierung, Zuschüsse und Steuererleichterungen 65
    Kredite 66
    Zuschüsse 66
    Steuererleichterungen 67
  Bauinvestitionen, Baukonsum 68
  Informationen 69

Teil II:
Technik der Instandsetzungs- Modernisierungs- und Sanierungsmaßnahmen 71

Naturstein-, Ziegelmauerwerk und Beton 72
  Entwicklung 72
  Mauergefüge 72
    Ziegelverbände 73
    Natursteinverbände 75
    Untersuchung und Mängelfeststellung 76
  Mauerwerksschäden und Sanierungshinweise 77
    Mauerwerksrisse 77

Fundamente	77
Sockelmauerwerk	78
Nicht genügend ausgesteifte oder nicht eingebundene Mauern	78
Stützmauern	79
Gewölbe	79
Feuchteschäden und Trockenlegung aufsteigender Feuchtigkeit	80
Feuchteschäden	80
Kapillar aufsteigende Feuchte	80
Untersuchungsmethoden	81
Trockenlegungsverfahren	81
Mauertrennverfahren	82
Injektionsverfahren	84
Elektrophysikalische Verfahren	85
Sanierputze	86
Nachträgliche Horizontal- und Vertikalsperren	87
Feuchtigkeitssperren nicht unterkellerter Gebäude	87
Feuchtigkeitssperren unterkellerter Gebäude	87
Schäden und Mängel an Natursteinmauerwerk	88
Reinigung von Natursteinen	90
Natürlicher Steinersatz	91
Künstlicher Steinersatz	91
Steinfestigung und Volltränkung	92
Beton- und Stahlbeton	93
Schutzanstriche	94
Konstruktiv bedingte Risse	94
Informationen	95

Holzkonstruktionen/Fachwerk 99

Der Baustoff Holz	99
Eichenholz	100
Fichten- und Tannenholz	101
Güteklasse und Schnittklasse	101
Holzschutz bei historischen Holzkonstruktionen	102
Konstruktiver (baulicher) Holzschutz	103
Chemischer Holzschutz	104
Holzschutz durch Heißluft und Begasung	106
Fachwerk	109
Entwicklung und Pflege	109
Gefüge	110
Untersuchung des Fachwerks	111
Vorbereitungsarbeiten	114
Instandsetzung des Holzskeletts	114
Ausrichten der Holzkonstruktion	120
Freilegung / Verputztes Fachwerk	121
Instandsetzung der Ausfachungen	124
Klinker- oder Zierklinkerausfachungen	126
Holzbalkendecken	126
Informationen	128

Dächer	130
Dachkonstruktionen	131
Statik	131
Schäden	132
Untersuchung	133
Sanierungskonzept	134
Reparieren, Anschuhen und Auswechseln	134
Holzschutz	135
Ausrichten	135
Große Sparrenabstände	136
Dachhaut	136
Stroh- und Reetdächer	138
Schiefer	138
Biberschwänze	139
Mönch- und Nonnendeckungen, Klosterziegel und Nonnendeckungen mit Kalkmörtelverstrich	141
Hohlpfannen, S-Pfannen und Krempziegel	141
Doppelmulden und Rautenfalzziegel	142
Dachaufbauten	143
Informationen	144

Verkleidungen 145
Informationen	150

Putz und Stuck 151
Putzuntersuchung	151
Außenputz	152
Mineralisch – silikatisch – und organisch gebundene Putze	152
Historische und zeitgenössische Putzarten	153
Putzschäden	155
Konzepte zur Putzsanierung	156
Hinweise für alle Putzreparaturen und Erneuerungen	159
Verputz auf Natursteinmauerwerk	160
Innenputz	161
Innenstuck	161
Außenstuck	162
Informationen	163

Fenster, Fensterläden, Rolläden und Türen 164
Entwicklung des Fensters	166
Untersuchung historischer Fenster	167
Fensterreparaturen	167
Verbesserungsmaßnahmen an Fenstern	169
Ersatz historischer Fenster durch neue Fenster	170
»Sprossen in Aspik«	171
Stahl-, Aluminium- und Kunststofffenster	172

Fensterläden	172
Fensterladenreparatur	173
Rolläden	173
Türen	174
Haustüren	174
Reparatur von Haustüren	174
Innentüren	176
Informationen	178

Farbgebung, Befunde, Farbgestaltung, Anstriche ... 180

Historische Farbgebungen	180
Befunde, Befunduntersuchungen . .	184
Gestaltungshinweise	186
Hinweise zur Anstrichtechnik	188
Anstrichmängel und deren Sanierung	189
Schadensanalyse	189
Anstriche auf Putz, Mauerwerk oder Beton	189
Anstriche auf Stahl, Eisen, Blech und Gußeisenteilen	190
Anstriche auf Zinkblech oder verzinkten Blechen	190
Anstriche auf Holz	191
Anstriche auf Fachwerk	192
Informationen	193

Verbesserungen des Innenausbaues, Dachgeschoßausbau und zusätzliche Wärmedämmmaßnahmen 194

Breites Maßnahmenspektrum	194
Fußböden	195
Dielenböden	196
Parkett	196
Teppichböden, PVC oder Linoleum	197
Fliesenböden	197
Treppen	198
Steintreppen	198
Holztreppen	199
Wände	201
Naturstein-, Ziegel- und Klinkerwände	201
Verputzte Wände	201
Holzverkleidungen an Wänden . . .	201
Fliesen auf Bruchsteinmauerwerk .	201
Fliesen auf Fachwerkaußenwänden	202
Fachwerkinnenwände	202
Decken	202
Sichtbare Balkendecke	202
Holzschalung unter der Balkendecke	203
Verputzte Balkendecke	203
Abgehängte Decken	203
Dachgeschoßausbau	203
Ausbau ganzer Wohnungen	203
Erforderliche Wände, Abstellen der Winkel am Dachfuß	203
Fußboden der Dachdecke	204
Dachflächenfenster, Dachgaupen .	204
Sichtbare Dachkonstruktionen	204
Ausbau von Kellerräumen	205
Zusätzliche Wärmedämmaßnahmen	205
Zusätzliche Dämmung nicht unterkellerter Räume und der Dachbalkendecke	205
Zusätzliche Dämmung von Außenwänden	205
Innendämmungen	206
Wärmedämmung von Fachwerk . .	206
Wärmedämmung von Fenstern und Türen	207
Wärmeverluste	207
Informationen	208

Haustechnische Anlagen 210

Energiebedarf, Sanitär, Elektro, Heizung	210
Energiebedarf und Versorgung . .	212
Wasser	212
Entwässerung	212
Elektro	212
Gas	213
Fernwärme	213
Sanitär	213
Innenliegende Bäder	213
Stahl- oder Kupferrohr, Kunststoffrohre	215
Warmwasserversorgung	215
Elektro	216
Antennen	216
Heizung	217
Einzelöfen mit zentraler Ölversorgung	217
Gaseinzelöfen	218
Nachtstromspeicheröfen	218
Zentrale Heizsysteme	218
Etagenheizungen	218
Zentralheizungen	219
Fernheizung	219
Fußbodenheizung	219
Schornsteinsanierung	219
Informationen	220

Literaturquellen und Anmerkungen 221

Register 222

Teil 1

Grundlagen und vorbereitende Maßnahmen

Modernisierung, Sanierung, Denkmalpflege

Modernisierung und Sanierung

Mit der Rückbesinnung auf den materiellen und ideellen Wert der Altbausubstanz vollzog sich in der ersten Hälfte der 70iger Jahre ein Trendwechsel vom dominierenden Willen zum Neubau zum differenzierten Abwägen zwischen Neubauten und Erhaltung bzw. Sanierung von Altbauten. Die Vor- und Nachteile beider Möglichkeiten bezüglich der Qualität des Wohnquartiers und der Wohnung, technischem Komfort und Kosten werden seitdem wieder genauer verglichen – und die Altbauten schneiden dabei meist gut ab. Die zunächst als Einzelmaßnahmen anzusehenden Sanierungen nehmen inzwischen einen breiten Raum ein. Unter Einbezug aller Reparaturmaßnahmen, vor allem der Maßnahmen, für die keine behördlichen Genehmigungen notwendig sind und die folglich statistisch nicht erfaßt werden können, ist der Aufwand an Baumitteln für Reparaturen, Sanierungen, Modernisierungen und denkmalpflegerische Maßnahmen, kurz für das »Bauen im Bestand«, bereits weit höher als die Neubauinvestitionen. Mit zunehmender Sättigung des Neubaumarktes und dem mehr und mehr platzgreifenden schonenden Umgang mit den vorhandenen Ressourcen nimmt dieser Trend zu.

Gemäß der Wohnungs- und Gebäudezählung 1987 gab es am 25.05.1987 26 276 100 Wohnungen in der Bundesrepublik Deutschland [1]. Davon wurden schätzungsweise mehr als 25 Prozent, d.h. über 7 Millionen, bis 1948 gebaut und davon wiederum mehr als die Hälfte vor 1918. Annähernd 50 Prozent der vor 1949 gebauten Wohnungen bedürfen wegen ihrer unzureichenden Ausstattung dringend einer Sanierung.

In anderen Baubereichen, wie dem öffentlichen Hochbau oder im Industriebau, ist die Situation ähnlich. Dabei ist deutlich zu erkennen, daß neben der strukturellen Veränderung der »Neubaumarkt deutlich konjunkturellen Schwankungen unterworfen ist, während der Modernisierungsmarkt offensichtlich weitgehend unbehelligt ist und langsam aber beständig ansteigt«. Dies stellte Robert Scholl in einem Beitrag zur Bedeutung von Modernisierung, Sanierung und Bauunterhaltung fest [2].

Der Trend zu anderen Wertvorstellungen, wie die Identifizierung mit historisch gewachsenen Städten, Dörfern und Bauten, die Erhaltung auch mit Wohnungen belebter Innenstädte und Dorfkerne und damit der Erhalt von Altbauten, die Suche nach neuen Nutzungen für historische Gebäude sowie das Schließen von Baulücken werden administrativ gefördert.

Durch Information, Modellversuche, Forschungsvorhaben, Wettbewerbe, Zuschüsse und nicht zuletzt gesetzgeberische Maßnahmen, wie der Einführung von Denkmalschutz- und Modernisierungsgesetzen, versucht die öffentliche Hand, privaten Aktivitäten Anreize zu geben, sie zu fördern, in Ausnahmefällen auch zu erzwingen.

Bund, Länder und Gemeinden sind dem Trend zur Wahrung historischer Bausubstanz, zur erhaltenden Erneuerung, zu weniger Abriß und mehr Sanierung nicht nur gefolgt, sondern haben diese Tendenz zu eigenständigen Zielsetzungen und Programmen ausgebaut.

Die administrativen Ziele sind dabei sehr weit gefächert und reichen über den schonenden Umgang mit Material- und Energieressourcen, Entlastung des Arbeitsmarktes durch den hohen Personaleinsatz bei Sanierungsmaßnahmen, Erhaltung historischer Orts-, Stadt- und Landschaftsbilder bis zu denkmalpflegerischen Aufgaben.

Städtebauförderung und Wohnungsmodernisierung

Zu den gesetzlichen Regelungen gehören:
Baugesetzbuch in der Fassung vom 08.12.1986 (BGBl I, Seite 2253) in Verbindung mit den Verwaltungsvorschriften der Länder zum Baugesetzbuch. Im Baugesetzbuch sind auch die Städtebauförderungsregelungen aufgenommen. Gemäß diesen Regelungen wurden besonders in innerstädtischen Bereichen Sanierungsgebiete förmlich festgelegt. Für die unrentierlichen Kosten bei Maßnahmen in diesen Gebieten können Zuschüsse gewährt werden.

Das Wohnungsmodernisierungsgesetz (WoModG) vom 23.08.1976 BGBl I, Seite 2429 ist im Modernisierungs- und Energieeinsparungsgesetz (ModEnG) vom 12.07.1978, BGBl I, Seite 993, zuletzt geändert durch das Baugesetzbuch vom 08.12.1986, BGBl I, Seite 2253 aufgegangen. Die Bund-Länderförderung aus den entsprechenden Programmen läuft zum Teil seit einiger Zeit aus. Einzelne Bundesländer haben, gewissermaßen zur Fortführung der Bund-Länderprogramme, landeseigene Modernisierungsprogramme aufgelegt. Gefördert werden, z. B. durch Darlehen nach diesen Programmen u. a. die Verbesserung
- der sanitären Ausstattung
- der Energieversorgung
- der wassersparenden Wasserversorgung
- der Entwässerung
- der wassersparenden sanitären Einrichtung
- des Zuschnitts der Wohnungen
- der Belichtung und Belüftung
- des Schallschutzes (in Lärmschwerpunkten)
- der Beleuchtung, der Heizung und der Kochmöglichkeiten
- der Funktionsabläufe in Wohnungen
- des unmittelbaren Wohnumfeldes und der Wohnqualität für Behinderte.

Diese Maßnahmen können nur gefördert werden bei Wohnungen, die vor dem 1. Januar 1964 bezogen wurden. Zu den Förderungsvoraussetzungen gehört, daß der Gebrauchswert wesentlich gesteigert wird, die Investitionskosten in angemessenem Verhältnis zum Wohnwert stehen, die Finanzierung gesichert ist und die Kosten mindestens 3000 DM bei einer Sanierung durch den Bauherrn und in zehn Jahren höchstens 50.000 DM je Wohnung erreichen.

Historische Häuser, Straßen und Stadtviertel genießen wieder das ihnen angemessene Ansehen. Die Bürger identifizieren sich mit »ihren« Altstädten und Dörfern. Zu den Kulturdenkmälern gehört dabei nicht nur der Kubus des Rohbaus, sondern das gesamte »Original« mit allen Details, wie dem Stuck, dem Schriftzug, den Fenstern und Klappläden dieser Freiburger Fassade.

Modernisierung, Sanierung, Denkmalpflege

Auch eine Reihe energiesparender Maßnahmen ist förderungsfähig:
- Wärmedämmung aller Außenwände und Reduzieren der Brennerleistung auf den dadurch gesenkten Wärmebedarf.
- Wärmedämmung aller Außenwände und Ersatz von Kessel und Brenner durch gasbetriebene Wärmeerzeuger mit entsprechend geringerer Leistung.
- Wärmedämmung von Dächern und Decken gegen unbeheizte Räume sowie Reduzieren der Brennerleistung auf den dadurch gesenkten Wärmebedarf.
- Wärmedämmung von Dächern und Decken gegen unbeheizte Räume sowie Ersatz von Kessel und Brenner durch gasbetriebene Wärmeerzeuger mit entsprechend geringerer Leistung.
- Ersatz von Kessel und Brenner durch gasbetriebene Wärmeerzeuger mit entsprechend geringerer Leistung und Einbau separater Brauchwasserbereiter (jedoch keine mit Strom als Energieträger).
- Einbau separater Brauchwasserbereiter (jedoch keine mit Strom als Energieträger) und Reduzieren der Brennerleistung auf den tatsächlichen Wärmebedarf.
- Einbau gasbetriebener Wärmepumpen.
- Bau von Solaranlagen.
- Umstellen auf Fernwärme, aber nur aus Abwärme und Kraft-Wärme-Koppelung.
- Installation von Wärmerückgewinnungsanlagen [3].

Dorferneuerung

Weitere Förderungen beinhalten die Dorferneuerungsprogramme, Maßnahmen, die als Pendant zum Städtebauförderungsgesetz im ländlichen Raum anzusehen sind und besonders auf die starken Strukturveränderungen in den Dörfern durch das Aussiedeln, die Vergrößerung der Betriebe und den Rückgang landwirtschaftlich genutzter Flächen Rücksicht nehmen. Die weit über den Baubereich hinausgreifenden Ziele werden aus den rheinlandpfälzischen Richtlinien deutlich:

»Förderungsfähig sind Dorferneuerungsvorhaben, deren Finanzierung die Gemeinde selbst zu tragen hat und die geeignet sind, über die Verbesserung des Ortsbildes hinaus auch zur Erhaltung und Verbesserung von Bau-, Kultur- und Naturdenkmälern beizutragen und damit den Wohnwert der Gemeinde zu steigern und ihre Lebensfähigkeit zu sichern. Durch derartige Maßnahmen sollen auch private Initiativen und Investitionen wie auch kommunale Folgeinvestitionen angeregt werden. Förderungsfähig sind auch finanzielle Beteiligungen der Gemeinden an privaten Maßnahmen der Dorferneuerung zur Verbesserung des Ortsbildes sowie die Kosten des Erwerbs solcher Grundstücke durch die Gemeinde, die nachweislich für die Ortsmittelpunktgestaltung (z. B. Marktplatz) notwendig sind und hierfür ausschließlich genutzt werden.«

Die Einzelmaßnahmen können von »Zweckforschungen und modellhaften Untersuchungen zur Klärung grundsätzlicher Fragen der Dorferneuerung« bis zu »Maßnahmen zur Anpassung von Gebäuden landwirtschaftlicher und forstwirtschaftlicher Haupterwerbs- und Nebenerwerbsbetriebe einschließlich der Hofflächen an die Erfordernisse zeitgerechten Wohnens und Arbeitens zum Schutz nachteiliger Auswirkungen von Außen oder zur Einbindung in das Ortsbild oder die Landschaft einschließlich Grüngestaltung« reichen [4].

Dabei hat sich der Grundsatz durchgesetzt, daß Sanieren heilen bedeutet und Instandsetzen nicht etwa abbrechen und neubauen. Da Altstädte und Dörfer aussterben würden, wenn sie nicht saniert werden, ist Stadtsanierung und Dorferneuerung eine große Aufgabe und fördert die Beschäftigung für viele Jahre.

In einigen Fällen zeigen sich auch bereits Auswüchse in der Form, daß Altbauviertel durch kommerzielle Übernutzung mit Läden, Boutiquen, Restaurants und Bistros so überzogen werden, daß die Bewohner vertrieben werden und neuerlich eine ungewollte Monostruktur entsteht.

Denkmalschutz und Denkmalpflege

Unter Denkmalschutz werden in erster Linie die administrativen Maßnahmen zur Erhaltung der Kulturdenkmäler verstanden, während Denkmalpflege die Bauunterhaltung, Sanierung, Renovierung und Restaurierung, kurz, alle Baumaßnahmen an Denkmälern umfaßt. Bis zum Beginn der 70iger Jahre rekrutierte sich der Kulturdenkmälerbestand im wesentlichen aus herausragenden Denkmälern wie Burgen, Schlössern, Kirchen, Rathäusern und anderen bedeutenden Bauwerken bzw. Architekturstilbeispielen.

Unter dem Druck des veränderten Bewußtseins und der veränderten Bewertung gewachsener Stadt- und Dorfbereiche sowie eines gewandelten Geschichts- und Sozialbewußtseins beschlossen die Länderparlamente zwischen 1971 und 1981 neue Denkmalschutzgesetze in denen der Begriff des Denkmals neu definiert – vor allem qualitativ und quantitativ erweitert wurde. Die allgemeine Begriffserweiterung wird sichtbar in den Formulierungen der Denkmalschutzgesetze: »Schutzwürdige Kulturdenkmäler ... sind Sachen, Sachgesamtheiten oder Sachteile an deren Erhaltung aus künstlerischen, wissenschaftlichen, technischen, geschichtlichen oder städtebaulichen Gründen ein öffentliches Interesse besteht« (Hessisches Denkmalschutzgesetz § 2). Die quantitative Erweiterung liegt besonders im Bereich der technischen Denkmäler und der städtebaulichen Anlagen, in den Bauensembles, in denen einige oder viele Gebäude in ihrer Gesamtheit als Denkmal angesehen werden. Eine nochmalige Erweiterung erfuhr der Denkmalbegriff und Denkmalbestand durch die Aufnahme auch jüngster Bauepochen bis nach dem Zweiten Weltkrieg.

Derzeit rechnet man in der Bundesrepublik Deutschland mit rund 400.000 bis 500.000 einzelnen Kulturdenkmälern und mindestens 1,5 bis 2,5 Millionen Gebäuden, die unter Ensembleschutz fallen, wobei der Prozeß der Eintragung und Inventarisation noch voll im Gange ist.

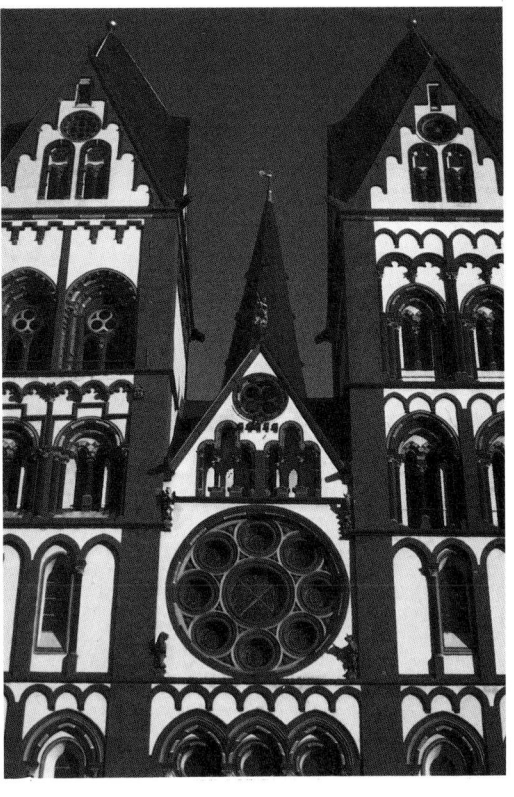

Bei Gebäuden wie dem Limburger Dom wird die Denkmaleigenschaft uneingeschränkt akzeptiert. Für »einfache« Kulturdenkmäler muß das Bewußtsein noch gestärkt werden.

Ensembles können aus wenigen Häusern aber auch aus geschlossenen Altstadtkernen, wie in Regensburg oder Lübeck, bestehen. Mit Ausnahme der herausragenden Denkmäler innerhalb eines Ensembles werden ensemblegeschützte Gebäude vielfach mit anderen

Der Denkmalbegriff umfaßt Denkmäler bis in die jüngste abgeschlossene Kulturepoche – jetzt Gebäude bis in die Fünfziger Jahre. Die Gründerzeitvilla in Frankfurt-Höchst ist reich an handwerklichen Arbeiten von Steinmetzen, Maurern, Zimmerleuten, Tischlern, Stukkateuren und Malern.

Modernisierung, Sanierung, Denkmalpflege

Schutzkriterien gemessen als das wertvolle Einzelobjekt. Da hier die Denkmalwürdigkeit aus dem Zusammenwirken der Gebäude und Gebäudegruppen besteht, bezieht sich der Schutz meist zunächst auf das Äußere der Häuser, einschließlich aller sichtbaren Details; für bauliche Maßnahmen im Innern werden oft keine aus dem Denkmalschutz rührenden Auflagen gestellt. In Einzelfällen sind in Ensembles auch Ersatzbauten möglich, wenn sie sich dem Gesamtbild unterordnen.

Denkmalschutz gehört – zum einen aus kulturhistorischer Sicht begründet, zum anderen als Gegengewicht zu den mehr unter technischen Gesichtspunkten arbeitenden Baubehörden – zur Kulturverwaltung. Durch die Kulturhoheit der Länder bedingt, gibt es kein einheitliches Denkmalschutzgesetz in der Bundesrepublik Deutschland sondern Ländergesetze, die aber in wesentlichen Punkten, wie der Definition des Denkmalbegriffs oder den genehmigungspflichtigen Maßnahmen, weitgehend übereinstimmen.

Basis aller Denkmalschutzgesetze ist die mit dem Eigentum verbundene soziale Verpflichtung gemäß Art. 14 Abs. II des Grundgesetzes: »Eigentum verpflichtet. Sein Gebrauch soll zugleich dem Wohl der Allgemeinheit dienen«.

Die Denkmalschutzgesetze der Bundesländer

Zu den Gesetzeswerken gehören jeweils eine Reihe von Gesetzesänderungen, Rechtsverordnungen, Durchführungserlassen und Verwaltungsanweisungen bzw. Verfügungen. Alle Denkmalschutzgesetze bzw. Verordnungen müssen jeweils in Verbindung mit den Landesbauordnungen gesehen werden. Neben den Landesgesetzgebungen gibt es vielfach in den Kreisen bzw. Gemeinden Ortssatzungen oder Regelungen, die sich insbesondere auf die Stadt- oder Dorfgestaltung beziehen.

Baden-Württemberg

Gesetz zum Schutz der Kulturdenkmale (Denkmalschutzgesetz) vom 25. Mai 1971 (GBl. S. 209), geändert durch die Gesetze vom 30. Mai 1978 (GBl. S. 286), vom 6. April 1982 (GBl. S. 97) und vom 6. Dezember 1983 (GBl. S. 797)

Mainbernheim mit Türmen und Stadtmauern ist typisch für eine geschlossene Gesamtanlage, ein zumindest noch wenig gestörtes denkmalgeschütztes Ensemble.

Denkmalschutz und Denkmalpflege

Bayern

Gesetz zum Schutz und zur Pflege der Denkmäler (Denkmalschutzgesetz – DschG) vom 25. Juni 1973 (GVBl. S. 328), geändert durch die Gesetze vom 11. November 1974 (GVBl. S. 610), 23. Dezember 1975 (GVBl. S. 414), 16. Februar 1981 (GVBl. S. 27), 10. August 1982 (GVBl. S. 682) und 7. September 1982 (GVBl. S. 722)

Berlin

Gesetz zum Schutz von Denkmalen in Berlin (Denkmalschutzgesetz Berlin – DSchG-Bln) vom 22. Dezember 1977 (GVBl. S. 2510), geändert durch das Gesetz vom 30. November 1981 (GVBl. S. 1470)

Bremen

Gesetz zur Pflege und zum Schutz der Kulturdenkmäler (Denkmalschutzgesetz – DSchG) vom 27. Mai 1975 (Brem. GBl. S. 265)

Hamburg

Denkmalschutzgesetz Vom 3. Dezember 1973 (GVBl. S. 466)

Hessen

Gesetz zum Schutz der Kulturdenkmäler (Denkmalschutzgesetz) vom 23. September 1974 (GVBl. S. 450), geändert durch die Gesetze vom 18. Mai 1977 (GVBl. I S. 198) und 18. September 1980 (GVBl. I S. 333) sowie die Neufassung vom 5. September 1986

Niedersachsen

Niedersächsisches Denkmalschutzgesetz vom 30. Mai 1978 (GVBl. S. 517) zuletzt geändert durch Art. III Abs. 1 des Gesetzes vom 11. April 1986 (GVBl. S. 103)

Nordrhein-Westfalen

Gesetz zum Schutz und zur Pflege der Denkmäler im Lande Nordrhein-Westfalen (Denkmalschutzgesetz – DSchG) vom 11. März 1980 (GVBl. S. 226), geändert durch das Gesetz vom 18. Mai 1982 (GVBl. S. 248)

Rheinland-Pfalz

Landesgesetz zum Schutz und zur Pflege der Kulturdenkmäler (Denkmalschutz und -pflegegesetz – DSchPflG -) vom 23. März 1978 (GVBl. S. 159)

Saarland

Gesetz Nr. 1067 zum Schutz und zur Pflege der Kulturdenkmäler im Saarland (Saarländisches Denkmalschutzgesetz – SDSchG –) vom 12. Oktober 1977 (Amtsbl. des Saarlandes 1977, S. 993)

Schleswig-Holstein

Gesetz zum Schutz der Kulturdenkmale Vom 7. Juli 1958 in der Fassung vom 18. September 1972 (GVBl. S. 165), geändert durch die Gesetze vom 9. Dezember 1974 (GVBl. S. 453) und vom 25. Februar 1983 (GVBl. S. 136)

Die Denkmalschutzgesetze behandeln insbesondere die Aufgaben, Behörden und Kompetenzabgrenzungen des Denkmalschutzes, Schutz- und Unterhaltungsvorschriften, Eintragungsverfahren (alle Denkmäler sind oder werden in Denkmallisten bzw. -bücher eingetragen), Nutzung und Zugang von Denkmälern, genehmigungs- und anzeigepflichtige Maßnahmen, Vorschriften für Bodendenkmäler und die Maßnahmen, die bei Nichtbeachtung der Gesetze zu ergreifen sind.

Für denkmalpflegerische Arbeiten und Sanierungen, für praktisch jeden baulichen Eingriff an einem Kulturdenkmal sind die aus denkmalpflegerischer Sicht erforderlichen Genehmigungen besonders festgelegt. Als Beispiel werden die Paragraphen 16 und 17 des Hess. Denkmalschutzgesetzes zitiert:

»*§ 16 Genehmigungspflichtige Maßnahmen*

(1) Der Genehmigung der Denkmalschutzbehörde bedarf, wer ein Kulturdenkmal oder Teile davon
1. zerstören oder beseitigen,
2. an einen anderen Ort verbringen,
3. umgestalten oder instandsetzen,
4. mit Werbeanlagen versehen
will.
(2) Der Genehmigung der Denkmalschutzbehörde bedarf ferner, wer in der Umgebung eines unbeweglichen Kulturdenkmals Anlagen errichten, verändern oder beseitigen will, wenn sich

Modernisierung, Sanierung, Denkmalpflege

dies auf den Bestand oder das Erscheinungsbild des Kulturdenkmals auswirken kann.

(3) Die Genehmigung soll nur erteilt werden, wenn überwiegende Gründe des Gemeinwohls dem nicht entgegenstehen. Eine Maßnahme an einer Gesamtanlage (§ 2 Abs. 2 Nr. 1) ist zu genehmigen, wenn sie deren historisches Erscheinungsbild nur unerheblich oder nur vorübergehend beeinträchtigt.

§ 17 Anzeigepflichtige Maßnahmen

(1) Eigentümer und Besitzer haben Schäden und Mängel, die an Kulturdenkmälern auftreten und ihren Denkmalwert und ihre Substanz beeinträchtigen, unverzüglich der Denkmalschutzbehörde anzuzeigen.

(2) Wird ein bewegliches eingetragenes Kulturdenkmal veräußert, so haben Veräußerer und Erwerber den Eigentumswechsel innerhalb eines Monats den zuständigen Denkmalschutzbehörden anzuzeigen.«

Die Landesbauordnungen überlagern qualitativ die Denkmalschutzgesetze, d. h. in Baugenehmigungsverfahren sind zwar eventuelle Auflagen, die sich aus den Denkmalschutzgesetzen ergeben, zu beachten und durchzuführen, über die in erteilten Baugenehmigungen (auch Abrißgenehmigungen) gemachten Auflagen können jedoch keine denkmalpflegerischen Auflagen gestellt werden.

Die normale Bauunterhaltung von Kulturdenkmälern obliegt den Eigentümern. Bei besonderen Auflagen oder Aufwendungen für ein Denkmal sollen die Gemeinde bzw. der Staat im Rahmen ihrer verfügbaren Etatmittel mit Zuschüssen zu den Kosten beitragen.

Die Schuhfabrik in Alfeld an der Leine, ein »moderner« Bau von Walter Gropius, ist ein herausragendes Kulturdenkmal – von vielen Bürgern wird dies zunächst nicht verstanden.

Stadtgestaltung, Orts- und Gestaltungssatzungen

Als weiteres Instrumentarium zur Erhaltung, Revitalisierung, Sanierung und für behutsame Eingriffe in historisch gewachsene Dörfer, Städte oder Stadtteile auf kommunaler Ebene haben viele Gemeinden Orts- oder Gestaltungssatzungen erarbeitet und beschlossen. Nach entsprechenden Satzungen umgrenzte Bereiche überlappen sich oft mit denkmalgeschützten Gebäuden oder Ensembles. Der Denkmalschutz bleibt in solchen Fällen unberührt.

Die Gestaltungssatzungen verhindern entweder mit Verboten nicht gewollte Eingriffe in die historische Substanz oder fordern mit Geboten entsprechende Rücksichten. Als Beispiel soll die gemeinsame Satzung der Städte Wangen, Leutkirch und Isny dienen. Diese Satzung führt unter Artikel 3 als Grundsätze für die Erhaltung historischer Anlagen aus:

»§ 3 Grundsätze für die Erhaltung baulicher Anlagen

1. Bauliche Anlagen, die allein oder im Zusammenhang mit anderen baulichen Anlagen das Ortsbild oder die Stadtgestaltung prägen oder von städtebaulicher, insbesondere geschichtlicher oder künstlerischer Bedeutung sind, sind zu erhalten.

2. Der Abbruch, Umbau oder die Änderung von baulichen Anlagen kann versagt werden, wenn die bauliche Anlage erhalten bleiben soll,

a) weil sie allein oder im Zusammenhang mit anderen baulichen Anlagen das Ortsbild, die Stadtgestalt oder das Landschaftsbild prägt,

b) weil sie von städtebaulicher, insbesondere geschichtlicher oder künstlerischer Bedeutung ist.

§ 4 Grundsätze für die Gestaltung baulicher Anlagen

Bauliche Maßnahmen aller Art, auch Instandsetzungs- und Unterhaltungsarbeiten, sind bezüglich Gestaltung, Konstruktion, Werkstoffwahl und Farbe so auszuführen, daß das vorhandene überlieferte Straßen- und Ortsbild nicht beeinträchtigt wird. Bei der Errichtung von baulichen Anlagen ist zu beachten, daß ein bruchloser, städtebaulicher und baulicher Zusammenhang mit dem historischen Gebäudebestand entsteht.

Dies gilt insbesondere hinsichtlich der Stellung der Gebäude zueinander und zu den Straßen und Plätzen, der Größe der Gebäude, der Fassadengestaltung und der dabei angewandten maßstäblichen Gliederung, der Geschlossenheit und Einheitlichkeit der Dachlandschaft.« [5]

Modernisierung, Sanierung, Denkmalpflege

Umgang mit historischen Gebäuden und Gesamtanlagen

Die neben Steuererleichterungen und Zuschüssen oft wichtigeren Vorteile historischer Bauten lassen sich materiell nur schwer bezeichnen. Diese Werte werden aber seit einigen Jahren von Eigentümern und Mietern wieder höher angesetzt und spielen bei der Beleihung und dem Eigentumswechsel eine entsprechende Rolle. Zu den Vorteilen können gehören:

– Lage des Gebäudes in der Landschaft oder in einem reizvollen städtebaulichen Ensemble;
– handwerkliche oder künstlerische Gestaltung des Gebäudes oder einzelner Teile;
– Zuschnitt und besondere Ausstattung von Räumen (anheimelnd/wohnlich-repräsentativ);
– natürliche, gut bearbeitete, sichtbare Materialien bis in den Wohnbereich, wie Naturstein, natürliche Putze, Naturwerksteine, konstruktive und verkleidete Hölzer.

Bei Sanierungs- und Modernisierungsmaßnahmen ist sehr darauf zu achten, daß die geschätzten Vorteile nicht durch Entfernung, Umbau, Verkleidung, Verputz oder Anstreichen gemindert werden, sondern durch die Sanierung eher eine Steigerung erfahren. Da auch Handwerker nach jahrzehntelanger ausschließlicher Beschäftigung mit Neubauten oft das notwendige Einfühlungsvermögen verloren haben, ist ein großes Maß an Umsicht bei Planung und Ausführungsüberwachung bis zu kleinsten Details notwendig.

Dieter Wieland hat dazu in einem Wort an den Altbaubesitzer aufgeführt:
»Greifen Sie möglichst nicht in die Substanz ein. Dann wird es teuer!
Zerstören Sie vor allem nicht den größten Vorteil Ihres alten Hauses, sein Alter. Alter ist durch nichts zu ersetzen. Alten Wein verpanscht man nicht mit jungem. Renovieren Sie Ihr Haus nicht mit neuen Baustoffen. Ein altes Haus, das man auf

Vielfach bestimmen noch bis heute ortsgebundene Materialien oder Baumethoden Stadt- und Dorfbilder, wie z.B. Schieferdächer und schwarz-weißes Fachwerk in Freudenberg im Siegerland.

Umgang mit historischen Gebäuden und Gesamtanlagen

jung trimmt, ist eine Urkundenfälschung. Und so sieht es auch aus ...
Versuchen Sie, soviel wie möglich vom alten Bestand zu erhalten. Vieles läßt sich wiederverwenden, auch Kleinigkeiten, geschnitzte Türfüllungen, Griffe, Tür- und Fensterbeschläge, vielleicht sogar das alte, mundgeblasene Glas. All das sind Kostbarkeiten, die Sie nirgends kaufen können. Die Ihnen in dieser Qualität, mit Verlaub gesagt, kein Handwerker heute anfertigen kann. Und sie könnten es auch nicht bezahlen. Aber es sind Dinge, die dem Haus seinen Reiz und sein Gesicht geben. So ein Haus hat niemand außer Ihnen. Und das sollte Ihnen die Mühe wert sein." [6]

Diese Umsicht darf nicht bei der Sanierung des Gebäudes aufhören, die baulichen Accessoires und die Umgebung sind ebenso gründlich wie behutsam zu behandeln. Nur wenige große Einzeldenkmale haben die Kraft, völlig losgelöst von ihrer Umgebung, ja unter Umständen in einer fremden Umgebung, in voller Wirkung zu bestehen. Im Normalfall wirkt das historische Gebäude oder das denkmalgeschützte Gebäude erst in einem Minimum von harmonischer Umgebung, besser aber im größeren Ensemble. Zu achten ist unter diesem Gesichtspunkt darauf, daß

– Außenleuchten, Treppengeländer, Treppen, Bordsteine, Pflaster, Rinnen, Vorgärten, Hausgärten und Einfriedigungen dem Stil des Gebäudes entsprechend erhalten oder erneuert werden.

– Nebengebäude nach Möglichkeit erhalten werden, da sie zum Ensemble gehören, u. U. dieses erst ausmachen. Neue Nebengebäude sollen so angepaßt werden, daß die historischen Maßstäbe nicht gestört werden. Schon Garagen mit Flachdächern sind in vielen Fällen bereits problematisch.

– Neue technische Einrichtungen, wie die Frontplatten von Gegensprechanlagen und der Mülltonnenstandplatz, so angeordnet werden, daß sie möglichst wenig störend wirken. Ebenso vorsichtig ist mit Werbeanlagen, Firmenschildern und Namensschildern umzugehen.

– Bei wichtigen denkmalgeschützten Gebäuden auch der Straßenraum mit Straßenbelag usw. zum Ensemble gehört.

Die Geschichtlichkeit historischer Gebäude wird umsomehr sichtbar, je mehr Details des Baues, aber auch der Umgebung, noch original sind.

An den Gebäuden läßt sich Geschichte leicht ablesen, wie bei dieser fassadenartig vor ein nachgotisches Kirchenschiff vorgeblendeten barocken Apsis der Kirche in Fulda-Johannesberg.

Einfriedigungen, Türen und Tore bestimmen zur Straße hin, zum öffentlichen Raum, einen Teil des »Denkmalbildes« und binden das Gebäude in die Landschaft oder das Dorf ein.

Modernisierung, Sanierung, Denkmalpflege

Auch zugemauerte Türen, Fenster oder Kellerhälse, veränderte Eingänge und Öffnungen sind geschichtliche Zeugnisse und gehören zum Denkmal.

Begriffe

Die Begriffe im Zusammenhang mit der Behandlung von Altbauten, Sanierungen und Denkmalpflege werden mit breitgestreuten Inhalten verwendet. Einige Termini wie der Begriff »Sanierung« erhielten durch fehlgeleitete Entwicklungen inzwischen oft völlig andere Sinngehalte. Die wichtigsten Begriffe werden nachstehend in alphabetischer Reihenfolge definiert.

Analyse

Im Zusammenhang mit Sanierungs- und Denkmalpflegeaufgaben bedeutet Analyse die Gesamtheit der Voruntersuchungen, Untersuchungen und deren Ergebnisse. Je besser Konstruktion, Gefüge, Materialien und Zustand analysiert werden, desto effektiver kann das Sanierungsergebnis ausfallen. Bei denkmalpflegerischen Maßnahmen ist eine Analyse in Form von Voruntersuchungen und Untersuchungen unerläßlich. Im einzelnen können zur Analyse gehören:
– Auswertung der Standortbedingungen
– Auswertung der Archivalien
– Auswertung sämtlicher im Rahmen der Dokumentation erstellten Unterlagen
– Analyse des Bestandes
– Schadensanalyse
– weitere naturwissenschaftliche Analysen.

Anastylose

Das »Wiederzusammensetzen« ehemals zusammengehöriger Teile, z. B. eines Denkmals, oder das Wiedereinsetzen von Teilen in den historischen Bestand wird mit Anastylose bezeichnet.

Ausbau

Unter »Ausbau« werden allgemein alle Maßnahmen verstanden, die zwischen Rohbau und Bezugsfertigkeit liegen. Im Zusammenhang mit der Sanierung von Altbausubstanz ist der Ausbau von vorher im Rohbau belassenen Teilen, wie z. B. Dach oder Keller, gemeint.

Denkmal

Ursprünglich ein architektonisches oder plastisches Monument zur Erinnerung

Da das Hauptziel aller denkmalpflegerischen Aufgaben auf die Erhaltung (originaler) »Zeugnisse menschlicher Geschichte und Entwicklung« ausgerichtet ist, kommt es bei denkmalpflegerischen Sanierungen besonders darauf an, soviel Originalsubstanz wie möglich zu erhalten. Auch in diesem Zusammenhang heißt Originalsubstanz nicht etwa nur die Bausubstanz des ursprünglichen Baues, sondern sie schließt die verändernden »Zutaten« und die im Laufe der Zeit ausgetauschten Materialien ein. Die Denkmaleigenschaft umschließt die gesamte Geschichtlichkeit eines Bauwerkes. Zur Darstellung und Überlieferung dieser Geschichtlichkeit gehören die originalen Materialien und Konstruktionen.

(zum Gedenken) an eine Persönlichkeit oder ein Ereignis, wie z. B. Epitaph (Grabdenkmal) oder Standbild. Heute umfaßt der Begriff darüber hinaus insbesondere Baulichkeiten aller Art als Quellen und Zeugnisse menschlicher Geschichte und Entwicklung mit insbesondere künstlerischen, wissenschaftlichen, technischen, geschichtlichen oder städtebaulichen Begründungen. Unterschieden werden insbesondere einzelne Kulturdenkmäler (Einzelgebäude) und Gesamtanlagen (Ensembles) wie historische Stadt- und Ortskerne, Straßenzüge, Plätze und Gebäudegruppen.

Denkmalpflege

Alle praktischen Maßnahmen zur Erhaltung von Denkmälern wie konservieren, restaurieren, rekonstruieren und sanieren.

Während früher vielfach mit denkmalpflegerischen Maßnahmen ein ursprünglicher Zustand wieder hergestellt worden ist, zielen die denkmalpflegerischen Maßnahmen heute meist auf die Erhaltung von Denkmälern in ihrer gesamten Geschichtlichkeit ab.

Denkmalschutz

Der gesetzliche Rahmen und die gesetzlichen Maßnahmen zur Erhaltung von Denkmälern, insbesondere die Durchführung der Denkmalschutzgesetze, Inventarisierung und Erfassung der Denkmäler in Listen und Büchern.

Dokumentation

Im Zusammenhang mit Denkmalpflegemaßnahmen (oder Sanierungen) die Erfassung aller für das Projekt recherchierbaren und erarbeitbaren Informationen, insbesondere in Form des Sammelns aller Archivalien, Zustandsbeschreibungen, zeichnerischer und fotografischer Dokumentationen bis zum verformungsgerechten Aufmaß und zu Schadenlisten.

Erhaltend erneuern

Der erst junge Begriff wird meist im Zusammenhang mit Stadtentwicklungsprozessen gebraucht und beinhaltet neue Maßnahmen bei größtmöglicher Schonung des Bestandes.

Erneuern → Instandsetzen

Flächensanieren

Unter diesem Begriff wird heute der Abriß eines ganzen Quartiers und anschließende Neubebauung verstanden, wobei das Gelände völlig neu erschlossen wird.

Gesamtmodernisierung → Vollmodernisieren

Instandhalten

Unter »Instandhalten« ist die kontinuierliche bauliche Unterhaltung eines Gebäudes zu verstehen. Es gehören hierzu insbesondere die Wartung der haustechnischen Einrichtungen sowie der Ersatz von Verschleißteilen und die Durchführung von Schönheitsreparaturen.

Instandsetzen

Die Begriffe »Renovieren«, »Wiederherstellen«, »Erneuern«, »Reparieren«, decken teilweise den Bereich der Instandhaltung ab, »Wiederherstellen« und »Erneuern« beinhalten aber auch die Instandsetzung nicht genügend instandgehaltener Bauteile, also notwendige Maßnahmen nach ungenügender Bauunterhaltung. In den Begriffen enthalten ist auch bereits die Beseitigung von Baumängeln kleineren Umfangs. Zu den Maßnahmen in diesem Begriffsbereich gehören Fassadenrenovierungen, Neueindeckung von Dächern, Auswechseln von Türen und/oder Fenstern und der Ersatz alter Leitungen. Die Abgrenzung liegt darin, daß mit allen unter diesen Begriffen durchgeführten Maßnahmen nur ein früherer Zustand wiederhergestellt wird, vom ursprünglichen Zustand aus gesehen also keine Wertverbesserung eintritt. Das Wohnungsmodernisierungsgesetz vom 23.08.1976 grenzt den Begriff Instandsetzung folgendermaßen ein: »(2) Instandsetzung im Sinne dieses Gesetzes ist die Behebung von baulichen Mängeln, insbesondere von Mängeln, die infolge Abnutzung, Alterung, Witterungseinflüssen oder Einwirken Dritter entstanden sind, durch Maßnahmen, die in den Wohnungen den zum bestimmungsgemäßen Gebrauch geeigneten Zustand wieder herstellen«.

Modernisierung, Sanierung, Denkmalpflege

Konservieren

Hierunter versteht man die Fixierung und Haltbarmachung von Bauteilen oder Details, wie Malereien im Zeitzustand, z. B. Imprägnieren von natürlichen Steinen zur Festigung und zum Widerstand gegen Witterungseinflüsse.

Kulturdenkmal → Denkmal

Modernisieren

Der Begriff »Modernisieren« ist im Wohnungsbauförderungsgesetz § 3 genau definiert:
»Modernisierung im Sinne dieses Gesetzes ist die Verbesserung von Wohnungen durch bauliche Maßnahmen, die den Gebrauchswert der Wohnungen nachhaltig erhöhen oder die allgemeinen Wohnverhältnisse auf die Dauer verbessern«. Entscheidendes Kriterium ist die Erhöhung des Gebrauchswertes, deshalb gehören zu Modernisierungsmaßnahmen: Einbau sanitärer Anlagen, Einbau von zentralen Heizungsanlagen, Verbesserung der Wärmedämmung, Energieversorgung und des Wohnungszuschnitts.

Objektsanieren

Unter »Objektsanieren« in einem bebauten Areal versteht man die weitgehende Erhaltung und umfassende Modernisierung der Bausubstanz bei Abbruch nur einzelner abgängiger Gebäude oder Bauteile.

Regenerieren

Aus dem lateinischen: »Von neuem hervorbringen« ein weniger gebrauchter Begriff für »erneuern, wiederherstellen und auffrischen«.

Rekonstruieren

Unter »Rekonstruieren« wird die exakte Wiederherstellung untergegangener Dinge, z. B. ganzer Gebäude, nach originalen Unterlagen z. B. Zeichnungen oder Fotos, verstanden. In der DDR werden mit dem Begriff »Rekonstruieren« die Maßnahmen umschrieben, die in der Bundesrepublik mit »Sanieren« bezeichnet werden.

Renovieren → Instandsetzen

Reparieren → Instandsetzen

Reparieren von Schönheitsmängeln

Der Begriff »Schönheitsreparatur« wird besonders im Mietrecht gebraucht und grenzt die Reparaturen innerhalb der Wohnungen, zu denen der Mieter verpflichtet ist, und in Hauseingängen sowie Treppenhäusern, für die der Hauseigentümer zuständig ist, von den übrigen Reparaturen an Gebäuden, ab. Es gehören dazu in der Regel alle Malerarbeiten und die Wartung des haustechnischen Geräts.

Restaurieren

Dieser Begriff umfaßt alle Arbeiten zur Wiederherstellung, insbesondere von Kunstwerken wie Bildern, Fresken und Skulpturen, mit dem Ziel, die Gegenstände nach Möglichkeit wieder in einen, dem Original mindestens sehr ähnlichen Zustand zu versetzen, ohne dabei zu viel Neues hinzuzufügen.

Revitalisieren

Damit wird die Wiederbelebung, das »Wiederfüllen« mit Leben alter Gebäude, Ortsteile oder Städte bezeichnet.

Sanieren

Im Sinne der Wortbedeutung heißt »Sanieren« die nachhaltige Instandsetzung und umfassende Modernisierung auf lange Sicht. Im letzten Jahrzehnt wurde jedoch fälschlicherweise auch oft der Abriß und der anschließende Neubau als Sanierung bezeichnet.

Teilmodernisieren

Werden nur einzelne oder einige der unter dem Stichwort »Modernisieren« genannten Maßnahmen durchgeführt, handelt es sich um eine einfache Modernisierung oder Teilmodernisierung.

Translozieren

So nennt man das Versetzen eines Gebäudes oder Gebäudeteiles im Ganzen oder in Form des Abbaues und Wiederaufbaues an einem anderen Ort. Fachwerkhäuser wurden schon früher – z. B. das Haus Killinger von Straßburg nach Idstein im Taunus – und werden auch heute gelegentlich transloziert. Die Translozierung ist im Normalfall kein Ziel der Denkmalpflege, da Denkmäler an einen Ort gebunden sind.

Umnutzen

Die Begriffe Umnutzung und Nutzungsänderung werden angewendet, wo – meist für ganze Gebäude – alte Nutzungen entfallen oder aufgegeben worden sind und das Gebäude jetzt einer anderen Nutzungsart dient z. B. im Extremfall früher Kirche – heute Wohnung.

Vollmodernisieren

Die Begriffe »Vollmodernisierung«, Gesamtmodernisierung und »gehobene Modernisierung« werden dann gebraucht, wenn die Maßnahmen so durchgreifend ausgeführt werden, daß der Wohnungsstandard anschließend etwa gleich dem von Neubauwohnungen ist.

Wiederherstellen → Instandsetzen

Informationen

Weiterführend wird auf folgende Literatur und Beratungsmöglichkeiten, insbesondere durch die Denkmalschutzbehörden, hingewiesen:

Literatur

Arendt, Claus: Denkmalschutz und Altbausanierung (In der Reihe: Planen und Bauen im Bestand). – In: Deutsches Architektenblatt 1/1986 S. 135-140

Dehio, Georg: Handbuch der Deutschen Kunstdenkmäler, begründet vom »Tag der Denkmalpflege 1900«, fortgeführt von Ernst Gall, Neubearbeitung durch die Vereinigung zur Herausgabe des Dehio Handbuchs. Zur Zeit sind folgende Bände vorhanden: Baden-Württemberg; Hessen; Niedersachsen und Bremen; Nord-Bayern; Süd-Bayern; Rheinland, Rheinland-Pfalz und Saarland; Schleswig-Holstein und Hamburg; Westfalen-Lippe; Bayerisch-Schwaben. – München: Deutscher Kunstverlag

Denkmalschutzgesetze der Bundesländer, u. a. abgedruckt im Bd. 18 der Schriftenreihe des Deutschen Nationalkomitees für Denkmalschutz: Deutsche Denkmalschutzgesetze, Bonn 1982 und die dazugehörigen Kommentare.
Denkmaltopographie der Bundesrepublik Deutschland, Hrsg. Landesämter für Denkmalpflege. Alle Kulturdenkmäler der Bundesrepublik Deutschland sollen in einer Denkmaltopographie erfaßt werden. Der Bearbeitungsstand in den einzelnen Bundesländern ist sehr unterschiedlich. In den Bänden ist meist jeweils ein Kreis oder eine kreisfreie Stadt zusammengefaßt.
Dolling, R. u. a.: Denkmalpflege in der Bundesrepublik Deutschland. – München 1974

Gebeßler, August; Eberl, Wolfgang: Schutz und Pflege von Baudenkmälern in der Bundesrepublik Deutschland. Stuttgart: Kohlhammer-Verlag 1980

Informationszentrum Raum und Bau (Hrsg.): Baudenkmäler – Erhaltung / Sanierung / Pflege, Literaturdokumentation. – Stuttgart: IRB-Verlag 1986

Kiesow, Gottfried: Einführung in die Denkmalpflege. – Darmstadt: Wissenschaftliche Buchgesellschaft 1982, 2. Aufl. 1989

Knöpfli, A.: Altstadt und Denkmalpflege. – Sigmaringen: Jan Thorbecke Verlag 1975

Landschaftsverband Rheinland, (Hrsg.): Was ist ein Baudenkmal. – Köln: Rheinland-Verlag 1983

Möller, Hans-Herbert: Was ist ein Kulturdenkmal, Arbeitshefte zur Denkmalpflege in Niedersachsen. – Hameln: C. W. Niemeyer Verlag 1984

Niewodniczanska, Marieluise: Unser Dorf soll leben. 2. Auflage. – Bitburg: Kulturgemeinschaft Bitburg 1983

Wieland, Dieter: Bauen und Bewahren auf dem Lande, Hrsg. Deutsches Nationalkomitee für Denkmalschutz, 5. Auflage. – Bonn 1984

Zu Fragen von Denkmalschutz und Denkmalpflege beraten in erster Linie die Landesämter für Denkmalpflege

Baden-Württemberg
Landesdenkmalamt Baden-Württemberg
Mörikestraße 12
7000 Stuttgart 1
Außenstellen in
Karlsruhe, Freiburg und Tübingen

Bayern
Bayerisches Landesamt für Denkmalpflege
Pfisterstraße 1
8000 München 2

Modernisierung, Sanierung, Denkmalpflege

Außenstellen insbesondere für Bodendenkmalpflege in Würzburg, Schloß Seehof bei Bamberg, Nürnberg, Regensburg, Landshut und Augsburg. Die Außenstelle in Schloß Seehof ist auch für die allgemeine Denkmalpflege in den Regierungsbezirken Ober- und Unterfranken zuständig.

Berlin
Der Senator für Stadtentwicklung und Umweltschutz
Fachabteilung Landeskonservator
Otto-Suhr-Allee 18-20
1000 Berlin 12

Bremen
Landesamt für Denkmalpflege Bremen
Sandstraße 3
2800 Bremen 1

Hamburg
Kulturbehörde – Denkmalschutzamt –
Hamburger Straße 45
2000 Hamburg 76

Hessen
Landesamt für Denkmalpflege Hessen
Schloß Biebrich
6200 Wiesbaden
Außenstelle Marburg
Ketzerbach 10
3350 Marburg

Niedersachsen
Institut für Denkmalpflege im Niedersächsischen Landesverwaltungsamt
Scharnhorststraße 1
3000 Hannover 1
Außenstelle für die Regierungsbezirke Braunschweig, Lüneburg und Weser-Ems (Oldenburg)

Nordrhein-Westfalen
Landschaftsverband Rheinland
Rheinisches Amt für Denkmalpflege
Ehrenfriedstr. 19, Abtei Brauweiler
5024 Puhlheim 2

Rheinisches Amt für Bodendenkmalpflege
Colmannstraße 14-16
5300 Bonn

Landschaftsverband Westfalen-Lippe
Westfälisches Amt für Denkmalpflege
Salzstraße 38
4400 Münster

Amt für Bodendenkmalpflege
Rothenburg 30
4400 Münster

Rheinland-Pfalz
Landesamt für Denkmalpflege
Rheinland-Pfalz
Auf der Bastei 3
6500 Mainz
Außenstellen in:
Koblenz, Trier und Speyer

Saarland
Staatliches Konservatoramt
Am Ludwigsplatz 15
6600 Saarbrücken 1

Schleswig-Holstein
Landesamt für Denkmalpflege
Schloß
2300 Kiel 1

Weiter beraten vor Ort die Unteren Denkmalschutzbehörden, die meist bei den Kreisen und kreisfreien Städten (überall dort, wo Untere Bauaufsichtsbehörden vorhanden sind) eingerichtet sind. Die Obersten Denkmalschutzbehörden sind die Kultusminister der Länder bzw. die Kultursenatoren.

Untersuchungen und Sanierungskonzept

Untersuchungen, Aufmaß und Dokumentation

Während ein Neubau entscheidend durch den Entwurf geprägt wird, liegen die Schwerpunkte für ein gutes Sanierungsergebnis bei den Untersuchungen und der Erarbeitung eines Sanierungskonzepts. Die Untersuchungen reichen von der bloßen Inaugenscheinnahme bis zur archäologischen Grabung. Wie bei jeder Sanierungstätigkeit – insbesondere denkmalpflegerischer Sanierungstätigkeit – kein Rezept vorgegeben werden kann, sondern die Maßnahme auf ein Objekt mit einem bestimmten Ziel abgestimmt sein muß, so müssen auch die Untersuchungen für jedes Objekt und auf die vorgesehenen Maßnahmen abgestellt sein. Das Sanierungskonzept muß sich, ausgehend vom Bestand und seiner Analyse mit der Frage der zukünftigen Nutzung, evtl. Umnutzungen, Gebäude- und Materialstrukturen, dem technischen Standard und generellen Sanierungsmethoden auseinandersetzen.

Einige Schwachstellen und Mängel kommen bei historischen Bauten besonders häufig vor. Diese sind in der Skizze und Auflistung dargestellt. Die Liste kann als Checkliste für eine erste Begehung oder Voruntersuchung dienen. Skizze und Auflistung: MSWV-Ratgeber: Beurteilen von Schwachstellen im Hausbestand, Hrsg.: Minister für Stadtentwicklung, Wohnen und Verkehr des Landes Nordrhein-Westfalen.

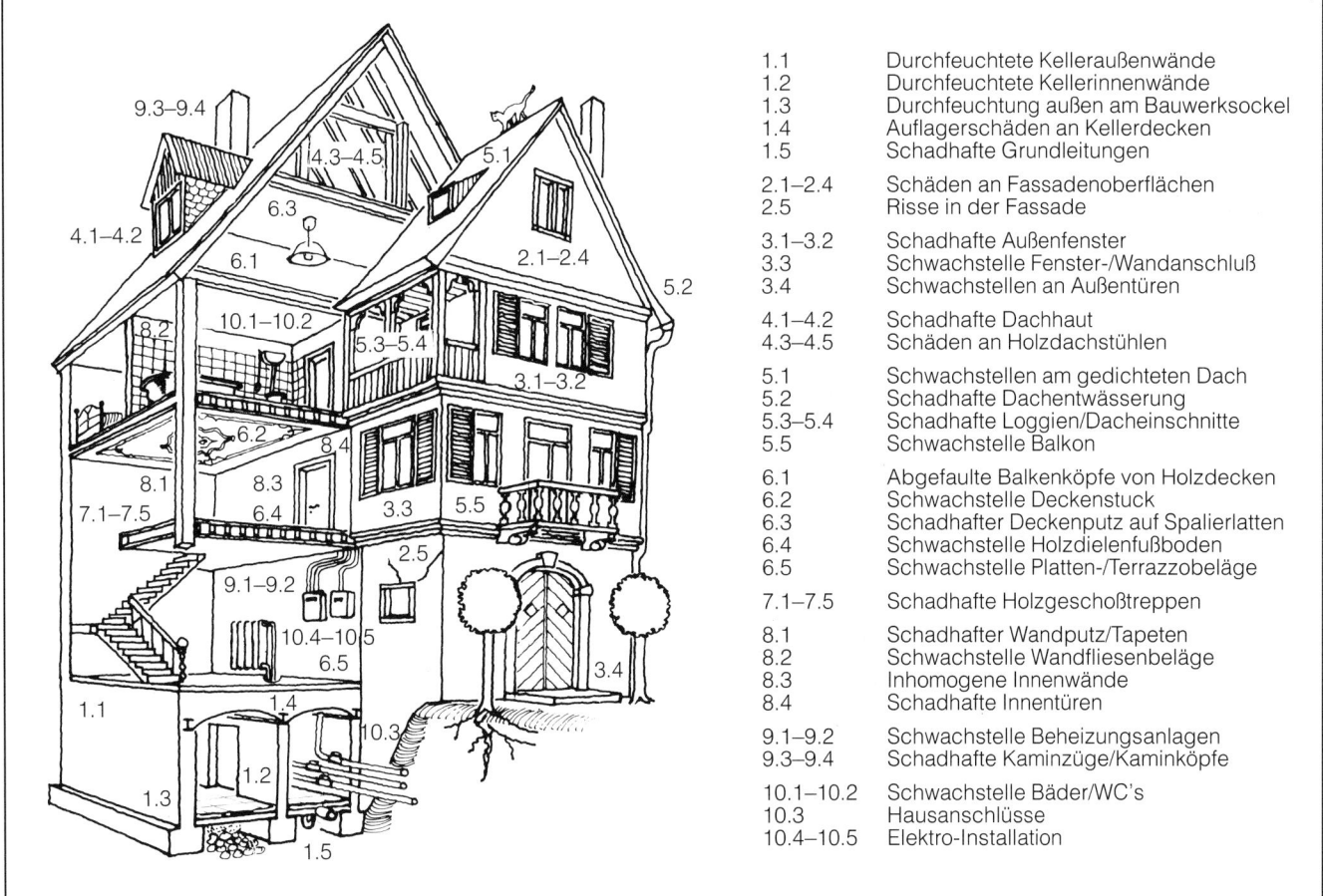

1.1	Durchfeuchtete Kelleraußenwände
1.2	Durchfeuchtete Kellerinnenwände
1.3	Durchfeuchtung außen am Bauwerkssockel
1.4	Auflagerschäden an Kellerdecken
1.5	Schadhafte Grundleitungen
2.1–2.4	Schäden an Fassadenoberflächen
2.5	Risse in der Fassade
3.1–3.2	Schadhafte Außenfenster
3.3	Schwachstelle Fenster-/Wandanschluß
3.4	Schwachstellen an Außentüren
4.1–4.2	Schadhafte Dachhaut
4.3–4.5	Schäden an Holzdachstühlen
5.1	Schwachstellen am gedichteten Dach
5.2	Schadhafte Dachentwässerung
5.3–5.4	Schadhafte Loggien/Dacheinschnitte
5.5	Schwachstelle Balkon
6.1	Abgefaulte Balkenköpfe von Holzdecken
6.2	Schadhaftes Deckenstuck
6.3	Schadhafter Deckenputz auf Spalierlatten
6.4	Schwachstelle Holzdielenfußboden
6.5	Schwachstelle Platten-/Terrazzobeläge
7.1–7.5	Schadhafte Holzgeschoßtreppen
8.1	Schadhafter Wandputz/Tapeten
8.2	Schwachstelle Wandfliesenbeläge
8.3	Inhomogene Innenwände
8.4	Schadhafte Innentüren
9.1–9.2	Schwachstelle Beheizungsanlagen
9.3–9.4	Schadhafte Kaminzüge/Kaminköpfe
10.1–10.2	Schwachstelle Bäder/WC's
10.3	Hausanschlüsse
10.4–10.5	Elektro-Installation

Untersuchungen und Sanierungskonzept

Notwendigkeit gründlicher Untersuchungen

In den vergangenen Jahrzehnten wurden vielfach beim Sanieren, bei Baumaßnahmen an historischen Gebäuden, besonders an Kulturdenkmälern, in einem viel zu geringen Umfang vorbereitende Untersuchungen durchgeführt. Die Folgen davon waren fortlaufend Überraschungen während des Baugeschehens und damit einhergehend unübersehbare Kostensteigerungen und nicht zuletzt der Schwund wertvoller Bausubstanz, ohne daß der Altbestand auch nur in der geringsten Weise vorher dokumentiert worden wäre. Aus der Sicht des Planers führt Olaf Gibbins [7] dazu aus:

»Gründliche und umfassende Untersuchungen, Vorbereitungen und Planungen aller Renovierungs- und Sanierungsmaßnahmen, sobald diese über die reine Instandsetzung einzelner Bauelemente oder Schönheitsreparaturen im Inneren des Hauses hinausgehen, sind ein Teil der Kunst richtigen und kostensparenden Sanierens allgemein, mehr noch bei denkmalpflegerischen Sanierungsmaßnahmen«.

Umfang von Voruntersuchungen

Der Untersuchungsaufwand ist abhängig von den geplanten Maßnahmen. Bei dem Auswechseln der Dacheindeckung z.B. gibt es nicht viel aufzumessen oder zu dokumentieren. Gute Fotos des gesamten Daches und der Details sowie einige Muster des alten Bedachungsmaterials können hier mitunter schon genügen. Bei der Restaurierung von Farbfassungen und farblichen Neufassungen ist schon viel mehr an Untersuchungen und Dokumentation notwendig und bei durchgreifenden Gesamtsanierungen von Denkmälern sollten umfangreiche Untersuchungen, Maßaufnahmen sowie eine eindeutige Dokumentation vorangehen. Entsprechende Voruntersuchungen, Untersuchungen, Maßaufnahmen und Dokumentationen ergänzen und überschneiden sich, d.h., sie sind oft in den Arbeitsschritten kaum zu trennen.

Um einen besseren Überblick zu erhalten, werden die Stichworte jedoch analytisch behandelt und aufgelistet:

Untersuchungen

- Untersuchung der Konstruktion, der Gefüge, Materialien und des Zustandes, zusammengefaßt in einem Zustandsbericht.
- Statisch-konstruktive Untersuchung, insbesondere bei Veränderungen der Konstruktion oder neuer Nutzung.
- Restauratorische Untersuchung der Wandaufbauten, des Putzes und der Anstrichschichten, Stuckteile usw.
- Geologische Untersuchung des Baugrunds, insbesondere bei Schäden wie Grundbruch und bei Neunutzung mit höheren Lasten.
- Archäologische Bauuntersuchung zur Feststellung von Urzuständen, frühen Veränderungen usw.
- Untersuchung der Schäden, aufnehmen derselben in Listen, detailliert nach Bauelementen und Gewerken mit qualitativer und quantitativer Aufnahme aller Einzelschäden, weitergehend Schadensanalysen bis zu naturwissenschaftlichen Untersuchungen.

Maßaufnahmen

- Handskizzen zur Vorbereitung von Begehungen und Vorüberlegungen.
- Einfache Aufmaße.
- Verformungsgerechtes Aufmaß in Grundrissen und Schnitten, mindestens im Maßstab 1:50, einschließlich aller Details und Profile bis zum Maßstab 1:1.
- Fotogrammetrisches Aufmaß, rechnergestützt mit ähnlichen Zielvorstellungen wie manuell erstellte verformungsgerechte Aufmaße.

Dokumentation

- Beschreibung von Standort und Lage einschließlich postalischer Adresse, Katasterbezeichnung, geographischen Bedingungen und Besonderheiten.
- Beschreibung der Baugeschichte, Entstehung, Entstehungszeit, Bauherr, Baumeister, Handwerker, Veränderungen und Umbauphasen unter Auswertung aller verfügbaren Archivalien, wie Literatur, Urkunden, frühere Berichte usw.

Untersuchungen, Aufmaß und Dokumentation

- Zustandsbeschreibung der Konstruktion, Baugefüge, Material, Nutzung und früheren Reparaturmaßnahmen.
- Ergebnisse aller Untersuchungen in Form von Textdokumentationen, Zeichnungen und Fotodokumentation.
- Ergebnisse der Maßaufnahmen.

Bei denkmalpflegerischen Maßnahmen, insbesondere bei Schmuckfassungen, Werken der Stein- und Holzbildhauerei, Möbel, Intarsien usw. kommen dazu noch:

- Dokumentationen früherer Restaurierungsmaßnahmen oder bei Nichtvorhandensein, Aufarbeiten der früheren Maßnahmen in einer Dokumentation.
- Dokumentation des Istzustandes in Texten, Zeichnungen, Fotos usw., in Sonderfällen auch mit Ultraviolett-, Infrarot- und Röntgenaufnahmen.
- Dokumentation der Ergebnisse naturwissenschaftlicher Gutachten und Untersuchungen.
- Darstellung des Restaurierungszieles, der Arbeitsschritte mit Varianten.
- Hinweise für Nutzung, Wartungsintervalle, weitere Untersuchungen und langfristige Pflegemaßnahmen.

Untersuchungen, wie z.B. archäologische Grabungen, die spätestens dann notwendig werden, wenn während der Baumaßnahme entsprechende Funde auftauchen, sind auch bei Kulturdenkmälern seltener. Bei allen herausragenden und bei allen sehr frühen Kulturdenkmälern sollte auf eine durchgehende Bauforschung, die vom verformungsgerechten Aufmaß über die Auswertung von Archivalien bis zu archäologischen Untersuchungen reichen muß, nicht verzichtet werden. Bei grundsätzlichen Fragestellungen zur Sanierung oder Abriß haben sich Gutachten bewährt, in denen einschl. eines einfachen oder eines verformungsgerechten Aufmaßes der Bestand und die Schäden genau aufgenommen sind und dann der Grad des möglichen Erhalts, die Sanierungsmöglichkeiten (oder die Unmöglichkeit) und die Kosten dargestellt werden.

Zu einigen Meßverfahren, Untersuchungen und der Erstellung von Dokumentationen werden nachfolgend kurze Erläuterungen gegeben. Restaurierungen an Fassaden und Kunstobjekten werden dabei nur insoweit behandelt, als auf die besonderen Untersuchungs- und Restaurierungsmethoden hingewiesen wird.

Untersuchungen und Sanierungskonzept

Verformungsgerechtes Aufmaß

Verformungsgetreues Aufmaß des Hauses Hirschberg 13 in Marburg, Längsschnitt; deutlich sind selbst in dem kleinen Maßstab Schräglagen und Schiefstellungen zu erkennen. Aufmaß: M. Ritter, in Stadt Marburg, Arbeitsgruppe für Bauforschung und Dokumentation: Hirschberg 13, Ein Haus von 1321 in der Reihe Marburger Schriften zur Bauforschung, Marburg 3/84.

Im Unterschied zu früheren, einfacheren Aufmaßmethoden ist es bei verformungsgerechten Aufmaßen absolut notwendig, alle – auch geringste Schrägen, Außerwinkligkeiten und alle Verformungen dem realen Befund entsprechend aufzunehmen. Daraus ergibt sich von selbst, daß die Maßstäbe größer als bei üblichen Maßaufnahmen sein müssen, aber auch, daß ein wesentlich höherer Arbeitsaufwand erforderlich ist. Zunächst muß eine Skizze des aufzumessenden Gegenstandes angefertigt werden. Dazu kann z. B. die Vergrößerung eines älteren Aufmaßes im Maßstab 1:100 dienen. Als eigentliches Meßverfahren kann sowohl das Polygonzugverfahren wie auch das Orthogonal-, Polar- oder Streckennetzverfahren dienen. Für die Längs- und Querschnitte muß eine Null- oder Bezugsebene oder mehrere solcher Ebenen festgelegt sowie das Lot gefällt werden. Die senkrechten Lote und waagerechten Ebenen können auch als Netze z. B. mit 1 m Rasterabstand gewählt werden. Die Bezugsebenen werden markiert oder mit Schnüren festgelegt und dann alle Maße in Bezug zu den Ebenen und Loten eingetragen. Besonders deutlich muß das Maß der Bezugsebene oder -ebenen zu einer markierten Höhe des Erdgeschoßfußbodens fixiert werden.

Ähnlich den Schnitten durch die Geschosse werden auch die Längs- und Querprofile eines Dachstuhles aufgemessen. Für den Querschnitt wird das Lot vom First auf die Balkenlage gefällt und dazu eventuelle weitere Lote mit Schnüren im festgelegten Abstand zum Firstlot eingebracht. Bei Längsschnitten müssen selbstverständlich auch Schrägabweichungen oder Schräglagen der Dachstühle sowie der Sparren eingemessen werden.

Bei allen Holzkonstruktionen – z. B. Dächern und Fachwerken – ist darauf zu achten, daß immer die Bundseite eingemessen wird. Die Bundseiten sind beim Fachwerk die Außenseiten des Gebäudes, bei den Innenwänden immer die Seite, auf die man beim Hineingehen zuerst stößt und bei den Decken die Balkenoberkante. Beim Anlegen, Anreißen und Verzimmern wurde jeweils darauf geachtet, daß die Hölzer mit der »Bundseite«, der späteren Sichtseite, nach oben lagen.

Als Bundseite wählte man die »schönste« Seite des Kantholzes mit wenig Waldkante und ohne Schönheitsfehler aus und zeichnete sie mit dem Bundzeichen, um zu vermeiden, daß die Seiten verwechselt wurden. Von der Bundseite wurden die Hölzer angerissen, da auf

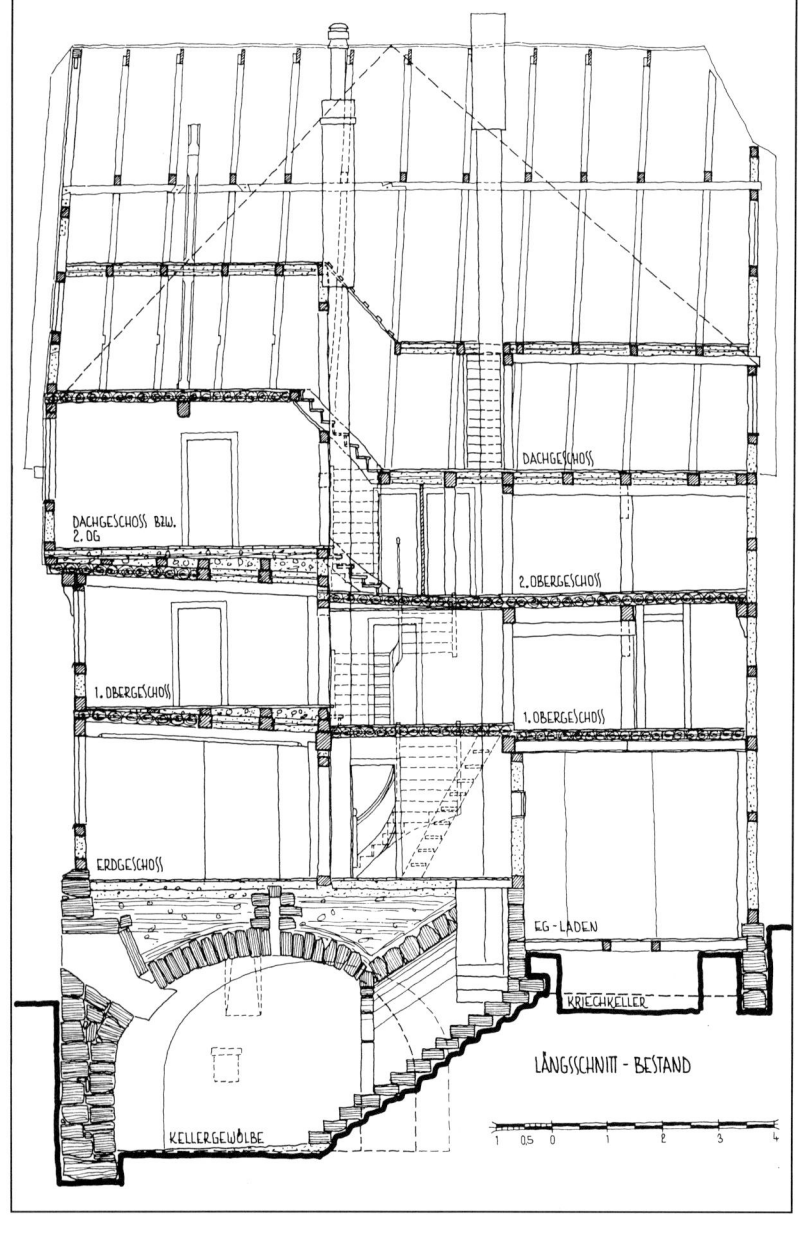

Verformungsgerechtes Aufmaß

diese Weise sichergestellt war, daß auch bei ungleichen Holzdimensionen (was bei gebeiltem Holz fast die Regel war) die Hölzer auf der Sichtseite bündig angeordnet wurden.

Wichtiger als die »Schönheit« des Aufmaßblattes ist die Detailtreue, die Maßgenauigkeit und möglichst viele eingetragene Daten und Fakten. Im Normfall wird die Reinzeichnung eines solchen Aufmaßes nicht mit dem Lineal sondern mit der Hand ausgeführt, um alle Unregelmäßigkeiten besser erfassen zu können. [8]

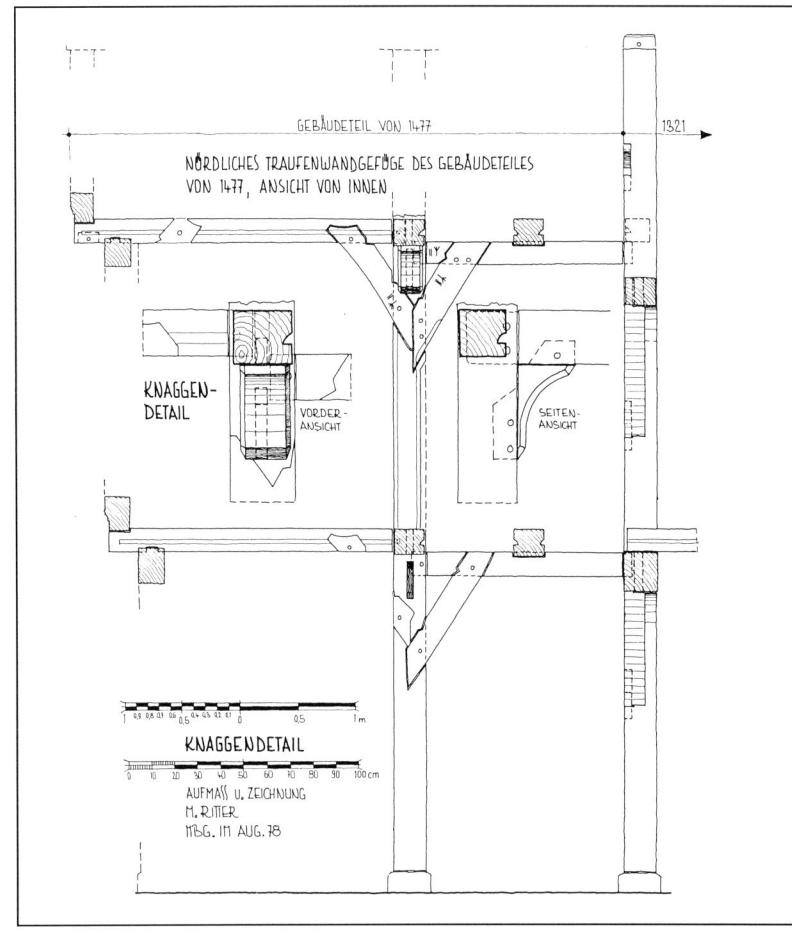

Hirschberg 13, Befunde Nördliches Traufenwandgefüge des Gebäudeteiles von 1477. Aufmaß: M. Ritter, in Stadt Marburg, Arbeitsgruppe für Bauforschung und Dokumentation: Hirschberg 13, Ein Haus von 1321 in der Reihe Marburger Schriften zur Bauforschung, Marburg 3/84.

Checkliste Bauaufnahmegeräte

1.0 Meßgeräte

1.1 Gliedermeterstab 2 m
1.2 Gliedermeterstab 4 m
1.3 Maßband, mindestens 20 m
1.4 Teleskopmeter
1.5 3 m Maßband mit Sichtfeld zur Ablesung lichter Weiten
1.6 Profiltaster
1.7 Schiebelehre und Innenschiebelehre

2.0 Wasserwaagen und Lote

2.1 Wasserwaage 0,6 m
2.2 Wasserwaage 1,0 m
2.3 Wasserwaage 2,0 m
2.4 Schlauchwaage
2.5 5 verschiedene Lote

3.0 Theodolit oder Nivelliergerät

3.1 Bautheodolit inkl. Stativ oder automatisches Nivelliergerät mit Teilkreis
3.2 Baulasergerät, Rotationslaser
3.3 Winkelprisma
3.4 Meßstäbe, Fluchtstäbe

4.0 Allgemeine Geräte und Werkzeuge

4.1 Spitzhammer
4.2 Drahtstifte, Stahlnägel, S-Haken
4.3 Stemmeisen und Klopfholz
4.4 Geflochtene Maurerschnüre
4.5 Taschenlampe
4.6 Kabeltrommel 10 m einschließlich 4-fach Stecker
4.7 Kabeltrommel 50 m
4.8 Holzpflöcke
4.9 Filzstifte, Wachskreide, Tafelkreide Rolle Tesakrepp

5.0 Zeichengeräte

5.1 Komplettes Zeichengerät einschließlich Lichttisch usw.

6.0 Fotogeräte

6.1 Komplette Kleinbild-Fotoausrüstung
6.2 Blitzgerät

Untersuchungen und Sanierungskonzept

Konstruktive und geologische Untersuchungen

Die statisch-konstruktive Untersuchung kann im Minimalfall aus der rechnerischen Überprüfung einiger kritischer Bauteile, wie den Unterzügen oder Pfetten, bestehen. Wesentlich besser ist die umfängliche Untersuchung der ganzen Bausubstanz auf ihre Tragfähigkeit hin. Dazu müssen zum Beispiel die Decken geöffnet werden, um die Dimension und die Beschaffenheit der tragenden Teile (z. B. bei Holzbalkenlagen die Dimension der Balken, die Holzart, die Abstände der Balken, Stakung oder Einschub, Kreuzstakung, Füllmaterial, Höhen und Gewicht der Gesamtkonstruktion) festzustellen und danach die zulässige Belastung zu ermitteln. Ebenso müssen alle tragenden Wände und die Dachkonstruktion im Hinblick auf ihre Materialien, Dimensionen und damit auch die mögliche Belastbarkeit untersucht werden. Bei Gefahr von Setzungsschäden, Grundbrüchen o.ä. sind Bodenuntersuchungen notwendig.

Bei weitreichenden Sanierungen sind statisch-konstruktive Untersuchungen unerläßlich und neben den Aufmaßen wichtigste Entscheidungshilfen für Nutzungsüberlegungen und Sanierungskonzepte. Bei Denkmälern geht es dabei weniger darum, das Denkmal der neuen Nutzung anzupassen, sondern eine dem Denkmal angemessene Nutzung anzustreben, das heißt z. B., daß Decken weger zukünftiger hoher Belastungen nicht verstärkt werden, sondern die Belastung der vorhandenen Belastbarkeit angepaßt wird oder ein Bau bzw. ein Raum nicht zu intensiv genutzt werden darf.

In Verbindung mit der Schadensanalyse und den Mängellisten dienen die Ergebnisse statisch-konstruktiver Untersuchungen insbesondere der Erstellung exakter Ausschreibungsunterlagen.

Zur statisch-konstruktiven Untersuchung gehört auch die Überprüfung von allen Dekken bzw. Deckenbalken. Dazu muß oft partiell der Boden aufgenommen werden.

Restauratorische Untersuchungen

Bei Kulturdenkmälern, insbesondere bei allen herausragenden Bauten, muß vor jedem (größeren) Eingriff mit entsprechenden restauratorischen Untersuchungen der vorgefundene Zustand und möglichst auch alle vorhergehenden Zustände mit den jeweiligen Materialien festgestellt und dokumentiert werden. Dazu müssen z. B. Stuckteile von vielen Übermalungen freigelegt werden, Putz- und Anstrichschichten in sauber angelegten Schnitten ermittelt, Textil- und Papiertapeten untersucht, Farb- und Mörtelanalysen erstellt und Farbspuren gesichert werden.

Den Materialien und Kunstwerken adäquat müssen diese Untersuchungen äußerst sensibel durchgeführt werden und erfordern ein Höchstmaß an Können und Erfahrung. Handwerkliche Kenntnisse sind dann Grundvoraussetzung, meist sind für restauratorische Untersuchungen sogar handwerkliche und wissenschaftliche Ausbildung notwendig. [9]

Schadensanalyse

Alle Schäden sind zu untersuchen und zu analysieren und müssen dazu dokumentiert werden. Dies kann auf verschiedenste Art und Weise, etwa in Form eines fortlaufenden Berichtes oder ähnlich einem Raumbuch geschehen. Gut bewährt hat sich die qualitative und quantitative Auflistung, geordnet nach Bauelementen und Gewerken. Eine solche Liste, sorgfältig erarbeitet, ist eine ideale Grundlage für Massenermittlungen und Ausschreibungstexte und die einzige Basis für realistische Kostenvoraussagen. [10]

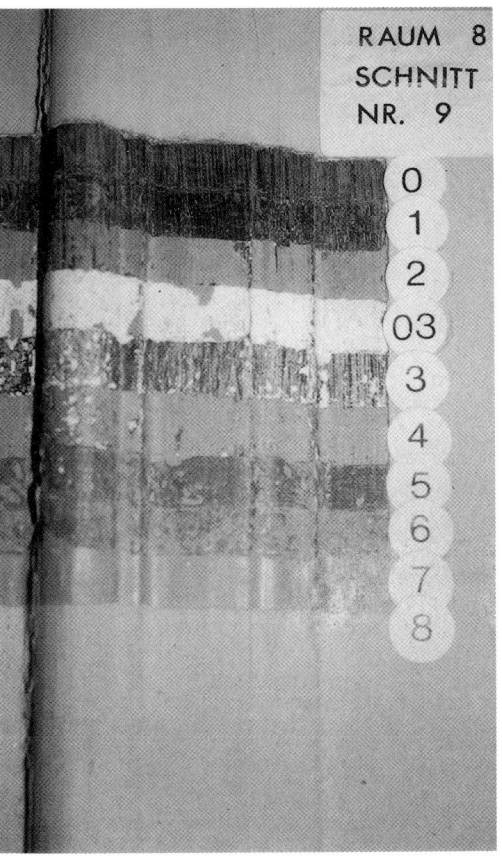

Ein wichtiger Teil restauratorischer Untersuchungen sind Untersuchungen der Farbfassungen, z.B. mittels Schnitten, die alle Farbschichten auf den verschiedenen Untergründen erfassen und die Dokumentation dieser Befunde. Foto: Fortbildungszentrum Johannesberg, Knesch.

Teil einer Mängelliste aus der Untersuchung einer Fachwerkfassade. Untersuchung Fortbildungszentrum Johannesberg.

1. Dachgeschoß

Schaden-Stelle	Foto-Nummer		Bauteil	Zustand	Querschnitt/Länge cm m	Reparatur-Vorschlag
			1. Balkenkopf und Knagge (v. links)	Holzersatzmasse dick aufgetragen		Harz entfernen
(41)	43.		2. Balkenkopf und Knagge (v. links)	Holzersatzmasse dick aufgetragen		Harz entfernen und auspänen, Profil ergänzen
(42)	44.		3. Balkenkopf und Knagge (v. links)	vermodertes Holz nach Entfernen der Holzersatzmassen		bis auf gesunde Substanz abtragen und mit mindestens 5 cm starker Bohle ergänzen, Knagge erneuern
(44)	45.		4. Balkenkopf und Knagge (v. links)	vermodertes Holz nach Entfernen der Holzersatzmassen		bis auf gesunde Substanz abtragen und mit mindestens 5 cm starker Bohle ergänzen, Knagge erneuern
(60)	46.		5. Knagge (v. links)	verspachtelt mit Holzersatzmasse		Harz entfernen, Holz ergänzen
			6. Knagge (v. links)	Holzersatzmasse		rechtsseitig 1 bis 2 cm bis auf gesunde Substanz abtragen
(45)	47.		7. Balkenkopf (v. links)	„Reparaturen" mit Holzersatzmasse		bis auf gesunde Substanz abtragen und mit mindestens 5 cm starker Bohle ergänzen
(45)	47.		7. Knagge (v. links)	„Reparaturen" mit Holzersatzmasse		Harz entfernen und auf gesunde Substanz beistechen
(47)	48.		8. Balkenkopf	„Reparaturen" mit Holzersatzmasse		bis auf gesunde Substanz abtragen und mit mindestens 5 cm starker Bohle ergänzen
(47) (68)	48.	49.	8. Knagge (v. links)	Profile mit Holzersatzmasse geformt, mit Holzersatz verspachtelt		Profil und Fehlstücke ergänzen
(47) (69)	48.	49.	Eckkopf und Knagge	Profile mit Holzersatzmasse geformt, Risse und Holzersatz verspachtelt		Profile ergänzen
(41) (43) (59 a)	43. 51.	50.	Füllhölzer	Risse „Reparaturen" mit Holzersatz	7,00	Harz entfernen, auspänen

Sanierungs- oder Restaurierungsbericht und Fotodokumentation

Nach Abschluß aller Maßnahmen ist im Normalfall ein Sanierungs- oder Restaurierungsbericht mit ausführlicher Dokumentation zu erstellen. Dieser Bericht soll das Sanierungsziel zum Ausdruck bringen, die Beschreibung des angetroffenen Zustandes, der durchgeführten Untersuchungen und Maßnahmen und den erreichten Ist-Zustand.

Einzelne der bisher aufgeführten Untersuchungen, wie die restauratorische Untersuchung, werden im Normalfall bereits mit Fotos belegt bzw. illustriert. Besonders bei weitreichenden Maßnahmen sollte darüber hinaus eine durchgehende Dokumentation des Ist-Zustandes mit Fotos der Lage des Objektes in Landschaft, Dorf oder Straße, der Fassaden einschließlich aller herausvergrößerter Details, allen Räumen mit vergrößerten Details von Treppen, Türen, Fenstern usw. erfolgen.

Um alle Befunde, die erst während der Baudurchführung entdeckt werden, und um die Schritte von Sanierungsmaßnahmen zu fixieren, ist es vorteilhaft, in regelmäßigen zeitlichen Abständen oder unregelmäßig – dem Fortgang der Baumaßnahme entsprechend – fotografisch zu dokumentieren.

Altersbestimmung

Um ein historisches Gebäude kunst- und baugeschichtlich richtig einordnen zu können, aber auch um Rückschlüsse für jeweils nur zu bestimmten Zeiten angewandte Konstruktionen und Materialien ziehen zu können, ist es notwendig, möglichst viele und genaue Daten über das Gebäude zu ermitteln, mit dem Ziel, es genau zu datieren, d. h., die Daten seiner Entstehungszeit und seiner evtl. Umbauphasen festzustellen.

Bau- und Umbaudaten lassen sich ermitteln
– aus Urkunden und Archivalien
– durch im Bauwerk in Stein und/oder Holz eingearbeitete Jahreszahlen
– durch aufgemalte Inschriften,
– auf der Basis konstruktiver Merkmale,
– mittels Radiokarbonmethode,
– mittels Dendrochronologie.

Die erstgenannten Verfahren werden nachfolgend behandelt, während die Dendrochronologie bei den neuen rechnergestützten Verfahren dargestellt wird.

Urkunden

Die in Urkunden festgelegten Baudaten gelten allgemein als die sichersten Daten. Insbesondere bei öffentlichen Bauten, Rathäusern, Bauten der Kirche und des Adels, seltener auch bei privaten Bauten, sind zahlreiche Daten in Urkunden rund um das Bauwerk enthalten. Entsprechendes Material findet man nicht nur in den Bauakten, sondern auch in Rechnungen, in Schenkungsurkunden, Urkunden und Berichten über Stadtbrände und den Wiederaufbau von Häusern sowie in den umfangreichen Urkunden zu Rechtsstreitigkeiten. Von Bauwerken, die nach der letzten Jahrhundertwende errichtet wurden, sind in vielen Fällen noch Bauakten vorhanden, die genaue Aufschlüsse zulassen.

Altersbestimmung

Daten am Bauwerk

Bei den am oder im Bauwerk befindlichen Daten wird ausdrücklich zwischen eingehauenen Jahreszahlen und aufgemalten Datierungen unterschieden. Die eingehauenen Daten von der Bauzeit oder von Umbauten sind weitgehend als sicher anzusehen. Es kommt aber auch vor, daß Steine mit Daten als Spolien bei einem ganz anderen Bau eingemauert, oder Hölzer mit einem Datum aus einem völlig anderen Gebäude zum zweiten oder dritten Mal eingebaut wurden. Meist lassen sich diese Ausnahmefälle aufgrund anderer Hinweise ohne weiteres feststellen.

Bei aufgemalten Datierungen kommen dagegen sehr häufig Fehler vor, weil solche Jahreszahlen unter Umständen nur geschätzt und dann aufgemalt wurden oder bei Renovierungen die ursprüngliche Datierung schlecht lesbar war und dann versehentlich und falsch geändert wurde. Ein typisches Beispiel dafür ist das Schwörerhaus in Immenstaad, wo auf dem Giebel die Jahreszahl 1578 aufgemalt wurde. bei genauerer Untersuchung findet man die richtige Jahreszahl 1528 eingehauen im Kellerportal. Bei der Neufassung des Anstriches ist irgendwann einmal aus der »2« eine »7« geworden. Bei einer neuerlichen Restaurierung läßt sich aus der »7« leicht wieder eine »2« machen, was den Hinweis, daß aufgemalte Daten vorsichtig zu behandeln und zu bewerten sind, nur unterstützen kann.

Konstruktive Merkmale

Die Datierung auf der Basis konstruktiver Merkmale ergibt nur für bestimmte Gebäudetypen und Konstruktionen Näherungswerte. Der Hauptgrund für den großen Spielraum liegt darin, daß in vielen Gegenden besonders die Zimmermeister noch lange an ihren gewohnten und erprobten Techniken, Konstruktionen und Detailausführungen festhielten, auch wenn anderen Orts schon längst Neuerungen eingetreten waren. So finden sich Schwellriegelbauten noch bis in unser Jahrhundert, und in der Eifel kommen Ständerbauten noch 200 Jahre vor, nachdem in anderen Gegenden schon längst durchgehende Stockwerksrähmbauten errichtet wurden. Relativ enge Datierungen lassen sich aufgrund von Verstrebungsformen der Übergangszeit zwischen 1470 und 1550 oder nach Einführung der Mannfiguren 1556 am Melsunger Rathaus ermitteln.

In Holz geschnitzte oder in Stein gehauene Daten sind weitgehend sichere Datierungshinweise, vorausgesetzt, Holz oder Stein befinden sich noch in Originallage.

Aufgemalte Daten beinhalten verschiedene Unsicherheitsfaktoren.

Untersuchungen und Sanierungskonzept

Eine Reihe konstruktiver Merkmale lassen Hinweise zur ungefähren Datierung zu. Die Verstrebungsformen der Übergangszeit lassen sich zwischen 1470 und 1550 einordnen.

Thermografiegerät auf Stativ. Rechts das Aufnahmegerät, links der Monitor mit Sichtschacht und Sofortbildkamera.

Radiokarbonmethode

Die Radiokarbonmethode, auch C 14-Methode genannt, die besonders häufig die Basis von Baudatierungen in Großbritannien bildet, ist sehr ungenau. Der Vorteil der Methode liegt darin, daß nicht nur Holz, sondern auch alle anderen kohlestoffhaltigen Baumaterialien datiert werden können. Der Genauigkeitsbereich kann bei Datierungen von Holz z. B. mit ca. +/− 50 Jahren angenommen werden. Die Methode beruht darauf, daß aufgrund der kosmischen Ultrastrahlung aus dem Stickstoff der Atmosphäre fortlaufend in kleinen Mengen das radioaktive Kohlenstoffisotop 14C erzeugt wird. Die Halbwertzeit dieses Isotops beträgt 5568 Jahre. Aus der noch vorhandenen Radioaktivität des 14C-Kohlenstoffisotops kann das ungefähre Alter errechnet werden.

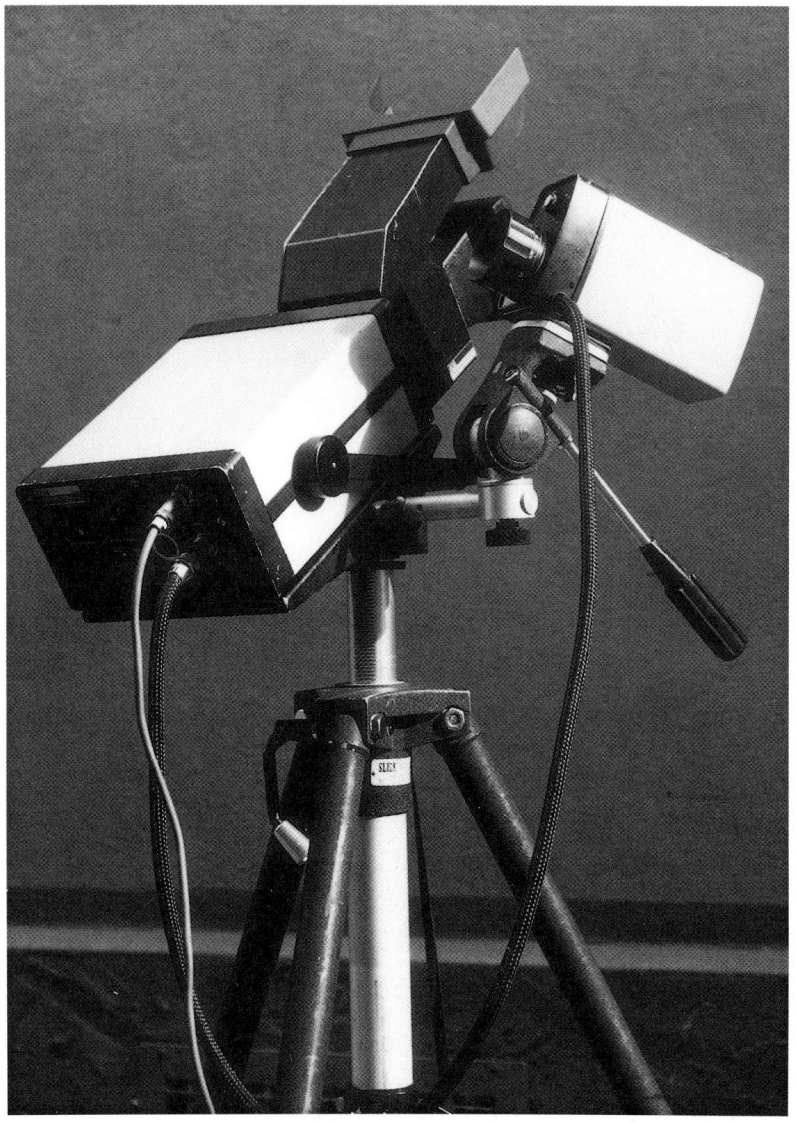

Rechnergestützte Untersuchungsmethoden

Neben den traditionellen manuellen Untersuchungsmethoden gibt es eine Reihe äußerst effektiver neuerer Methoden wie die Thermografie oder Infrarottechnik, die Endoskopie, die Dendrochronologie und die Fotogrammetrie.

Thermografie

Die Infrarottechnik, besser Thermografie, wird heute auf vielen Gebieten erfolgreich eingesetzt. Dazu gehören: Untersuchungen zur Minderung von Energieverlusten oder zur Vorbeugung größerer Schäden in Kraftwerken und Elektrizitätsverteilungen, bei industriellen Produktionsabläufen, in Kesselanlagen, chemischen und petrochemischen Produktionsanlagen, bei der Lokalisierung von Schwelbränden und Rohrleckagen oder beim qualitativen Nachweis von Wärmeverlusten in schlecht

Rechnerunterstützte Untersuchungsmethoden

gedämmten Gebäuden bzw. der zerstörungsfreien Untersuchung unter Verputz liegenden Fachwerks.

Gerade im handwerklichen Baubereich kann die Thermografie eine Fülle von Aufgaben lösen. Die komplizierten Untersuchungen werden dabei im Normalfall von spezialisierten Ingenieurbüros durchgeführt. Als Beispiele werden hier die Untersuchungen von unter Verputz liegendem Fachwerk und Mauerwerk dargestellt.

Die Infrarottechnik nutzt das differenzierte Wärmeverhalten der verschiedenen Baustoffe. Man verwendet dafür ein zu diesem Zweck entwickeltes Spezialinstrument, Thermovisionsgerät genannt, das aus den Teileinheiten Kamera und Wiedergabegerät besteht. Von der Kamera wird die Infrarotstrahlung (Wärmestrahlung) eines Untersuchungsobjektes punktweise durch rotierende Prismen (horizontal und vertikal) abgetastet und einem Indiumantimoniddetektor zugeleitet, der mit flüssigem Stickstoff auf $-196°$ C gekühlt ist. Die abgetastete Wärmestrahlung wird dort in elektrische Signale umgewandelt. Im Wiedergabegerät werden die übernommenen Signale verstärkt und zur Modulation eines Elektronenstrahles umgeformt. Dieser gleitet ähnlich wie bei einem Fernsehbild über einen Bildschirm und bildet darauf punktweise die aufgenommene Wärmeenergie ab, so daß in abgestuften Grautönen (oder in Farbe) ein Wärmebild des abgetasteten Objektes entsteht. Dunkle Zonen zeigen kältere und hellere entsprechend wärmere Objektteile oder umgekehrt. Durch eine nachgeschaltete Sofortbildkamera können die Wärmebilder auf dem Bildschirm auch als Foto (Thermografie) festgehalten werden und stehen dann zur Auswertung oder Dokumentation zur Verfügung. Die Information auf dem Bildschirm bzw. die Thermografien sind ein gutes Arbeitsmaterial zum Herstellen von Fachwerkaufrissen. Dazu verwendet man am besten Fassadenpläne im Maßstab 1:100, trägt die Infrarotergebnisse (das Fachwerk) in diese Pläne ein und erzielt damit einwandfreie Fachwerkaufrisse, die z. B. zur Entscheidungsfindung bei Fachwerkfreilegungen dienen können.

Die Untersuchung verputzter Fachwerksubstanz durch das Putzabschlagen ist allein aus Kostengründen völlig indiskutabel – der abgeschlagene Putz müßte wieder ausgebessert oder neu aufgebracht werden, wenn das Fachwerk nicht freilegungswürdig ist. Hier liefern völlig zerstörungsfreie Infrarotuntersuchungen schon in der Vorplanung wertvolle Entscheidungshilfen und die Möglichkeit, Freilegungskonzepte für Ensembles, Straßenzüge und Stadtbereiche zu entwickeln. Auch bei der Motivation zur Fachwerkfreilegung können thermografische Untersuchungsergebnisse eine wertvolle Hilfe sein.

Die Untersuchung erfolgt durch Abtasten der Fassaden. Es empfiehlt sich, verputzte Fachwerkbauten in der warmen Jahreszeit thermografisch aufzunehmen, da sich zu dieser Zeit infolge der stark unterschiedlichen Reflexionen atmosphärischer Wärmestrahlung und durch die unterschiedlichen Wärmeleitwerte von Holz und Ausfachungsmaterial besonders scharfe Thermo-

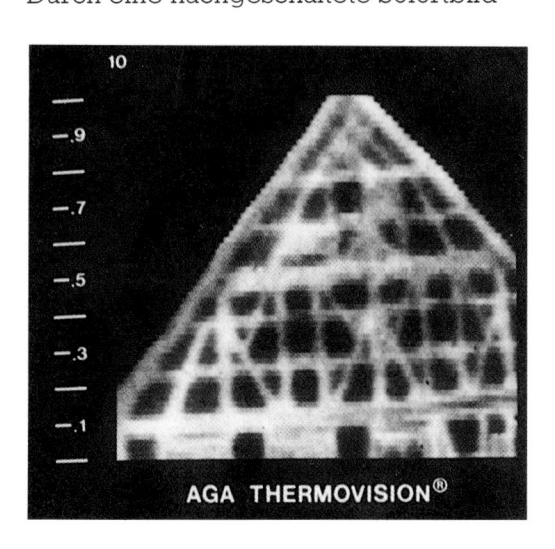

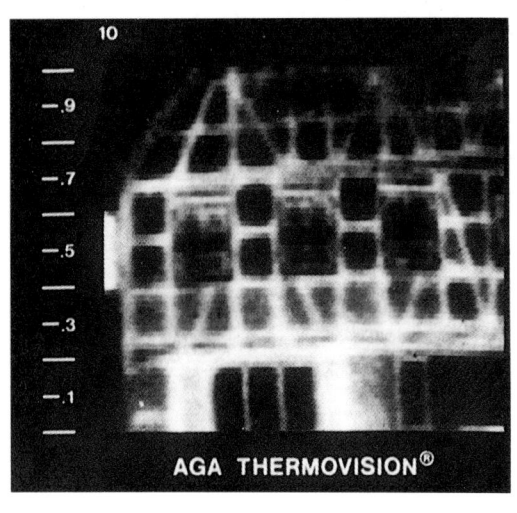

Thermogramme des Giebels eines Fachwerkhauses. Aus solchen Thermogrammen lassen sich leicht Ansichtsskizzen etwa im Maßstab 1:100 erarbeiten. Foto: F. Kynast.

gramme ergeben. Die meist unterschiedliche Raumbeheizung während der kalten Jahreszeit bedingt auch eine unterschiedliche Wärmeabgabe der einzelnen Fachwerkteile, so daß im Winter oft unscharfe oder ungleichmäßige Thermogramme entstehen. Besonders unbewohnte Fachwerkhäuser oder Hausteile, wie Scheunen und Dachgiebel, können deshalb nur in den Sommermonaten thermografiert werden.

Anhand von Thermografien läßt sich leicht feststellen, ob unter dem Verputz ein ehemals schmückendes Sichtfachwerk liegt oder das Fachwerk nur konstruktive Zwecke erfüllt, ob es sich um eine architektonisch und handwerklich wertvolle Konstruktion handelt, welche Veränderungen daran vorgenommen wurden und wie sich eine Freilegung auf die bauliche oder landschaftliche Umgebung auswirken würde. Bei günstigen Aufnahmebedingungen sind alle Details, wie Verstrebungsformen, Schmuckhölzer, An- und Umbauten sowie Störungen durch größere Fenster oder Türen zu erkennen und zu fixieren. In seltenen Einzelfällen sind auch Anhaltspunkte auf den Thermogrammen zu finden, die auf den Zustand des Holzes (Schädigung durch tierische oder pflanzliche Schädlinge) schließen lassen. Hier kommt man dann unter Umständen doch nicht daran vorbei, zur Feststellung des Erhaltungszustandes der Holzteile den Putz an einigen wenigen, besonders häufig mit Mängeln behafteten, Stellen partiell abzuschlagen. Zu den besonders gefährdeten Hölzern zählen die Fensterstreichständer unterhalb der Fensterbänke, die untersten Schwellen und die Knotenpunkte von oberem Rähm mit Dachbalken und Giebelsparren. Diese ergänzenden Untersuchungen zu Holzschäden lassen sich aber wiederum mit weniger Verlust am Originalputz auch mit Bohrproben bewältigen. Vorher muß aber das Fachwerk entsprechend dem Infrarotergebnis in einem Aufriß festgehalten werden.

Ähnlich erfolgen die Untersuchungen von Stein- und Mauerstrukturen bei Massivbauten. Gerade die baugeschichtlich interessanten Massivgebäude aus früheren Bauepochen haben durch Nutzungswandel, Zerstörungen, Reparaturen und sonstige Baumaßnahmen umfangreiche Änderungen erfahren; diese sind heute unter Verputz verborgen und zunächst nicht sichtbar. Aufschluß könnte auch hier nur das Abschlagen des Verputzes bringen, der anschließend wieder aufgetragen werden müßte, so daß im Zweifelsfall auch bei geringen Ergebnissen hohe Kosten entstünden. Bei Denkmälern würde ein solches Vorgehen den Verlust der wertvollen seltenen historischen Putzschichten bedeuten. Viel zweckmäßiger ist auch hier die Untersuchung der Massivbauteile durch Abtasten mit dem Infrarotsystem. Die Infrarotkamera nimmt dabei die geringen Temperaturdifferenzen der verschiedenen Steinmaterialien auf, die durch den Verputz Wärme abstrahlen. Auf dem Bildschirm werden dadurch einzelne Steine und Steinformationen in Form verschiedener Grauwerte (hell bis dunkel) oder auch farbig sichtbar. Alle Veränderungen im Mauergefüge, Ausbesserungen, Anbauten, zugemauerte Fenster und Türen mit ihren ursprünglichen Gewänden, Gurten, Bögen usw. sind auf dem Bildschirm sichtbar und können mit der Sofortbildkamera fixiert werden. Auf dieser Basis lassen sich dann geschichtliche Zusammenhänge klären und die Vorlagen für historisch getreue Rekonstruktionen anfertigen.[11]

Endoskopie

Die Endoskopie ist keine neue Untersuchungsmethode, vielmehr werden starre und flexible Endoskope schon seit einigen Jahrzehnten mit großem Erfolg in der Medizin angewandt. Die flexiblen Endoskope werden z. B. in Form eines sogenannten »Schlauches« durch Mund und Speiseröhre in den Magen bzw. die Gallenblase geführt, und der Arzt kann durch das Endoskop Magenwand und Zustand der Galle untersuchen. Aus den medizinischen Endoskopen wurden die Geräte für die Bauendoskopie weiterentwickelt.

Die Bauendoskopieausrüstung besteht aus dem eigentlichen Endoskopstab, zwischen ca. 0,60 und 1,50 m Länge und ca. 5 mm bis ca. 12 mm Stärke, der sich in seinem Inneren aus einem Bündel von Glasfasern zusammensetzt und am

Rechnerunterstützte Untersuchungsmethoden

unteren Ende mit verschiedenen Optiken bzw. optischen Winkeln, die eine Sicht geradeaus, 45° seitwärts, 90° seitwärts oder 45° rückwärts ermöglichen und am anderen Ende mit einer Augenmuschel versehen ist. Statt der Augenmuschel kann auch eine Kamera zur sofortigen Dokumentation der Untersuchungsergebnisse aufgesetzt werden. Weiter gehört zum Endoskop eine Lichtquelle, mit deren Strahlen die Untersuchung in dem dunklen Hohlraum erst möglich wird.

Eine endoskopische Untersuchung wird etwa nach folgendem Schema durchgeführt: Um die zu untersuchenden Stellen wie Balkenköpfe, Dach- oder Deckenhohlräume, gefährdete Holzquerschnitte usw. zu erreichen, werden Löcher zur Einführung des Endoskopes gebohrt, im Normfall ca. 25 mm groß. Mittels Inaugenscheinnahme werden bei einer Voruntersuchung die Anzahl, Lage und Neigungswinkel der Bohrlöcher festgelegt und in Planunterlagen kartiert. Danach wird mit niedertourigen Maschinen gebohrt. Günstig sind Bohrmaschinen mit Stativ, die genau auf den Neigungswinkel eingestellt werden können, sowie mit Anschlag, um die gewünschte Bohrtiefe genau zu erreichen. Dann wird der Endoskopstab (auch flexible Endoskope werden verwandt) mit der gewünschten Optik in das Bohrloch eingeführt und die Bausubstanz, Schichtenfolge oder der Materialzustand untersucht und bewertet. Die

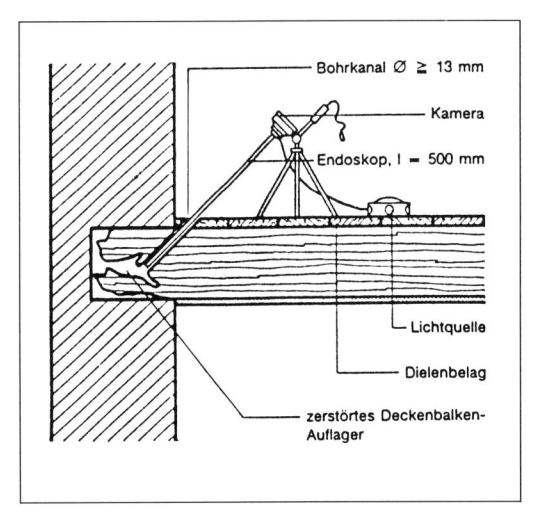

Systemzeichnung zur endoskopischen Untersuchung eines Balkenkopfes. Zeichnung: F. Kynast.

Ergebnisse werden protokolliert. Außerdem lassen sich die Befunde durch das Aufschrauben einer Kamera sofort dokumentieren. Falls erforderlich, können durch das Bohrloch zusätzlich zur endoskopischen Untersuchung mittels Sonden auch Proben von Baustoffen, Schädlingen oder Schadstoffen für weitergehende Untersuchungen oder Laborauswertungen entnommen werden. Danach wird das Bohrloch – besonders bei Untersuchungen ohne schädigende Befunde – mit einem Rundholzdübel bei Holz bzw. Mörtel bei Mauerwerk wieder geschlossen.

Die Methode läßt sich natürlich noch verfeinern und erweitern. So wurde zur Untersuchung der Stein- und Mörtelstruktur des Obergadenmauerwerks in einem mittelalterlichen Dom ein Endo-

Endoskopische Untersuchung des Holzzustandes einer Strebe. Foto: F. Kynast.

skop mit einem Motor versehen und die Bohrlochwand spiralförmig abgefahren. Die so gewonnene Bilderserie wurde auf Videokassette aufgenommen und steht als laufendes Bild zur genauen Auswertung über den Bildschirm zur Verfügung.

In Verbindung mit anderen Untersuchungs- und Bestimmungsmethoden ist man mit der Bauendoskopieausrüstung in der Lage, wirksam und kostengünstig

– den Zustand der besonders gefährdeten eingemauerten Balkenköpfe zu untersuchen;
– allgemein das Kernholz von Konstruktionshölzern zu überprüfen;
– alle schwer zugänglichen Baustoffschichten wie Wand- und Dachaufbauten zu untersuchen;
– unbekannte Baustoffe innerhalb von Konstruktionen zu ermitteln und ihre Dicke und Beschaffenheit festzustellen;
– Strukturen, Kornaufbau und Mörtelzusammensetzung von historischen Mauern zu ermitteln.

Die Untersuchungsergebnisse eignen sich besonders für die
– Voruntersuchungen für Sanierungsmaßnahmen,
– Planung und Kostenkalkulation von Sanierungsmaßnahmen, Begutachtung von Schäden bei Beweissicherungsverfahren und
– Feststellung von Materialeigenschaften, Stärken und Güten zur Festlegung statischer Belastungsgrenzen.

Dendrochronologie

Die Dendrochronologie ist eine wissenschaftliche Methode zur Bestimmung des Fälldatums von Hölzern mittels der Jahresringbreiten. Grundlage der Dendrochronologie sind die unterschiedlichen Wuchsdaten der Bäume je nach fruchtbaren oder weniger fruchtbaren Jahren. Aufgrund der Untersuchung vieler Eichenstämme – überlappend in der Zeit und auch weit zurückliegend – wurden Standardkurven für die verschiedenen Landschaften erarbeitet.

Zur Feststellung des Fälldatums wird von dem zu bestimmenden Stamm die Breite der Jahresringe gemessen, im Maßstab der Standardkurve eine Kurve erstellt und diese Einzelkurve mit der Standardkurve verglichen. Dort wo Standard- und Einzelkurve voll oder weitgehend identisch sind, kann man am äußersten Jahrring der Einzelkurve im günstigsten Fall das Fälljahr ablesen. Im günstigsten Fall heißt, daß zum einen eine weitestgehende Übereinstimmung vorhanden sein muß (hierzu gibt es Meßwerte, die besonders die Anzahl der untersuchten Jahresringe berücksichtigen) und zum anderen muß der äußerste Splintjahresring, der Bast, am zu untersuchenden Holz vorhanden sein.

Bei der Auswahl der Probe ist es wichtig, daß kein Holz zur Untersuchung verwendet wird, das bereits zum zweiten oder dritten Mal eingebaut war oder welches erst anläßlich einer späteren Reparatur eingebaut wurde.

Günstig zur Untersuchung sind flache Holzscheiben. Ist kein zerstörtes Holz vorhanden, welches das Abschneiden einer Scheibe erlaubt, so werden Kernbohrungen durchgeführt und die Jahresringe auf dem Kern gemessen.

Präparierte Holzscheibe für eine dendrochronologische Untersuchung. Zur Ermittlung des Fälldatums ist weniger die Anzahl der Jahresringe bedeutend als das Vorhandensein aller, d.h. auch des äußersten Splintjahresringes. Foto: Fortbildungszentrum Johannesberg, Knesch.

Rechnerunterstützte Untersuchungsmethoden

Der Genauigkeitsgrad dendrochronologischer Untersuchungen ist unterschiedlich. Wenn alle Splintjahresringe bis zum Bast vorhanden und die Jahresringbreiten nicht zu gleichmäßig sind und weiter die Probe ca. 80 bis 100 Jahresringe oder mehr aufweist, so ist eine fast 100prozentige Genauigkeit erzielbar. Ist die Anzahl der zu untersuchenden Jahresringe geringer, so wird auch die Wahrscheinlichkeit der Genauigkeit geringer. Ist nur ein Teil der Splintjahresringe an der Probe vorhanden, so kann man bei Eiche von einer Genauigkeit von +/– 5 Jahren ausgehen, da die Eichenstämme einen Splintanteil von 12 bis 20 Jahresringen aufweisen. Standardkurven für Eichen gibt es inzwischen für große Teile von Europa, Standardkurven für andere Holzarten wie Fichte, Kiefer und Buche sind nur spärlich vorhanden, bzw. noch in Arbeit. Die früher zeitaufwendigen Untersuchungen werden heute mit Rechenprogrammen durchgeführt. An den Rechner angeschlossene Schreibgeräte und Plotter zeichnen dabei auch die Standard- und Einzelkurven auf. [12]

Werden auch die Beil- und Sägespuren untersucht, so ist bei günstigen Voraussetzungen nicht nur das Fälljahr genau zu fixieren, sondern auch festzustellen, ob das Holz saftfrisch bzw. trocken verzimmert wurde. Allgemein kann festgestellt werden, daß das Eichenholz – weil es im trockenen Zustand schwer zu bearbeiten ist – meist saftfrisch, d. h., im ersten Jahr nach der Fällung verzimmert wurde.

Fotogrammetrisches Aufmaß

Bei besonders schwierigen Aufmaßsituationen können auch die relativ teuren rechnergestützten fotogrammetrischen Aufmaßsysteme eingesetzt werden. Die solchermaßen hergestellten Aufmaße können höchste Genauigkeit und damit auch höchsten Dokumentationswert erzielen. Die verschiedenen Systeme eignen sich für detailgetreue Fassadenaufmaße, zum Beispiel bei starker Gliederung und reichem Bauschmuck, bei großen Objekten, wie Brücken und Burgen aber auch ganzen Stadtvierteln. Die Verfahren laufen in etwa so, daß eine Reihe von Meßpunkten am Objekt eingemessen, fixiert und gekennzeichnet werden. Dann werden mit einer Stereomeßkammer Aufnahmen des Objektes – unter Umständen von einer Hebebühne oder vom Hubschrau-

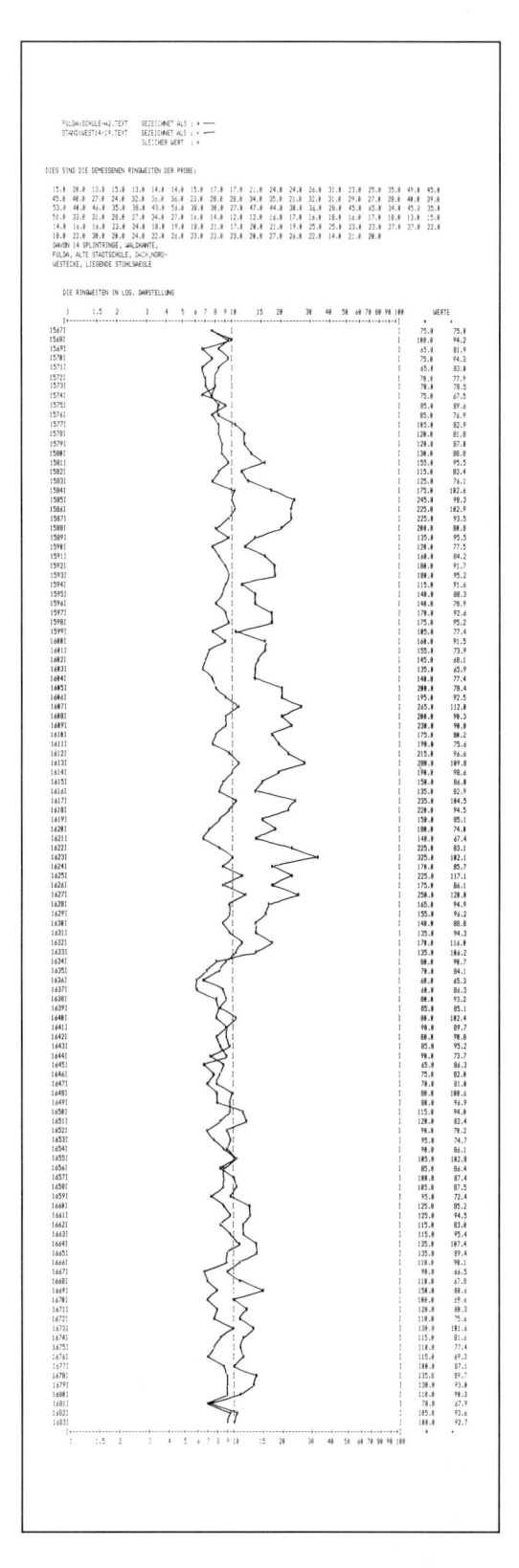

*Mit einem speziellen Rechenprogramm ermitteltes und mit dem Drucker (Plotter) aufgezeichnetes dendrochronologisches Datierungsergebnis.
Untersuchung: H. Tisje.*

Untersuchungen und Sanierungskonzept

Photogrammetrische Aufnahme einer Fassade. Der Genauigkeitsgrad kann vorgegeben werden. Zeitaufwendig sind die Reinzeichnungen. Aufnahme: Fa. Geocart Frankfurt/M. Stadt Frankfurt/M., Denkmalschutzbehörde.

ber aus – gemacht und mit Hilfe dieser Aufnahmen und Rechner entsprechende gewünschte Aufmaße in auszuwählenden Maßstäben, aber auch Isometrien, Perspektiven oder Dachaufsichten mit Höhenlinien erarbeitet.

Sanierungskonzept

Erarbeitung des Konzeptes

Das Sanierungskonzept basiert im wesentlichen auf zwei Festpunkten: dem Istzustand des Gebäudes und dem Ziel der Sanierung, also dem Zustand des Gebäudes nach Abschluß aller Maß-

Sanierungskonzept

nahmen. Neben diesen beiden Hauptfaktoren muß der konzeptionelle Ansatz zahlreiche weitere Fakten mit einschließen, dazu gehören die Struktur des Gebäudes, die vorgesehene Nutzung, der Umfang der Schäden, der Standard der vorhandenen Installationen, der zukünftig gewünschte Standard einschl. der Grundsätze zur Anordnung der Installationen, einzeln zu definierende Ziele von Verbesserungen, der Gesamtmodernisierungsgrad, Fragen des sparsamen Umganges mit allen Energien und der Einsatz von Materialien und Konstruktionen mit geringen Belastungen für Gesundheit und Umwelt, die angestrebte Restnutzungsdauer, die wirtschaftliche Effektivität einschl. der Finanzierung und bei Denkmälern der Denkmalwert, der Grad der Erhaltungsmöglichkeiten originaler Materialien und Konstruktionen, Veränderungen, Zurückführung auf ursprüngliche Formen oder Konstruktionen sowie weitere sich aus den Denkmalschutzgesetzen ergebende Fragen wie die Zumutbarkeit angestrebter Auflagen, öffentliche Hilfen und Zuschüsse [13].

Verschiedene Problemstellungen zum Sanierungskonzept wie die Untersuchungsmethoden, das Genehmigungs- und Planungsverfahren sowie Hinweise zu Bauphysik und Bauchemie, sind in den Kapiteln 1 bis 3 einzeln ausgeführt. Weiter werden nachfolgend eine Reihe grundsätzlicher Hinweise gegeben. Als Rahmen für die Konzeption kann die Checkliste »Konzepterarbeitung« dienen.

Für Sanierungen sind viele Fachkenntnisse erforderlich. Materialien und Konstruktionen von Altbauten entsprechen in vielen Fällen nicht den heutigen Bauweisen und erfordern deshalb von Planern, Sonderfachleuten und Bauausführenden ein besonderes Know how. Dazu verlangt die Feststellung von Schäden – oft nur an kleinen Hinweisen wie Rissen und Setzungen erkennbar –, die Beurteilung mangelhafter und defekter Konstruktionen sowie des bauphysikalischen Verhaltens älterer, heute teilweise nicht mehr verwendeter Materialien und die entsprechenden Sanierungsvorschläge, ausreichende Erfahrungen.

Ebenso können die Planungsschritte und Abwicklungsmethoden aus dem Neubaubereich meist nicht direkt angewandt, sondern müssen auf die Besonderheiten des Altbaues abgestimmt werden.

Planung und Management von Instandsetzungs- und Sanierungsmaßnahmen erfordern in jedem Falle wesentlich höhere Aufwendungen, da Maße und Details stark differieren, vielfach einmalige Lösungen erforderlich sind und insgesamt nicht nach gängigen Rezepten vorgegangen werden kann. Architekten, Ingenieure, Sonderfachleute und Bauleiter müssen in erhöhtem Maße geschult und flexibel sein, um den während der Durchführung auftretenden Problemen schnell Lösungen entgegenzusetzen. Die Honorarordnung für Architekten und Ingenieure (HOAI) berücksichtigt diesen Umstand ausdrücklich in Form höherer Honorare. Vielfach rei-

Der konzeptionelle Sanierungsansatz für dieses Gebäude bestand in der Planung von zwei verschraubten doppelten Stahlhängewerken in den Bundachsen, die weitgehend den Erhalt der gesamten Originalsubstanz erlaubten.
Zeichnung: H. Reuter in Altstadtsanierung und Denkmalpflege, Stadt Karlstadt.

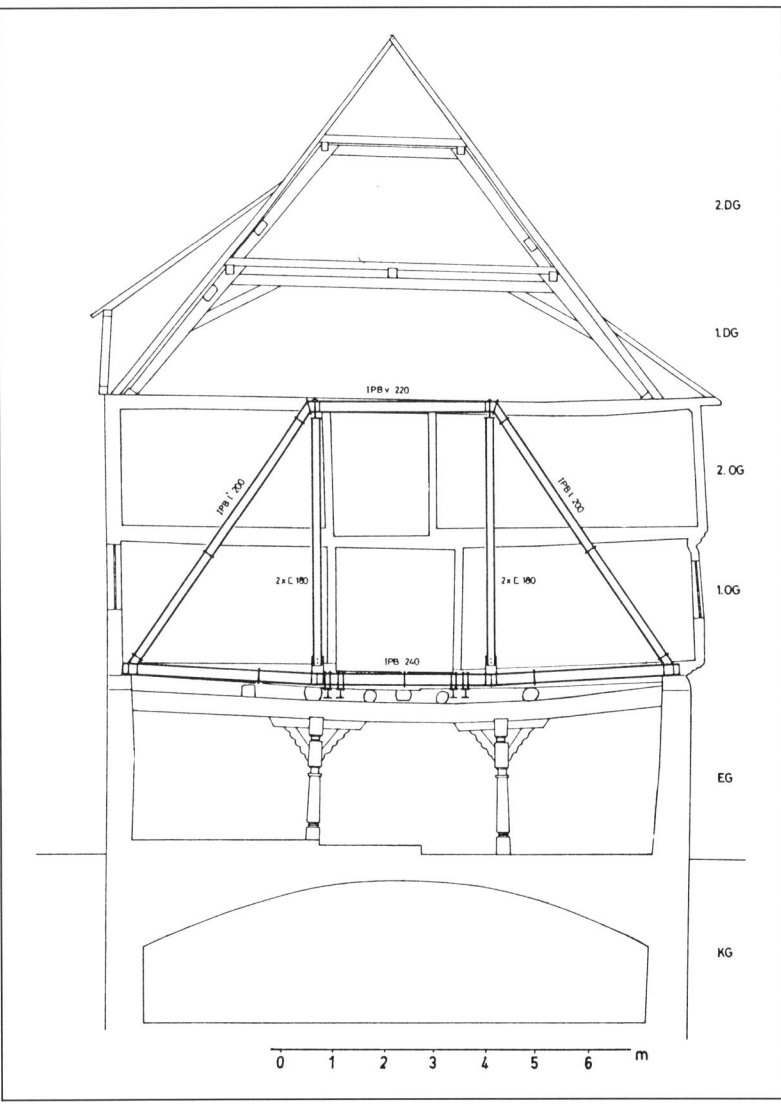

Untersuchungen und Sanierungskonzept

Checkliste Konzepterarbeitung

- Grobformulierung des gewünschten Sanierungszieles
- Feststellung der Rahmenbedingungen, wie
  - Liegt das Gebäude in einem Sanierungsgebiet oder einem von der Dorferneuerung erfaßten Gebiet?
  - Handelt es sich um ein eingetragenes oder nicht eingetragenes Kulturdenkmal?
  - Liegt das Gebäude in einem Gebiet, für das eine Gestaltungssatzung besteht?
  - Wie ist die Verkehrsanbindung?
  - Wie ist die Erschließung?
  - Welche Unterlagen sind vorhanden?
- Begehung des Gebäudes
  - zur Klärung, ob das gewünschte Sanierungsziel erreichbar ist,
  - zur Feststellung gravierender Mängel und
  - zur Feststellung der grundsätzlichen Konstruktionen von Keller, Wänden, Decken und Dach.
- Verhandlungen mit allen Beteiligten zur Abstimmung des Sanierungsziels, also
  - Eigentümer,
  - Architekt,
  - Konstrukteur,
  - Sonderfachleute,
  - Bauaufsichtsbehörde,
  - bei Denkmälern: Untere Denkmalschutzbehörde oder Denkmalfachbehörde.
- Festlegung des Konzeptes, als Vorgabe für
  - detaillierte Untersuchungen,
  - Erarbeitung des Entwurfs,
  - Erarbeitung des Bauantrages,
  - Erarbeitung der Durchführungsplanung,
  - Aufstellung des Finanzierungsplanes.

chen aber auch diese höheren Honorare nicht aus, um die bei Sanierungen notwendigen umfangreichen und zeitraubenden Leistungen auszugleichen. Die erforderlichen besonderen Kenntnisse und Erfahrungen bedingen oft schon bei kleineren Maßnahmen die Einschaltung von Fachleuten.

Durchgreifende Sanierungs- und Modernisierungsmaßnahmen sollten in jedem Falle unter der verantwortlichen Leitung von Architekten und Ingenieuren durchgeführt werden.

Ungewollt oder gewollt in einer Art Salami-Taktik werden Maßnahmen an Altbauten oft nur in Kleinstabschnitten und über Jahre dauernd durchgeführt. Zu den Unannehmlichkeiten einer »ewigen Baustelle« kommen bei einem solchen Vorgehen die Nachteile technischer Kompromisse, etwa bei ineinandergreifenden Arbeiten, die Kostensteigerung durch Doppelarbeiten, lange Bauzeit und Gerüststellung sowie Provisorien. Wenn die Baumaßnahme in Umfang und Technik festgelegt ist, sollte sie zügig verwirklicht werden. Um Klarheit über die Durchführung weitreichender Modernisierungs-, Sanierungs- oder Instandsetzungsmaßnahmen zu erhalten, sollte ein präziser Ablauf- und Zeitplan, der auch die vorbereitenden Arbeiten einschließt, erarbeitet werden. Der Ablaufplan klärt insbesondere den Handwerkereinsatz und die Handwerkerkoordination. Dieser Plan ist gleichzeitig Basis für den Baustellen- und den Zeitplan. Im Zeitplan werden nach dem Ablaufschema alle Leistungen und Lieferungen vom Entwurf bis zur Abrechnung festgelegt. Besondere Beachtung müssen dabei Einflüsse von außen wie Jahreszeit, Feiertage, Straßensperrungen usw. finden. Der Zeitplan kann als Balkendiagramm mit Halbtageseinteilung aufgestellt werden. Ein Netzplan wird bei Einzelgebäuden nur im Ausnahmefall empfohlen, der Erfolg steht bei kleineren Maßnahmen nicht in einem angemessenen Verhältnis zum Aufwand, da unvorhersehbare Überraschungen einen Netzplan sehr umfangreich werden lassen und weitere Unwägbarkeiten zu oft kostspielige Aktualisierungen des Planes nach sich ziehen. Gute Dienste leistet ein Netzplan dagegen bei Maßnahmen an Siedlungen, also mit möglichst vielen Wiederholungsfällen, da hier Taktverfahren angewendet werden können. Baustellenpläne werden nach dem Ablaufplan und dem Zeitplan erstellt. Sie werden meist nur bei tief in die Substanz eingreifenden Arbeiten bzw. Baustellen mit wenig Lager- und Arbeitsflächen benötigt. Bei Sanierungs- bzw. Modernisierungsarbeiten in Gebäuden ist jeweils für die notwendige Arbeits- und Materiallagerfläche der Handwerker zu sorgen.

Die Vergabe von Aufträgen, besonders bei kleineren Arbeiten, ist nach Möglichkeit gewerkeübergreifend zu bündeln. Sind die Arbeiten nach Art und Umfang im Voraus genau festzulegen – was nur selten der Fall ist – so kann nach Pauschalangebot vergeben werden. Sind die Arbeiten dagegen vor Beginn nicht völlig abzugrenzen, so empfiehlt sich die Vergabe nach Massen und Einheitspreisen, da der Unternehmer sonst hohe Risikozuschläge einkalkulieren muß. Oft bleiben aber auch nach genauen Untersuchungen viele Unwägbarkeiten und es ist dann günstiger, die Arbeiten im Stundenlohn auf Nachweis zu vergeben. Auch Kombinationen dieser Vergabearten sind möglich, es ist dann aber eine besonders sorgfältige Überwachung der Baustelle notwendig.

Grundsätzlich sollten Eingriffe in tragende Bauteile in einem möglichst geringen Umfang vorgenommen werden, da das ursprüngliche Gefüge gestört wird, die Kosten durch Absprießungen, Ersatzkonstruktionen und Einsatz besonderer Fachleute schnell steigen, die Bauzeit verlängert und Unannehmlichkeiten vermehrt werden.

Deshalb sollen Grundrißänderungen, wie z. B. das Abtrennen eines Bades aus einem früher zu großen Küchenraum, möglichst nur durch Veränderung nichttragender Wände und den Einbau von Leichtwänden geschehen.

Nutzungen, Umnutzungen, Übernutzungen

Bei vielen historischen Gebäuden beginnen die Probleme mit der verlorengegangenen Nutzung. Viel mehr bauliche Anlagen als allgemein erkannt und angenommen, haben im Laufe von Jahrhunderten, aber auch schon in Jahrzehnten, bedingt durch die erste und zweite Industrielle Revolution und fortlaufende gesellschaftliche und strukturelle Wandlungen, ihre ursprüngliche Funktion verloren.

Augenfällig wird dies bei Burgen und Schlössern, weniger augenfällig – trotz der weitaus höheren Quantität bei landwirtschaftlichen Anwesen, bei Scheunen, Mühlen, Gutssitzen, Fabrikationsanlagen und gründerzeitlichen Villen, die leer stehen oder nur noch zu geringen Teilen genutzt werden.

Ein gutes Beispiel für Umnutzungen ist der ehemalige Marstall in Kassel. 1591–1593 von Hans und Hieronymus Müller erbaut, diente er bis 1779 den Landgrafen als Bibliothek sowie für die Kunstsammlungen. Nach dem Wiederaufbau 1963–1964 wurde der ehemalige Marstall umgenutzt als Markthalle sowie für Büro- und Archivräume.

Untersuchungen und Sanierungskonzept

Die leerstehende Scheune dient heute umgenutzt als Buswartehalle sowie für verschiedene Gemeindeeinrichtungen.

Für solche Gebäude ist die Suche nach geeigneten neuen Nutzungsmöglichkeiten die wichtigste Grundlage zukünftiger Rentabilität und einer gesicherten dauerhaften Erhaltung. Es muß dabei ausdrücklich betont werden, daß nicht jedes Dorf sein historisches Gesicht bewahren kann und ganz bestimmt nicht jedes Gebäude erhaltungswürdig ist. Es sollte andererseits jedoch sichergestellt werden, daß erhaltenswerte Einzelgebäude wie auch Teile von Ensembles, die ihre Nutzung verloren haben, möglichst rasch neuen Funktionen zugeführt werden, damit baulicher Verfall wegen zeitweiliger Nichtnutzung und damit verbundener Nichtunterhaltung, nicht erst beginnt.

Aus der Vergangenheit sind zahlreiche Umnutzungen bekannt, die längst selbstverständlich geworden sind; dazu gehören Krankenhäuser, Heime, Verwaltungen und Museen in Klöstern, Schlössern und Burgen. Weniger häufig ist z. B. die Nutzung ehemaliger Kirchen zum Wohnen.

Die Denkmalschutzgesetze empfehlen bei neuen Funktionen solche Nutzungsarten, die möglichst nahe den früheren Nutzungen liegen. Dieser Empfehlung, die davon ausgeht, daß bei ähnlicher Nutzung nur wenig Veränderungen notwendig sind, ist oft nur schwer zu folgen. Wichtig bei den Überlegungen für eine neue Nutzung ist, daß die Struktur des Gebäudes, sowie seine Größe und Konstruktion, annähernd den sich aus der zukünfigen Funktion ergebenden Forderungen entsprechen. Dies bedeutet, daß die Deckenbelastbarkeit, das vorhandene statische System und die sich daraus ergebende innere Teilung, Stockwerkshöhen, Belichtung und Belüftungsmöglichkeiten möglichst nicht grundlegend geändert werden müssen. Je näher die neue Nutzung der alten Gebäudestruktur – unter Einbeziehung neuer Bauvorschriften und Befreiungsmöglichkeiten – liegt, desto weniger Umbau und Ergänzungen sind notwendig, und desto kostengünstiger wird die Umnutzungsmaßnahme. Die besonders kostenbeeinflussenden Faktoren bei neuer Nutzung können sein:
– ausreichende statische Belastbarkeit des gesamten Gebäudes, insbesondere der Decken;
– zahlreiche engstehende tragende Innenwände;
– zu geringe Stockwerkshöhen;
– umfangreiche bauaufsichtliche Auflagen, insbesondere Sicherheitsauflagen;
– zahlreiche zusätzliche Fenster- und Türdurchbrüche.

Die folgenden Beispiele neuer Nutzungen für ältere Gebäude wurden praktisch alle realisiert. Sie sollen hier als Anregung für zahlreiche Möglichkeiten stehen.

Hofreiten mit Ställen und Scheunen eignen sich für mehr oder minder großzügige Wohnanlagen mit angeschlossenen Gewerbe- oder Dienstleistungsbetrieben wie Setzereien, Druckereien, Photostudios oder Labors und Auslieferungslager. Das Wohnhaus behält dabei seine frühere Nutzung, eventuell durch einzelne Räume in anschließenden Gebäudeteilen erweitert. Remisen, Scheunen usw. werden nach entsprechenden Umbauten gewerblich genutzt. Die ehemaligen Ställe werden, wegen der Schwierigkeit des völligen Freimachens von Salpeterausblühungen, Garagen und Abstellräume.

Eine andere Möglichkeit der Umnutzung ist die Umgestaltung gesamter landwirtschaftlicher Anwesen zu Wohnanlagen und zwar als Gemeinschaftsanlagen mit Wohnungsteileigentum. Sanierung und

Sanierungskonzept

Umbaumaßnahmen sind hierbei tiefgreifender. Das ehemalige Wohnhaus wird zu einer oder zwei Wohnungen umgestaltet. Ebenso können Scheunen, je nach Größe, zu einer oder mehreren Wohnungen umgebaut werden. Interessante Lösungen bieten sich dabei durch Sichtbarlassen der alten Holzkonstruktionen und durch die Möglichkeit, über mehrere Geschosse durchgehende Dielen oder Wohnzimmer zu planen. Remisen und Nebengebäude dienen – auch hier wieder größenabhängig – für weitere Wohnungen. Die Ställe eignen sich aus hygienischen Gründen am wenigsten zum Wohnen. Sollen Ställe trotzdem zu Wohnraum umgebaut werden, was in vielen Fällen bereits praktiziert wurde, so sind besonders durchgreifende bauliche Maßnahmen notwendig.

Leerstehende Scheunen eignen sich zu gewerblicher Nutzung, als Lager, oder, wie oben beschrieben, nach entsprechendem Umbau zu Wohnzwecken. Auch Kombinationen sind möglich, z. B. erdgeschossig Garagen und Lager, darüber und im ausgebauten Dach die Wohnung. Solche Lösungen haben den Vorteil, daß die Anforderungen an nachträgliche Sperrschichten und den Erdgeschoßboden nicht zu hoch angesetzt werden müssen. Bei denkmalgeschützten Scheunen sind Umnutzungen nicht nur selbstverständlich, sondern oft sogar behördlicherseits in dem Sinne gewünscht, daß der Erhalt der Substanz nur mit der Umnutzung gesichert wird. Hier ist dann aber darauf zu achten, daß die Scheunen ihren ursprünglichen Charakter behalten, d. h. mit der Befensterung, Gauben und ähnlichem muß möglichst sensibel umgegangen werden.

Insbesondere wegen ihrer landschaftlich meist reizvollen Lage sind Mühlen gut zur Umnutzung als Gaststätten, Restaurants, bei größeren Anlagen auch mit Hotel- oder Pensionsbetrieb, geeignet. Wegen des Unterschieds in Größe und Erhaltungszustand und wegen weiterer wichtiger Faktoren, z. B. Lage, können für Umnutzungen von Schlössern, Burgen, Landsitzen und Klöstern nur allgemeine Hinweise gegeben werden.

Denkbar sind:
– Kommunale, staatliche oder kirchliche Verwaltungen,
– Verwaltungen in der Nähe befindlicher Industrien,
– Jugendeinrichtungen, Jugendherbergen,
– Erholungsheime mit Freizeitanlagen,
– Hotels mit umfangreichem Freizeitangebot,
– Kliniken und Krankenhäuser, aber nur eingeschränkt wegen der zu hohen Auflagen an Funktionsräume,
– Gemeinschaftswohnanlagen mit Wohnungsteileigentum und
– Museen.

Eine andere Nutzung für Kirchen wird meist dann notwendig, wenn sie als Kirchen in ihrer Raumkapazität nicht ausreichen oder zu groß sind. Umnutzungen sollten möglichst im kirchlichen Bereich gesucht werden: Gemeinderaum, Jugendräume, Bibliothek, kirchliche Museen. Es sind jedoch auch außerkirchliche Nutzungen denkbar wie: allgemeine Bibliothek (evtl. Einbau

Eine außergewöhnliche und frühe Umnutzung: Schon lange dient diese Kirche in Frankfurt-Schwanheim als Schwesternwohnhaus.

45

einer Empore), kleiner Konzertraum und mit relativ großem Umbauaufwand auch Wohnungen.

Repräsentative Villen in guten Stadtlagen, oft mehr als hundert Jahre alt, sind vielfach gerade wegen ihres umfangreichen Bauschmucks bei Nutzung als Wohnung und normal angesetzten Aufwendungen nur schwer zu unterhalten. Auch hier hilft die Unterteilung in Wohnungsteileigentum, andernfalls können solche Gebäude mit ihrer ursprünglichen Repräsentationsfunktion nach einem Umbau Banken, Versicherungsgesellschaften und Verwaltungen aufnehmen. Vielfach wird bei Sanierungsmaßnahmen versucht, so viel Raum wie möglich in einem Gebäude zu nutzen. Bei dem Erweitern der Nutzflächen wird das Dachgeschoß oft bis zum First ausgebaut. Früher diente der Spitzboden des Daches – gut gelüftet – als klimatische Pufferzone. Dadurch wurden bauphysikalische Probleme, wie Kondensatausfall vermieden.

Ein weiterer Engpaß bei zusätzlichen Nutzungen in Bauern- und Bürgerhäusern sind die Eingänge und Treppenhäuser. Die meist hölzernen Treppen waren oft nur für die Bewohner einer Wohnung geplant. Eingang, Flur und Treppe können plötzlich nicht für drei Wohnungen dienen. Insgesamt drohen bei Übernutzung schneller Verschleiß und bauphysikalische Probleme [14].

Informationen

Weiterführend wird auf folgende Regelwerke, Literatur und Beratungsmöglichkeiten durch Verbände und Institutionen hingewiesen:

Buschmann, Walter: Konservieren und Restaurieren, Grundsätze der denkmalpflegerischen Praxis. – In: Das Bauzentrum 4/84, S. 22 bis 28

Cramer, Johannes: Handbuch der Bauaufnahme: – Stuttgart: DVA 1984

Cramer, Johannes: Bauforschung und Denkmalpflege. – Stuttgart: DVA 1987

Deutsches Nationalkomitee für Denkmalschutz, Hrsg.: Erfassen und Dokumentieren im Denkmalschutz, Heft 16 der Schriftenreihe. – Bonn 1982

Deutsches Nationalkomitee für Denkmalschutz, Hrsg.: Das Baudenkmal und seine Ausstattung, Substanzerhaltung in der Denkmalpflege, Heft 31. – Bonn 1986

Doll, Karl-Heinz: Baudokumentation – Bauaufnahme, Arbeitsblätter zur Denkmalpflege des Fortbildungszentrums für Handwerk und Denkmalpflege, Propstei Johannesberg, Fulda. – In: Deutsche Bauzeitung 4/1987

Gerner Manfred: Dokumentation, Arbeitsblätter zur Denkmalpflege des Fortbildungszentrums für Handwerk und Denkmalpflege, Propstei Johannesberg, Fulda. – In: Deutsche Bauzeitung 8/1987

Gibbins, Olaf: Bestandsuntersuchung – aller Arbeit Anfang – Grundregeln, Methoden, Geräte. – In: »Bausubstanz«, 6/1986

Kretschmer, Michael: Eigentum verpflichtet (In der Reihe: Planen und Bauen im Bestand). – In: Deutsches Architektenblatt 9/88, S. 1207 bis 1210

Landesinstitut für Bauwesen und angewandte Bauschadensforschung, Hrsg.: Verfahren / Geräte zur Erfassung von Bauschäden. – Aachen 1987

Rau, Ottfried: Instandsetzung historischer Bauten (In der Reihe: Bauerneuerung. – In: Deutsche Bauzeitung 9/1980, S. 1347-1350

Schiffer, Manfred / Blume, Jörg: Das verformungsgerechte Aufmaß Methoden / Durchführung – dreidimensionale Bauaufnahmen mit registrierenden elektronischen Theodoliten (In der Reihe: Planen und Bauen im Bestand). – In: Deutsches Architektenblatt 5/89, Seite 725 bis 728.

Schmitz, Heinz: Bestandsaufnahme (In der Reihe: Planen und Bauen im Bestand). – In: Deutsches Architektenblatt 9/87, S. 1013 bis 1020

Schmitz, Heinz: Systematik und Grundlagen (In der Reihe: Planen und Bauen im Bestand). In: Deutsches Architektenblatt 1/87, S. 59 bis 62

Schmitz, Heinz: Abriß oder Erneuerung; (In der Reihe: Planen und Bauen im Bestand). – In: Deutsches Architektenblatt 9/85, S. 1203 bis 1206

Schmitz, Heinz: Planungsoptimierung bei Modernisierung und Umnutzung: In: »praxis kontakt« 4/1988 S. 11 bis 14

Wangerin, Gerda: Bauaufnahme: Grundlagen, Methoden, Darstellung, Braunschweig/Wiesbaden: Vieweg Verlag 1986

Weber, Helmut: Schadensdiagnose. – In: Bauhandwerk 12/1986, S. 635-639

Beratung: Siehe Kapitel »Genehmigung, Planung und Finanzierung«

Genehmigung, Planung und Finanzierung

Genehmigungsverfahren

Schematische Darstellung von Genehmigungsabläufen für Maßnahmen an denkmalgeschützten und nicht denkmalgeschützten Gebäuden und zwar sowohl für Maßnahmen, die einer bauaufsichtlichen Genehmigung bedürfen als auch für solche, die nur der Genehmigung durch die Denkmalschutzbehörde bedürfen. Schema: »Das Haus Spezial«, Alte Häuser in neuem Glanz, Offenburg 1983.

Sind Ziele und Umfang zu notwendigen baulichen Maßnahmen umgrenzt, so muß die durch Gesetze festgelegte formale Abwicklung in die Wege geleitet werden, eine evtl. erforderliche Bauanzeige, ein Bauantrag, Befreiungsantrag usw. müssen gestellt werden. Da die Länderbauordnungen wie die Denkmalschutzgesetze gering differieren, können hier nur grob die Vorschriften und Abläufe aufgezeigt werden.

Genehmigungsverfahren bei Maßnahmen an nicht denkmalgeschützten Gebäuden

Die erforderlichen Verfahren und Genehmigungen sind durch das Baugesetzbuch, die Länderbauordnungen und evtl. zusätzliche Gemeinde- bzw. Kreissatzungen festgelegt.

Durch eine schriftliche Voranfrage an die Bauaufsichtsbehörde kann die grundsätzliche Genehmigungsfähigkeit eines Vorhabens sowie die Frage, ob Bauanzeige oder Bauantrag notwendig sind, geklärt werden.
Für die Voranfrage werden nur wenige Unterlagen wie Baubeschreibung, Kopie der Flurkarte, Skizze des Entwurfs oder der Änderungen und eine Lageplanskizze, bzw. ein Lageplan, benötigt. Die Gebühren der Voranfrage sind niedrig.

Instandhaltungen und Reparaturen ohne Veränderung bzw. Eingriff in die tragende Konstruktion des Gebäudes sind anzeige- und genehmigungsfrei.

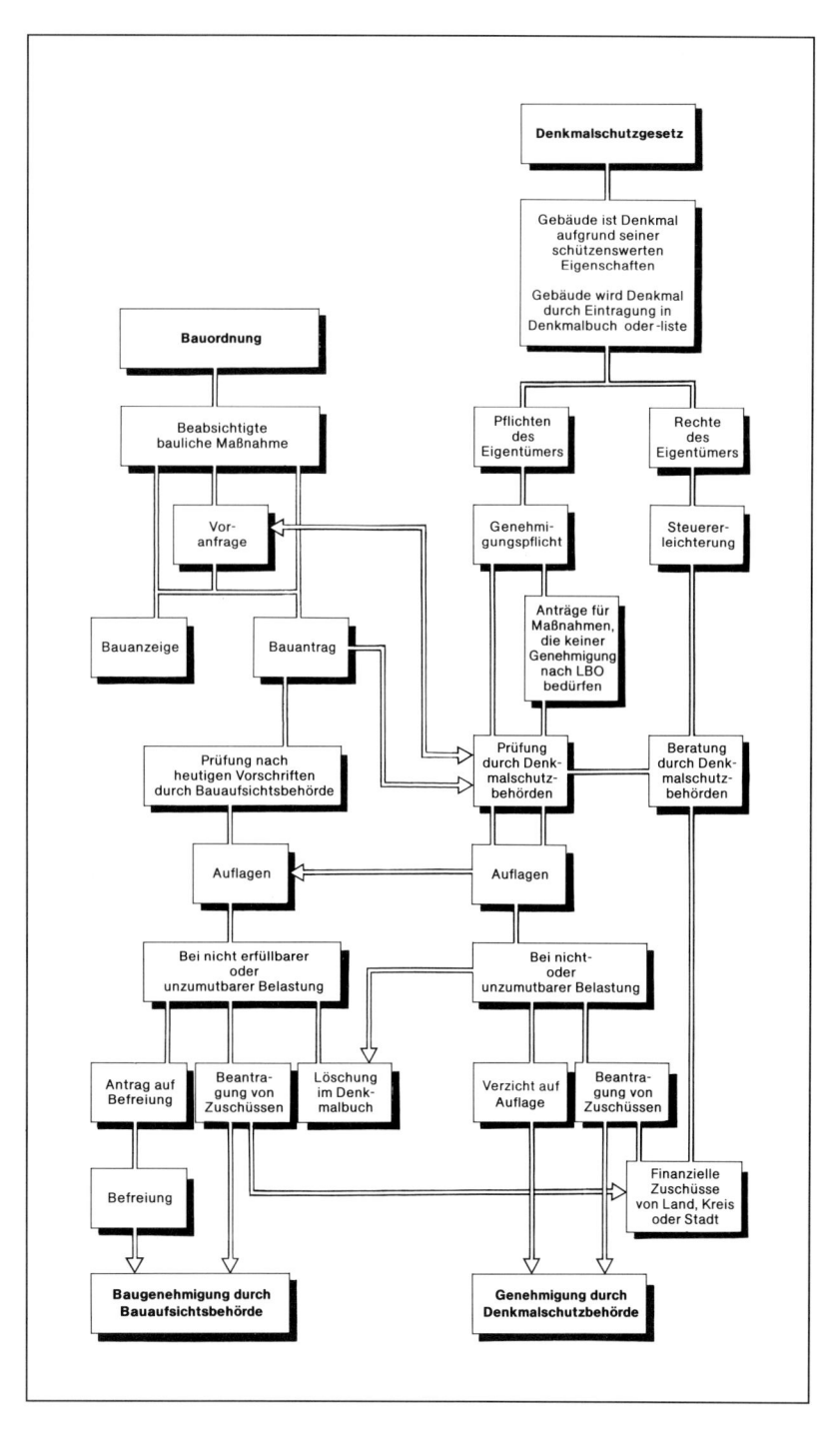

47

Weiter gehören zu den genehmigungsfreien Maßnahmen auch Erstellung, Abbruch oder Veränderung von Innenwänden, wenn diese Wände keine aussteifenden, tragenden, wärmedämmenden, schalldämmenden oder feuerhemmenden Funktionen haben, ferner die Herstellung oder Veränderung von Wasserversorgungs- und Energieleitungen innerhalb eines Gebäudes.

Zu den anzeigepflichtigen Maßnahmen gehören meist Baugerüste über 12 m Höhe sowie Erstellung oder Abbruch von Bauwerken ohne Aufenthaltsräume unter 50 m³ umbauten Raumes, ausgenommen Garagen, Kioske usw. Daneben sind u. U. anzeigepflichtig alle Änderungen der äußeren Gestaltung wie Verputz, Anstrich und dergleichen.

Veränderungen der tragenden Konstruktion, z. B. Türdurchbrüche in tragenden Wänden, Veränderungen der Entwässerungsinstallation, Veränderungen an der äußeren Gestalt, die über Verputz oder Anstrich hinausgehen, und alle Nutzungsänderungen sind grundsätzlich baugenehmigungspflichtig.

Bei der Schaffung von zusätzlichen, zum Wohnen genutzten Räumen, also dem Ausbau von Keller- oder Dachgeschossen, muß ebenfalls zuerst eine Baugenehmigung eingeholt werden. (Die Angaben beziehen sich auf die Hessische Bauordnung HBO; andere Landesbauordnungen haben teilweise abweichende Bestimmungen).

Müssen Gerüste auf öffentlichem Verkehrsraum, z. B. auf dem Bürgersteig stehen, so ist auch die Genehmigung der Polizei- und Ordnungsbehörde einzuholen.

Wenn bei Modernisierungs- oder Sanierungsvorhaben größere Veränderungen (mit Bauantrag) durchgeführt werden, gehen die Bauaufsichtsbehörden bei Prüfung des Antrags von den heutigen Vorschriften aus. Diese Bestimmungen bestanden jedoch nur zum geringen Teil bereits beim Bau der Häuser und deshalb entsprechen ältere Gebäude in vielen Punkten, wie Stockwerkshöhen, Treppenhäusern und feuerpolizeilichen Auflagen, nicht den geltenden Vorschriften. Ein Teil der hieraus abzuleitenden Auflagen kann in zumutbarer Weise nicht erfüllt werden. Der Gesetzgeber hat hierfür Befreiungsmöglichkeiten vorgesehen. Nicht befreit werden kann in der Regel von Auflagen, die die öffentliche Sicherheit der Bewohner oder Benutzer betreffen. Befreiungen bedürfen eines besonderen Antrags im Zusammenhang mit dem Bauantrag bei der Bauaufsichtsbehörde.

Zu den Unterlagen des Bauantrages gehören in der Regel:
– Bauantrag,
– Baubeschreibung,
– Berechnung des umbauten Raumes,
– Berechnung der Wohn- und Nutzflächen,
– Zählkarte,
– Amtlicher Lageplan (Katasteramt/ Vereidigter Vermessungsingenieur),
– Bauzeichnungen im Maßstab 1:100 und
– Entwässerungsplan.

Die Anforderungen an die Unterlagen sind unterschiedlich nach Länderbauordnungen und Ortssatzungen.

Genehmigungsverfahren bei Maßnahmen an denkmalgeschützten Gebäuden

Neben den notwendigen bauaufsichtlichen Genehmigungen bedürfen alle in Schutzlisten, Satzungen, Denkmallisten und Denkmalbüchern eingetragenen oder im Eintragungsverfahren befindlichen aber auch nicht eingetragene Denkmäler (Gebäude) bei Baumaßnahmen der Genehmigung der Denkmalschutzbehörde bzw. der Behörden, die den Denkmalschutz wahrnehmen. Das Verfahren wird vielfach innerhalb des bauaufsichtlichen Genehmigungsverfahrens abgewickelt.

Zu beachten ist dabei besonders, daß alle Veränderungen an Kulturdenkmälern, auch solche, die bauaufsichtlicherseits nicht der Genehmigungs- oder Anzeigepflicht unterliegen, einer Genehmigung der Denkmalschutzbehörde bedürfen. Diese Genehmigungspflicht bezieht sich auch auf Veränderung der Nachbarbebauung von Kulturdenkmälern.

Zu den genehmigungspflichtigen Maßnahmen gehören: Abbruch, Teilabbruch, Veränderung des Erscheinungsbildes, Umgestaltung, Instandsetzung, Anbringen oder Veränderung von Werbeeinrichtungen oder Schriften und Veränderung des Standorts. Wichtig, weil für das Aussehen eines Kulturdenkmals von hoher Bedeutung, sind hierbei auch Veränderungen relativ kleiner Details wie Fenstersprossen, Türen, Dachgaupen und Anstriche.

Anzeigepflichtig sind über bauaufsichtliche Regelungen hinaus substanzbedrohende Schäden und Mängel an Denkmälern sowie deren Eigentumswechsel. Werden in einem Baugenehmigungsverfahren denkmalpflegerische Belange berührt, so wird die Bauaufsichtsbehörde den Antrag zur Stellungnahme an die Denkmalschutzbehörde weiterleiten, andernfalls ist der Eigentümer eines Denkmals bei allen nach den jeweiligen Denkmalschutzgesetzen genehmigungs- oder anzeigepflichtigen Maßnahmen verpflichtet, von sich aus die Denkmalschutzbehörde einzuschalten.

Bei größeren Maßnahmen empfiehlt es sich, auch bei der Denkmalschutzbehörde eine mündliche oder schriftliche Voranfrage zu stellen. Darüber hinaus beraten die Denkmalschutzbehörden bei allen bautechnischen und gestalterischen Problemen, die an denkmalgeschützter Substanz auftreten können.

Planung

Umfang von Sanierungsmaßnahmen

Sanierungsmaßnahmen können von der Konservierung einzelner Bauteile bis zur Gesamtsanierung einschließlich Modernisierung der Haustechnik und Innenräume reichen.

Checkliste für die Durchführung größerer Maßnahmen an einem Baudenkmal

Anwendung der Einzelpunkte nach Bedarf

1. Vorbereitende Arbeiten
1.1 Ursache oder Mangel der die Maßnahme wünschenswert oder erforderlich macht
1.2 Einschaltung der Denkmalschutzbehörden
1.3 Denkmalpflegerische Zielstellung
1.4 Zielfestlegung der Maßnahme unter Berücksichtigung der Faktoren Denkmalpflege, Nutzung, Technik und Wirtschaftlichkeit
1.5 Schätzung des Umfangs der Maßnahme
1.6 Einschaltung von Fachleuten: Architekt/Statiker/Spezialisten?
1.7 Abschluß entsprechender Architekten-, Ingenieur- oder Beratungsverträge
1.8 Überprüfung der Ergebnisse von Punkt 1.1 bis 1.5 mit Fachleuten
1.9 Voranfrage bei Bauaufsichtsbehörde und/oder Denkmalschutzbehörde

2. Planung
2.1 Auswertung aller Archivalien
2.2 Feststellung vorhandener Planungsunterlagen/eventuell zeichnerisches Aufmaß/eventuell photographische Aufnahmen
2.3 Analyse des Bestandes, möglichst nicht nur auf die geplante Maßnahme bezogen, sondern der gesamten Bausubstanz einschließlich aller Bauglieder (Art und Weise der Bestandsanalyse sind jeweils am Beginn der technischen Kapitel aufgeführt).
2.4 Restauratorische Voruntersuchung bzw. Untersuchung
2.5 Feststellung eventueller Schäden
2.6 Mängelliste nach Gewerken, im Zweifelsfall nochmalige Prüfung der Punkte 1.1 bis 1.5
2.7 Dokumentation des Istzustandes unter Auswertung aller Ergebnisse aus den Maßaufnahmen Untersuchung, Recherchen und Analyse
2.8 Anfrage an Energieversorgungsunternehmen, ob Energieversorgung ausreicht
2.9 Planung unter Berücksichtigung der historischen Details und jweiliger Fragestellung, ob historische Materialien oder Ersatzmaterialien denkbar sind
2.10 Eventuell Bauanzeige/Bauantrag bei Bauaufsichtsbehörde
2.11 Abschließende Abstimmung aller Maßnahmen mit Denkmalschutzbehörden
2.12 Massenermittlung
2.13 Ausschreibung oder Preiseinziehung
2.14 Zeitplanung unter Berücksichtigung der Jahreszeiten und eventuell notwendig werdender Freimachung von Gebäudeteilen oder des ganzen Gebäudes/eventuell Zeitenplan
2.15 Vergabe (möglichst schriftlich auf der Basis der VOB und des Angebots) unter Berücksichtigung der entsprechenden fachlichen Erfahrung der Firmen

3. Durchführung
3.1 Besonders sorgfältige Bauüberwachung
3.2 Eventuell kurz- oder längerfristige Umsetzung der Gebäudenutzer, z.B. bei umfassender Sanierung
3.3 Bei während der Baumaßnahme genutztem Gebäude: Sicherheitsmaßnahmen für Bewohner/Schutzmaßnahmen für die Einrichtung und Erstellung kurz- oder langfristiger Provisoren
3.4 Besondere Schutzmaßnahmen für alle denkmalpflegerisch relevanten Originalbauteile
3.5 Abstimmung von Veränderungen und neuen Situationen mit Denkmalschutzbehörden
3.6 Reihenfolge der Handwerker/eventuell Bauunterbrechungen
3.7 Bei Sichtbarwerden vorher verhüllter Bauteile deren Zustand prüfen
3.8 Bei Erkennen konstruktiver Mängel sofort Statiker hinzuziehen, um die Standsicherheit nachzuweisen (eventuell Notmaßnahmen ergreifen)
3.9 Bei Reparaturen und Kombinationen Alt/Neu ist besonderer Wert auf die verwendeten Materialien zu legen
3.10 Abnahme der Arbeiten
3.11 Sanierungsberichte und/oder Abschlußdokumentation
3.12 Abrechnung der Arbeiten auf Grund der Angebote und Ausführungen

Die Festlegung des Umfangs einer Konservierungs-, Renovierungs- oder Sanierungsmaßnahme kann sich auf ein Bauteil oder ein Gewerk beziehen, oder aber auf bestimmte Bauabschnitte begrenzt werden. Endgültig sollte der Umfang in jedem Falle erst nach eingehenden Untersuchungen festgelegt werden, da das Untersuchungsergebnis z. B. aussagen kann, daß bei Zusammenfassung bestimmter Arbeiten nur einmal ein Gerüst notwendig wird, oder wie bei Vertikalsperren und Dränungen nur einmal aufgegraben werden muß. Durch die Zusammenfassung der richtigen Arbeiten und Gewerke in einer Maßnahme können bereits erhebliche Kosten gespart werden.

Wie unterschiedlich Renovierungs- und Sanierungsaufgaben angesehen werden, zeigt sich besonders deutlich in der fast babylonischen Sprachverwirrung, der extrem differenzierten Auslegung der in diesem Bereich des Baugeschehens gebräuchlichen Begriffe. Ein Beispiel dazu: Das Wort sanieren stammt vom Lateinischen sanare = heilen, gesund machen. Unter den Begriffen Sanierung und Flächensanierung – letzterer ist in einer Zeit des reinen »Neubaudenkens« entstanden – wird in den letzten Jahren auch der Abriß und damit die Vernichtung ganzer Häuserblocks und Areale verstanden. Nur ein kleiner Teil der Begriffe ist, über die Festlegung in Lexika hinaus, durch Baubestimmungen, wie das Wohnungsmodernisierungsgesetz, eindeutig bestimmt.

Fehlerquellen

Nachdem inzwischen bereits vielfach die Sanierung von Sanierungsmaßnahmen durchgeführt werden muß, ist besonders deutlich darauf hinzuweisen, daß die Sanierungsarbeit auch zahlreiche Fehlerquellen in sich bergen kann. Die Erfahrungen aus den letzten Jahren sollten bereits einfließen. So haben Sanierungsarbeiten oft nicht über längere Zeit die gewünschten Sanierungserfolge gebracht. Ja, das, was zum Schutz von Bauten gedacht war, zu ihrer Sanierung, ist vielfach ins Gegenteil umgeschlagen: Farben und Verputz fallen mehr und schneller von den Wänden, tierische und pflanzliche Schädlinge nehmen zu, und feuchte Mauern werden noch feuchter.

Solche Mißstände und Mängel können viele Ursachen haben. So werden vielfach Techniken des Neubaues gedankenlos auf Altbauten übertragen, historische Materialien, wie Lehm, Holz, Naturstein und historische Techniken mißachtet, die Vorteile und bauphysikalischen Merkmale älterer Konstruktionen nicht erkannt oder gewürdigt und die Fachkenntnisse des Handwerks bei der Nutzung neuer Vertriebswege für Baumaterial und Bauleistungen, z. B. durch »Klinkenputzer« und Baumärkte, ausgeschlossen.

Bei der Sanierung von Baudenkmälern ist als großes Ärgernis noch die falsche Auslegung des Denkmalbegriffes zu zählen. Das ist der Fall, wenn Denkmalschutz mit Romantik und Nostalgie verwechselt wird und in der Folge davon statt Substanzerhaltung die »rustikale« Dekoration, die »Nur«-Fassade bis zur nostalgischen Schickeria in den Vordergrund gestellt und danach dekoriert wird. Besonders in diesem Zusammenhang wird oft viel zu kostbar und damit auch kostspielig, renoviert und saniert.

Zu den Faktoren, die zu überhöhten Kosten führen, gehört auch das Perfektionsstreben. Hier ist noch viel Umdenken notwendig. Die gewünschte Perfektion bezüglich Dauerhaftigkeit, Unempfindlichkeit gegen mechanische Beanspruchung, Pflegeleichtigkeit und Universalität der Funktion widerspricht bei Fassaden immer, bei anderen Bauteilen oft den Forderungen der Denkmalschutzgesetze wie dem Denkmalgedanken. Weiter ist der gesuchte Grad von Perfektion bauphysikalisch und technisch oft überhaupt nicht erreichbar, und schließlich stecken darin in vielen Fällen die Quellen neuer Schäden und Mängel, wie z. B. bei der äußeren Verkleidung von Fachwerk mit Fliesen, Klinkern oder Klinkerriemchen. Kurz ausgedrückt: Falsches überzogenes Streben nach Perfektion führt zu schlechteren gestalterischen Ergebnissen, hohen Kosten und technischen Mängeln [15].

Planung

Planungsschritte

Bei weitreichenden Sanierungs- und/oder Modernisierungsmaßnahmen spielt die sorgfältige, auf das einzelne Objekt abgestellte Planung, insbesondere die Ausführungsplanung, die entscheidende Rolle. Basis dieser Planung müssen die Ergebnisse und Auswertungen von Maßaufnahmen und Untersuchungen sein. Ein Höchstmaß an Sanierungseffektivität läßt sich erreichen, wenn alle Einzelplanungsschritte darauf abzielen, möglichst umfangreich die ursprüngliche Baustruktur wie Stockwerkshöhen, Gebäudeachsen und Stützensysteme zu erhalten, d. h. die neue Nutzungsstruktur mit der vorhandenen Baustruktur möglichst weit in Einklang zu bringen.

Nach exakten Untersuchungen ist bei der Baudurchführung nur noch mit wenigen Überraschungen zu rechnen. Wurde bei den Untersuchungen gespart, so muß mit unliebsamen Überraschungen gerechnet werden und das wiederum bedeutet, daß die Planung und Durchführung flexibel auf neue Fakten oder Probleme reagieren muß.

Die Planungsschritte sind entsprechend der Sanierungsaufgabe unterschiedlich. Greifen die Untersuchungen und die Planungsarbeit ineinander, so ist nach der ersten Begehung der Nutzungsvorschlag zu konzipieren oder zu modifizieren, nach dem Grobaufmaß kann der Vorentwurf für die Sanierung gefertigt werden, während für die Entwurfsarbeit bereits ein möglichst genaues wenn

TYPISCHE KONSTRUKTIONEN UND BAUTEILE	1890-1920	1920-1930	1930-1940	1950-1960	1960-1970	1970-1980
1. Außenwände						
Keller 51 cm Ziegel	●	●	●			
" 38 cm Ziegel					●	●
" 38 cm Stampfbeton			○	●		
" 30 cm Stahlbeton					●	●
Geschosse 38 cm Ziegel	●	●	●			
" 30 cm Ziegel			○	○	●	
" 25 cm Bimsbetonstein					●	
" zweischalig					○	●
2. Innenwände						
in Wohnungen:						
12 cm Ziegel mit Fachwerk	●	●	●	○		
6-10 cm Bimsplatten			○	●	●	●
11,5 cm Ziegel/Kalksandstein					●	●
Wohnungstrennwände:						
25 cm Ziegel	○	○	○			
12 cm Ziegel	●	●	●			
18-25 cm Bimsbetonstein			○	●		
24 cm Ziegel/Kalksandstein					●	●
Treppenhauswände:						
12 cm Ziegel mit Fachwerk	●	●	○			
25 cm Ziegel	○	○	●			
18-25 cm Bimsbetonstein				●		
24 cm Ziegel/Kalksandstein					●	●
3. Außenwandbekleidungen						
Stuckfassaden	●	○				
Glatte Putzfassaden		●	●	●	●	
Ziegelsichtmauerwerk	○	●	●	●	●	
Vormauerungen mit/ohne Dämmung					○	●
Vorgehängte Platten mit/ohne Dämmung					○	●
Thermohaut						○
4. Fenster						
Holzfenster, Einfachglas	●	●	●	●		
Holz-Doppelfenster	○	○	○			
Holzfenster Isolierglas					○	●
Kunststoffenster, Isolierglas					○	●
Aluminiumfenster, Isolierglas						●
5. Dachkonstruktion, Eindeckung						
Holzdachstuhl	●	●	●	●		
Tonpfannendeckung	●	●	●	●	○	○
Betondachsteine					●	●
Folie/Pappe unter Dachhaut				○	●	●
Bitumenpappeindeckung	○	○	●	●		
Kunststoffbahneindeckung					○	●
Wärmedämmschichten im Dach					○	●
6. Geschoßdecken						
Holzbalkendecken, Sandfüllung	●	●	○	○		
Ziegelkappendecken, Stahlträger	○	○				
Stahlträger-Betondecken		○	○	○		
Stahlbetondecken			●	●	●	●

● = hauptsächlich   ○ = auch anzutreffen

TYPISCHE KONSTRUKTIONEN UND BAUTEILE	1890-1920	1920-1930	1930-1940	1950-1960	1960-1970	1970-1980
Deckenputz:						
auf Holz-Spalierplatten	●	●	○	○		
auf Holzfaserdämmplatten				○		
als Verbundputz			○	●	●	●
als Trockenputzplatten					○	●
7. Fußböden						
Holzdielen auf Tragbalken	●	●	○	○		
Holzdielen auf Massivdecken	○	○	○	○		
Verbundestrich				●	●	●
Schwimmender Estrich, Dämmung				○	●	●
Fliesenbeläge			○	●	●	●
Teppichbeläge				○	●	●
Kunststoffbeläge				○	●	●
Linoleum	○	●	●	○	○	
8. Geschoßtreppen						
Holztreppen	●	●	○	○		
Stahlbetontreppen		○	●	●	●	●
Kellertreppe aus Holz	●	●	○	○		
Kellertreppe aus Beton				●	●	●
Kellertreppe gemauert	○	○	○			
Holzgeländer	●	●	○	○		
Metallgeländer			●	●	●	●
9. Sanitärinstallation						
WC auf Treppenpodest	●					
WC in der Wohnung	○	●	●	●	●	●
Waschtisch in der Wohnung		●	●	●	●	●
Badewanne in der Wohnung			○	●	●	●
Kaltwasseranschluß	●	●	●	●	●	●
Kohleboiler für Warmwasser			○	●	○	
Gasdurchlauferhitzer				○	●	●
Elektrodurchlauferhitzer					○	●
10. Heizung						
Einzelofenheizung	●	●	●	●		
Kohle-Zentralheizung		○	○	○		
Oel-Zentralheizung					●	●
Gas-Einzelöfen					○	
Gas-Zentralheizung					○	●
Gas-Etagenheizung					○	○
Fernwärmeheizung						●
11. Elektroinstallation						
Geringe Leitungsquerschnitte	●	●	●	●		
Leitungen auf Putz	●	●				
Leitungen unter Putz		○	●	●	●	●
Auf-Putz-Dosen/Schalter	●	●	●			
Unter-Putz-Dosen/Schalter		○	●	●	●	●
Drehsicherungen zentral	●	●	●	●	○	
Sicherungsautomaten					●	●
Wohnungs-Unterverteilungen				●	●	●

● = hauptsächlich   ○ = auch anzutreffen

Die für bestimmte Bauepochen typischen Konstruktionen sind unterschiedlich schadensanfällig. Die Tabellen zeigen die typischen Konstruktionen von 1890–1980 und lassen sich als Checklisten verwenden. Checkliste: MSWV-Ratgeber: Typische Schadenspunkte an Wohngebäuden, Hrsg.: Minister für Stadtentwicklung, Wohnen und Verkehr des Landes Nordrhein-Westfalen.

Genehmigung, Planung und Finanzierung

Die Checkliste zur Beurteilung von Gebäuden hilft, mittels einer Reihe definierter Kriterien einzelne Elemente des Gebäudes, z.B. in »gut«, »brauchbar« und »mangelhaft« einzustufen. In einer vertieften Phase müssen die Bauteile wesentlich genauer untersucht werden. Checkliste: MSWV-Ratgeber. Beurteilen von Schwachstellen im Hausbestand, Hrsg.: Minister für Stadtentwicklung, Wohnen und Verkehr des Landes Nordrhein-Westfalen.

nicht gar ein verformungsgetreues Aufmaß und vor allem die konstruktiven und evtl. geologischen Untersuchungsergebnisse vorliegen müssen. Alle Ergebnisse fließen schließlich in die Ausführungsplanung ein.

Bei denkmalpflegerischen Sanierungen sind mit den Untersuchungs- und Planungsphasen auch die denkmalpflegerischen Entscheidungen durch Hinzuziehen der Denkmalschutzbehörden, d.h. zunächst der unteren Denkmalschutzbehörde und im weitergehenden Fall der Denkmalfachbehörde herbeizuführen. Besonders wichtige Fragen in diesem Entscheidungsprozeß sind Fragen dazu, welche der geschichtlich gewachsenen Bauzustände, z.B. der ursprüngliche oder der letzte, dargestellt werden (oder bleiben) soll. Zur Lösung entsprechender Fragen sind vielfach zusätzlich Rekonstruktionsplanungen erforderlich. Unabhängig davon, ob es sich um eine denkmalpflegerische oder allgemeine Sanierung handelt, ist meist ein gestuftes Vorgehen bei den Untersuchungs- und Planungsarbeiten sinnvoller und effektiver.

CHECKLISTE ZUR BEURTEILUNG VON GEBÄUDEN			
1. Außenwände, Fassaden			
a) bestehen aus	A	B	C
b) BEURTEILUNGSKRITERIEN:			
Standsicherheit der Wände			
Wandoberflächen außen			
Wasserableitende Bauelemente *1			
Schutz gegen Niederschläge			
Feuchteschutz des Sockels			
Wärmedämmung der Wände			
Besondere Gestaltungselemente *2			
Besondere Bauteile *3			
2. Außenfenster			
a) bestehen aus	A	B	C
b) BEURTEILUNGSKRITERIEN:			
Stabilität der Fensterrahmen			
Rahmenoberfläche			
Beschlagfunktionen			
Fugendichtigkeit			
Wärmedämmung der Fenster			
Schalldämmung der Fenster			
Anschlüsse an die Fassade			
Fensterbänke außen			
Fensterbänke innen			
Schutzelemente *4			
Gestaltung der Fenster			

*1 z.B. Regenfallrohre, Blechabdeckungen
*2 z.B. Stuck, Plastiken, Schnitzwerk
*3 z.B. Balkone, Wintergärten, Vordächer
*4 z.B. Rolläden, Klappläden, Gitter

CHECKLISTE ZUR BEURTEILUNG VON GEBÄUDEN			
3. Außentüren, Hauseingänge			
a) bestehen aus	A	B	C
b) BEURTEILUNGSKRITERIEN:			
Stabilität der Türanlage			
Oberfläche der Türe			
Beschlagfunktionen, Türschloß			
Fugendichtigkeit			
Anschlüsse an die Fassade			
Briefkastenanlage			
Klingelanlage, Türdrücker			
Außenbeleuchtung			
Eingangstreppenanlage, Außenpodest			
Windfang, Vordach			
Gestaltung der Türanlagen			
4. Dachhaut, Dachaufbauten			
a) bestehen aus	A	B	C
b) BEURTEILUNGSKRITERIEN:			
Dichtigkeit von Eindeckungen			
Dachkehlen, Grate, Firste			
Blechanschlüsse an Dachbauteile			
Dichtigkeit von Bitumendachbahnen			
Dachkantenabschlüsse, Wandanschlüsse			
Traufgesimse, Gesimsbekleidungen			
Dachrinnen, Dacheinläufe			
Dachfenster, Dachluken			
Kaminköpfe, Kaminquerschnitte			
Besondere Bauteile *5			
Schutzelemente am Dach *6			

*5 z.B. Dachgauben, Dacheinschnitte, Ziergiebel
*6 z.B. Dachgeländer, Schneefanggitter

Planung

CHECKLISTE ZUR BEURTEILUNG VON GEBÄUDEN

5. Dachstuhl, Dachraum

a) bestehen aus

	A	B	C

b) BEURTEILUNGSKRITERIEN:

Standsicherheit des Dachstuhles			
Holzbauteile schädlingsfrei			
Dichtungsbahn unter der Eindeckung			
Wärmedämmung der Dachflächen			
Fußboden des Dachraumes			
Treppe zum Dachraum			
Innenausbau des Dachraumes *7			
Kaminzüge, Reinigungsöffnungen			

6. Geschoßtreppen, Treppenhaus

a) bestehen aus

	A	B	C

b) BEURTEILUNGSKRITERIEN:

Standsicherheit der Treppen			
Holzbauteile schädlingsfrei			
Oberflächen der Stufenauftritte			
Stabilität von Geländern			
Steigungsverhältnis der Treppen			
Durchgangshöhen und -breiten			
Brandschutz bei Holztreppen			
Bekleidung der Treppenuntersicht			
Belag von Podesten, Eingangsflur			
Wandoberflächen im Treppenhaus			
Besondere Einbauten *8			
Schallschutz der Treppenhauswände			
Brandschutz der Treppenhauswände			

*7 z. B. Verputz, Holzbekleidungen
*8 z. B. Türanlage, Verschläge

CHECKLISTE ZUR BEURTEILUNG VON GEBÄUDEN

7. Geschoßdecken, Fußböden

a) bestehen aus

	A	B	C

b) BEURTEILUNGSKRITERIEN:

Standsicherheit der Decken			
Holzbauteile schädlingsfrei			
Horizontallage der Decken			
Dämmung gegen Luftschall			
Dämmung gegen Trittschall			
Wärmedämmung unterste/oberste Decke			
Fußböden in Wohnräumen			
Fußböden in Feuchträumen *9			
Fußleisten als Wandanschluß			
Unterseitige Deckenbekleidungen *10			
Besondere Gestaltungselemente *11			

8. Innenwände, Innentüren

a) bestehen aus

	A	B	C

b) BEURTEILUNGSKRITERIEN:

Standsicherheit, Lastabtragung			
Holzfachwerke in Innenwänden			
Schallschutz von Wohnungstrennwänden			
Wärmeschutz v. Wohnungstrennwänden			
Innenwand-Putz			
Sonstige Wandbekleidungen *12			
Stabilität von Innentüren			
Oberfläche von Innentüren			
Beschlagfunktionen, Türschlösser			
Gestaltungselemente an Innentüren *13			
Dichtigkeit von Wohnungseingangstüren			

* 9 z. B. in Bädern, Küchen, Waschküchen
*10 z. B. Verputz, Platten- oder Brettbekleidungen
*11 z. B. Stuckdecken, Bemalungen
*12 z. B. Wandfliesen, Holztäfelungen, Tapeten
*13 z. B. Türfüllungen, Verglasungen, Ziergitter

CHECKLISTE ZUR BEURTEILUNG VON GEBÄUDEN

9. Keller, Hausanschlüsse

a) bestehen aus

	A	B	C

b) BEURTEILUNGSKRITERIEN:

Standsicherheit der Kellerwände			
Standsicherheit der Kellerdecke			
Schutz vor Durchfeuchtungen *14			
Kellertreppen			
Fußböden in Kellerräumen			
Kellerfenster			
Wandoberflächen in Kellerräumen			
Leichte Trennwände, Kellertüren			
Kanalanschluß, Grundleitungen			
Wasserversorgungs-Hausanschluß			
Gasversorgungs-Hausanschluß			
Elektroversorgungs-Hausanschluß			
Fernwärme-Hausanschluß			

10. Haustechnische Installationen

a) bestehen aus

	A	B	C

b) BEURTEILUNGSKRITERIEN:

Badinstallation und -ausstattung			
Kücheninstallation und -ausstattung			
Be- und Entlüftung von Feuchträumen			
Wasser-Versorgungsleitungen			
Abwasser-Entsorgungsleitungen			
Warmwasser-Brauchwasserbereitung			
Wärmeerzeuger zur Beheizung			
Luftzufuhr für Wärmeerzeuger			
Kamine für Heizungsabgas			
Gas-Versorgungsleitungen			
Heizrohrleitungen bei Zentralheizung			

*14 z. B. Isolierungen, Sperrputz, Drainagen

CHECKLISTE ZUR BEURTEILUNG VON GEBÄUDEN

10. Haustechnische Installationen (Fortsetzung)

	A	B	C

b) BEURTEILUNGSKRITERIEN:

Heizflächen bei Zentralheizungen			
Regeleinrichtungen für die Heizung			
Elektro-Leitungsnetz			
Elektro-Verteilungen, Absicherungen			
Elektroschalter und -dosen			
Antenneninstallation			

11. Außenanlagen, Gebäudeumfeld

a) bestehen aus

	A	B	C

b) BEURTEILUNGSKRITERIEN:

Zufahrten, Zuwege zum Haus, Terrassen			
Pkw-Stellplätze, Garagen			
Zäune, Mauern			
Außentreppen			
Müllbehälterplatz			
Grünflächen, Bepflanzungen			
Besondere Bauteile *15			

*15 z. B. Schuppen, Pergolen, Wintergarten

53

Bauphysik, Bauchemie, Baubiologie

Die Schlagworte Bauphysik, Bauchemie und Baubiologie sind in den letzten Jahren mit dem »Für und Wider« im Zusammenhang mit der Belastung unserer Umwelt wie auch unserer Gesundheit stark strapaziert worden. Das Thema aufzuarbeiten, besonders die ideologischen und wirtschaftlichen Hintergründe zu beleuchten, würde dem Umfang mehrerer Bücher entsprechen und kann schon deshalb hier nicht geleistet werden. Einige Anmerkungen sind jedoch notwendig, da es kaum noch eine Sanierung ohne Diskussion um gesunde oder krankmachende Baumaterialien und Baukonstruktionen gibt.

Bauphysik

Die bauphysikalischen Vorgänge in unseren Bauten sind kompliziert, weil sie von vielen Einflußfaktoren und Materialien abhängig sind und deshalb auch bei weitem noch nicht alle erforscht werden konnten.

Vielfach wurde in der Bauphysik leichtfertig mit Begriffen umgegangen oder Formulierungen benutzt wie z. B. das »Atmen der Wände«, die zu völlig falschen Deutungen und Vorstellungen führen.

Natürlich können Außenwände nicht in dem Sinne atmen, daß sie etwa den Austausch von verbrauchter Luft gegen Frischluft zulassen. Genauso unwiderlegbar ist es aber auch, daß einige Materialien, besonders gut z. B. das historische Baumaterial Lehm, hohe Raumfeuchten aufnehmen, um sie bei trockener Raumluft wieder abzugeben – in Form eines natürlichen Feuchteausgleichs. Wissenschaftlich nachgewiesen ist, daß durch das Dampfdruckgefälle von warmen Innenräumen (im Sommer gelegentlich umgekehrt) Wasserdampf von innen nach außen durch die Wände diffundiert bzw. diffundieren sollte. Letzterer Vorgang wird zum Schrecken jedes Bauphysikers von Nichtfachleuten oft als »Atmen« bezeichnet.

Der Vorgang des Dampfdruckausgleichs in der Wand und der damit verbundenen Feuchtewanderung, die Versuche, das Diffundieren zu bremsen oder zu sperren und das Ausfallen von Kondensat (Wasser in flüssiger Form) führte bei den meist sehr offenporigen historischen Baustoffen und den niedrigen Heiztemperaturen kaum zu Problemen. Heute droht bei Verbundkonstruktionen aus Alt und Neu, bei dem Versuch, Neubaustandards im Altbau zu realisieren, wie z. B. die hohen Forderungen der Wärmeschutzverordnung zu erfüllen, vielfach größte Gefahr von bauphysikalischen Schäden.

Als Beispiel hierzu nur einige technische und physikalische Merkmale von Fachwerkwänden:

In den vergangenen Jahrzehnten wurde vielfach suggeriert und versucht, Fachwerkwände völlig »dicht«, das heißt vor allem regen- und dampfdicht zu machen. Dabei ist zu berücksichtigen, daß Feuchte nicht nur von außen in die Fachwerkwände dringt, sondern unter Umständen noch mehr von innen in Form von Wasserdampf, der unter anderem von den Bewohnern in großer Menge verdunstet wird, der aus Küche und Bad stammt und der sich teilweise als Kondensat in und an den Wänden niederschlägt. Der Versuch, mittels Dampfbremsen oder Dampfsperren das Eindringen des Dampfes von Innen in die Wand zu verhindern, schlug meist schon wegen der schlecht lösbaren Deckenanschlüsse fehl. Dazu sind die Bewegungen des Fachwerkskeletts durch die Ausgleichsfeuchte zu beachten. Bei Beachtung dieser Faktoren wird klar, daß man Fachwerkhölzer nicht dicht streichen kann. Ebenso quellen und schwinden aber auch Gefachematerialien wie Stakung, Lehm und Stroh. Selbst mit hohem Aufwand an Spachtelmassen und dauerelastischen oder dauerplastischen Präparaten kann man Fachwerkwände nicht »dicht« machen. Umgekehrt muß der Wasserdampf möglichst ungehindert die Außenwände durchwandern können,

Bauphysik, Bauchemie, Baubiologie

weshalb auch neue Materialien ebenfalls hoch dampfdurchlässig sein müssen, wenn keine Mängel eintreten sollen. Darüber hinaus müssen überhöhte Feuchtigkeitskonzentrationen an oder in Fachwerkwänden von außen und von innen ausgeschlossen werden. Dort, wo versucht wurde, Fachwerkwände innen zusätzlich mit Dampfsperren oder -bremsen, die z. B. im Deckenbereich nicht durchgehend angebracht wurden, stark zu dämmen und dann außen noch die Wände »dicht« gestrichen wurden, traten fast immer bereits in kürzester Zeit gravierende Schäden auf.

Die Ausdehnungskoeffizienten der Materialien Holz, Lehm und Stroh liegen so nah beieinander, daß keine Schäden aufgrund unterschiedlicher thermischer Bewegungen entstehen. Holz und Strohlehm haben geringe Wärmedurchgangswerte und zählen deshalb grundsätzlich zu den gut wärmedämmenden Materialien, wenngleich sie den heute bestehenden Energieeinsparungserfordernissen oft nur mit zusätzlichen Maßnahmen gerecht werden können. Auffallend hoch ist dagegen das Wärmespeichervermögen beider Baustoffe. Holz hat die Verhältniszahl 1:27 von Wärmedurchgang zu Wärmespeicherung und Strohlehm von 1:14, während andere Baustoffe fast alle nur Werte von unter 1:12 erreichen. Weiter nehmen Holz und Strohlehm Feuchte leicht auf und geben diese auch schneller wieder ab, das heißt, die beiden Baustoffe tragen entscheidend zu einem angenehmen, gesunden und ausgeglichenen Raumklima bei.

Selbstverständlich sind aber auch alle anderen physikalischen Bedingungen beim Fachwerk zu berücksichtigen. Zunächst ist der Schwindprozeß des Holzes zu beachten. Frisch gefälltes Holz hat etwa 50 bis 100 Prozent Feuchtigkeit, diese trocknet auf natürliche Weise auf 10 bis 20 Prozent. Das so weit ausge-

Bei historischen Bauten wurden nur selten – und dann aus Unkenntnis – umweltbelastende oder gesundheitsgefährdende Stoffe eingebaut oder verwendet. Fachwerkhäuser, wie dieses gründerzeitliche Beispiel aus Fritzlar, aus Holz und Strohlehmstakung bzw. Ziegeln sind besonders deutliche Beispiele für das »gesunde« Bauen.

trocknete – lufttrockene – Holz ist als Bauholz gut geeignet. Während des Austrocknungsprozesses schwindet das Holz in Längsrichtung nur 0,1 Prozent, in Spiegelrichtung quer zur Faser, also radial, bis zu 5 Prozent und in der Sehnenrichtung bis zu rund 10 Prozent.

Da das Schwindmaß in der Sehnenrichtung am größten ist, tritt bei Vollhölzern (aus dem vollen Holz geschnitten) an allen vier Kanten der Schwund am stärksten in Erscheinung, während er nach der Mitte der Seiten schwächer wird und nach Austrocknung der quadratische oder rechteckige Querschnitt konvexe Seitenlinien aufweist. Bei Halbhölzern ist demnach der Schwund auf der radial geschnittenen Seite geringer als auf der in Sehnenrichtung geschnittenen äußeren Seite. Der Schwindprozeß ist nicht zu unterschätzen, kann er doch bei einem Eckständer von 30 cm Breite bis zu 3 cm betragen. Eine große Rolle spielt dabei der Zeitfaktor. Während Fichten- und Tannenholz günstigenfalls schon in einer Witterungsperiode lufttrocken werden kann, trocknen stärkere Eichenstämme pro Jahr von außen nach innen nur je 1 cm.

Der genannte 30 cm starke Eckständer braucht also bis zu 15 Jahre zur Austrocknung, der Schwund ist dabei aber in den ersten Jahren der Trocknung sehr viel stärker als in den späteren Jahren. Da auch in früheren Jahrhunderten das Holz schon saftfrisch, das heißt direkt nach dem Fällen, verzimmert und verbaut wurde, begegnete man dem Schwindproblem, indem man die Fachwerkkonstruktion nach dem Aufschlagen und Eindecken des Daches eine Zeit stehenließ, bevor mit dem Ausfachen begonnen wurde. Da das Holz bei feuchter Witterung aus dem Regenwasser aber auch aus der Luft wieder Feuchtigkeit aufnimmt, bleibt der Feuchtigkeitsgehalt nicht gleich, sondern das Holz quillt und schwindet je nach Witterung, es »arbeitet«, und zwar auch noch nach Jahrhunderten.

Fachwerkhölzer gehören deshalb mit dem übrigen Bauholz zu den nicht maßhaltigen Hölzern, im Gegensatz zu maßhaltigen Hölzern und Holzbauteilen, wie Fenstern, Türen und Klappläden. Das Quellen und Schwinden muß beim Anstrichmaterial und den Anstrichtechniken ebenso sorgfältig berücksichtigt werden wie bei der eventuellen Ausbildung neuer Gefache. Für die Anstrichmaterialien ergibt sich daraus die grundsätzliche Forderung nach hoher Dehnfähigkeit und Dampfdurchlässigkeit, und die Gefache müssen elastisch genug sein, um das Arbeiten des Holzes aufzufangen.

Bauchemie

Chemie ist keine Weltanschauung – egal von welcher Seite man schaut – sondern eine exakte Wissenschaft. Um es noch deutlicher zu machen: Bier nach deutschem Reinheitsgebot gebraut, entsteht ebenso durch chemische Prozesse wie Benzin oder Pflanzenschutzgifte, d.h. »Chemie« oder »chemisch« sind weder gut noch böse, nur was wir daraus und damit machen, kann gut oder böse wirken.

Trotz dieser Tatsache haben sich um den Begriff der Bauchemie, die »Chemischen Mittel«, die heftigsten Kontroversen entwickelt, und das Forderungsspektrum und Marktgeschehen ist entsprechend weit. Da gibt es die Deklaration von Produkten, die nur noch schadstoffarm sind, Produktgruppen, die von der chemischen wie von der baubiologischen Industrie gleichermaßen vertrieben werden und schließlich, in einer Art Scharlatanerie, Produkte, die als »baubiologisch« mit allen Ansprüchen des »Gesunden Bauens« verkauft werden, aber ähnliche Konzentrationen, z.B. von Lösemitteln, aufweisen wie die nicht baubiologischen Mittel.

Auch die Begriffe »natürlich« und »künstlich« müssen für vieles herhalten. Ist ein Mauerziegel aus Ton, weil er gebrannt wurde, künstlich? Die Diskussionen werden so verbissen und leider oft so weit weg jeder fachlichen Basis und jedes fachlichen Begreifens geführt, daß Handwerker wie Bauherrn gut beraten sind, wenn sie sich genau über die gewünschten Produkte informieren und nur solche Materialien einsetzen, die bei richtiger Anwendung, keine Risiken für Gesundheit und Umwelt bergen.

Für das Entstehen des Rufs nach gesunden Baustoffen und Methoden gibt es ausreichend Gründe. Im hektischen Bauboom der sechziger und siebziger Jahre wurde oft genug nicht oder nicht ausreichend auf die Endlichkeit natürlicher Ressourcen, auf die Belastung der Umwelt durch den Einsatz und gefährlichen Umgang von Giften und Schadstoffen und schließlich auch auf die Gesundheit von Bauhandwerkern und Hausbewohnern geachtet. Die Schlagworte Asbestzement oder Formaldehyd mögen hier als Beispiel dienen.

Konstruktiver, chemischer oder biologischer Holzschutz

Ein anders gelagertes typisches Beispiel ist der Holzschutz. Konstruktiver, chemischer und biologischer Holzschutz sind wahrscheinlich schon tausende von Jahren alt. Fest steht, daß um Christi Geburt in allen drei Arten Holzschutz nicht nur bei den Römern, sondern auch z. B. in China betrieben wurde und daß Leonardo da Vinci in der 2. Hälfte des 15. Jahrhunderts u. a. massive Gifte, wie Arsenverbindungen zum Holzschutz für die Rahmen seiner Bilder und Holzschnitzereien, einsetzte. Von da an ist der Einsatz giftiger Wirkstoffe kontinuierlich nachzuweisen, und gelegentlich wurde auch darauf hingewiesen, daß entsprechende Mittel nur in die Hände von Fachleuten gehören.

In den Jahrzehnten nach dem letzten Krieg wurde der chemische Holzschutz bei Vernachlässigung aller konstruktiven Holzschutzmaßnahmen stark übertrieben. Die Gegenbewegung mit einer starken Ablehnung entsprechender Mittel konnte nicht ausbleiben. Was ist nun an Holzschutz tatsächlich zu tun? Zunächst einmal liegen die wichtigsten Holzschutzmaßnahmen im Bereich des konstruktiven Holzschutzes, der bei der Auswahl der richtigen Hölzer beginnt, und über die Fällzeit, die Fällart, das Lagern bis zu den konstruktiv richtigen Details reicht. Darüber hinaus müssen alle konstruktiven, d.h. alle tragenden, Holzteile nach der DIN 68 800 einen vorbeugenden chemischen Holzschutz erhalten, während die nicht tragenden Teile wie Verkleidungen, Vertäfelungen, Holzböden usw. mit holzpflegenden Mitteln – dazu gehören auch die meisten »biologischen Holzschutzmittel« – behandelt werden können.

Zu den sog. biologischen Holzschutzmitteln werden Wachse und z. B. Holzessig gezählt, die z. T. hervorragende Pflegemittel für Holz darstellen, aber keine Wirkstoffe gegen tierische oder pflanzliche Schädlinge enthalten und somit auch nicht wirksam gegen entsprechende Schäden eingesetzt werden können.

Nach dem bereits verabschiedeten Entwurf der DIN 68 800 Teil 3 »Chemischer Holzschutz im Hochbau« kann künftig auch bei tragenden Bauteilen auf einen chemischen Holzschutz verzichtet werden, wenn ein Angriff durch holzzerstörende Pilze ausgeschlossen werden kann (die Holzfeuchte muß langfristig unter 20 Prozent liegen) und die Gefahr von Bauschäden durch Insekten nicht zu erwarten ist.

Baubiologie

Baubiologie ist der am wenigsten genau zu definierende oder scharf zu umgrenzende Begriff. Die sogenannten Baubiologen zielen auf ein für die Umwelt und den Menschen schadstoffreies Bauen im weitesten Sinne ab. Dies ist zunächst einmal nach dem reichlichen Umgang mit Schadstoffen in den letzten Jahrzehnten eine natürliche Reaktion. Die Zielvorstellungen bleiben aber auf einige Idealisten begrenzt, wenn sie, wie leider oft geschehen, völlig überzogen werden. Hier ist wissenschaftliche Arbeit in großem Umfange gefragt. Es hilft nur, die verwendeten Stoffe, Konstruktionen und Kombinationen zu prüfen, zu untersuchen und zu vergleichen und zwar mit der gleichen Gründlichkeit wie z. B. Bauteile in Bezug auf ihre Standfestigkeit und ihre Konstruktion hin geprüft oder untersucht werden. Es ist dringend erforderlich, das Thema des gesunden Bauens aus dem Bereich ideologischer und philosophischer Spekulationen in naturwissenschaftliche Disziplinen zu überführen.

Genehmigung, Planung und Finanzierung

Selbstverständlich ist bei Sanierung und Reparaturen wie bei Neubauten darauf zu achten, daß keine gesundheitlichen Gefahren auftreten, insbesondere keine toxischen Belastungen für Menschen und Tiere entstehen und ökologische Grundsätze nicht verletzt werden. Gesetzliche Bestimmungen, wie die Landesbauordnungen, nehmen inzwischen darauf Rücksicht. So ist in der Musterbauordnung (MBO) in § 16 ausgeführt: »Bauliche Anlagen müssen so beschaffen sein, daß durch Wasser, Feuchtigkeit, fäulniserregende Stoffe, durch Einflüsse der Witterung, durch pflanzliche und tierische Schädlinge oder durch andere chemische oder physikalische Einflüsse Gefahren oder unzumutbare Belästigungen nicht entstehen.«

Einige grundsätzliche Überlegungen für die Planungsphase:
- Die Standorte historischer Bauten sind vorgegeben, gesundheitliche oder hygienische Beeinträchtigungen wie z. B. Lärm, Staub, Rauch oder Gerüche sollen durch bauliche Maßnahmen verbessert oder beseitigt werden.
- Die bei historischen Bauten aus früheren Jahrhunderten verwendeten Materialien und Konstruktionen sind meist gesundheitlich unbedenklich (eher gesund) und verhelfen zu einem angenehmen Wohnklima. Ihre Beschaffung war ökologisch vorteilhaft.
- Wo bei historischen Bauten, insbesondere des letzten Jahrhunderts, gesundheitliche Einschränkungen auftreten, sind die guten und weniger guten Eigenschaften abzuwägen.
- In Bezug auf die Haustechnik, Ver- und Entsorgung entsprechen die historischen Bauten neben den hygienischen oft nicht den ökologischen Forderungen, hier ist auch bei baulichen Maßnahmen und Neuinstallationen u. a. auf sparsamen Energieverbrauch zu achten.
- Bei der Frage nach toxischen Stoffen ist insbesondere der Dosis-Wirkungsbezug zu messen. Viele Materialien und Nahrungsmittel beinhalten toxische Stoffe in kleinsten nicht gesundheitsschädlichen Mengen (andererseits kann der Genuß einer größeren Menge reinen Wassers tödlich sein).
- Wie bei Neubauten auch, sollte bei den für Sanierungen verwendeten Materialien streng darauf geachtet werden, daß sie toxisch unbedenklich sind, ihre Produktion oder der Transport nicht ökologisch unsinnig und ihre evtl. später notwendig werdende Beseitigung (z. B. beim Abbeizen von Anstrichmitteln) nicht zu Belastungen führt.

Romanische und gotische Massivbauten waren wegen der nur bescheidenen »Sanitärausstattung« und der geringen Heizungsmöglichkeiten nicht komfortabel, aber bezüglich ihrer Baustoffe »gesund«.

Wärme-, Schall- und Brandschutz

Gebäude wurden in früheren Jahrhunderten mit nur wenigen Auflagen aus Bauordnungen errichtet. Im Bereich des Wärme- und Schallschutzes gab es früher überhaupt keine Auflagen oder behördlich geforderte Mindestansprüche, während im Bereich des Brandschutzes, insbesondere die städtischen Bauordnungen, schon früh Auflagen, wie Brandwände oder Dächer mit festen Eindeckungsmaterialien forderten.
Oft haben entsprechende Regelungen und Ver- oder Gebote in den Bauordnungen die Bauten (auch die heutigen Baudenkmäler) in ihrer Form und ihren Materialien erheblich beeinflußt.

Die Funktionen und Nutzungen sowie der gewünschte Standard und Komfort historischer Häuser waren in vieler Hinsicht völlig anders ausgerichtet. Ein typisches Beispiel dafür ist das Niederdeutsche Hallenhaus. Die »Stallwärme« der Tiere in Verbindung mit dem offenen Herdfeuer (später auch der geschlossene Herd oder Ofen) sorgte für die Gesamtheizung der riesigen Häuser. Die Strahlungswärme des Herdfeuers schuf eine angenehme Wärme, ohne die Luft zu stark aufzuheizen und sorgte durch Bestrahlung eines Teiles der Außenwände auch für deren Trockenheit. Größere Wärmeverluste wurden durch temporären Wärmeschutz wie Klappläden, Vorhänge vor Türen und Fenstern und durch Maßnahmen, wie das Aufstellen von Schränken nur vor den Innenwänden (damit keine Außenwände wegen des davorstehenden Schrankes auskühlen und durchfeuchten konnten), vermieden.

Der Rauch des Herdfeuers räucherte schließlich nicht nur die über dem Feuer hängenden Fleischwaren, sondern beizte auch das Getreide im Dachboden und hielt es frei von Ungeziefer, der Rauch beizte aber auch das Holz und schützte dieses vor tierischen Holzschädlingen.

Gerade bei alten Fachwerkhäusern mit relativ dünnen Außenwänden spielte der Zusammenhang mit Grundöfen (z. B. Kachelgrundöfen) eine sehr große Rolle. Diese lieferten ausschließlich Strahlungswärme mit geringer Luftaufheizung und damit geringer Luftbewegung und Aufwirbelung. Die Außenwände wurden von innen bestrahlt, so daß sie trocken blieben und ihr Höchstmaß zur Dämmung beitragen konnten. Diese Art der Heizung hat bei niedrigstem Energieverbrauch und – nach unserer heutigen Auffassung – schlecht gedämmten Wänden zu einem angenehmen Raumklima beigetragen.

Im Bereich des Wärme-, Schall- und Brandschutzes erfüllen die historischen Bauten nur selten die heutigen Anforderungen. Wärme- und Schalldämmung gehören entscheidend mit zur Behaglichkeit und zum Wohnkomfort. Der Zwang zum Energiesparen (Energieeinsparungsgesetz vom 22.07.1976) erfordert darüber hinaus größtmögliche Wärmedämmaßnahmen.

Wärmeschutz

Unter dem Aspekt des sparsamen Energieverbrauchs, d. h. wärmetechnisch, sind Gebäude als Einheit zu betrachten. Die Schwachstellen bei älteren Bauten sind insbesondere Fenster, Türen, Tordurchfahrten, nicht unterkellerte Böden und Dachgeschoßdecken.

Für Neubauten sind die Mindestwerte des baulichen Wärmeschutzes in der Wärmeschutzverordnung (WSchV) vom 11.08.1977 mit der Neufassung vom 24.02.1982, die am 01.01.1984 in Kraft trat, festgelegt. Ausdrücklich sind die hohen Anforderungen nicht für historische Gebäude gedacht. Wo vielfach dennoch versucht wird, diese hohen Wärmedämmwerte auch bei Altbauten und bei Sanierungen zu erreichen, werden teilweise gravierende bautechnische und bauphysikalische Fehler produziert, die unter Umständen mehr schaden denn nützen und gelegentlich auch erheblich die bis zum Einbau der zusätzlichen Wärmedämmung noch schadensfreie historische Substanz zerstören.

Genehmigung, Planung und Finanzierung

Um Schäden von Denkmälern abzuwehren, wurde deshalb in einigen Bundesländern auf dem Erlaßweg darauf hingewiesen, daß bei der Sanierung von Denkmälern, z. B. in Fachwerkbauweise zur Gefahrenabwehr, nicht die hohen Dämmwerte der Wärmeschutzverordnung erzielt werden sollen. Mindestens erreicht werden müssen dagegen die Werte der DIN 4108, d. h. bei Außenwänden ein k-Wert von mindestens 1,39 [16].

Berechnung von k-Wert und Tauwasser erforderlich

Viele Schäden bei zusätzlichen Dämmungen hätten leicht vermieden werden können, wenn vor den Maßnahmen die entsprechenden Berechnungen durchgeführt worden wären. Es ist deshalb unbedingt erforderlich, geplante Maßnahmen über entsprechende Berechnungen zu prüfen oder auf dem rechnerischen Weg zu ermitteln. Dabei geht es nicht nur um die k-Wert-Berechnung, sondern es sind mindestens ebenso wichtig die Berechnung der Taupunktebene und der Tauwassermenge. Die derzeit angewendeten, stark vereinfachten Rechenmethoden, vor allem das Glaserschema, vernachlässigen viele Einflußfaktoren wie die Wärmespeicherung, die Aufheizung durch Sonnenenergie und die schnelle Minderung der Dämmwirkung bei Durchfeuchtung. Sie bieten aber Hinweise zur Beurteilung der zusätzlichen Dämmaßnahmen in Verbindung mit den vorhandenen Wandaufbauten. Es ist zu beachten, daß die in der DIN 4108 genannten zulässigen Tauwassermengen Höchstwerte darstellen. Bei Fachwerkkonstruktionen sollten diese Höchstwerte bei weitem nicht erreicht werden!

Mindestanforderungen des Wärmeschutzes nach der DIN 4108, Teil II.

Spalte		1		2		3	
				2.1	2.2	3.1	3.2
Zeile		Bauteile		Wärmedurchlaßwiderstand 1/Λ		Wärmedurchgangskoeffizient k	
				im Mittel	an der ungünstigsten Stelle	im Mittel	an der ungünstigsten Stelle
				m² · K/W		W/(m² · K)	
1	1.1	Außenwände[1]	allgemein	0,55		1,39; 1,32[2]	
	1.2		für kleinflächige Einzelbauteile (z. B. Pfeiler) bei Gebäuden mit einer Höhe des Erdgeschoßfußbodens (1. Nutzgeschoß ≤ 500 m über NN	0,47		1,56; 1,47[2]	
2	2.1	Wohnungstrennwände[2] und Wände zwischen fremden Arbeitsräumen	in nicht zentralbeheizten Gebäuden	0,25		1,96	
	2.2		in zentralbeheizten Gebäuden[4]	0,07		3,03	
3		Treppenraumwände [5]		0,25		1,96	
4	4.1	Wohnungstrenndecken[3] und Decken zwischen fremden Arbeitsräumen[6] [7]	allgemein	0,35		1,64[2]; 1,45[2]	
	4.2		in zentralbeheizten Bürogebäuden [4]	0,17		2,33[3]; 1,96[3]	
5	5.1	Unter Abschluß nicht unterkellerter Aufenthaltsräume[3]	unmittelbar an das Erdreich grenzend	0,90		0,93	
	5.2		über einen nicht belüfteten Hohlraum an das Erdreich grenzend			0,81	
6		Decken unt nicht ausgebauten Dachräumen[8] [10]		0,90	0,45	0,90	1,52
7		Kellderdecken[8] [11]		0,90	0,45	0,81	1,27
8	8.1	Decken, die Aufenthaltsräume gegen Außenluft abgrenzen[3]	nach unten[12]	1,75	1,30	0,51; 0,50[3]	0,66; 0,65[3]
	8.2		nach oben[13] [14]	1,10	0,80	0,79	1,03

Wärme-, Schall- und Brandschutz

Wärmedämmung innen oder außen

Grundsätzlich gilt, daß die Wärmedämmung der einzelnen Materialien von innen nach außen zunehmen soll, ebenso soll die Wasserdampfdurchlässigkeit nach außen hin zunehmen. Da die zusätzlichen Dämmstoffe in der Regel höhere Dämmwerte wie die Materialien der vorhandenen Wände aufweisen, müßten aus bauphysikalischer Sicht die zusätzlichen Dämmungen im besten Falle außen aufgebracht werden. Bei den meisten Denkmälern, insbesondere bei Sichtfachwerk, ist eine zusätzliche äußere Dämmung bis auf die Ausnahme bescheidener Dämmputzaufträge nicht möglich. An Massivbauten würden zusätzlich aufgebrachte Wärmedämmverbundsysteme zu stark deren Äußeres verändern.

Innendämmungen haben zwar die großen Vorteile, daß sie viel mehr dem Dämmbedarf angepaßt werden können, also auch z. B. nur einzelne Räume gedämmt werden können und sich die Räume auch bei Heizunterbrechungen schneller wieder aufheizen lassen. Zu den schwerwiegenden Nachteilen zählt, daß bei zu hoher Innendämmung Tauwasser in der Wand ausfällt, viele Wärmebrücken, z. B. bei Wand- und Deckenanschlüssen, übrigbleiben und die Bauteile dadurch größeren Temperaturschwankungen ausgesetzt sind. Bei Fachwerk kann es deshalb u. U. nützlich sein, die Wärmedämmaßnahme derart zu teilen, daß außen auf dem Gefach statt einem Normalputz ein Wärmedämmputz und dazu eine bescheidene Dämmung im Inneren aufgebracht wird.

Eine Reihe von Ausführungshinweisen für nachträgliche Dämmaßnahmen ist im Abschnitt »Verbesserungen des Innenausbaues, Dachgeschoßausbau und zusätzliche Wärmedämmaßnahmen« ausgeführt.

Schallschutz

Die Mindestanforderungen des Schallschutzes sind in der DIN 4109 enthalten. Zu unterscheiden ist bei den Schallquellen zwischen Luftschall (Sprechen, Verkehrslärm) und Körperschall, bzw. Trittschall (Geräusche die z. B. durch Gehen, Springen, Klopfen über die Decken, Wände, Treppen übertragen werden).

Im Gegensatz zu Wärmeverlusten, die prozentual zur Fläche entstehen, genügt bei Schallwellen ein winziger Spalt, um den Schall voll hindurchzulassen. Vorteilhaft ist, daß sich Schall- und Wärmeschutz oft mit einer Maßnahme verbessern lassen.

Massive Wände wie auch Fachwerkwände besitzen wegen ihres hohen Gewichtes meist ausreichende schallschützende Eigenschaften. Deshalb übertreffen historische Gebäude die Anforderungen an den Schallschutz meist um ein Vielfaches. Reicht in Einzelfällen der Schallschutz nicht aus, so kann durch Vorsetzen einer »zweiten Schale«, z. B. Gipskarton mit Hartschaum, möglichst völlig getrennt oder nur weichfedernd über die Dämmplatte mit der Massivwand verbunden, ein guter Schutz erreicht werden. Bei neu einzubauenden leichten Wänden oder Wandfüllungen ist auf gute Schalldämmung zu achten. Zusätzliche steife Dämmschichten können den Schallschutz mindern, während weichfedernde Dämmungen innen den Schallschutz verbessern. Werden bei zusätzlichen Maßnahmen zur Verbesserung des Schallschutzes auch die Wärmedämmeigenschaften von Außenwänden verändert, so müssen selbstverständlich auch hier zur Vermeidung von bauphysikalischen Schäden durch Tauwasser, k-Wert und Tauwasserberechnungen durchgeführt werden.

Undichte Fugen, Putzfehlstellen und undichte Anschlüsse in Wänden sind sorgfältig auszubessern bzw. zu schließen.

Trittschall bei Wohnungstrenndecken läßt sich leicht durch Verwendung weicher Oberbeläge, wie Teppichboden, verringern. Besser sind die Ausbildung eines schwimmenden Estrichs oder eines Holzfußbodens, der weich gelagert ist (Dämmstreifen zwischen Lagerhölzern und Massivdecken oder Balkendecke). Auch untergehängte, weiche Verkleidungen sind geeignet, den Trittschall zu mindern.

Ebenso wie für die Wärmedämmung sind auch für die Schalldämmung die Fenster sehr kritische Punkte. Entscheidend sind Dichtigkeit, Gesamtscheibendicke und Scheibenabstand. Einzelmaßnahmen siehe Abschnitt: »Fenster, Fensterläden, Rolläden und Türen«.

Luftschall und starke Nachhallerscheinungen lassen sich durch schallschluckende weiche Wand- und Deckenmaterialien, z.B. gelochte Dämmplatten oder Vorhänge, verringern.

Störender Schall entsteht vielfach durch Installationsgeräusche. Die Schallquellen werden verringert durch:
– ausreichende Leitungsquerschnitte (Fließgeräusche),
– Einbau geräuscharmer Armaturen (besondere Vorsicht ist bei Druckspülern geboten),
– Befestigung der Armaturen und Leitungen mittels schallgedämmter Rohrschellen, damit keine festen Verbindungen zu den Wänden entstehen und
– Leitungsdurchlässe in Wänden mittels Mantelrohren.

Brandschutz

Die brandschutztechnischen Anforderungen werden unterschieden in bauordnungsrechtliche Vorschriften, z.B. Bayerische Bauordnung Art. 17: »Bauliche Anlagen sind so anzuordnen, zu errichten, zu ändern und zu unterhalten, daß der Entstehung und der Ausbreitung von Feuer und Rauch vorgebeugt wird und bei einem Brand wirksame Löscharbeiten und die Rettung von Menschen und Tieren möglich sind« sowie in den technischen Anforderungen der DIN 4102 »Brandverhalten von Baustoffen und Bauteilen«.

Die Baustoffe werden in die Baustoffklassen A: nicht brennbare Baustoffe und B: brennbare Baustoffe eingeteilt.

Baustoffklasse	Bauaufsichtliche Benennung
A	nichtbrennbare Baustoffe
A1	
A2	
B	brennbare Baustoffe
B1	schwerentflammbare Baustoffe
B2	normalentflammbare Baustoffe
B3	leichtentflammbare Baustoffe

Die Einstufung der Bauteile erfolgt dagegen in Feuerwiderstandsklassen und nach ihrer Feuerwiderstandsdauer.

Feuerwiderstandsklasse	Feuerwiderstandsdauer in Minuten
F 30	= 30
F 60	= 60
F 90	= 90
F 120	= 120
F 180	= 180

Die Forderungen des Begriffs feuerhemmend (fh) werden von den Feuerwiderstandsklassen F 30-B, F 30-AB und F 30-A erfüllt, die Forderungen des Begriffs feuerbeständig (fb) von den Feuerwiderstandsklassen F 90-AB und F 90-A. Brandschutztechnische Anforderungen werden insbesondere bei Gebäuden mit zwei und mehr Geschossen an tragende und nicht tragende Außenwände und deren eventuelle Verkleidung gestellt, weiter an die Treppenhäuser, an die Decken sowie an das Dach.

Bei historischen oder denkmalgeschützten Gebäuden sind u. U. Befreiungen bzw. Umgehung der Auflagen durch andere Sicherheitsmaßnahmen möglich.

Müssen bei einzelnen Bauteilen Auflagen des Brandschutzes nach den Kategorien nicht brennbar, feuerhemmend oder feuerbeständig nachträglich erfüllt werden, so sind z.B. entsprechende Verkleidungen vorzusehen, z.B. aus Gipskartonplatten im Normfall bis F 30 oder besondere Brandschutztafeln bis F 120.

Normen, Bauvorschriften und Regelwerke

Normen, Vorschriften und Regelwerke sind in erster Linie für Neubauten, für neues Bauen konzipiert. Dies liegt in der Natur solcher Regelungen, da die historischen Bauten vielfach zu Zeiten entstanden sind, in denen man nicht an die heutigen normierten Zielsetzungen dachte, geschweige denn mit entsprechenden Zielen plante und baute. Qualitätsansprüche, Materialanforderungen und Regelungen zu handwerklichen Ausführungen im größten Teil historischer Bauepochen entstanden in erster Linie aus der Umsetzung gewonnener Erfahrungen. Die handwerklichen Schöpfungen hängen dabei von regionalen Baustoffvorkommen, klimatischen Bedingungen und landschafts- oder funktionsspezifischen Details ab. Allein diese Hinweise machen deutlich, daß bundesweite oder gar europäische Normierungen nicht für historische Bauten zum Planungs- und Forderungsansatz werden können. Noch deutlicher ausgedrückt: alte Häuser, insbesondere Denkmäler, lassen sich nicht in neue Normen und Regelwerke zwängen. Die meisten Bauvorschriften verlangen dies auch nicht. Oft wird dennoch versucht, die Vorschriften ohne Differenzierung auch im historischen Baubereich anzuwenden. Ein ganz typisches Beispiel ist die Wärmeschutzverordnung vom 24. Februar 1982. In den Paragraphen 1 und 13 ist in der Verordnung ausdrücklich festgelegt, daß sie nur bei Neubauten anzuwenden ist. Ein neu ausgefachtes Fachwerk stellt in diesem Sinne keinen Neubau dar. Trotzdem ist fortlaufend der Versuch zu beobachten, in einer falsch verstandenen Art von Perfektionismus auch bei historischen Gebäuden mit nachträglichen Maßnahmen die hohen Dämmwerte der Verordnung zu erzielen. Schwere Sanierungsschäden durch zu hohe oder falsche Dämmungen sind oft die Folge. In Hessen z. B. hat das Ministerium für Wissenschaft und Kunst deshalb mit einem Erlaß zu baulichen Änderungen an bestehenden Gebäuden, Anwendung bei Fachwerkgebäuden, reagiert. Dieser Erlaß macht deutlich, daß auch bei weitgehender Auswechslung von Materialien im Rahmen von Fachwerksanierungen die Wärmeschutzverordnung nicht anzuwenden ist. »Beim Ersatz der in Tabelle 3 genannten Bauteile sind die Anforderungen nur anzuwenden, wenn das jeweilige Bauteil vollständig ersetzt wird. Bei nur teilwei-

Normen und Bauvorschriften zielen meist auf den Neubau ab. Historische Bauten lassen sich oft nicht in diese Normen pressen. Die gesetzlichen Regelungen sehen bis auf den Bereich der öffentlichen Sicherheit Ausnahmen und Befreiungen vor.

Genehmigung, Planung und Finanzierung

sem Ersatz, bei dem z. B. Stützen, Holzständer- oder Fachwerk, Träger, Fensterrahmen u. a. erhalten bleiben, finden demzufolge die Anforderungen keine Anwendung. Die Sanierung von bestehenden Fachwerkwänden fällt – auch für den Fall der Herausnahme der Ausfachungen – nicht unter den Anwendungsbereich der Verordnung.

An Bauteile in Verbindung mit baulichen Änderungen bestehender Gebäude werden keine Anforderungen zur Begrenzung der Wärmeverluste bei Undichtigkeiten (Begrenzung der Fugendurchlaßkoeffizienten außenliegender Fenster und Fenstertüren beheizter Räume, Dichtheit der sonstigen Fugen in der wärmeübertragenden Umfassungsfläche) gestellt. Nutzungsänderungen eines Gebäudes unterliegen nur dann den energiesparenden Anforderungen der Wärmeschutzverordnung, wenn bauliche Änderungen nach § 10 der Verordnung vorliegen«.

Dies bedeutet dennoch nicht, daß man in älteren Häusern Energie verschleudern, sich totheizen müßte, es bedeutet vielmehr, daß zusätzliche Wärmedämmmaßnahmen besonders sorgfältig geplant werden müssen und im Zweifelsfall die Höchstwerte nicht ganz erreicht werden.

In einer Beziehung müssen allerdings alle Vorschriften erfüllt werden: wenn es um die öffentliche Sicherheit geht. Der festgelegte – genormte – und dann auch von allen erwartete Sicherheitsstandard muß auch bei historischen Bauten erfüllt und gewährleistet werden. Auch hier gibt es ein »Aber«, denn mit der zu erzielenden Sicherheit ist nicht gleichzeitig bestimmt, wie die Auflagen zu erfüllen sind. So lassen sich Auflagen zum Brandschutz nicht nur mit feuerfesten Treppen und Wänden, Abschottungen und Sprinkleranlagen erfüllen, sondern auch z. B. durch Fluchtwege, besondere Melde- oder besondere Löscheinrichtungen.

Besonders kritisch müssen beim Umgang mit historischer Bausubstanz die Normen angesehen werden. Diese Regeln werden der Entwicklung der Technik fortlaufend angepaßt, sie stellen praktisch den Stand der Technik dar.

Erfahrungen gibt es dabei vielfach bei neueren Techniken noch nicht, diese werden bei späteren Modifizierungen eingearbeitet. Traditionelle Handwerkstechniken werden dabei in den seltensten Fällen berücksichtigt. Markantes Beispiel sind die Normen für den Stahlbeton. Erst aufgrund aufgetretener Mängel und Schäden wurden die Maße für die Stahlüberdeckung in den jetzigen Größenordnungen festgelegt. Da die Normen den neuesten Stand der Technik berücksichtigen, müssen sie zwangsläufig contra historischer Bausubstanz, müssen sie im Gegensatz zu all den raffinierten, eleganten und ästhetischen Fenstern, Türen, Läden, ja Wänden und Häusern stehen, wenn man nicht die historische Substanz neben dem mit hohen Normenanforderungen Gebautem stehen läßt.

In diesem Zusammenhang muß noch ein Wort zu neuen Baumaterialien, Baukonstruktionen und Baumethoden gesagt werden. Viele der nach dem letzten Kriege in immer schnellerem Maße kreierten neuen Stoffe und Konstruktionen haben bei weitem nicht das gehalten, was von den Herstellern versprochen wurde. Viele haben sich im Zusammenhang mit Materialien aus früheren Jahrhunderten überhaupt nicht bewährt, ja einige haben sogar zu schwersten Bauschäden beim historischen Material geführt und hohe Kosten verursacht.

Kosten, Finanzierung, Zuschüsse, Unwägbarkeiten

Kosten und Unwägbarkeiten

Naturgemäß sind bauliche Maßnahmen an älteren Gebäuden mit mehr Unwägbarkeiten verbunden und schwerer kalkulierbar als Neubaumaßnahmen. Bei zunehmendem Alter von Bauten werden die nicht kalkulierbaren Faktoren größer, eine mindestens ebenso große Rolle spielen jedoch Kontinuität und Intensität der Bauunterhaltung von der Errichtung des Bauwerks bis heute.

Während für Schönheitsreparaturen Intervalle von ca. drei bis sieben Jahren je nach Art und Häufigkeit der Nutzung anzusetzen sind, kann für Arbeiten im Sinne der Sanierung und Modernisierung (Dacherneuerung, Verputz, Fenster) grundsätzlich ein Zeitraum von dreißig bis vierzig Jahren angesetzt werden. Durch Kriege und damit verbundene Notzeiten, z. B. die Vernachlässigung der Altbausubstanz nach dem Zweiten Weltkrieg, wurden insbesondere die in größeren Abständen notwendigen tiefgreifenden Arbeiten über Jahrzehnte, oder früher teilweise über Jahrhunderte, nicht durchgeführt. Bei vernachlässigten Bauten dieser Art ist auch mit Folgeschäden (z. B. durch eindringende Nässe bedingte konstruktive Mängel) zu rechnen.

Bei sorgfältiger Vorbereitung lassen sich die Risiken, besonders die des Zeit- und Kostenfaktors, die je nach Maßnahme mit etwa 5 bis 25 Prozent der Kosten anzusetzen sind, auf ein Minimum reduzieren. Zur Vorbereitung und Durchführung im Sinne der Zeit- und Kostenplanung gehören:
- Sorgfältige Analyse des Bestandes, Prüfung auch der nicht sichtbaren Bauteile durch partielles Abschlagen von Verputz, Öffnen von Decken unter besonderer Beachtung der Standsicherheit;
- Festlegung und Abgrenzung der durchzuführenden Maßnahmen;
- detaillierte Planung;
- detaillierte Massenberechnung;
- Auskünfte über zu erwartende Auflagen;
- exakte Ausschreibung und Kalkulation;
- Vergabe an Firmen, die über geschultes Fachpersonal verfügen, d. h. das auch ältere Bautechniken beherrscht.

Die Kosten richten sich ganz nach dem Umfang der durchzuführenden Maßnahmen und lassen deshalb keine pauschalen Aussagen und Hinweise zu. Maßnahmen an historischen Bauten können aus eng begrenzten Einzelarbeiten, wie Fassadenrenovierung, Fenstererneuerung, Einbau von WC's und Bädern, Modernisierung der Sanitäranlagen, Zentralheizung oder Reparaturen von Fachwerk bis zur Gesamtsanierung und Modernisierung reichen.

Bei normal unterhaltenen Bauwerken sind für umfassende Modernisierung und Sanierung einschließlich Grundrißänderungen, d. h. Erreichung des Standards vergleichbarer Neubauten, etwa aufzuwenden:
- für Gebäude über 100 Jahre:
  50 bis 80 Prozent der Kosten vergleichbarer Neubauten
- für Gebäude über 50 Jahre:
  35 bis 60 Prozent der Kosten vergleichbarer Neubauten und
- für Gebäude über 25 Jahre:
  20 bis 40 Prozent der Kosten vergleichbarer Neubauten.

Finanzierung, Zuschüsse und Steuererleichterungen

Mit der volkswirtschaftlichen Erkenntnis des Wertes von Altbausubstanz wurde auch die Finanzierung von Maßnahmen an Altbauten problemloser. Zur Finanzierung können folgende Kreditmöglichkeiten, Zuschüsse und Steuererleichterungen herangezogen werden:

Genehmigung, Planung und Finanzierung

Kredite

Die Kreditaufnahme auf dem Kapitalmarkt für Maßnahmen an Altbauten ist wesentlich leichter geworden, nachdem von den Banken die Altbausubstanz wieder höher eingeschätzt wird. Es gilt die Faustregel: Je umfassender die Sanierungsmaßnahmen, umso höher wird beliehen. Zur Finanzierung über den Kapitalmarkt können dienen:
- Bausparverträge mit entsprechenden Prämien oder Steuervergünstigungen und der Möglichkeit des Bankvorausdarlehens.
- Hypothekendarlehen, die bis zu einer Höhe von ca. 80 Prozent des vom Kreditgeber geschätzten Wertes eines modernisierten oder sanierten Objektes gegeben werden. Laufzeit bis 34 Jahre. Sicherung durch Eintragung in das Grundbuch. Bei Kombination mit einer Lebensversicherung werden die laufenden Aufwendungen, Zinsen und Versicherungsbeiträge zwar höher, dafür sind aber weitere Steuereinsparungen (Sonderausgaben) möglich.
- Annuitätendarlehen: Privatdarlehen bis zu 150.000,- DM. Beleihung bis ca. 70 Prozent, etwas niedriger als Hypothek. Sicherung durch Grundpfandrechte.
- Ratenkredite, die auf die persönliche Kreditwürdigkeit hin vergeben werden. Höchstbetrag ca. 25.000,- DM, Laufzeit maximal fünf Jahre. Sicherung durch Lohn- oder Gehaltsabtretung, eventuell Restschuldversicherung.

Zuschüsse

Zuschüsse nach Städtebauförderungsgesetz

Für Gebäude und Anlagen in förmlich festgelegten Sanierungsgebieten gem. Städtebauförderungsgesetz (StBauFG) können bei der Sanierung oder Modernisierung Zuschüsse bzw. Darlehen – insbesondere zu den unrentierlichen Kosten – gegeben werden. Die Anträge sind an die Gemeinde oder den Sanierungsträger zu stellen. Die Bescheide nach Art. 43 des Städtebauförderungsgesetzes, die Denkmaleigenschaft betreffend, werden von den zuständigen Landesämtern für Denkmalpflege ausgestellt.

Zuschüsse aus Dorferneuerungsprogrammen

Eine Reihe von Bundesländern (nicht alle) haben Dorferneuerungsprogramme mit Förderschwerpunkten aufgestellt. Durch Zuschüsse gefördert werden u. a. folgende in Förderschwerpunktbereichen vorgesehene Maßnahmen:
- Erhaltung, Gestaltung oder Verbesserung (ehemals) landwirtschaftlicher Bausubstanz mit ortsbildprägendem oder landschaftsbestimmendem Charakter
- Erhaltung, Wiederherstellung und Neuanlage von Bauwerken und sonstigen ortsbildprägenden Bauteilen, die zur Gestaltung des Orts- und Landschaftsbildes beitragen (z. B. Mauern, Brunnen, Treppen, Zäune und milieubildende Bauten)
- Erhaltung ortsbildprägender oder landschaftsbestimmender Bäume und Gehölze einschließlich der Sicherung von Grünflächen im Ortsrandbereich.

Anträge sind an die Flurbereinigungsbehörden – Kulturamt oder Amt für Landwirtschaft und Landentwicklung – zu stellen.

Zuschüsse gem. Wohnungsmodernisierungsgesetz

Nachdem das gemeinsame Programm von Bund und Ländern zur Förderung der Modernisierung und Instandsetzung von Wohnungen auf der Grundlage des Wohnungsmodernisierungsgesetzes vom 23.08.1976 ausgelaufen ist, führen einige Länder diese Programme als Länderprogramme weiter. Entsprechende Anträge sind an die zuständige Stadtverwaltung bei kreisfreien Städten bzw. an die Landkreise zu richten. Zu entsprechenden Modernisierungsmaßnahmen gehören insbesondere
- der Zuschnitt der Wohnung,
- die Belichtung und Belüftung,
- der Wärmeschutz,
- der Schallschutz,
- die Energieversorgung, die Wasserversorgung und die Entwässerung,
- die sanitären Einrichtungen,
- die Beheizung und Kochmöglichkeiten,
- die Funktionsabläufe in Wohnungen und
- die Sicherheit vor Diebstahl und Gewalt.

Denkmäler sind dabei mit Vorrang zu bezuschussen.

Zuschüsse zum sozialen Wohnungsbau

Nach dem 2. Wohnungsbaugesetz können auch Zuschüsse zur Schaffung neuen Wohnraums, der z. B. durch den Ausbau eines Dachgeschosses im Altbau entsteht, gegeben werden. Die Anträge sind wiederum an die kreisfreien Städte bzw. an die Landkreise zu richten.

Besondere Zuschüsse bei der Sanierung von Denkmälern

Die Denkmalschutzgesetze sehen vor, daß die normale Bauunterhaltung vom Eigentümer zu tragen ist, unzumutbare Kosten und solche Kosten, die durch besondere Auflagen des Denkmalschutzes entstehen, sollen aber von der öffentlichen Hand, soweit Etatmittel vorhanden sind, getragen werden. Deshalb gibt es für die Sanierung und Instandsetzungsmaßnahmen an Kulturdenkmälern nachfolgende weitere Zuschußmöglichkeiten und Steuererleichterungen:

Zuschüsse der Länder

Gemäß den Denkmalschutzgesetzen sind die Länder, die Gemeinden und die Denkmaleigentümer gemeinsam für die Denkmäler verantwortlich, d. h., sie müssen auch gemeinsam für die Kosten der Denkmalpflege einstehen. In den Landeshaushalten sind deshalb Mittel für Zuschüsse bei Maßnahmen an Denkmälern im privaten Eigentum eingestellt. Die Zuschüsse werden meist nach völlig unterschiedlichen Schlüsseln als verlorene Zuschüsse gegeben. Die Anträge sind an das jeweilige Landesamt für Denkmalpflege zu stellen.

Zuschüsse der Gemeinden und Landkreise

Auch in den meisten kreisfreien Städten und Landkreisen sind in den Etats inzwischen Mittel für Zuschüsse zu denkmalpflegerischen Maßnahmen eingestellt. Auch diese Zuschüsse werden in der Regel als verlorene Zuschüsse zu entsprechenden Maßnahmen gezahlt, die Anträge sind an die Gemeinden und Landkreise zu richten.

Steuererleichterungen

Aus den umfangreichen steuerlichen Regelungen zum Denkmalschutz werden nur die wichtigsten Hinweise gegeben.

Grundsteuer

Wenn die erzielten Einnahmen aus denkmalwertem Grundbesitz in der Regel unter den jährlichen Erhaltungskosten liegen, soll nach Artikel 32 des Grundsteuergesetzes die Grundsteuer erlassen werden. Handelt es sich um denkmalgeschützte Gärten oder Parks, so müssen diese in einem zumutbaren Rahmen der Öffentlichkeit zugänglich gemacht werden.

Einkommensteuer

Gem. § 7i des Einkommensteuergesetzes (Erhöhte Abschreibung bei Baudenkmalen) kann der Anschaffungs- und Herstellungsaufwand für ein Kulturdenkmal, wenn die Durchführung der Maßnahmen in Abstimmung mit der staatl. Denkmalpflege geschehen ist, statt der üblichen linearen Absetzung für Abnutzung, jeweils bis zu 10 Prozent im Jahr der Herstellung und in den neun folgenden Jahren abgesetzt werden. Gem. § 10f gelten diese Regelungen auch für zu eigenen Wohnzwecken genutzte Baudenkmale. (Bis 31.12.91 § 82i EStDV).

Nach § 11b des Einkommensteuergesetzes (Sonderbehandlung von Erhaltungsaufwand bei Baudenkmalen) kann der Erhaltungsaufwand auf zwei bis fünf Jahre verteilt werden, wenn die Voraussetzungen, wie bei § 7i, gegeben sind.

Ist der Steuerpflichtige aus rechtlichen oder sittlichen Gründen gezwungen, Aufwendungen für ein Kulturdenkmal zu leisten, die ihn stärker als die Mehrzahl vergleichbarer Steuerpflichtiger belasten, so können die Aufwendungen gem. § 33 EStG als »außergewöhnliche Belastung« berücksichtigt werden.

Vermögenssteuer

Die Vermögenssteuerschuld kann auf 40 Prozent reduziert werden, wenn bei einem Denkmal die erzielten Einnahmen in der Regel unter den jährlichen Unterhaltungskosten liegen. Bei einer Reihe

Genehmigung, Planung und Finanzierung

von weiteren Begründungen, wie z.B. der Nutzung der Gegenstände für Forschung und Volksbildung, der Erfüllung aller denkmalpflegerischen Bestimmungen und der Tatsache, daß die Gegenstände sich zwanzig Jahre im Besitz der Familie befinden, kann die Vermögenssteuer für Denkmäler ganz erlassen werden.

Erbschafts- und Schenkungssteuer

Bei der Erbschafts- und Schenkungssteuer gibt es die gleiche Möglichkeit des Ansatzes von nur 40 Prozent der Steuer bzw. der völligen Befreiung. Für eine solche Befreiung müssen die entsprechenden Voraussetzungen wie bei der Vermögenssteuer gegeben sein. Die für die Steuererleichterungen notwendigen Bescheinigungen stellen die Landesämter für Denkmalpflege aus [17].

Vielfach wird heute versucht, das Bild historischer Bauten auf Neubauten umzusetzen, wie bei diesem Gebäude, wo Fachwerk als Dekoration vor den Massivbau gehängt wurde. Solche Dekorationen verstellen den Blick für das echte Fachwerk.

Bauinvestitionen Baukonsum

Dem Streben, dem Bauen und den historischen Gebäuden wieder die kulturellen Werte beizumessen, die z.B. früher mit Bauen und Wohnen verknüpft waren, steht ein anders gearteter Trend entgegen, Bauen als ein »schnelles Konsumieren« anzusehen und zu realisieren.

Bis etwa zum Zweiten Weltkrieg war – besonders ausgeprägt in Mitteleuropa – das Bauen und Wohnen ein herausragender Ausdruck gepflegter Kultur, jeweils umrissen von einer zeitlichen Komponente stilistischer Merkmale und einer räumlichen Komponente landschaftlicher Eigenheiten. Nur in Notzeiten wurde die Baukultur zeitweise vernachlässigt. Das Bauen mit kulturellem Anspruch wurde sichtbar in der Stadt- und Dorfgestaltung, der Architektur und dem Schmuck von Gebäuden, sowohl außen wie innen. Etwa 30 Prozent der Einkommen wurde für die aus der Baukultur resultierende Wohnkultur ausgegeben. Repräsentiert wurde nicht z.B. wie heute mit dem PKW, sondern mit der Wohnung und/oder dem Haus.

Gleichzeitig und vermehrt mit dem kulturellen Anspruch wurden Bauinvestitionen langfristig angelegt. Zielvorstellungen, daß Bauten, Bauteile und Baumaterialien bei kontinuierlicher bescheidener Bauunterhaltung mindestens drei bis vier Generationen überdauern sollten, waren selbstverständlich.

In den letzten Jahren ist verstärkt eine Tendenz festzustellen, Bauinvestitionen möglichst schnell zu amortisieren, Bauten demnach schnell »abzuschreiben« und Baumaterialien unter die schnell zu verbrauchenden und verbrauchten Wirtschaftgüter, unter die Konsumgüter, einzuordnen. Bei den entsprechenden Rechnungen wird leider allzuoft vergessen, daß solcher Art Baukonsum vielfach über neue Vertriebswege, wie »Klinkenputzer« mit Vertragsformularen für Außenverkleidungen, Kunststoff- oder Alufenster, -türen, -klappläden, -haustürvordächer, Holzschutz- und Trockenlegungsmaßnahmen geht, oder den Weg über Baumarkt und »Do it

Bauinvestitionen, Baukonsum

yourself-Maßnahmen« läuft, ohne die Fachkompetenz, Qualitätsansprüche und Gewährleistungsmöglichkeiten des Handwerks in das Baugeschehen mit einzubeziehen.

Informationen

Weiterführend wird auf folgende Normen, Regelwerke, Literatur und Beratungsmöglichkeiten durch Verbände und Institutionen hingewiesen:

Normen
DIN 4102 T1-7 Brandverhalten von Baustoffen und Bauteilen
DIN 4108 T1-4 Wärmeschutz im Hochbau; Wärmedämmung und Wärmespeicherung
DIN 4109 T1-3 Schallschutz im Hochbau

Literatur
Bundesminister für Raumordnung, Bauwesen und Städtebau (Hrsg.): Praxis des Umgangs mit erhaltenswerter Bausubstanz. – Bonn 1975

Der Hessische Minister des Innern (Hrsg.): Bauen, Mieten, Modernisieren – So hilft das Land Hessen. – Wiesbaden 1985

Deutsches Institut für Normung (Hrsg.): DIN Taschenbuch 119, Bauwesen 17, Normen über Altbaumodernisierung. – Berlin, Köln: Beuth-Verlag GmbH und Wiesbaden: Bauverlag GmbH 1981

Fischer, Manfred F.; Grundmann, Friedhelm; Sack, Manfred: Architekten und Denkmalpflege. München: Heinz Moos Verlag 1975

Flagge, Ingeborg u. Steckeweh, Carl (Hrsg.): Leitfaden zur Altbaumodernisierung – Erhalten und Gestalten. – Stuttgart 1976

Gerner, M.: Die Praxis des Umgangs mit Baudenkmälern und ihrer Ausstattung in Heft 31 der Schriftenreihe des Deutschen Nationalkomitees für Denkmalschutz, »Das Baudenkmal und seine Ausstattung«. – Bonn 1986

Gesellschaft der behutsamen Stadterneuerung (Hrsg.): Recht und Steuer in der Altbauerneuerung. – Berlin: Verlag W. Ernst & Sohn 1986

Haase, Werner u. Wiener, Alfred: Das Sanieren eines denkmalgeschützten Bürgerhauses als Architekturprojekt. – In: Altstadtsanierung und Denkmalpflege, Karlstadt, o. D.

Hamm, Franz-Joseph: Theorie und Praxis der Planung in der Denkmalpflege. – In: Das Bauzentrum 6/86, S. 20 bis 27

Hegger, Manfred: Öko, Ökologie ist unsichtbar. – In: Deutsche Bauzeitung 7/87, S. 10 bis 15

Krenkler, Karl: Chemie des Bauwesens, Bd. 2. – Berlin: Verlag J. Springer

Krings, Edgar: Altbaumodernisierung und Baubiologie. (In der Reihe »Planen und Bauen im Bestand«). – In: Deutsches Architektenblatt 12/1987 S. 1479 bis 1482

Schmitz, Heinz: Altbaumodernisierung, Konstruktions- und Kostenvergleiche. – Köln: Verlag Rudolf Müller 1984

Scholl, Robert: Neue Steuerhilfen für das Wohneigentum – Wichtige Änderungen auch für den Modernisierungsmarkt. In: Bausubstanz 3/1986

Kammern, Verbände, Institutionen, Beratungsstellen

Architektenkammern in allen Bundesländern

Bund Deutscher Architekten
Ippendorfer Allee 14b
5300 Bonn 1

Bund Deutscher Baumeister, Architekten und Ingenieure e.V.
Kennedy Allee 11
5300 Bonn 2

Bundes-Arbeitskreis Altbauerneuerung e.V.,
Simrockstr. 4-18, 5300 Bonn 1

Fortbildungszentrum für Handwerk und Denkmalpflege e.V., Propstei Johannesberg, 6400 Fulda

Ingenieurkammern in einzelnen Bundesländern

Institut für Bauforschung
An der Martinskirche 1
3000 Hannover

Landesdenkmalämter (siehe Kapitel I)

Rationalisierungsgemeinschaft
Bauwesen
Postfach 119193
6000 Frankfurt/M 11

Untere Bauaufsichtsbehörden bei den Landkreisen und kreisfreien Städten

Untere Denkmalschutzbehörden bei den Landkreisen und kreisfreien Städten

Teil II

Technik der Instandsetzungs-, Modernisierungs- und Sanierungsmaßnahmen

Naturstein-, Ziegelmauerwerk und Beton

Entwicklung

Zu den im europäischen Raum aus vorgeschichtlicher Zeit bekannten leichten Holzbauweisen traten bereits in frühester Zeit massive Bauwerke aus Natursteinen. Aus schiefrigen Platten aufgerichtete Behausungen hatten den Vorteil langer Lebensdauer, Standhaftigkeit gegen Witterungseinflüsse und unkomplizierter Herstellung. Problematisch war nur die Überbrückung größerer Spannweiten, also die Konstruktion von Decken und Dächern, so daß praktisch zunächst nur Mischbauten mit Steinwänden und Decken sowie Dächern aus Holz entstanden. Die Kunst des Wölbens und damit massiven Überspannens von Räumen fand erst im frühen Mittelalter weite Verbreitung. Gebrannte Ziegel sind als die ältesten von Menschenhand hergestellten Baumaterialien im Vorderen Orient seit rund 5000 Jahren bekannt.

Auf der Basis griechischer und ägyptischer Vorbilder hatten die Römer den Mauerwerksbau hoch entwickelt. Herausragende Merkmale waren neben verschiedenen Mauerwerkstechniken wie dem unregelmäßigen Bruchsteinmauerwerk (opus incertum), dem monumentalen Werksteinmauerwerk (opus quadratum), verschiedenen dreischichtigen Füllmauerwerksarten, dem Ziegelmauerwerk mit ca. 4 cm dicken Ziegeln und 4 cm dicken Fugen sowie Mischmauerwerksarten aus Bruchsteinen mit Ziegelsteinschichten die gekonnten Bogen- und Wölbkonstruktionen [18].

Mit den Römern kamen ihre Mauerwerkstechniken nach Mitteleuropa, nach dem römischen Rückzug übernahmen die germanischen Stämme zunächst die römischen Bautechniken. In einer »zweiten Welle« brachten Mönche im 6. Jahrhundert das »know how« römischer Baumeister und Handwerker nach dem Norden. Aus der merowingischen Zeit und darüber hinausgehend bis ca. 950 sind nur wenige Baureste vorhanden.

Die 768 erbaute Torhalle in Lorsch, der von Karl dem Großen zum Reichskloster erhobenen Benediktinerabtei, ist eines der wenigen erhaltenen Beispiele karolingischer Baukunst.

Mauergefüge

Das Gefüge von Mauerwerk reicht von trocken aufeinandergeschichteten, unbearbeiteten Steinen, Trockenmauerwerk aus sauber behauenen Steinen, verschiedenen vermörtelten

Mauergefüge

Aus einfachen Bruchsteinmauerwerksgefügen mit nur wenig bearbeiteten Steinen und geringem Fugenanteil wurden alle späteren Natursteinverbände entwickelt. Die mit Sturz und Gewänden versehene Öffnung diente als Fenster, die kleineren Öffnungen stammen von den Gerüstlagen.

Natursteinmauerwerksarten, Ziegelmauern, Mauerwerk aus Bims-, Kalksand-, Beton- und ähnlichen Steinen, Verblendmauern bis zu Klebemauerwerk aus künstlichen Materialien wie Gasbetonsteinen.

Die Anforderungen an das Mauerwerk ergeben sich aus der statischen Beanspruchung, deshalb ist zunächst diese Beanspruchung festzustellen. Mauerwerk ist in erster Linie geeignet, Druckspannungen aufzunehmen, zu verteilen und weiterzugeben, in kleinerem Maße können auch Schub-, Scher- und Zugkräfte aufgenommen werden. Bei Sichtmauerwerk ergeben sich weitere Anforderungen, insbesondere an die Stein- und Wandoberfläche.

Ziegelverbände

Sind bei Mauersanierungen Mauerteile neu aufzumauern, so ist darauf zu achten, daß aus Gründen der Standfestigkeit, bei Sichtmauern auch wegen des Aussehens, im vorhandenen Material und im vorhandenen Verband weitergemauert wird. Es sind im wesentlichen zu unterscheiden:

Gotischer Verband

In der Ansicht abwechselnd Binder und Läufer, in der jeweils folgenden Schicht um 1/4 Ziegellänge versetzt.

Märkischer Verband

In der Ansicht zwei Läufer, dann ein Binder, in der jeweils folgenden Schicht um 1 1/4 Ziegellänge versetzt.

Holländischer Verband

In der Ansicht erste Schicht abwechselnd Binder und Läufer, in der zweiten Schicht um eine 1/4 Ziegellänge versetzt nur Binder.

Blockverband

Die erste Schicht Binder, die zweite Schicht Läufer um eine 1/4 Ziegellänge versetzt.

Kreuzverband

Die erste und zweite Schicht wie Blockverband, die dritte Schicht Binder mit Fugen über der ersten Schicht, die vierte Schicht Läufer mit Fugen um eine halbe Ziegellänge zur Schicht 2 versetzt, die fünfte Schicht wie erste Schicht, die sechste Schicht wie zweite Schicht usw.

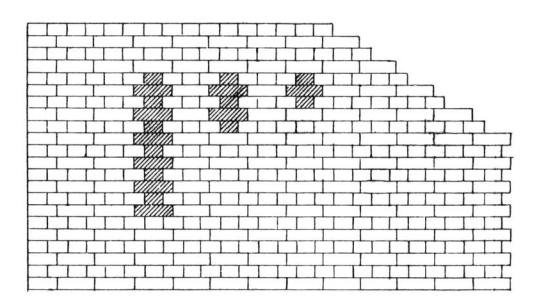

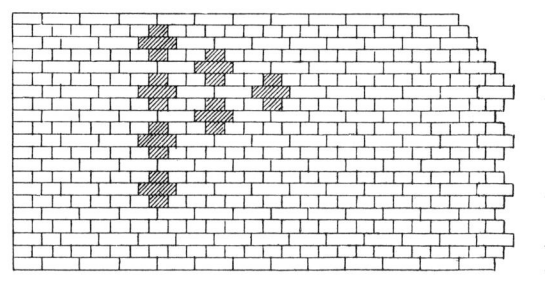

Block- und Kreuzverband gehören zu den am häufigsten verwendeten Ziegelverbänden. Dafür verantwortlich war nicht nur der gute Verband, sondern auch die optische Wirkung bei Sichtmauerwerk. Zeichnung: W.H. Behse, Atlasband: »Der Maurer«, Leipzig 1902.

73

Naturstein-, Ziegelmauerwerk und Beton

Das Klinkermauerwerk mit Rollschicht und darüber gesetztem Kreuzverband zeigt – auch bei nicht sehr maßgenauen Steinen – die handwerkliche Kunst und Exaktheit der Maurer.

Typischer Mauerwerksbau der Gründerzeit, kombiniert mit Naturwerksteinen.

Binderverband

Nur aus Bindern, die Schichten um eine 1/4 Ziegellänge versetzt.

Läuferverband

11,5 cm dick, nur Läufer, Schichten um eine halbe oder eine viertel Ziegellänge versetzt [19].

Bereits in der Gotik baute man zur waagrechten Gliederung, mehr noch zum Schutz der darunterliegenden Fassadenteile, Gesimse ein. Diese Gesimse bestehen oft aus Kombinationen von Naturwerksteinen und Ziegelsonderformen und sind mit »Wassernasen« ausgebildet. In der Gründerzeit erreichten diese Gesimse höchste Perfektion. Zeichnung: G.G. Ungewitter. Vorlegeblätter für Ziegel- und Steinarbeiten, Glogau 1865.

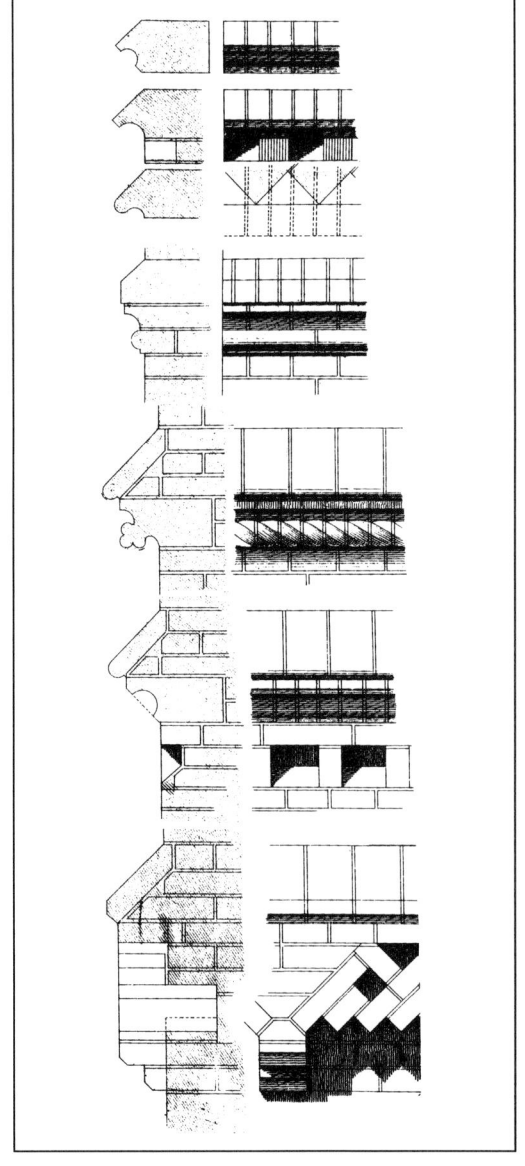

Trockenmauerwerk

Bruch- oder Feldsteinmauerwerk

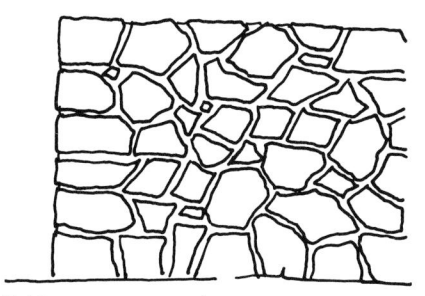

Zyklopenmauerwerk

Hammerrechtes Schichtenmauerwerk

Unregelmäßiges Schichtenmauerwerk

Regelmäßiges Schichtenmauerwerk

Quadermauerwerk

Natursteinverbände

Auch bei der Reparatur von Natursteinmauerwerk ist darauf zu achten, daß der ursprüngliche Mauerwerksverband wieder hergestellt wird.

Trockenmauerwerk

Aus sorgfältig aufgeschichteten Bruch- oder Feldsteinen ohne Mörtel in der Form einer Schwergewichtsmauer.

Bruch- oder Feldsteinmauerwerk

Aus nicht oder nur wenig bearbeiteten, vermörtelten Bruch- oder Feldsteinen, die Steine lagernd vermörtelt.

Zyklopenmauerwerk

Aus sehr unregelmäßigen Bruchsteinen mit nur selten waagerechten oder senkrechten Fugen, nach höchstens 1,5 m Höhe jeweils waagerecht ausgeglichen.

Hammerrechtes Schichtenmauerwerk

Aus Bruchsteinen, deren Sichtflächen sowie mindestens 12 cm der Lager- und Stoßfugen bearbeitet sind in unterschiedlichen Schichthöhen; Stoßfugen annähernd rechtwinklig zu Lagerfugen; nach höchstens 1,50 m Höhe jeweils waagerecht ausgeglichen.

Unregelmäßiges Schichtenmauerwerk

Wie hammerrechtes Schichtenmauerwerk, Stoß- und Lagerfugen jedoch mindestens 15 cm tief und rechtwinklig bearbeitet.

Regelmäßiges Schichtenmauerwerk

In jeder Schicht gleichmäßige Steinhöhen; Lagerfugen ganz und Stoßfugen mindestens 15 cm tief bearbeitet.

Quadermauerwerk

Aus exakt bearbeiteten Steinen, an der Sichtfläche bossiert, gekörnt, gespitzt, geflächt, gestockt, scharriert oder geschliffen.

Naturstein-, Ziegelmauerwerk und Beton

Untersuchung und Mängelfeststellung

Die Untersuchung von Mauerwerksschäden ist relativ einfach, da sich die Mängel auch meist bei verputztem Mauerwerk durch Verformungen oder Risse, den Zustand der Steine oder der Fugen leicht erkennen lassen. Die Schadensanalyse kann jedoch praktisch nur von Fachleuten durchgeführt werden. Bei altem Mauerwerk ist die Mörtelfestigkeit, die Festigkeit der Steine und die Mauerkonstruktion, ein-, zwei- oder dreischalig, mit und ohne Hinterfüllung bzw. Mauerwerk mit Vorsatzschale, zu überprüfen. Zweifel an der Tragfähigkeit und Konstruktion sind durch einen Standsicherheitsnachweis zu beseitigen.

Historisches Mauerwerk wurde vielfach nicht homogen ausgebildet, sondern mehrschalig mit Füllmaterialien.

Untersuchungen von historischem Mauerwerk sollten bei den Fundamenten beginnen, um eventuelle Schadensquellen an der Basis aufzuspüren. Neben sichtbaren Schäden oder Mängeln sind unter anderem
– Gefüge,
– Verband,
– Steinmaterial,
– Bruchstein, Werkstein, Ziegel, Mischmauerwerk,
– Schalenmauerwerk (Mehrschichtenmauerwerk),
– Füllmaterial,
– Fugen- und Fugenmörtel,
– frühere Reparaturen,
– Veränderung der Steinarten und
– die Abdeckungen
festzustellen.

Zustand eines schlecht gepflegten Mauerwerksbaues mit zahlreichen Schäden. Eine exakte Untersuchung ist hier Voraussetzung für effektive Sanierungsmaßnahmen.

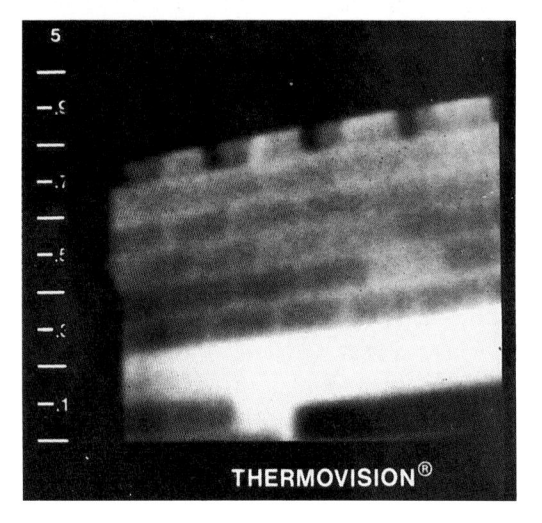

Neben der Inaugenscheinnahme sowie dem Öffnen von Rissen und Fehlstellen hat sich zur Untersuchung die Thermographie bewährt, mit der unter Verputz liegende Steingefüge zerstörungsfrei untersucht werden können. Weiter ist das Ziehen von Mauerkernen eine gute Methode, um Aufschluß über das Gefüge, den Mörtel und die Steine über die gesamte Mauerdicke zu erhalten. Ähnliche Untersuchungsergebnisse, wie mit den Steinkernen lassen sich auch mit Endoskopen erzielen. Bei dieser Untersuchungsmethode wird ein Loch von ca. 20 bis 30 mm Durchmesser meist quer zur Wand oder Mauer gebohrt, in das dann das Endoskop eingeführt wird,

Auch bei der Untersuchung von Mauerwerk ist die Thermografie vielfach hilfreich. Sowohl Mauerwerksgefüge als auch z.B. Wärmebrücken können zerstörungsfrei unter dem Putz festgestellt werden. Foto: F. Kynast.

mit dem das Gefüge untersucht werden kann (siehe hierzu Abschnitte »Thermografie und Endoskopie«).

Mauerwerksschäden und Sanierungshinweise

Mauerwerksrisse

Senkrechte und leicht schräge, durchgehende Risse deuten auf Setzungsschäden hin, entstanden durch Bewegungen im Baugrund, unterschiedlichen Baugrund, Fundamentbrüche, unterschiedliche Belastung oder durch das Fehlen von Bewegungsfugen zwischen verschiedenen Baukörpern. Im Normalfall sind Setzungen innerhalb von drei bis fünf Jahren nach Baubeginn abgeschlossen, und eventuelle Setzrisse verändern sich nicht mehr. Zur Sanierung werden die Risse an den Rändern keilförmig aufgestemmt und vermörtelt.

Besteht die Möglichkeit der Fortbildung von Setzrissen (Tiefbauarbeiten in der Nähe, Nachbarbaugrube, Bergbaugebiet, schlechte Bodenverhältnisse), so sind diese durch Anbringen von etwa 5 cm breiten Gipsmarken mit Glaseinlage senkrecht zum Rißverlauf laufend zu kontrollieren. Zur Kontrolle können auch Höhenmarken verwendet werden, die dann mit dem Niveliergerät immer wieder zu überprüfen sind. Bei Fortschreiten eines Risses muß auf jeden Fall die Standsicherheit des Gebäudes überprüft werden.

Spannungs- oder Schrumpfrisse, wie auch Risse über Tür- und Fensterstürzen, sind durch Überbeanspruchung des Mauerwerks entstanden. Da die Ursachen für solche Risse meist ganz unterschiedlich sind, hilft hier nur die Überprüfung durch einen Fachmann (Architekten/Statiker) und die Beseitigung der Ursachen nach einer Schadensanalyse. Nach Beseitigung der Rißursache werden die Risse nach außen keilförmig erweitert und wenn keine kraftschlüssige Verbindung notwendig ist – vermörtelt; anderenfalls werden sie außen verschlossen und durch Injektionen von Klebeharzen kraftschlüssig verbunden (nur durch Spezialfirmen). Eine andere Art kraftschlüssiger Verbindung ist das Einbauen von Nadelankern.

Breiter konstruktiver Riß im Bruchsteinmauerwerk. Das Gefüge ist unterbrochen. Vor der eigentlichen Rißsanierung muß die Ursache für den Riß analysiert und beseitigt werden.

Fundamente

Die Belastung von Fundamenten hat man in früheren Jahrhunderten oft unterschätzt; deshalb trifft man häufig Fundamente an, die nicht die notwendige Breite aufweisen, noch mehr jedoch solche, die nicht frostfrei gegründet sind. Die Folgen waren und sind Fundamentzerstörungen wie Fundamentbrüche, Frostschäden und dadurch bedingt Setzungsschäden und Zerstörungen des aufgehenden Mauerwerks. Die Fundamente von nicht unterkellerten Gebäu-

Unregelmäßig und versetzt verlaufende Risse. Marken nur aus Gips und Gipsmarken mit Glaseinlagen sollen helfen festzustellen, ob die Rißentwicklung zum Stillstand gekommen ist.

den müssen zur Frostsicherheit je nach Klima und Bodenverhältnissen mindestens 0,80 bis 1,20 m unter Gelände geführt sein, in extrem kalten Lagen evtl. noch tiefer.

Größere Belastungen und Bodenpressungen bedingen berechnete aufwendige Fundamente wie Platten, Gitterroste oder Fundamentpfähle. Schäden an solchen Fundamenten sollten unbedingt von Fachleuten untersucht werden.

Nicht frostfrei gegründete Fundamente sind durch nachträgliche Untermauerung oder durch nachträglichen Unterbau mit Beton auf frostfreie Tiefe auszubauen. Bei abschnittsweisem Vorgehen – es wird jeweils nur ca. 1,00 m ausgeschachtet und erst nach Tragfähigkeit der Unterfütterung wird weiter ausgebaut – sind nur geringe oder keine Stützungsmaßnahmen notwendig.

Nicht ausreichende Tragfähigkeit des Untergrundes läßt sich durch Bodenverfestigung, z. B. Betoninjektionen, Fundamentverbreiterung bzw. -vertiefung, auch nachträglich ausgleichen. Alle Arbeiten sind jedoch kompliziert und benötigen besondere Fachleute.

Fundamentbeschädigungen wie ausgeschwemmte bzw. ausgefrorene Ecken oder Teile sind mittels Ausmauerung auszubessern [20].

Stark ausgewaschenes und durch Frostschäden mangelhaft gewordenes Sockelmauerwerk.

Sockelmauerwerk

Sockelmauerwerk wurde in Mittel- und Süddeutschland meist aus Feld-, Bruchstein-, Quader- oder Ziegelmauerwerk unverputzt und bündig verfugt, in anderen Fällen mit einem Grobbewurf ausgeführt. In Norddeutschland wurden vielfach Klinkersockel gemauert. Angegriffenes oder ausgebrochens Sockelmauerwerk ist mit gleichartigem Material auszubessern.

Die ersten Fugen unter- und oberhalb der Geländeoberkante sind oft durch Niederschlagswasser (Oberflächenwasser und Spritzwasser) stark ausgeschwemmt. Diese Fugen müssen auf jeden Fall, also auch bei chemischen Trockenlegungsverfahren, sorgfältig gereinigt und möglichst mit Sperrmörtel verfugt werden, da hier überproportional viel Feuchtigkeit eindringen kann. Das Sockelmauerwerk sollte unverputzt bleiben, um eingedrungene oder kapillar aufsteigende Feuchtigkeit schnell wieder abzugeben.

Sollen Sockel nachträglich verputzt werden, so wird bei Feldsteinsockeln steinsichtiger Putz (Steinköpfe noch sichtbar) oder ein rauher Bewurf auf Kalk-Zementbasis, evtl. mit Sperrzusatz, der die Steinstrukturen noch erkennen läßt, empfohlen.

Gegen Regen, Spritzwasser usw. kann Sockelmauerwerk unverputzt oder verputzt mit einem wasserabweisenden, nicht sichtbaren Anstrich, z. B. einer Hydrophobierung, geschützt werden. Schutzanstriche und Sperrzusätze müssen in jedem Falle gut wasserdampfdurchlässig sein, damit eindringende Feuchtigkeit wieder ausdiffundieren kann.

Verkleidungen von Sockeln mit dichtem Putz, glasierten Fliesen, Mauerriemchen und geschliffenen Natur- oder Kunststeinplatten sind aus optischen wie aus bauphysikalischen Gründen meist sehr problematisch und deshalb zu vermeiden.

Nicht genügend ausgesteifte oder nicht eingebundene Mauern

Wenn Mauern ausgebeult und bauchig sind, ist dies ein Hinweis darauf, daß sie zu schwach oder nicht genügend durch

Mauerwerksschäden und Sanierungshinweise

Querwände ausgesteift sind, oder daß die Einbindung der aussteifenden Querwände mangelhaft ist. Ist die Ausbeulung stark, muß die Mauer abgetragen und mit den notwendigen Aussteifungen neu errichtet werden. Bei rustikalen älteren Mauern, z. B. hohen Natursteinsockeln, sind auch nachträgliche äußere Stützpfeiler, immer aus dem gleichen Material wie die Mauern selbst, denkbar. Kleinere Ausbauchungen müssen durch 1,5 bis 2,0 m lange Maueranker, mittels der die ausgebauchte Wand an Querwände oder Balkenlagen verankert wird, gestoppt werden. In selteneren Fällen sind Mauern auch durch nachgebende Fundamente ausgebaucht. Hier ist zunächst zu prüfen, ob die Verformung zum Stillstand gekommen ist; danach kann saniert werden. Bei weiterem Absinken kann durch Verstärkung des Fundamentes und/oder Verankerung wie oben beschrieben, abgeholfen werden.

Sind Mauern – unabhängig aus welchen Materialien – in ihrem Gefügezusammenhalt gestört oder ist ihre Standfestigkeit gefährdet, weil sie nicht ausreichend oder gar nicht eingebunden sind, so kann die Standfestigkeit durch Vernadelung wiederhergestellt werden. Dazu werden je nach Stärke der Stahlnadeln bis zu etwa 30 mm dicke Bohrungen – bei Bedarf über viele Meter Länge – eingebracht, die Stahlnadeln eingeführt und der verbleibende Hohlraum mit Mörtel verpreßt.

Stützmauern

Weisen Stützmauern starke Verformungen auf, so ist dies ein sicheres Zeichen dafür, daß sie dem anstehenden Erddruck von Anfang an oder durch Nachlassen der Gefügefestigkeit nicht standhalten. Ältere Stützmauern sind ausschließlich Schwergewichtsmauern. Abhilfe wird geschaffen durch vorgesetzte massive Pfeiler, Abtragung und Wiederaufbau bei stärkerer Dimensionierung oder durch komplizierte Verfahren mit Bohrungen und Einbringung von horizontalen Erdankern.

Gewölbe

Gewölbe aus Ziegelmauerwerk oder Natursteinen sind bei Rissen und Fehlstellen besonders sorgfältig zu untersuchen. Zu den häufigsten Schäden und Mängeln gehören Längsrisse in den Scheiteln von Tonnengewölben, im fortgeschrittenen Stadium auch schon das Absinken des Scheitels durch solche

Die Wasserfahne an dieser barocken Stützmauer zeigt deutlich eine der Schadensquellen. Das durch die Stützmauer sickernde Wasser wäscht diese besonders im Innern nach und nach aus, die Mauer verliert dabei ihre Standfestigkeit.

Durch Vernadelungen können Mängel im Gefüge von Stützmauern repariert werden. Hier wird die Bohrung für eine schräge Nadel (Baustahl mit Beton verpreßt) eingebracht.

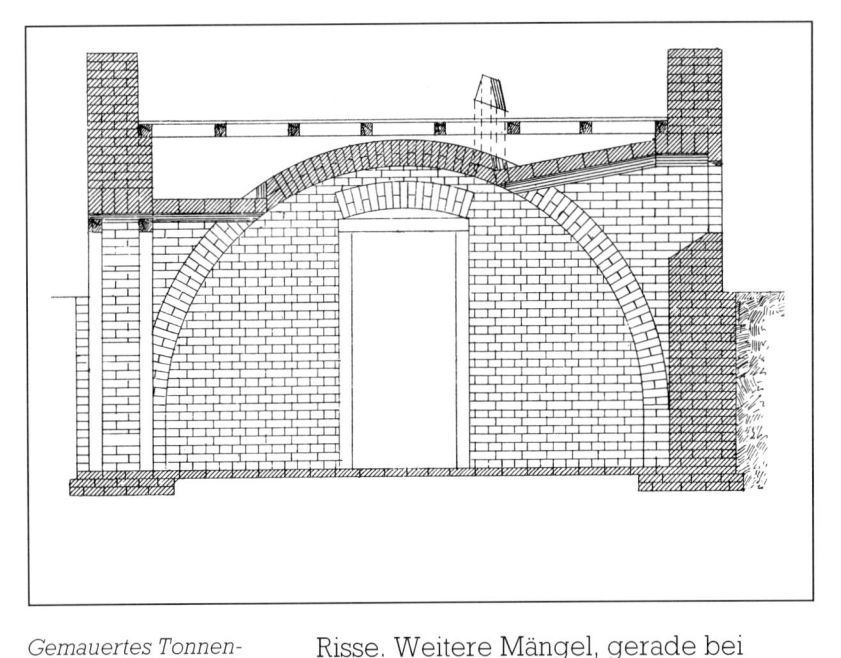

Naturstein-, Ziegelmauerwerk und Beton

Gemauertes Tonnengewölbe mit Stichkappen über den Fenster- und Türöffnungen. Zeichnung: W.H. Behse, Atlasband: »Der Maurer«, Leipzig 1902.

Schematische Darstellung verschiedener Gewölbe- und Kuppelformen. Zeichnung: Dipl. Ing. K. H. Doll.

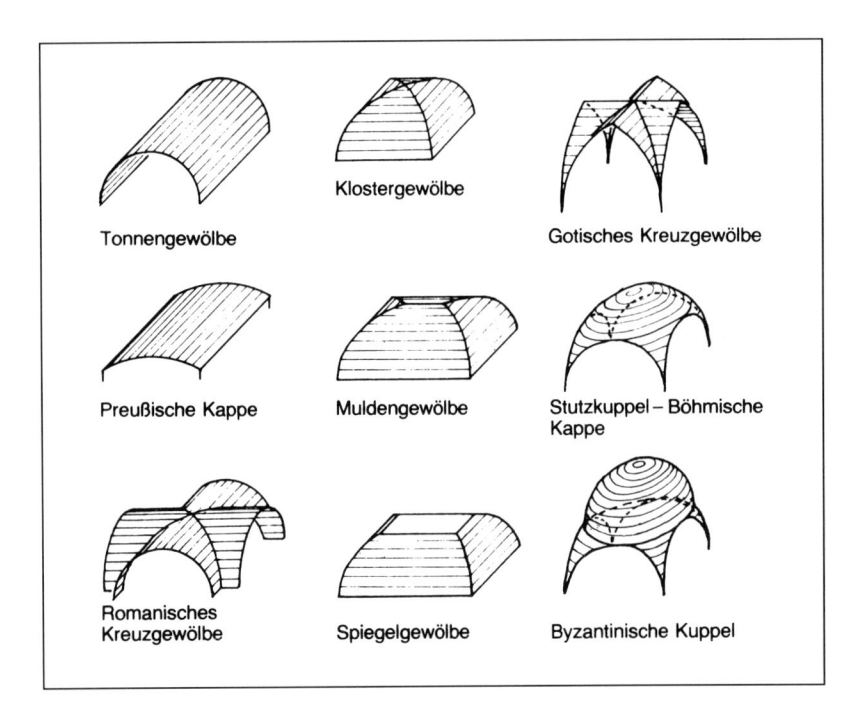

Risse. Weitere Mängel, gerade bei den Tonnengewölben vieler einfacher Gebäude, sind abgerissene Schildwände und/oder Zerstörung des Steingefüges im Bereich von Öffnungen und Kellerhälsen bzw. Risse im Halsscheitel. Oft kann die Standfestigkeit und der Mauerverband nur durch Auspressen mit geeignetem Mörtel wieder hergestellt werden. Einzelne Fehlstellen sind kraftschlüssig auszubessern. Bei Veränderung und Sanierung von Decken und Böden über Gewölben ist darauf zu achten, daß der Auflagerdruck nicht zu ungunsten des Gewölbes verändert wird. Auch Risse in Gewölben sind durch Nadelungen zu sanieren.

Feuchteschäden und Trockenlegung aufsteigender Feuchtigkeit

Feuchteschäden

Wasser, Wasserdampf, Kondensat, kurzum verschiedene Arten von Feuchtigkeit sind die hauptsächlichen Ursachen fast aller Bauschäden. Alle Fakten im Zusammenhang mit Wasserführung, Dichtigkeit von Dächern, Abdeckungen, Rohrleitungen sowie der Luftfeuchte und den Wandaufbauten in Bezug zu Kondensatbildungen muß deshalb erhöhte Aufmerksamkeit geschenkt werden.

Wasser oder Wasserdampf tritt dabei nicht nur, wie vielfach angenommen, in erster Linie durch kapillar in Baustoffen wie Steinen, Ziegeln, Holz und Putz aufsteigende Feuchte auf, sondern in unterschiedlicher Art und Menge u.a. in Form von

– Wasser, das durch Undichtigkeiten in Dach und Wandanschlüssen, Mauerabdeckungen, Vorsprüngen oder durch Risse in das Bauwerk eintritt.
– Wasser, das durch Rohrleckagen – oft in lange nicht bemerkten Tropflecks – eindringt.
– Feuchtigkeit aus der Atmosphäre, die über den Mechanismus der Ausgleichsfeuchte von Materialien und Bauteilen aufgenommen wird.
– Feuchtigkeit, die durch das Anfallen von Kondensat in Wänden und Decken auftritt.
– Feuchtigkeit, die durch das Anfallen von Kondensat an Kaltwasserleitungsrohren auftritt.
– Spritz- und Regenwasser, das von außen in die Wände eindringt.
– Feuchtigkeit durch Sicker- und Hangwasser.

Häufig sind an den Schäden mehrere Feuchteursachen gemeinsam schuld [21].

Auch das Sichtbarwerden von Wasser oder Feuchte und der daraus resultierenden Mängel ist sehr unterschiedlich und in einer Aufzählung kaum umfassend zu beschreiben.

Kapillar aufsteigende Feuchte

Kapillar aufsteigende Feuchtigkeit wird sichtbar durch Feuchteflecken oder

Feuchteschäden und Trockenlegung aufsteigender Feuchtigkeit

Wasserflecken an Fundamenten wie an aufgehenden Wänden, da die Feuchte aber meist Salze mittransportiert, auch durch Salzausblühungen auf Steinen, Putzen oder Farbschichten. Auch pflanzliche Holzschädlinge (z. B. Pilze) an der Unterseite von Schwellen oder Auflagern deuten meist auf aufsteigende Feuchte.

Im Baugrund vorhandene Feuchte, wie eindringendes Oberflächenwasser (Tagwasser), Grundwasser, Wasser in wasserführenden Schichten und in Ausnahmefällen auch drückendes Wasser, dringt durch die Kapillarwirkung in porösen Bauteilen über feinste Poren nach oben. Durch horizontale und vertikale Sperren in Mauerwerk oder Beton wird bei neuen Bauwerken diese Feuchtewanderung unterbunden.

Bei Gebäuden aus der Gründerzeit und danach sind entsprechende Sperren teilweise zerstört oder angegriffen. Bei Fachwerkhäusern wirkt die Grundschwelle oft als Feuchtesperre und schließlich ist bei älteren Gebäuden kaum eine Sperre zu finden.

Treten Feuchte oder Feuchteschäden auf – wobei deutlich festzustellen ist, daß Wasserflecken und Ausblühungen im Sockelbereich früher nicht als Schäden angesehen wurden, sondern mittels häufiger Bauunterhaltung optisch beseitigt wurden – so muß über nachträgliche Sperren nachgedacht werden.

Untersuchungsmethoden

Grundvoraussetzung für jede erfolgreiche Sperrmaßnahme ist die eingehende Untersuchung der Feuchteursachen und Feuchtemengen. Entsprechende Untersuchungen und Analysen werden in erster Linie von spezialisierten Ingenieurbüros vorgenommen. Als Untersuchungsmethode kommt die Darrmethode in Frage, bei der eine Materialprobe entnommen und vor bzw. nach dem Darren gewogen wird. Verschiedene – teilweise wenig taugliche – zerstörungsfreie, mit elektrischer Widerstandsmessung arbeitende Methoden, die Calciumcarbidmethode, eine Methode mittels in die Wand gestrahlter Neutronen und thermografische Verfahren, gehören zu den weiteren Untersuchungsmöglichkeiten. Wirkung und Genauigkeit sind sehr unterschiedlich, während z. B. die oben erwähnte Darrmethode allen wissenschaftlichen Ansprüchen gerecht wird. Zur Ursachenuntersuchung können auch geologische Erkundungen, Sondierungen oder Grabungen gehören. Um die Art der Sperre festzulegen, sind Aufschlüsse zur Mauerwerksart, zum ein- oder mehrschaligen Mauerwerk, Ziegel, Naturstein sowie Mörtel und Putz erforderlich.

Die Untersuchungen sind in Abhängigkeit zum angestrebten Sanierungsverfahren durchzuführen.

Feuchteschäden durch undichtes Fallrohr und Spritzwasser unter dem Einlauf.

Trockenlegungsverfahren

Zur Sanierung stehen mehr als 50 – oft patentierte – Verfahren zur Auswahl.

Kein Verfahren ist universell einsetzbar, vielmehr muß jeweils ingenieurmäßig eine Lösung mit den Fakten: Ursachen, Schäden, vertretbare Kosten und Effektivität der Sperrmaßnahmen erarbeitet werden.

Naturstein-, Ziegelmauerwerk und Beton

Die Verfahren lassen sich in vier große Gruppen einteilen:
- Mauertrennverfahren
- Injektionsverfahren
- Elektrophysikalische Verfahren
- Sanierputze (die bereits nicht mehr zu den eigentlichen Trockenlegungsverfahren gehören, aber oft ein geeignetes und preiswertes Mittel sind, um entsprechende Schäden zu stoppen) und flankierende Maßnahmen wie Dränagen und Verbesserungen am Umfeld.

Mauertrennverfahren

Bei allen Mauertrennverfahren wird ein durchgehender Schlitz geschaffen, in den die Horizontalsperrlage eingebracht wird. Eine solche Sperrschicht durchgehend richtig eingebracht, ist auch heute noch die sicherste Methode, kapillar aufsteigende Feuchtigkeit zu stoppen. Nachteilig sind die bei dicken Mauern oder unterschiedlichem Steinmaterial hohen Kosten, die schlechte Durchführbarkeit bei ungenügendem Arbeitsraum und die Trennung der Lastabtragung. Besonders letzterem Punkt wird oft nicht genügend Beachtung bei der Planung von Trockenlegungsmaßnahmen geschenkt. Die Sperrschichten können unter anderem als Bitumen-, Metall- oder Kunststoffbahnen eingebaut werden.

Nachdem »Entlüftungsröhrchen« offensichtlich keinen Erfolg zur Trockenlegung brachten, wird hier konventionell durch Aufstemmen eine horizontale Sperrlage eingebracht.

Neben dem konventionellen, manuellen Maueraufstemmen wurden in den vergangenen Jahrzehnten zahlreiche neue Trennverfahren entwickelt. Dazu gehören unter anderem die Trennung mit
- der Mauersäge mit einem Blatt,
- der Mauersäge mit zwei gegenläufigen Blättern,
- der Mauerkreissäge,
- der Schwertsäge,
- der Seilsäge und
- das Kunz'sche Verfahren.

Konventionelle Methode durch Maueraufstemmen

Die Horizontalsperre wird abschnittsweise in folgenden Arbeitsgängen eingebracht: In Abschnitten von etwa einem Meter und in einer Höhe von 25 bis 40 cm (die Längen der Abschnitte richten sich nach statischer Belastung, Mauerdicke und Arbeitsraum) wird das Mauerwerk aufgestemmt, danach ein Glattstrich für die Auflage der Sperrschicht aufgetragen und die Sperrschicht aus Teer- oder Bitumenpappe oder aus Kunststoffdichtungsbahnen o.ä. eingebaut. Die Stöße sind mit etwa 20 cm Überlappung zu verkleben. Es ist darauf zu achten, daß die Sperrschicht beim Einbau nicht beschädigt wird. Das Mauerwerk ist wieder zu ergänzen und dabei die obere Steinschicht so zu verkeilen und mit Mörtel zu verstopfen, daß mindestens die frühere Tragfähigkeit erreicht wird.

Eine Variante dieser Methode ist das Einschneiden je eines Schlitzes von etwa 10 cm Höhe innen und außen, Einbau von Stahlträgern von 3 bis 4 m Länge zur Abtragung der Lasten während der Baumaßnahmen; danach Herausstemmen des Mauerwerks in einer Höhe von 25 bis 40 cm und über 2 bis 3 m Länge, Einbau der Sperre, Schließen der Mauerwerkslücke, Herausnehmen der Stahlträger und Ausmauern der Schlitze.

Diese Methode ist rationeller, weil größere Mauerlängen in einem Stück abgesperrt werden können.

Sägeverfahren

Mit der Mauersäge mit einem Blatt oder zwei gegenläufigen Blättern, der Mauerkreissäge, der Schwertsäge oder der

Trockenlegungsverfahren

Mauerschwertsäge auf einem fest montierten Schlitten im Einsatz.

Mauerkreissäge auf einem fest montierten Schlitten mit einem Blattdurchmesser von ca. 1,25 m.

Seilsäge wird vorzugsweise eine vorhandene Mörtelfuge von 1 bis 2 cm ausgesägt; mit einem Teil der Sägen, wie auch der Seilsäge, lassen sich aber auch härteste Gesteine durchtrennen. Hier gilt besonders für jede Aufgabe das richtige Verfahren, d. h. die richtige Säge, auszuwählen. Für die meisten Sägearten sind umfangreiche Schlitten und Führungen notwendig, die mehr oder weniger große Arbeitsräume erfordern. Die Mauerkreissäge benötigt die Zufuhr fließenden Wassers und eine hohe Stromspannung. Von einer Seite kann die Schlitztiefe bis etwa 50 cm ausgeführt werden, beim Arbeiten von zwei Seiten kann dementsprechend eine etwa 1 m dicke Mauer durchtrennt werden. Mit der Schwertsäge können bis zu ca. 2 m starke Mauern aufgetrennt werden. Bei dieser Methode ist ebenfalls fließendes Wasser notwenig. Auch die Seilsäge benötigt Wasserzufuhr zur Kühlung; darüber hinaus ist diese Methode, mit der auch harte Natursteine durchschnitten werden können, sehr kostenaufwendig.

Bei allen genannten Sägeverfahren muß unmittelbar nach dem Sägen im gleichen Arbeitstempo die Sperrschicht eingebracht und das Mauerwerk mit

Gegenläufige Schwertsäge ohne Befestigung an der Mauer.

Einbringen der Sperrlage in den gesägten Mauerschlitz.

Naturstein-, Ziegelmauerwerk und Beton

Stahlkeilen, besser noch mit Kunststoffkeilen (korrosionsfrei), verkeilt werden, damit die Lasten wieder auf das untere Mauerwerk abgetragen werden und keine Risse entstehen. Insgesamt sind die Sägeverfahren ruhiger und damit die Rissegefahr kleiner als bei konventionellem Aufstemmen oder dem Einschlagen von Riffelblechen.

Eine Sonderstellung nimmt das Kunz'sche Verfahren beim Sägen ein. Dabei wird zunächst von einer Seite ein etwas über die Hälfte der Mauerbreite schräg nach innen laufender Schnitt durchgeführt und diese Fuge mit sperrendem Vergußmörtel gefüllt. Der gleiche Vorgang wird dann auf der anderen Mauerseite wiederholt.

Bohrverfahren und Riffelbleche

Bei den Bohrverfahren werden Bohrungen bis zu ca. 11 cm Stärke in gleichmäßigen Abständen gebohrt, die Löcher mit schwindfreiem Sperrmörtel verfüllt und dann eine weitere Bohrlochreihe ausgeführt, welche die erste überlappt. Die Gefahr der Rissebildung ist bei dieser Methode geringer, da die Kräfte praktisch ohne Unterbrechung abgeleitet werden.

Riffelbleche werden überlappend in durchgehende Lagerfugen eingeschlagen. Das Verfahren ist preiswert, es kann aber nur bei durchgehenden Mörtelfugen angewendet werden. Bei diesem Verfahren ist zu beachten, daß das Mauerwerk stark erschüttert wird und die Riffelbleche völlig korrosionsfrei sein müssen.

Injektionsverfahren

Die Injektionsverfahren, die auch als chemische Verfahren oder Bohrlochsperren bezeichnet werden, sind wie alle anderen Trockenlegungsmethoden nicht universell einsetzbar bzw. funktionieren nicht überall. Die Verfahren zielen darauf ab, die Kapillarwirkung im Mauergefüge abzuschwächen oder zu unterbinden, um dadurch die Feuchte am weiteren Aufsteigen zu hindern. Die Injektionsverfahren dürfen dabei nicht mit den in den 60er Jahren propagierten Entlüftungsröhrchen gleichgesetzt werden. Das einzige, was an den beiden Verfahren gleich ist, sind die Bohrlöcher.

Bei den verschiedenen Injektionsverfahren werden Löcher schräg nach unten in die Wand bis fast durch die Wandstärke gebohrt. In diese Löcher werden drucklos oder unter Druck Chemikalien eingebracht, die von dort in das Mauerwerk eindringen. Je nach Verfahrensart sollen die Chemikalien die Kapillaren verschließen, stark verengen oder hydrophobieren. Die verwendeten Chemikalien sind in ihrer Wirkungsweise sehr unterschiedlich, unter anderem werden eingesetzt
– Zementschlämmen,
– Bitumen,
– Kieselsäureester,
– Wasserglas,
– Kunstharze (z. B. Siliconharze),
– Silane und
– Siloxane.
Die Mittel sind entweder emulgiert, gelöst oder suspendiert. Zementschlämmen, Bitumen und Wasserglas werden z. B. in wäßrigen Lösungen verarbeitet; die nur hydrophobierend wirkenden Siloxane und Silane in organischen Lösungsmitteln.

Zementschlämmen können wegen ihrer Dickflüssigkeit nur in Materialien mit größeren Poren einen Erfolg erzielen. Oft werden sie benutzt, um größere Hohlräume und Risse im Mauerwerk zu füllen und zu schließen, und dann folgt erst das Einbringen des sperrenden Injektionsmittels. Bei Zementschlämmen ist besonders die Gefahr des »Gipstreibens« zu beachten.

Während der Durchführung einer Injektion darf das Mauerwerk nicht zu feucht

Schematische Darstellung chemischer Verfahren (Injektionsverfahren) mit Bohrlöchern zur Horizontalabsperrung von Mauerwerk. Zeichnung: nach Deutsche Bauzeitung 5/76.

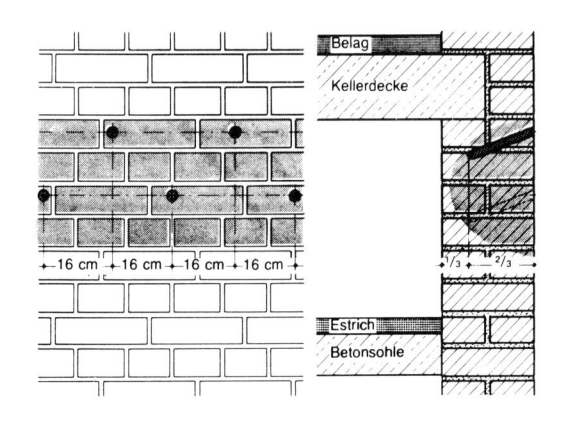

Trockenlegungsverfahren

sein, da sonst die Poren und Kapillaren bereits mit Wasser gefüllt sind und die Injektionsmittel nicht mehr eindringen können. Man geht davon aus, daß bei einem Feuchtigkeitsgehalt von über 50 Prozent im Normalfall das Mauerwerk durch Erwärmen oder eine elektroosmotische Anlage erst getrocknet werden muß. Die Bohrungen werden je nach Viskosität und dem Penetrationsvermögen der einzubringenden Chemikalien im Abstand von 10 bis 20 cm gebohrt, die Durchmesser der Bohrungen schwanken zwischen 15 bis 30 mm. Auch die Winkelneigung der Bohrlöcher ist je nach Methode verschieden, zwischen 15 bis 35°. Die Löcher werden nicht durchgebohrt, sondern eine Restwandstärke von 5 bis 10 cm stehengelassen. Wesentlich günstiger wie die Anordnung der Löcher in einer Reihe sind zwei versetzte Reihen übereinander. Generell ist darauf hinzuweisen, daß die Schwächung des Mauerwerks einer statischen Untersuchung bedarf.

Drucklose Injektions- und Druckverfahren

Ein weiteres Unterscheidungsmerkmal verschiedener Verfahrensgruppen von Injektagen ist das drucklose Einbringen der Chemikalien bzw. die Anwendung von Druckgeräten. Bei den drucklosen Verfahren wird auf die Bohrung ein Einfüllstutzen oder Trichter gesetzt und die Injektionsflüssigkeit mit der Gießkanne eingefüllt bzw. ein Gefäß auf den Füllstutzen aufgesetzt, aus dem das Mittel langsam in die Bohröffnung abläuft. Das Einfüllen mit der Gießkanne hat den Nachteil, daß die Menge der eingebrachten Chemikalien nicht kontrolliert, während bei auf die Packer oder Stutzen aufgesetzten Gefäßen die Einbringmasse gesteuert und überwacht werden kann.

Für die Druckverfahren verwendet man meist Injektionslanzen. Diese Lanzen werden in die Bohrlöcher eingeführt und mittels eines Verpreßnippels die Bohrlöcher zur Bohröffnung hin geschlossen. Dann wird das Injektionsmittel mit dem entsprechenden Druck in das Bohrloch gepreßt und dringt in das umgebende Mauerwerksgefüge ein. Alle größeren Risse und Spalten müssen bei diesem Verfahren selbstverständlich –

Injektionslanze zum Einpressen der Injektionsflüssigkeit mit Manometer.

noch sorgfältiger als bei den drucklosen Injektionen – geschlossen werden, da anderenfalls die teuren Chemikalien in größerer Menge nutzlos austreten [22].

Elektrophysikalische Verfahren

Zu den elektrophysikalischen Verfahren gehören eine Reihe unterschiedlicher Methoden, die als aktive oder passive Elektroosmose mit verschiedenen Eigennamen praktisch alle patentiert sind. Wegen der bisher sehr unterschiedlichen Erfolge (es sind sowohl Beispiele bekannt, wo entsprechende Verfahren funktionieren, als auch solche, durch die keine Verbesserung eingetreten ist) wird die Wirksamkeit solcher Verfahren kontrovers diskutiert. Es ist beim Einsatz von elektrophysikalischen Verfahren die Wirksamkeit für die mit dem Einzelbauwerk verbundenen

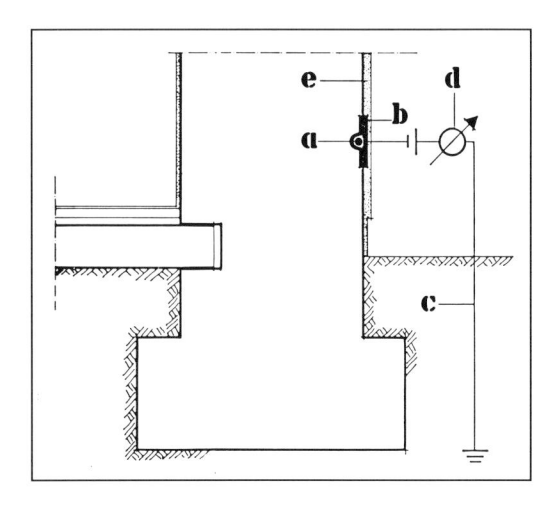

Schematische Darstellung einer elektrophysikalischen Mauerwerkstrocknung (PU 10): a) Leiter, b) Kontaktmasse, c) Erdelektrode, d) Speisegerät, e) Antikondensputz. Zeichnung: Lömpel Bautenschutz.

Naturstein-, Ziegelmauerwerk und Beton

Musterinstallation einer osmotischen Anlage.

Gegebenheiten besonders sorgfältig zu überprüfen. Der besondere Vorteil der Verfahren liegt im geringen Bauaufwand und damit auch geringeren Kosten.

Das Prinzip der elektrophysikalischen Verfahren basiert auf dem Aufbau niedriger Spannungsfelder im Mauerwerk, die mit der damit »gerichteten« Ionenwanderung den Transport der Feuchte steuern bzw. stoppen.

Das Verfahren mit Streifenelektroden arbeitet z. B. in folgender Weise: Nach dem Abschlagen des Altputzes und der Reinigung des Mauerwerks wird eine Streifenelektrode (Pluselektrode) in Form eines 10 mm starken Leiters und der Kontaktmasse ein-/oder beidseitig (nach Stärke des Mauerwerks) 10 bis 20 cm über Kellerboden in einer gering ausgenommenen Fuge ein- beziehungsweise aufgebracht. Die Minuselektrode wird in Form eines Erdungsstabes im Erdreich installiert und zwischen der Plus- und Minuselektrode ein Speisegerät als Gleichstromquelle angeschlossen. Die Anlage läuft mit wenigen Volt im Dauerbetrieb. Abschließend wird ein Putz mit niedriger Wärmeleitzahl zur Vermeidung von Oberflächenkondensation aufgebracht.

Sanierputze

Die Sanierputze gehören nicht mit zu den Trockenlegungsverfahren, weil sie weder die Ursache von Feuchtigkeit im Mauerwerk abstellen, noch die Durchfeuchtung verhindern. Sanierputze können aber dazu beitragen, die Verdunstung der Feuchte im Mauerwerk zu fördern und vor allem das Auskristallisieren von mit der Feuchte transportierten Salzen verhindern, bzw. die Auskristallisation in die großen Poren des Putzes zu verlegen, so daß weder Absprengungen noch Materialzerstörungen durch die Sprengwirkung (Volumenvergrößerung) bei der Auskristallisierung erfolgen. Auf diese Art werden auch die optischen Beeinträchtigungen durch Salzränder und Ausblühungen vermieden.

Damit sind die Sanierputze eine Möglichkeit zur Abhilfe bei Schäden, wo z. B. Trockenlegungsmaßnahmen nicht oder nur schwer durchführbar sind. Die Wirkungsweise von Sanierputzen beruht darauf, daß hydrophob eingestellte Putze mit hohem Porenanteil verwendet werden. Die Feuchtigkeit aus dem Mauerwerk diffundiert nur wenige Millimeter in den Putz ein, verdunstet dort (noch sehr weit unter der Oberfläche), und die Salze lagern sich in den großen Poren ab.

Die Anwendung von Sanierputzen muß sich streng nach den Herstellervorschriften richten. Deshalb können hier nur allgemeine Hinweise gegeben werden. Wenn nicht bereits vorhanden, sollte vor dem Aufbringen des Sanierputzes eine vertikale Feuchtesperre für die erdberührenden bzw. unter Erdniveau liegenden Mauerwerksteile durchgeführt werden. Bei starker Tausalzbelastung an Gehwegen oder Straßen ist die senkrechte Sperre, d. h. der sperrende Putz bis ca. 30 cm über Niveau zu führen. Dann wird der angegriffene, mit Salzausblühungen versehene Putz bis 1 m über die Schadensstellen abgeschlagen, das Mauerwerk gereinigt, angegriffene Fugen ausgekratzt, ein halbdeckender Spritzbewurf und dann meist zweilagig ein etwa 20 mm starker Spezialputz aufgetragen. Nach dem Abschlagen des Altputzes soll das Mauerwerk nicht erst »Austrocknen«, sondern sofort der Neuputz aufgebracht werden, um ein Salzausblühen auf dem Mauerwerk und damit Schäden für die neue Putzschicht zu vermeiden. Um einen nicht zu dicken, aber gleichmäßigen Sanierputz zu erzielen, wird bei ungleichmäßigem Mauerwerk meist zusätzlich ein Ausgleichsputz unter dem Sanierputz empfohlen.

Nachträgliche Horizontal- und Vertikalsperren

Eine Reihe von Maßnahmen zum nachträglichen Einbau von Horizontalsperren sind im vorangegangenen Abschnitt beschrieben. Entsprechende Trockenlegungsmaßnahmen sind ausschließlich für Schadensfälle außerhalb des Grundwasserbereichs und bei nicht drückendem Wasser geeignet. Feuchtigkeitsschäden und Wassereinbrüche aufgrund von Grundwasser bzw. drückendem Wasser bedürfen besonderer, meist komplizierter Behandlungen, die in diesem Rahmen nicht darstellbar sind.

Muß das Gebäude von außen für eine Trockenlegungsmaßnahme aufgegraben werden, so empfiehlt es sich, gleichzeitig eine Drän- bzw. Ringdränleitung anzuordnen.

Vor Einleitung entsprechender Maßnahmen ist in jedem Fall zu untersuchen, um welche Art von Feuchtigkeit es sich handelt, damit die Gegenmaßnahme richtig gewählt werden kann.

Feuchtigkeitssperren nicht unterkellerter Gebäude

Ältere Gebäude sind häufig nicht unterkellert. Fundamente und Sockel wurden in einem Arbeitsgang mit gleichem Material hergestellt: Mauerwerk aus Findlingen, Bruchsteinen oder Ziegeln. Ist das Gefüge und sind die Fugen des Mauerwerks auch im Fundamentbereich intakt und der Mörtel genügend fest, um dauernder Feuchte zu widerstehen, so genügt eine durchgehende Horizontalsperre direkt unter den Decken bzw. Schwell- und Lagerhölzern gegen aufsteigende Feuchtigkeit. Die Sperre muß alle innerhalb des Gebäudes eventuell vorhandenen Schwellen und/oder Deckenauflager mit einbeziehen. Als Sperrmaterial dienen Bitumen- oder Teerpappen, besser armierte Folien, Metallfolien oder Dichtungsbahnen aus Kunststoff, die mit ca. 20 cm Überlappung verklebt werden oder mit ca. 50 cm Länge an den Stößen lose (Verklebung oft technisch und handwerklich schwer durchzuführen) überlappt werden. Der Einbau der Sperrschicht ist abschnittsweise, in Längen von etwa 1 m, durch Entfernen einer oder mehreren Steinschichten, Einbringen der Dichtungsbahn und Untermauerung vorzunehmen.

Die Durchlüftung des Hohlraumes zwischen Geländeoberkante und Erdgeschoßboden muß ausreichend gewährleistet sein, sonst besteht Fäulnisgefahr für Schwellen und Balken bzw. Vermoderung bei Massivgebäuden.

Durch eine zweite Sperrschicht, in geringer Höhe über dem Erdniveau, wie oben beschrieben, eingebaut, wird eine wesentliche Verbesserung erreicht.

Feuchtigkeitssperren unterkellerter Gebäude

Das Gebäude muß außen bis mindestens auf das Niveau des Kellerbodens, besser bis zur Fundamentsohle, freigegraben werden. Wenn keine waagerechte Sperrschicht vorhanden oder diese zerstört ist, wird in einer Höhe von etwa 15 bis 20 cm über dem Kellerboden abschnittsweise eine Horizontalsperre wie beschrieben angeordnet. Unter den Decken bzw. Holzschwellen und Balkenauflagern ist eventuell eine weitere waagerechte Sperrschicht, wie oben beschrieben, einzubauen.

Nach Fertigstellung der Horizontalsperre wird das Gebäude in folgender Weise außen vertikal abgesperrt: Evtl. vorhandene Putzreste sind abzuschlagen, das Mauerwerk ist von Schmutz, Humusresten und Wurzelwerk mit scharfem Wasserstrahl und Stahlbürste zu reinigen, beschädigte Mauerwerksteile sind auszubessern. Nach diesen Vorbereitungen ist ein glatter Sperrputz bis mindestens 15 cm über Oberkante Gelände aufzutragen. Auf den trockenen Putz werden (mindestens 3) Bitumenan-

Naturstein-, Ziegelmauerwerk und Beton

striche aufgetragen. Bei noch feuchten Putzen wird Bitumenemulsion verwendet. Nach dem Trocknen der Schutzschicht ist der Arbeitsraum mit verdichtungsfähigem Material zu verfüllen. Auch hier ist darauf zu achten, daß die Sperrschicht nicht durch scharfkantiges Füllmaterial oder Werkzeug beschädigt wird.

Schäden und Mängel an Natursteinmauerwerk

Natursteinmauerwerk ist von Natur aus sehr beständig, wobei Werksteingefüge den Angriffen mehr trotzen als die unregelmäßigen Oberflächen von Bruchsteinmauerwerk. Pflege und Unterhaltung haben einen entscheidenden Einfluß auf die Haltbarkeit. Zerstörungen rühren aus chemischen, physikalischen oder biologischen Reaktionen bzw. falscher Behandlung.

Zu den chemischen Zerstörungseinflüssen gehören die mit dem Niederschlagswasser in die Steine eindringende Schwefel- und Kohlensäure, die bei vielen Steinarten die Bindemittel angreifen oder umwandeln. Dabei wird das Steingefüge aufgelöst, mehr aber noch durch Volumenvergrößerung bei dem Umwandlungsprozeß durch Sprengwirkung zerstört. Der Schwefeldioxidgehalt der Luft fördert die Bildung harter Schmutzkrusten, die abplatzen oder sich nur mechanisch entfernen lassen und dabei zu erheblichen Substanzverlusten führen.

Schäden durch Salze (z. B. Sulfate aus Salzen der Schwefelsäure) entstehen weiter u. a. dort, wo Salze im Steinmaterial vorhanden sind, oder z. B. mit Steinreinigungsmitteln als verdünnte Säuren eingebracht und nicht genügend nachgewaschen, d. h. die Reste nicht genügend entfernt werden. Wo die gelösten Salze mit der Feuchtigkeit an die Oberfläche wandern, entstehen Ausblühungen. Eine besonders häufig anzutreffende Schädigung dieser Art findet sich im Bereich von Ställen, Jauchegruben, Mistplätzen und Abortgruben (auch noch Jahrzehnte nach deren Stillegung oder Umnutzung), wo mit der kapillar aufsteigenden Feuchte Salze der Salpetersäure (Nitrate) in das Mauerwerk gelangen. Die hygroskopischen Nitrate nehmen neue Feuchtigkeit auf und führen auf Dauer zur Zermürbung des Stein- und Fugenmörtelmaterials.

Die im chemischen Bereich zusammenwirkenden Zerstörungsmechanismen, die insbesondere durch die starke Luftverschmutzung in den letzten Jahrzehnten rapide zunahmen, sind vielfach nur ungenügend bekannt und werden deshalb derzeit ausgiebig erforscht. Gerade darum ist es bei Zerstörungen oder Zerstörungsgefahren dringend notwendig, jeden Fall einzeln zu untersuchen, die Schäden zu analysieren und Sanierungskonzepte bzw. Rezepte zu entwickeln. Wertvolle Skulpturen, Wegkreuze usw. sind zur Zeit oft nur dadurch zu retten, daß sie überdacht werden oder die Originale in witterungsgeschützten Räumen aufgestellt und am

Gotisches Bruchsteinmauerwerk: bis heute ohne nennenswerte Schäden, nur der Fugenmörtel muß in größeren Intervallen erneuert werden.

Schäden und Mängel an Natursteinmauerwerk

Originalstandort durch eine Kopie ersetzt werden.

Die physikalischen Zerstörungseinflüsse hängen mehr als die chemischen Zerstörungen mit mangelhaften Bauausführungen und Bauunterhaltungsmaßnahmen zusammen. Zu diesen Zerstörungen gehören eindringendes Wasser durch Fehler im Gefüge, mangelhafte oder fehlende Abdeckung sowie ausgewaschene Fugen. Bei Frost gefriert das eingedrungene Wasser und durch die Volumenvergrößerung entstehen Steinabsprengungen. Auch die Volumenvergrößerungen durch rostendes Eisen, z.B. von falsch eingesetzten Ankern und Windeisen, führen zur Zerstörung durch Sprengung. Weitere physikalische Zerstörungen entstehen bei weichen Gesteinsarten durch Windschliff allein oder mit anderen Zerstörungsfaktoren.

In umfangreichem Maße sind biologische Einflüsse und anschließende Reaktionen für die Zerstörungen an Natursteinen verantwortlich oder mitverantwortlich.

Der schädigende Einfluß von Mikroorganismen, welche Nitrate und Sulfate bilden, die dann wieder den Stein zerstören, ist bekannt, aber noch kaum erforscht. Makroorganismen in Form von Moosen, Algen und Flechten, aber auch Taubenmist, führen sowohl zu verstärkter Bindung von Feuchtigkeit als auch durch Stoffwechselprozesse zu Zerstörungen. Aber auch der Bewuchs, z.B. mit Kletterpflanzen, erzeugt oftmals Sprengwirkungen durch die Wurzeln und führt zu weiteren Zerstörungen durch Feuchte und Schmutzansammlungen.

Falsche Steinbehandlung schließlich führt allein oder in Verbindung mit anderen Faktoren zu chemischen oder physikalischen Schäden. Dazu zählen

Links oben:
Stark ausgewaschenes und durch Spritzwasser angegriffenes Bruchsteinmauerwerk.

Stark angewitterte (ausgewaschene) Sandsteine einer Bruchsteinmauer.

Abblätternder und absandender Sandstein eines Türgewändes.

Unsachgemäß eingemörtelte Stahlklammer.

Naturstein-, Ziegelmauerwerk und Beton

In der Gründerzeit gelangte das Bauen mit Naturwerksteinen zu höchster Blüte. Vielfach wurde so gutes Steinmaterial verwendet, daß bis heute allenfalls Reinigungsmaßnahmen notwendig sind. Zeichnung: G.G. Ungewitter: »Vorlegeblätter für Ziegel- und Steinarbeiten«, Glogau 1865.

insbesondere wasserdampfdichte Anstriche und Verfugungen bzw. Putze aus zu dichtem Mörtel, wie z. B. Zementmörtel, die zum Feuchtestau und damit zu den bereits genannten Schäden durch Frost- oder Salzabsprengungen führen [23].

Reinigung von Natursteinen

Natursteine und Naturwerksteine sind fast ausnahmslos im Laufe von Jahrzehnten oder gar Jahrhunderten verrußt oder verschmutzt. Natursteinfassaden bedürfen besonders im Zusammenhang mit Fassadenrenovierungen und in jedem Falle vor Konservierungsmaßnahmen einer gründlichen Reinigung. Bei stark angegriffenen Steinen oder starker Verkrustung ist unter Umständen eine chemische Vorfestigung notwendig.

Die einfachste und schonendste und damit beste Art der Reinigung ist die mit Wasser und Bürste. Wenn der Schmutz schon verharzt und verkrustet ist, muß aber evtl. mehr Kraft eingesetzt werden. Dabei sind gute Erfolge mit Heißwasser oder mit dem Dampfstrahlgerät zu erzielen.

Bereits das Dampfstrahlen muß »geplant« durchgeführt, d.h. Wasserdruck, Düse, Düsenabstand zum Stein und Wassertemperatur müssen aufgrund von Vorversuchen erprobt und festgelegt werden.

Eine evtl. Reinigung mit Stahlbürsten kann nur bei sehr harten Gesteinsarten in Erwägung gezogen und muß äußerst vorsichtig vorgenommen werden (besser sind z. B. Messingbürsten), um die Beschädigung von Kanten und Profilen sowie der äußeren Haut zu vermeiden. Sandstrahlen als Reinigungsmethode kommt für weiche Gesteinsarten und Steine mit Profilen oder Schmuck überhaupt nicht in Betracht; unter Umständen ist es für harte Bruchsteine möglich. Skulpturenschmuck muß von allgemeinen Reinigungsmaßnahmen ausgespart werden und ist auch bei der Reinigung mit restauratorischen Mitteln äußerst vorsichtig zu behandeln.

Zur Reinigung bietet der Handel auch zahlreiche chemische Steinreinigungsmittel, meist als Reinigungspasten, an. Drei übergeordnete Gruppen sind insbesondere nach ihrem ph-Wert zu unterscheiden:
– säurehaltige,
– alkalische und
– lösungsmittelhaltige Steinreinigungsmittel.

Zu beachten ist, daß kein Mittel eingesetzt wird, das den Stein oder die Fuge angreift. So sind Reinigungsmittel auf Säurebasis nur zu verwenden, wenn die Natursteine säurefest sind. Für säureempfindliche Steine (z. B. alle Kalksteinarten) sollten alkalische Reinigungen verwendet werden, und für fettige Verschmutzungen sind lösungsmittelhaltige Mittel zu verwenden. Alle hochwertigen Reinigungsmittel enthalten besondere waschaktive Substanzen zur Schmutzanlösung. Die Herstellervorschriften und Schutzvorschriften sind genau zu beachten. Für die Reinigung selbst gibt es zahlreiche Verfahren vom Ansprühen über die Kombination mit mechanischen Verfahren bis zum Dampfstrahlen. Direkt nach der Reinigung, und dies ist einer der wichtigsten

Schäden und Mängel an Natursteinmauerwerk

Auswechseln des Abschlußsteines eines Naturwerkstein-Renaissancegiebels.

Natürlicher Steinersatz

Bei einfachen oder nur gering profilierten Naturwerksteinen sind nicht mehr feste Steinteile abzustemmen und zu ersetzen. Stark profilierte, mit Reliefs oder Schrift geschmückte Steine dagegen sind nur von einem Steinrestaurator zu behandeln, der sicherstellt, daß die gesamte noch vorhandene originale Substanz gerettet wird.

Fehlende, stark verwitterte oder ausgebrochene Naturwerksteine sind durch steinmetzmäßig bearbeitete neue Steine, möglichst aus dem Bruch, aus dem das alte Material stammt, zu ersetzen. Sind die Fehlstellen kleinerer Art, müssen nicht immer ganze Steine ersetzt werden, sondern die Fehlstellen können sorgfältig und winklig ausgespitzt und durch Einsatz und Verklebung eines kleineren Steinteiles, einer sogenannten Vierung, beseitigt werden.

Die Vierungen müssen sehr genau bearbeitet und eingearbeitet werden; sie werden mit Epoxidharz verklebt, seltener, weil problematischer auch mit ca. 2 cm Fugenstärke vermörtelt.

Künstlicher Steinersatz

Sandstein wurde und wird am häufigsten als Naturwerkstein verwendet. Er läßt sich leicht verarbeiten, ist aber im Ver-

Faktoren bei der Verwendung chemischer Steinreinigungsmittel, ist ausreichend mit Wasser nachzuspülen, damit keine Chemikalien im Stein zurückbleiben.

Die Abwässer aus Reinigungsmaßnahmen sind gem. einschlägiger Vorschriften zum Umweltschutz zu neutralisieren und zu entsorgen.

Auch das Ausräumen von sandendem, mürbem oder zerstörtem Fugenmörtel sollte bei Denkmälern im Normalfall vorsichtig von Hand durchgeführt werden. Dort, wo dies mit Sandstrahlgeräten geschieht, soll nicht wie früher meist üblich, gleichzeitig die gesamte Steinoberfläche abgestrahlt und damit angegriffen und verändert werden, sondern es muß mit kleinen Geräten gearbeitet werden, so daß allenfalls die Randbereiche der Steine in Mitleidenschaft gezogen werden.

Vorbereitung von künstlichem Steinersatz an gotischem Maßwerk.

Naturstein-, Ziegelmauerwerk und Beton

gleich zu anderen Natursteinen nicht allzu wetter- und abriebfest. Selbst bei jungen Bauten, so z. B. den zahlreichen Gründerzeitbauten, die ganz mit Sandstein verblendet oder aber mit Fenster- und Türgewänden, Gesimsen, Lisenen, Schmuckteilen und Giebelabdeckungen aus Sandstein versehen sind, trifft man vielfach auf zerstörte, verwitterte oder angewitterte Steinteile. Die Steine steinmetzmäßig durch natürliche Steine zu ersetzen, ist ohne Frage die beste Lösung. Diese ist vielfach aus Kostengründen nicht möglich.

Deshalb wird neben dem Ausbessern mit Naturstein auch die Verarbeitung und Restaurierung mit künstlichem Stein aufgezeigt. Das Steinersatzmaterial wird von der Lieferfirma, dem Steinrestaurator oder dem Steinmetz in Körnung und Farbe dem vorhandenen Naturwerkstein angepaßt.

Schadhafte Stellen im Stein sind bis auf den gesunden Kern, mindestens jedoch 2 cm tief, schwalbenschwanzförmig und scharfkantig auszuspitzen. Die Schadstellen sollen dabei nicht auf Null auslaufen. Nach dem Ausspitzen sind sie gründlich (mit Wasser) zu reinigen und zu wässern. Danach wird das Steinersatzmaterial nach Herstellervorschrift angemischt und aufgetragen. Das Material ist etwa 2 mm stärker als die vorhandene Oberfläche aufzutragen, damit nach dem Austrocknen die Ausbesserungsstelle mit Steinmetzwerkzeugen an die bestehende Struktur angepaßt werden kann. Am besten erfolgt die Oberflächenbearbeitung während des Abbindevorgangs, da dann keine Steinkristalle aufgeschlagen werden, die sonst eine hellere Oberfläche ergeben. Während des Abbindevorgangs ist die Ausbesserungsstelle vor Sonneneinstrahlung zu schützen und feucht zu halten.

Steinfestigung und Volltränkung

Durch Bindemittelverlust bei chemischen Reaktionen, insbesondere im Bereich der Steinoberfläche wie auch durch physikalische Einwirkungen, wird bei zahlreichen Gesteinsarten die Steinoberfläche mürbe und/oder »sandet ab«. Bei kalkgebundenen Steinen z. B. findet durch den Einfluß des sauren Regens eine Umwandlung von Kalk in wasserlöslichen Gips statt.

Der Bindemittelverlust läßt sich unter Umständen durch die Zufuhr eines Ersatzbindemittels in einem Lösungsmittel (meist Kieselsäureester) wieder ausgleichen, zumindest doch wieder verbessern. Entscheidend ist hierbei, daß das neue Bindemittel bis in gesunde Steinschichten dringt, da andernfalls nur eine feste äußere Schale gebildet wird, die sich z. B. durch Frost leicht vom übrigen Steingefüge als Ganzes ablöst. Im Zweifelsfalle sind für entsprechende Festigungsmaßnahmen Vorversuche an Bohrproben bzw. Versuche am Objekt, z. B. zur Auswahl und zur richtigen Einstellung des Festigungsmittels, notwendig.

Stark angegriffene Steinskulpturen können mit Hilfe einer Acrylharzvolltränkung gerettet werden. Dazu muß der Stein, gleich ob Bauelement oder Skulptur, demontiert und in eine entsprechende stationäre Einrichtung mit einer Druckkammer transportiert werden. Nach vollständiger Trocknung wird das Steinelement in der Druckkammer derart mit Acrylharz gefüllt, daß alle Porenräume des Steines mit Harz ausgefüllt sind. Je nach Steinart beträgt der Harzanteil im Stein nach der Behandlung bis zu ca. 20 Prozent und das Gestein ist

Das gleiche Maßwerk nach Fertigstellung des künstlichen Steinersatzes.

vollkommen dampfundurchlässig. Wegen des hohen Harzgehaltes – es entsteht praktisch ein neuer Stein – wird das Verfahren von Denkmalpflegern vielfach nur als die letzte Möglichkeit zu Rettung originaler Substanz angesehen [24] [25].

Beton- und Stahlbeton

Beton ist bei weitem nicht der junge oder moderne Baustoff wie er oft eingestuft wird. Genausowenig ist Stahlbeton ein Baustoff, der verglichen mit Natursteinen, Ziegeln oder Holz besonders lange hält.

Als opus cementitium waren betonähnliche Mörtelmassen, vollhydraulisch und sogar unter Wasser abbindend, bereits den Römern gut bekannt. Über 2000 Jahre haben entsprechende zu Stein erhärtete »Betone« gut überstanden. Diese Mörtelmassen konnten praktisch aber nur Druckkräfte und kaum Zugkräfte aufnehmen. 1865 »erfand« der französische Gärtner Monier die Betonbewehrung in Form von Stahldrähten (bei der Herstellung von Blumenkübeln), deshalb wurde der Betonstahl auch lange Moniereisen genannt. Dieser Stahlbeton ist bei weitem nicht so haltbar wie opus cementitium. Der Stahl im Beton genießt zunächst einmal durch die hohe ihn umgebende Alkalität (pH-Wert ca. 13) einen natürlichen Korrosionsschutz. Dieser Schutz basiert auf dem mit Calciumhydroxid gesättigten Porenwasser wie auf dem Eisenhydroxid. Durch das Kohlendioxid in der Luft wird die Alkalität abgebaut, es kommt zur Carbonisation. Sinkt dann der pH-Wert unter neun in der unmittelbaren Umgebung des Stahls, so beginnt dieser zu rosten, vergrößert sein Volumen um etwa das 2,5fache. Dadurch wird die Betonüberdeckung abgesprengt.

Weitere, den Stahlbeton zerstörende, Einflüsse sind das »Sulfattreiben« durch die Gipsbildung bei der Reaktion des Schwefeldioxids an der Luft zu Schwefelsäure, wo weitergehend durch die Säure das Calciumhydroxid in Gips umgewandelt wird. Ebenso entstehen Schäden am Stahlbeton durch die Chloridkorrosion, in der Hauptsache durch Tausalze hervorgerufen.

Weniger häufig vorkommende Mängel sind die Alkalireaktion, Schädigungen durch den Einfluß von Chemikalien und die Oberflächenerosion von Beton durch Witterungseinflüsse.

Da diese Schadensursachen sich erst in den letzten Jahren u. a. mit so spektakulären Schäden wie dem Teileinsturz der Berliner Kongreßhalle deutlich heraus-

Besonders bei frühen Betonbauwerken, wie diesen Siedlungshäusern der »Neuen Sachlichkeit«, hatte man noch wenig Erfahrungen. Heute treten starke Mängel auf.

Für die Schäden an dieser Kante ist ursächlich die zu geringe Betonüberdeckung schuld.

Zu geringe Überdeckung des Bewehrungsstahles hat auch zu diesem Schaden geführt.

Naturstein-, Ziegelmauerwerk und Beton

schälten, wurden die Normen zum Schutz der Stahleinlagen, u. a. durch die Forderung nach ausreichender Betonüberdeckung, verschärft. Viele Stahlbetonbauten von der Bauhauszeit beginnend bis in die 70iger Jahre weisen starke Mängel wegen zu geringer Betonüberdeckung auf oder lassen doch solche Mängel in nächster Zeit erwarten. Die Schadenshäufigkeit ist so groß, daß sich ein eigener »Berufsstand« in Form des Betonsanierers gebildet hat. Zahlreiche Patente und Produkte zur Betonbeschichtung wie auch zur Rißverpressung und zum Betonverkleben werden am Markt angeboten.

Die Schäden und ihre Sanierung können neben der Einteilung nach ihren Ursachen in zwei große Gruppen eingeteilt werden:
– Abwehr der Gefahr weiter voranschreitender Carbonatisierung durch Lasuren, Anstriche und Beschichtung.
– Beseitigung konstruktiver Schäden, d. h. Schäden die die Standsicherheit beeinflussen.

Bei denkmalgeschützten Gebäuden oder Gebäudeteilen aus Sichtbeton stellt vielfach gerade der Sichtbeton ein Teil der Denkmaleigenschaft dar. Es ist deshalb bei der Erarbeitung des Sanierungskonzeptes besonders darauf zu achten, daß je nach ausgewählter Maßnahme oder Farbbeschichtung die Sichtbetonfläche nicht verändert oder ausgelöscht oder die Farbigkeit verändert wird.

Schutzanstriche

Sichtbeton, bei dem die Gefahr der Carbonatisation oder Sulfatisierung und damit umfangreicher Schäden durch korrodierende Stähle besteht, sollte vorsorglich und rechtzeitig geschützt werden. Zum Schutz gegen Korrosion, Bewitterung, Durchfeuchtung und Verschmutzung können Hydrophobierungen, Lasuranstriche, deckende Anstriche, rißüberbrückende Beschichtungen oder Kunstharzputze aufgebracht werden. Eine Hydrophobierung mit Silicon, Siloxan oder Silan hat in erster Linie eine wasserabweisende Wirkung, ist aber im Normfall kein ausreichender Schutz für Betonoberflächen, da z. B. die Carbonatisierung nicht verhindert wird. Lasuranstriche mit Pigmentanteilen bieten nicht immer ausreichenden Schutz; weil bei Lasuranstrichen aber z. B. der Sichtbetoncharakter gewahrt werden kann, werden entsprechende Lasuren oft gefordert.

Ausreichend schützend erscheinen dagegen deckende Anstrichsysteme, z. B. auf der Basis von Kunstharzdispersionen oder Silikatfarben. Mit dem guten Schutz verbindet sich gleichzeitig die Möglichkeit der farblichen Gestaltung von Betonbauwerken. Rißüberbrückende Beschichtungssysteme werden z. B. beim Vorhandensein von Schwindrissen bis zu etwa 0,3 mm Breite erfolgreich eingesetzt. Keinesfalls sind solche Systeme aber in der Lage etwa konstruktive Risse aufzufangen. Bei Beschichtung mit einem kunstharzgebundenen Putz wird die Betonoberfläche am stärksten in ihrer Optik verändert. Betonböden können mit Imprägnierungen, Versiegelungen, Beschichtungssystemen oder Estrichen geschützt werden. Für alle Beschichtungen auf Beton ist selbstverständlich eine vorherige gründliche, aber auch schonende Reinigung notwendig, die insbesondere dafür sorgt, daß alle losen Teile entfernt werden, aber auch, daß keine Fette, Öle und Schmutzschichten auf der Betonoberfläche verbleiben.

Bei der Auswahl des Beschichtungsmaterials ist neben der Beachtung der künftigen Gestaltung der Betonoberfläche der Schutz vor Durchfeuchtung, z. B. auch bei Schlagregen sowie die zukünftigen Verschmutzungsmöglichkeiten und die Dauerhaftigkeit der Beschichtung, wichtig.

Konstruktiv bedingte Risse

Durchgehende Risse in tragenden Betonbauteilen müssen genau untersucht, geprüft und für ihre Sanierung ein Sanierungskonzept erarbeitet werden. Um die volle Belastbarkeit wieder herzustellen und die Bewehrungsstähle vor Rost zu schützen, müssen Risse in tragenden Betonteilen mittels Injektionen von Betonklebemitteln, z. B. Epoxydharzen, geschlossen und kraftschlüssig verbunden werden. Die Ausführung solcher Arbeiten übernehmen meist Spezialunternehmen.

Offenliegende Bewehrungsstähle oder Bewehrungsstähle, die wegen fortgeschrittener Carbonisation offengelegt werden müssen, werden von Rost und Verschmutzungen befreit und mit Rostschutzmitteln (z. B. Mennige) gestrichen. Die losen Teile des Betons werden entfernt und entweder in einem Spritzbetonverfahren oder in Spachteltechnik saniert, wobei insbesondere organische und mineralisch/organische Spachtelsysteme angeboten werden.

Zahlreiche Unternehmen haben sich für Betonsanierung spezialisiert, alle entsprechenden Arbeiten bedürfen adäquat ausgebildeter Handwerker und Unternehmer [26].

Informationen

Weiterführend wird auf folgende Normen, Regelwerke, Literatur und Beratungsmöglichkeiten durch Verbände und Institutionen hingewiesen:

Naturstein- und Ziegelmauerwerk

Normen

DIN 105 T 1-5	Mauerziegel
DIN 106 T 1,2	Kalksandstein
DIN 278	Tonhohlplatten und Hohlziegel, statisch beansprucht
DIN 398	Hüttensteine
DIN 1053 T 1	Mauerwerk, Berechnung und Ausführung
DIN 1054	Baugrund, zul. Belastung des Baugrunds
DIN 1055 T 1-T5	Lastannahmen für Bauten
DIN 1060 T 1	Baukalk; Begriffe, Anforderungen, Überwachung
DIN 1072	Straßen- und Wegbrücken; Lastannahmen
DIN 1101	Holzwolleleichtbauplatten; Maße, Anforderungen, Prüfung
DIN 1164 T 1	Portland-, Eisenportland-, Hochofen- und Traßzement; Begriffe, Bestandteile, Anforderungen, Lieferung
DIN 1168	Baugips; Begriffe, Sorten und Verwendung, Lieferung und Kennzeichnung
DIN 4165	Gasbetonblocksteine und Gasbeton-Plansteine
DIN 4166	Gasbetonbauplatten und Gasbeton-Planbauplatten
DIN 4178	Glockentürme, Berechnung und Ausführung
DIN 4420 T 1,2,4	Arbeits- und Schutzgerüste
DIN 4421	Tragegerüste; Berechnung, Konstruktion und Ausführung
DIN 18 162	Wandbauplatten aus Leichtbeton unbewehrt
DIN 18 163	Wandbauplatten aus Gips; Eigenschaften, Anforderungen, Prüfung
DIN 18 180	Gipskartonplatten, Anforderungen, Prüfung
DIN 18 330	Maurerarbeiten
DIN 18 332	Naturwerksteinarbeiten
DIN 18 516	Außenwandbekleidungen; Bekleidung, Unterkonstruktion und Befestigung, allgemeine Anforderungen
DIN 52 100	Prüfung Naturstein, Richtlinien zur Prüfung und Auswahl von Naturstein

Literatur

Ahnert, R./Krause, K. H.: Typische Baukonstruktionen von 1860 bis 1960. – Wiesbaden/Berlin: Bauverlag GmbH 1985

Arendt, Claus: Trockenlegung, Leitfaden zur Sanierung feuchter Bauwerke. – Stuttgart DVA 1983

Arendt, Claus; Schulze, Jörg; Schafft, Peter: Trokkenlegung, Hrsg.: Arbeitskreis Bautechnik der Vereinigung d. Landesdenkmalpfleger. – München 1985

Behse, W. H.: Der Maurer, Textband, 7. Auflage. – Leipzig: B. F. Voigt Verlag 1902

Behse, W. H.: Der Maurer, Atlas, 7. Auflage. – Leipzig: B. F. Voigt Verlag 1902

Naturstein-, Ziegelmauerwerk und Beton

Bundes-Arbeitskreis Altbauerneuerung, Hrsg.: Feuchtigkeit (In der Reihe Modernisierungsberater). – Bonn o. J.

Doll, Karl-Heinz: Mauerwerksbauten. Grundlagen. – Stilmerkmale – Konstruktionselemente – Bearbeitung – Schutzmaßnahmen. In: Denkmalpflege, Sanierung, Modernisierung, Heft 5 der Architektenkammer Hessen, Wiesbaden o. J.

Honold, Richard: Reinigung, Schutz und Konservierung von Außenfassaden. – Wiesbaden und Berlin: Bauverlag GmbH 1979

Krauth, Theodor/Meyer, Franz Sales: Das Steinhauerbuch, Leipzig 1896 (Neudruck). – Hannover: Edition »Libri rari« Verlag Th. Schäfer 1982

Meisel, Ulli: Naturstein. Erhaltung und Restaurierung von Außenbauteilen, Teil I, Grundlagen (In der Reihe: Planen und Bauen im Bestand). – In: Deutsches Architektenblatt 2/1988 S. 247-252

Meisel, Ulli: Naturstein. Erhaltung und Restaurierung von Außenbauteilen, Teil II, Bauliche Erhaltungstechniken. (In der Reihe: Planen und Bauen im Bestand). – In: Deutsches Architektenblatt 3/1988 Seite 375-380

Meisel, Ulli: Naturstein. Erhaltung und Restaurierung von Außenbauteilen. – Wiesbaden/Berlin: Bauverlag GmbH 1988

Opderbecke, Adolf: Der Maurer. – Leipzig: B. F. Voigt Verlag 1903

Schneider, Jürgen: Am Anfang die Erde. Sanfter Baustoff Lehm. – Köln: Verlag Rudolf Müller 1985

Ungewitter, Georg Gottlieb: Vorlegeblätter für Ziegel- und Steinarbeiten, Glogau, 1863 (Neudruck). – Hannover: Edition »Libri rari« Verlag Th. Schäfer 1983

Urban, Joachim: Gründungsprobleme und deren Lösung bei Altbausanierung von Wohn- und historischen Bauten. (In der Reihe: Planen und Bauen im Bestand). – In: Deutsches Architektenblatt 2/88 S. 253-258

Warth, Otto: Die Konstruktionen in Stein, Leipzig 1903 (Neudruck). – Hannover: Edition »Libri rari« Verlag Th. Schäfer 1983

Weber, Helmut: Was tun gegen Feuchtigkeit. In: Baka, Modernisierungsberater Feuchtigkeit. – Fellbach: Fachschriften-Verlag GmbH & Co. KG

Weber, Helmut: Aufsteigende Mauerfeuchtigkeit und deren Beseitigung. In: Deutsches Architektenblatt 4/1986 S. 427-432

Weber, Helmut: Mauerfeuchtigkeit, Ursachen und Gegenmaßnahmen. – Ehningen: expert-Verlag 1984

Weber, Helmut: Steinkonservierung, 3. Auflage. – Ehningen: expert-Verlag 1987

Verbände, Institutionen, Beratungsstellen

Bundesverband der Deutschen Kalkindustrie e.V.
Hauptgemeinschaft der Deutschen Werkmörtelindustrie
Annastr. 67-71, 5000 Köln 51, Tel. 0221/3769-0

Bundesverband Kalksandsteinindustrie e.V.
Entenfangsweg 15, 3000 Hannover 21,
Tel. 0511/793077-79

Bundesverband Gasbetonindustrie e.V.
Frauenlobstr. 9-11, 6200 Wiesbaden,
Tel. 06121/8 50 86-7

Bundesverband Naturstein-Industrie e.V.
Buschstr. 22, 5300 Bonn 1, Tel. 0228/213234

Bundesverband der Deutschen Zementindustrie e.V.
Pferdmengestr. 7, 5000 Köln 51, Tel. 0221/371026

Bundesverband der Deutschen Ziegelindustrie e.V.
Schaumburg-Lippe-Str. 4, 5300 Bonn 1,
Tel. 0228/224051

Bundesverband Steine und Erden e.V.
Friedrich-Ebert-Anlage 38, 6000 Frankfurt a.M. 97, Tel. 069/740617

Deutscher Naturwerkstein-Verband e.V.
Sanderstr. 4, 8700 Würzburg, Tel. 0931/12061

Fortbildungszentrum für Handwerk und Denkmalpflege, Propstei Johannesberg, 6400 Fulda,
Tel. 0661/45081-83

Zentralverband des Deutschen Baugewerbes,
Godesberger Allee 99, 5300 Bonn, Tel. 0228/8102-0

Zentralverband des Deutschen Handwerks,
Johanniterstr. 1, 5300 Bonn 1, Tel. 0228/5451

Beton- und Stahlbeton

Normen

DIN EN 199	Transportbeton; Herstellung und Lieferung
DIN 1045	Beton und Stahlbeton; Bemessung und Ausführung
DIN 1048 T 1,2,+4	Prüfverfahren für Beton
DIN 1075	Betonbrücken; Bemessung und Ausführung
DIN 1084 T 1, 2+4	Überwachung im Beton- und Stahlbetonbau
DIN 4030	Beurteilung betonangreifender Wässer, Böden und Gase
DIN 4099	Schweißen von Betonstahl; Ausführung und Prüfung
DIN 18314	Allgemeine technische Vorschriften über die Bearbeitung von Spritzbeton
DIN 18331	Beton- und Stahlbetonarbeiten
DIN 18551	Spritzbeton, Herstellung und Prüfung
DIN 18556	Prüfung von Beschichtungsstoffen für Kunstharzputz und von Kunstharzputz
DIN 18558	Kunstharzputz; Begriffe, Anforderungen, Ausführung

Regelwerke

Instandsetzen von Betonteilen, Merkblatt des Deutschen Betonvereins e.V., 3/1982

Merkblatt für Schutzüberzüge von Beton bei sehr starkem Angriff nach DIN 4030, Arbeitskreis Beton- und Kunststoff 4/1983

Merkblatt für Schutz und Instandsetzung von nichtbefahrenen Teilen der Bauwerke aus Beton, Stahlbeton und Spannbeton im Straßenwesen, Forschungsgemeinschaft für Straßen- und Verkehrswesen, Köln 1982

Nachbehandlung von Beton, VDB-Informationen, 28/1983

Richtlinien für die Ausbesserung und Verstärkung von Betonbauteilen mit Spritzbeton, Deutscher Ausschuß für Stahlbeton, Berlin 10/1983

Informationen

Richtlinien zur Verbesserung der Dauerhaftigkeit von Außenbauteilen aus Stahlbeton, Deutscher Ausschuß für Stahlbeton, Berlin 12/1981

Richtlinien zur Nachbehandlung von Beton Deutscher Ausschuß für Stahlbeton, Berlin 2/1984

Schutz von Beton, AGI-Arbeitsblatt 10 Arbeitsgemeinschaft Industriebau Köln 8/1983

Unterhaltung von Betonbauwerken – Maßnahmen zur Instandsetzung und zu vorbeugendem Schutz. WTA Merkblatt 2/84, Wissenschaftlich-technischer Arbeitskreis für Denkmalpflege und Bauwerkserhaltung 9/1983

Verarbeiten von Reaktionsharz auf Beton, Merkblatt des Deutschen Beton-Vereins e.V. 1983

Vorläufige Richtlinien, vorbeugende Maßnahmen gegen schädigende Alkalireaktion in Beton, Deutscher Ausschuß für Stahlbeton, Berlin 2/1974

Literatur

Brus/Linder/Ruffert: Spritzbeton, Spritzmörtel, Spritzputz. – Köln: Verlag Rudolf Müller 1981

Engelfried, Robert: Betonsanierungsmaßnahmen. – Überlegungen zur Konzeption. – In: Bautenschutz und Bausanierung 4/1983

Engelfried, Robert: Carbonatisation, Schäden an Stahlbeton als Folge der Carbonatisierung und deren Behandlung. – In: Deutsche Bauzeitung 4/1986, S. 64-68

Forschungsberichte: Überprüfung geeignet erscheinender Konservierungsmaßnahmen für Betonbauteile mit Schäden infolge Alkalireaktion. – Kurzbericht aus der Bauforschung Nr. 10/82-129

Klopfer, H.: Imprägnierung, Anstriche und Beschichtungen für Beton. (Zementtaschenbuch, 48. Ausgabe). – Wiesbaden: Bauverlag GmbH 1984, Seite 304-354

Knöfel, Dietbert: Stichwort Baustoffkorrosion 2. Auflage – Wiesbaden und Berlin: Bauverlag GmbH 1982

Knöfel, Dietbert: Carbonatisierung von Beton: – In: Bautenschutz und Bausanierung, Sonderheft 1983, Seite 58-63

Knöfel, Dietbert: Dauerhafter Beton ... und Betonkorrosion. – In: Deutsche Bauzeitung 4/1986, Seite 58-62

Knöfel, Dietbert: Bautenschutz mineralischer Baustoffe. – Wiesbaden und Berlin: Bauverlag GmbH 1979

Kordina, K./Neusecke J.: Sanierung von zerstörten oder nicht einwandfrei ausgeführten Betonoberflächen mittels Imprägnierungen, Anstrichen oder Putzen auf Kunstharzbasis. – Kurzbericht aus der Bauforschung Nr. 7/81-100

Öchsner, W./Semiet, F./Stöckl: Oberflächenschäden an Stahlbeton – Ursachen und Behandlung. Sonderdruck der Lechler Chemie GmbH aus Bautenschutz und Bausanierung

Probst, Michael: Betonkorrosion, Betonsanierung. – In: Deutsche Bauzeitung 10/83 S. 75-87

Rieche, Günter/Ross, Hartmut: Beton-Anstriche, Anstriche und Beschichtungen auf Beton. – In: Deutsche Bauzeitung 4/86 S. 70-78

Rieche, Günter: Instandsetzung von Stahlbeton bei Schäden infolge Korrosion der Bewehrung – In: DBZ 30/1982

Rieche, Günter: Rißüberbrückende Kunststoffbeschichtungen für mineralische Baustoffe. – In: farbe und lack 85/1979

Ruffert, Günter: Spritzbeton, Ausbesserung und Verstärkung von Betonbauwerken. – In: Deutsche Bauzeitung 4/86, Seite 82-86

Ruffert, Günter: Schäden an Betonbauwerken. – Köln: Verlag Rudolf Müller 1982

Ruffert, Günter: Ausbessern und Verstärken von Betonbauteilen. – Düsseldorf: Beton-Verlag 1982

Ruffert, Günter: Betondeckung, Carbonatisierung, Schutz- und Sanierungsmaßnahmen. – In: Bautenschutz und Bausanierung 2/1980

Weigler, H.: Beton für Außenbauteile (Zementtaschenbuch, 48. Ausgabe). – Wiesbaden und Berlin: Bauverlag GmbH 1984, Seite 373-401

Verbände, Institutionen, Beratungsstellen

Bundesverband Deutsche Beton- und Fertigteilindustrie e.V.
Schloßallee 10, 5300 Bonn 2, Tel. 02 28/34 60 11-13

Bundesverband Leichtbetonzuschlag-Industrie e.V.
Gammertinger Str. 4, 7000 Stuttgart 80,
Tel. 07 11/7 16 03

Verband der Bims- und Betonindustrie e.V.
Sandkaulerweg 1, 5450 Neuwied 1,
Tel. 0 26 31/2 22 27-28

Zentralverband des Deutschen Baugewerbes e.V.
Godesberger Allee 99
5300 Bonn 2

Zentralverband des Deutschen Handwerks
Johanniterstraße 1
5300 Bonn 1

98

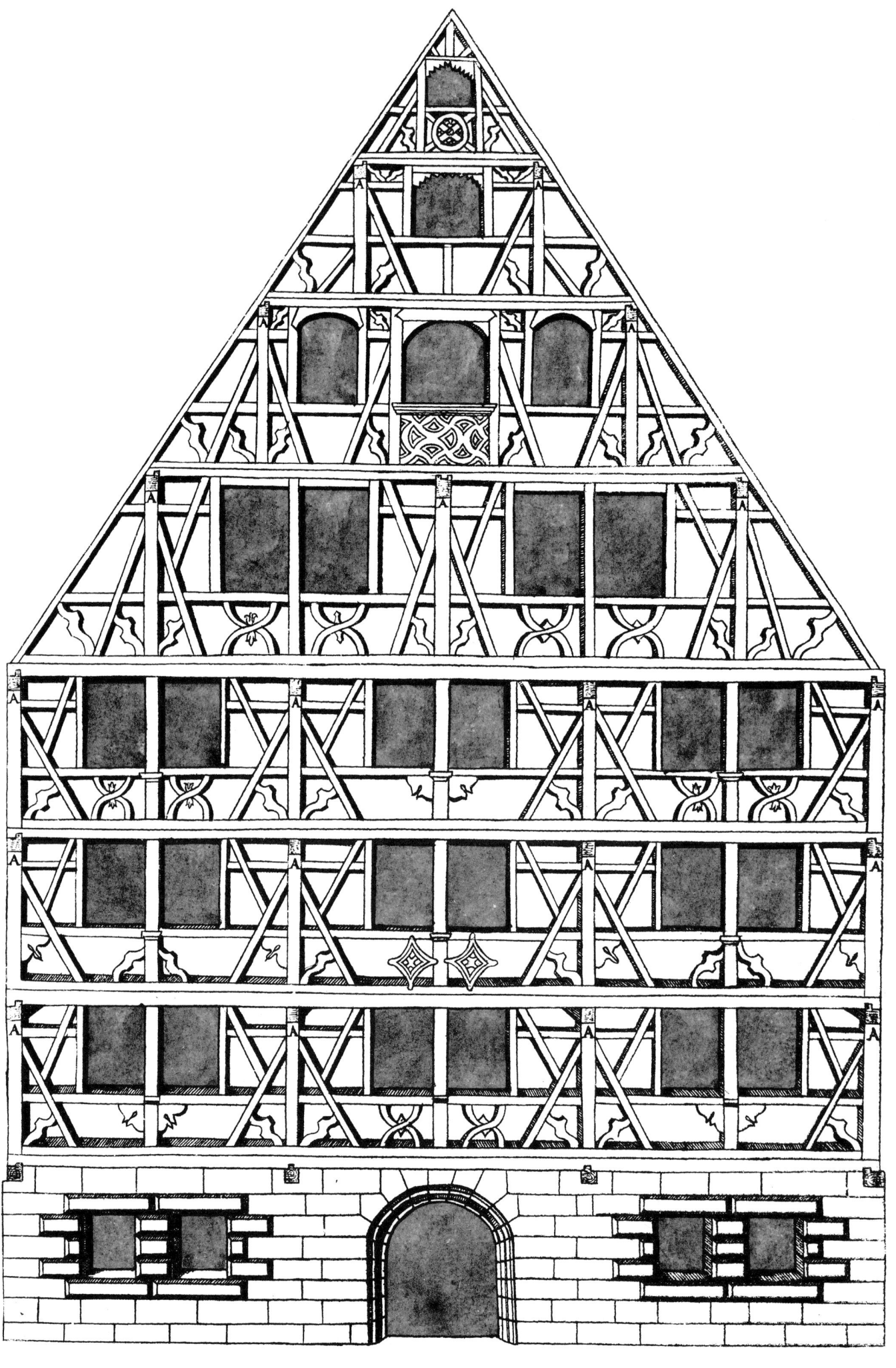

Holzkonstruktionen, Fachwerk

Eine weit größere Rolle als der massive Steinbau spielten in den früheren Bauepochen bis in unser Jahrhundert hinein Holzkonstruktionen, insbesondere Fachwerk. Der Baustoff Holz war leicht zu beschaffen, leicht zu bearbeiten und hat insgesamt bis heute ideale Baustoffeigenschaften. Neben den Fachwerkgebäuden wurden Ställe, Schuppen, Scheunen, Keltern, Brücken, Türme und Wehrgänge aus Holzkonstruktionen errichtet, Türen, Tore, Zäune und Fußböden aus Holz hergestellt. Im großen Umfang erhalten sind davon nur noch die Fachwerkgebäude, in erster Linie genutzt für Wohnungen, Ställe, landwirtschaftliche Nebengebäude, Werkstätten und mit Sonderfunktionen als Kirchen, Rathäuser sowie Backhäuser, außerdem Holzbalkendecken (auch in Massivgebäuden) mit den Dielungen. Deshalb werden nach grundsätzlichen Ausführungen zum Baustoff Holz, zum konstruktiven und chemischen Holzschutz für alle Holzkonstruktionen nur das Fachwerk und die Holzbalkendecken einzeln behandelt.

Der Baustoff Holz

Bei der Entwicklung von Holzkonstruktionen gehören die Eigenschaften der verwendeten Hölzer zu den wichtigsten Faktoren. Verschiedene Merkmale, wie die Holzgüte, Lebensdauer und Widerstandsfähigkeit, lassen sich durch geeignete Maßnahmen bei der Holzgewinnung sowie bei der Pflege und Unterhaltung beeinflussen, d. h. verbessern. Das Quellen und Schwinden unter der Einwirkung von Feuchte gehört zu den entscheidenden Einflußgrößen bei der Wahl der Materialkombinationen und Konstruktionen.

Holz ist das von der Rinde und dem Kambium umschlossene Gewebe der Bäume, das aus langgestreckten, hohlen und zu Fasern gebündelten Zellen besteht. Die Zellwände setzen sich aus etwa 40 bis 50 Prozent Zellulose, etwa 20 bis 30 Prozent Lignin und etwa 20 bis 25 Prozent Hemizellulose zusammen.

Der Zellinhalt besteht im wesentlichen aus Luft und Wasser sowie in kleineren Mengen aus Nähr-, Gerb-, Farbstoffen und anorganischen Verbindungen, sogen. Extraktstoffen in der Größenordnung von 1 bis 5 Prozent im Verhältnis zum Zellwandanteil. Der Zellaufbau ist je nach Holzart verschieden, während die chemische Zusammensetzung annähernd gleich ist. Nadelhölzer haben längere, dünne Zellen und Laubhölzer weisen stärkere Zellen auf. In Form des Kambiums wird direkt unter Rinde und Bast jährlich eine neue Schicht von Zellen aufgebaut, und zwar wachsen im Frühjahr dünnwandigere und größere Zellen und im Sommer bei langsamerem Wachstum dickwandigere Zellen – das sogenannte Früh- und Spätholz – deutlich sichtbar durch die hellere bzw. dunklere Färbung innerhalb der Jahresringe. Langsamer gewachsenes Holz mit dementsprechend engeren Jahresringen erreicht eine höhere Festigkeit als in günstigem Klima mit viel Feuchtigkeit schnell gewachsenes Holz mit breiten Jahresringen; entscheidend ist der Anteil des festeren Spätholzes. Die zuletzt gewachsenen äußeren Jahresringe, das Splintholz, sind weicher als die inneren verkernten Jahresringe. Bei Eichen- und Kiefernholz ist der Kern deutlich dunkler gefärbt als die Splintholzjahresringe.

Bei anderen Hölzern, wie Fichte, lassen sich trotz unterschiedlicher Härte kaum Farbunterschiede zwischen Kern und Splint feststellen. Vielfach wurde das im Winter gefällte Holz saftfrisch, d. h. direkt verzimmert. Dabei hatte u. a. schon Theophrastus um 300 v. Chr. auf

Holzkonstruktionen/Fachwerk

Die Skizze zeigt die Verformungen von Brettern, Bohlen, Kanthölzern und Balken durch die tangential und radial unterschiedlichen Schwindprozesse.
Skizze: Wood-Handbook, U.S. Department of Agriculture, 1974.

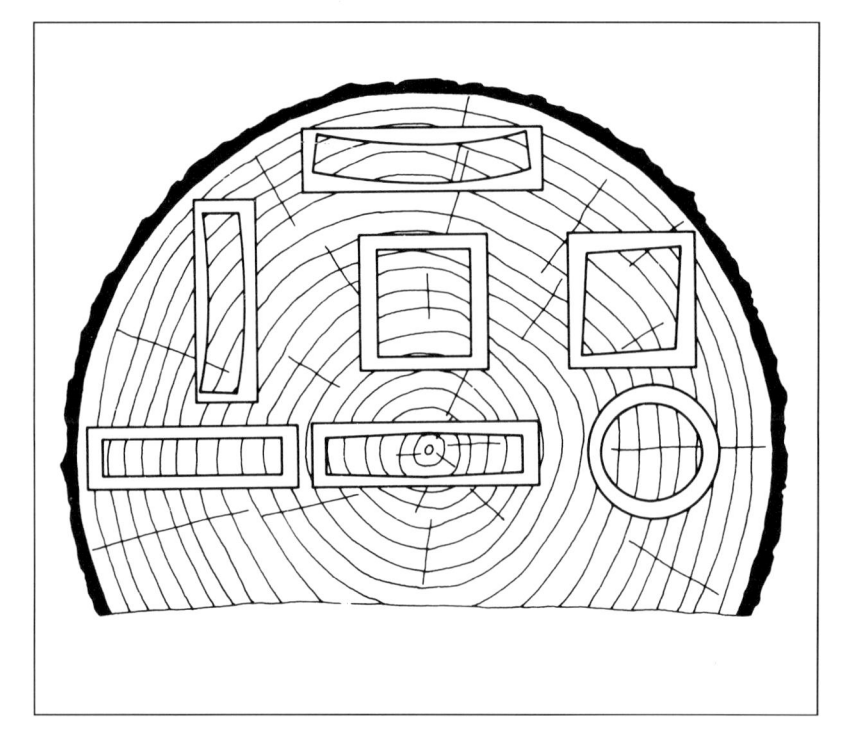

die Haltbarkeit sowie weitere Vorteile hingewiesen – wie geringeres Schwinden, Reißen und Verdrehen der Hölzer nach dem Einbau – wenn das Holz mindestens ein oder mehrere Jahre vor dem Verarbeiten gelagert und getrocknet wird.

Als Bauholz diente im wesentlichen Eichenholz sowie Fichte und Tanne. Diese Holzarten haben ausgewogene, gute statische Eigenschaften. Andere Holzarten, die ebenfalls häufig in unseren Wäldern vorkommen, eignen sich weniger gut oder gar nicht als Bauholz. Gespaltenes und/oder gebeiltes Holz ist tragfähiger als gesägtes, da weniger Fasern zerstört werden.

Frisch geschlagenes Holz hat etwa 80 bis 100 Prozent Feuchtigkeit und mehr, wobei etwa 30 Prozent des Wassers an die Fasern gebunden sind, während der Rest sich als Kapillarwasser in den Hohlräumen der Zellen befindet. Ist das freie Wasser verdunstet, so hat das Holz den sogenannten Fasersättigungspunkt erreicht. Holz mit 20 bis 30 Prozent Feuchtigkeit wird als halbtrockenes Holz bezeichnet, Bauholz mit 20 Prozent mittlerer Feuchte gilt nach der DIN 4074 als trocken. Bauholz soll vor der Verzimmerung durch natürliche Trocknung auf ca. 20 Prozent Feuchtigkeit gebracht werden, in Ausnahmefällen auf 30 Prozent.

Vor dem Einbau soll unabhängig von den Normwerten möglichst die zu erwartende Ausgleichsfeuchte im Holz vorhanden sein. Dies gilt insbesondere für Fachwerk, während bei Dachkonstruktionen das Holz auch im eingebauten Zustand noch leicht nachtrocknen kann. Die Festigkeit des Holzes nimmt mit abnehmender Feuchte zu (ab 25 Prozent Feuchtgehalt und niedriger) oder anders ausgedrückt: Je trockner das Holz, um so fester ist es. Bei Wasseraufnahme quillt Holz, bei Wasserabgabe schwindet es. Diese Vorgänge werden als »Arbeiten des Holzes« bezeichnet.

Eichenholz

Eiche kommt in Mitteleuropa hauptsächlich in zwei Arten, der Sommereiche und der Steineiche, vor. Die Dichte reicht je nach Art von 0,60 bis 0,90 g/cm³. Die Sommereiche, auch Augusteiche, Augsteiche, Stieleiche und Baueiche genannt, wird bis über 50 m hoch, bis zu 2,5 m dick und bis zu 1000 Jahre alt. Das Wachstum hört dabei aber nach 300 bis 400 Jahren praktisch auf. Das Holz ist hart, schwer, fest, zäh und kurzfaserig, anfangs hell und später hellbraun mit deutlich sichtbaren Jahresringen und spiegelartig geprägten Markstrahlen. Der Splint bleibt weich und hell. Das Holz der Sommereiche ist ideales Bauholz, im trockenen Zustand jedoch schwer zu verarbeiten. Das Holz hält im ständig trockenen Zustand mehr als 800 Jahre, im nassen Zustand mehr als 1000 Jahre und im Wechsel nur 10 bis 45 Jahre.

Die Steineiche, auch Wintereiche genannt, wird bis 35 m hoch, bis zu 2 m dick und 400 bis 600 Jahre alt. Das Holz ist rostgelb, aber leichter brüchig und nicht so zäh wie das der Sommereiche, aber ähnlich haltbar.

Als Bauholz eignen sich nur im Hochwald dicht nebeneinander gewachsene Stämme, während freistehend gewachsene Eichen mit meist nur kurzem Stamm, der sich bald verzweigt, ungeeignet sind. Das kurzfaserige Holzgewebe der Eiche ist hart. Nur bei dauernder Durchfeuchtung ohne richtige Austrocknungsmöglichkeit läßt die Haltbarkeit schnell nach. Wegen seiner günstigen Eigenschaften und langen

Haltbarkeit wurde das Eichenholz zum bevorzugten Baustoff für Fachwerke. Eichenholz wird heute für den Holzhandel nur selten als Lagerholz eingeschnitten. Da das meist frische Holz nur bedingt zum sofortigen Einbau geeignet ist, muß besonderer Wert auf die Lagerung und Bereithaltung von trockenem Eichenholz oder Eichenholz aus abgebrochenen Gebäuden für Instandsetzungsmaßnahmen an Fachwerken gelegt werden.

Fichten- und Tannenholz

Die Fichte, auch Tannenfichte, Rottanne, Schwarztanne/Harztanne genannt, wird in den ersten 70 Jahren ihres Wachstums 27 bis 30 m hoch und wächst dann nur noch wenig weiter. Sie kann bis zu 400 Jahre alt werden. Das Fichtenholz ist etwas gelblicher als Tannenholz, hat hohen Harzgehalt und eine Dichte in trockenem Zustand von 0,40 bis 0,50 g/cm^3. Die kurzen, vierkantigen, spitzen Nadeln sitzen auf der Oberseite der Zweige. Fichtenholz eignet sich gut als Bauholz, im trockenen Zustand hält es ca. 900 Jahre, im nassen ca. 90 Jahre und bei abwechselnder Nässe und Trockenheit höchstens 45 Jahre.

Die Tanne ist leicht an den weißen Linien auf der Unterseite der Nadeln zu erkennen. Tannenstämme werden bis zu 45 m hoch und 1,5 m dick. Das Holz hat keine Harzgänge, die Dichte beträgt im trockenen Zustand ca. 0,50 g/cm^3. Die Tanne besitzt etwas weniger Tragkraft als die Fichte, dennoch ist Tannenholz gutes Bauholz mit großer Haltbarkeit.

Fichte und Tanne sind zwar zwei verschiedene Baumarten, ihr Holz wird hier jedoch wegen der praktisch gleichen bauphysikalischen Werte zusammen behandelt. Das Holz beider Baumarten ist langfaserig mit langen, nur langsam sich verjüngenden Stämmen, wesentlich leichter als Eiche zu bearbeiten, leichter im Gewicht, aber auch mit geringerer Tragfähigkeit und vor allem kürzerer Haltbarkeit. Fichten- und Tannenholz wird als Nadelschnittholz nach DIN 4070 in Form von Dachlatten von 2,4 x 4,8 cm bis 4,0 x 6,0 cm, Kanthölzern von 6 x 6 cm bis 16 x 18 cm und Balken von 10 x 20 cm bis 20 x 24 cm, als Vorratskantholz oder als Listenware von 6 x 10 cm bis 30 x 30 cm nach Holzliste eingeschnitten. Bretter und Bohlen werden nach DIN 4071 besäumt oder unbesäumt in Dicken bei Brettern von 8 mm bis 35 mm und Bohlen von 40 mm bis 120 mm eingeschnitten.

Die Viertelscheibe eines Eichenholzstammes liefert wesentliche Aufschlüsse zur Holzanatomie. Deutlich sind Kern, Splint und Rinde zu erkennen, weiter aber auch der Früh- und Spätholzanteil der Jahresringe und die Markstrahlen.

Der Schrägschnitt durch den jungen Fichtenstamm zeigt keine unterschiedliche Färbung von Kern- und Splintholz. Bei qualitätvollen Arbeiten muß dennoch darauf geachtet werden, den Splintanteil mindestens gering zu halten.

Güteklasse und Schnittklasse

Die Gütevorschriften für Bauholz (gemeint ist Nadelholz) sind in der DIN 4074 zusammengefaßt. Nach dieser Norm wird das Holz in die Güteklassen
I Bauschnittholz mit besonders hoher Tragfähigkeit,
II Bauschnittholz mit gewöhnlicher Tragfähigkeit,
III Bauschnittholz mit geringerer Tragfähigkeit
eingeteilt, wobei die Güteklasse II dem üblichen, gesunden Bauholz entspricht. Die Einstufung erfolgt aufgrund der allgemeinen Beschaffenheit des Holzes, gewählter Schnittklasse, Maßhaltigkeit, Feuchtigkeitsgehalt, Mindestwichte, Jahresringbreiten, Äste, Drehwuchs, Faserabweichung beim Fehlen von

Holzkonstruktionen/Fachwerk

Schwindrissen und Krümmung. Die zulässige Breite der Baumkante richtet sich nach den Schnittklassen:
S = scharfkantig,
A = vollkantig (für Güteklasse I),
B = fehlkantig (für Güteklasse II),
C = sägegestreift (für Güteklasse III).

Bei Sanierungsaufgaben steht der Materialaufwand für das Holz meist in keinem Verhältnis zu den sehr viel höheren Lohnkosten. Es ist deshalb vielfach vorteilhafter, wegen der größeren Belastbarkeit, mehr noch der größeren Haltbarkeit z.B. im Fachwerk Bauschnittholz der Güteklasse I »mit besonders hoher Tragfähigkeit« einzusetzen.

Schon die Auswahl des Wuchsstandortes ist für die spätere Holzqualität mit ausschlaggebend. In gut bewässerten Böden, wie z.B. an Flußufern wachsende Bäume, bilden annähernd gleiche breite Jahresringe, die ein insgesamt weicheres und damit weniger qualitätvolles Holz ergeben, während das engringige Holz, z.B. aus Berglagen, sehr viel widerstandsfähiger ist. Das Bauholz wurde früher ausschließlich in der Zeit der Saftruhe, etwa von Martini im November bis Mitte Februar gefällt. Diese Fällzeit paßte gut in einen kontinuierlichen Arbeitsrhythmus der Zimmerleute. Wenn die Witterung für Arbeiten auf dem Zimmerplatz zu schlecht wurde, zogen sie den Winter über in den Wald, um Bau- und Brennholz zu fällen. Durch den geringeren Nährstoffgehalt des im Winter gefällten Holzes ist dieses weniger durch tierische und pflanzliche Holzschädlinge gefährdet. Im heutigen Rhythmus der Forstarbeiten wird Bauholz vielfach im Sommer gefällt.

Durch das Flößen oder Wässern der Rundholzstämme wurde in den äußeren Schichten der Nährstoffgehalt im Holz verringert und dadurch das Holz weniger anfällig gegenüber tierischen Holzschädlingen.

Die Oberflächen der Hölzer wurden – auch nachdem es schon über Jahrhunderte Sägewerke gab – meist gebeilt. Beim Beilen werden gegenüber dem Sägen – wo viele Fasern aufgeschnitten werden – nur wenige Fasern aufgetrennt, ein weiterer Faktor für mehr Widerstandsfähigkeit.

Schließlich wurde für besonders beanspruchte Bauhölzer der Kantholzquerschnitt weitgehend aus dem härteren Kernholz in Form von Vollhölzern geschnitten, da der Splintholzanteil auch bei Weichholz häufiger von tierischen Holzschädlingen angegriffen wird.

Die Holztrocknung wurde nach heutigem Erkenntnisstand unterschiedlich vorgenommen. Da Eichenholz im trokkenen Zustand schwer zu verarbeiten ist, war es günstiger, das Holz saftfrisch zu verzimmern, d.h. das Fachwerk aufzuschlagen – aber dann über einen oder zwei Winter stehen zu lassen, ehe ausgefacht wurde. Das Quellen und Schwinden spielt aber auch nach dem erstmaligen Trocknen noch eine große Rolle.

Holzschutz bei historischen Holzkonstruktionen

Der Holzschutz bei der Sanierung von Holzkonstruktionen wird im Zusammenhang mit Fragen von Gesundheitsrisiken und Umweltbelastungen immer kontroverser diskutiert. Aus denkmalpflegerischer Sicht ist dabei die Geschichte des Holzschutzes nicht außer acht zu lassen. Konstruktiver, chemischer und pflegender (biologischer) Holzschutz sind seit Jahrtausenden bekannt. Da Holz der ideale Baustoff wäre, wenn er nicht von tierischen und pflanzlichen Schädlingen sowie von Feuer leicht angegriffen und zerstört werden könnte, gibt es auch schon mindestens seit der Steinzeit

Die Larven des Hausbocks greifen den Splintbereich zwar zuerst an, im weiteren Fortgang zerstören sie aber das gesamte Weichholz bis auf wenige »Stege« und eine hauchdünne Schicht nach außen, die für das Foto entfernt wurde.

Holzschutz bei historischen Holzkonstruktionen

Anstrengungen, das Holz zu schützen. Seit es schriftliche Zeugnisse gibt, finden sich auch Forderungen zum Holzschutz.

Aus den historischen Begründungen, mehr aber noch den Erfahrungen der vergangenen Jahrzehnte, in denen weitgehend auf chemischen Holzschutz gesetzt und konstruktiver Holzschutz vernachlässigt wurde, gibt es heute keinen Zweifel mehr daran, daß dem konstruktiven Holzschutz der größte Wert beizumessen ist. Chemische oder pflegende Maßnahmen können nur in Verbindung mit konstruktivem Holzschutz nutzen. Die DIN 68 800 unterteilt ausdrücklich vorbeugenden Holzschutz in bauliche und chemische Maßnahmen.

Konstruktiver (baulicher) Holzschutz

Konstruktive Holzschutzmaßnahmen im weitesten Sinne beginnen mit der Auswahl des geeigneten Holzes. Für Fachwerk ist Eiche am günstigsten, für Decken und Dachverbände eignen sich besonders Fichte und Tanne. Lärchenholz mit hohem Harzgehalt hält von den Weichhölzern am ehesten der Witterung stand, neigt aber leicht zum Drehen und Reißen, deshalb eignet es sich z. B. gut für Pergolen und Zäune. Die kurzfaserige Rotbuche ist eines der härtesten einheimischen Hölzer und deshalb gutes Material für Trittstufen und Treppen. Die noch härtere und widerstandsfähigere Hainbuche dient u. a. als Werkzeugmaterial, so wie sich die elastische Esche für Werkzeugstiele eignet.

Zum konstruktiven Holzschutz gehört auch die Art der Fällung, die Fällzeit, die Wasserlagerung, das Beilen und Einschneiden.

Mit der Trocknung beginnt der konstruktive Holzschutz im engeren Sinne. Die DIN 68 800 unterscheidet insbesondere zwischen »Feuchte während Transport, Lagerung und Einbau« und »Feuchte im Gebrauchszustand«. In der DIN wird der Schutz jeweils allgemein auf die Feuchteabwehr bezogen, und zwar unterschieden nach: Niederschlägen, Nutzungsfeuchte, Feuchte aus angrenzenden Stoffen oder Bauteilen, Tauwasser und ständiger hoher relativer Luftfeuchte.

Als beste Trocknungsmaßnahme wird immer noch das Trocknen auf abgedeckten, aber luftdurchflossenen Stapeln mit großen Zwischenräumen zwischen den einzelnen Holzlagen gesehen. Künstliche Trocknungsmaßnahmen bedürfen wegen der erhöhten Gefahren des Arbeitens und Reißens genauer Beobachtung. Holz wurde auch früher oft, besonders wegen der leichteren Verarbeitbarkeit, viel zu früh eingebaut. Eichenholz trocknet gegenüber Weichholz nur sehr langsam, nämlich ca. 1 cm von der Außenseite pro Jahr.

Alle konstruktiven Details können in diesem Text nicht erfaßt werden, auf einige soll aber besonders hingewiesen werden:

– Alle Holzauflager wie Schwellen, Balken und Ständer auf Mauerwerk sind durch Unterlagen von Bitumenpappen oder Dichtungsbahnen gegen Feuchtigkeit abzusperren (mögl. bereits eine Steinschicht unter den Schwellen).

Der wichtigste Aspekt des Holzschutzes ist der sogenannte bauliche Holzschutz, also die richtige Behandlung und der richtige Einbau des Holzes. Dazu gehören auch Dach- und Gebäudeüberstände und die Möglichkeit, daß eingedrungene Feuchtigkeit wieder entweichen kann, wie beim Schoberhaus in Pfullendorf.

103

Holzkonstruktionen/Fachwerk

- Hirnholz ist besonders gut vor eindringender Feuchtigkeit zu schützen, da es wegen der offenen Zellen überproportional viel Wasser aufsaugt.
- Auskragende und überstehende Holzteile sind so auszubilden, daß eine Tropfkante oder Wassernase entsteht; im Zweifelsfall sind zusätzliche Abdeckungen notwendig.
- Holzverbindungen und Holzanschlüsse müssen (auch bei Reparaturen) sorgfältig überlegt und noch sorgfältiger ausgeführt werden, um das Eindringen von größeren Feuchtemengen, z. B. in Stoßfugen zu verhindern.
- Balkenköpfe sind luftumspült zu ummanteln.
- Holz ist möglichst nicht durch Einmauern zu verschließen, da einmal die Gefahr besteht, daß das Holz über Mauerwerk Feuchtigkeit aufnimmt, zum anderen die Feuchtigkeit nicht schnell genug oder gar nicht aus dem Holz verdunsten kann.
- Waagerecht liegende Holzteile müssen z. B. mit Zinkblech oder schräg gestellten Brettern abgedeckt werden.
- Lecks (auch und besonders Tropflecks) in Wasserleitungen führen bei Holzkonstruktionen (oft lange unbemerkt) zu umfangreichen Schäden. Bei Installationen ist deshalb darauf zu achten, daß die Leitungen sicher installiert werden, aber auch gut zugänglich sind.
- Kondensatbildungen müssen in und an Holzkonstruktionen, ebenso wie an den anschließenden Bauteilen (Stahlteile, Stahlkonstruktionen, Installationen, Beton, Mauerwerk) ausgeschlossen werden, andernfalls muß das Tauwasser in ausreichendem Maße wieder ausdiffundieren können.
- Die Wasserführung an der Fassade wie an einzelnen Details ist zu planen und exakt auszuführen, um ein möglichst schnelles Ablaufen des Regenwassers von der Fassade zu ermöglichen. Dies gilt ebenso für Verkleidungen, besonders deren Stöße und Anschlüsse.
- Stockwerks- und Dachüberstände sind ein wirksamer Schutz gegen Regenwassereinflüse auf die Fassade.

Das locker aufgestapelte Holz ist für eine Trogimprägnierung vorbereitet. Für neu einzubauende Hölzer eignet sich diese Methode gut, da größere Eindringtiefen und geringerer Lohnaufwand gegenüber Spritzen oder Streichen erreicht werden.

Chemischer Holzschutz

Die derzeit gültige Holzschutznorm DIN 68 800 verlangt für tragende Holzteile eine chemische Holzschutzbehandlung. Sollen tragende Holzteile nicht mit chemischem Holzschutz behandelt werden, so bedarf dies einer Befreiung (z. B. im Baugenehmigungsverfahren).

Nach dem bereits verabschiedeten Entwurf der DIN 68 800 Teil 3 »Chemischer Holzschutz im Hochbau« kann künftig auch bei tragenden Bauteilen auf einen chemischen Holzschutz verzichtet werden, wenn ein Angriff durch holzzerstörende Pilze ausgeschlossen werden kann (die Holzfeuchte muß langfristig unter 20 Prozent liegen) und die Gefahr von Bauschäden durch Insekten nicht zu erwarten ist.

Die chemischen Holzschutzpräparate gliedern sich in zwei große Gruppen:
1. Wasserlösliche Holzschutzmittel,
2. Ölige Holzschutzmittel.

Die wasserlöslichen Holzschutzmittel, die Holzschutzsalze, werden trotz der darin enthaltenen starken Wirkstoffe als weniger gefährlich für Umwelt und Menschen angesehen. Soweit sie auslaugbar sind, sind sie nur für den Innenbereich geeignet. Als am wenigsten umweltproblematisch werden die sogenannten Borsalze, Schutzmittel auf der Basis von Borax, angesehen. Durch den Zusatz von Kupfersalzen und Chromaten können die Borsalze als CKB-Salze auch schwer auslaugbar und damit für den Einsatz im Freien ausgestattet werden. Bei der Behandlung von Fachwerk mit Holzschutzsalzen ist dringend darauf zu achten, daß das Salz auch mit dem vorgesehenen Anstrichmittel überstrichen werden kann.

Die öligen Holzschutzmittel untergliedern sich in lösemittelhaltige Präparate und Teerölprodukte (Carbolineen) bzw. steinölteerhaltige und chlornaphthalinhaltige Präparate. Die lösungsmittelhaltigen Produkte werden dabei nochmals unterschieden in bindemittelfreie Produkte (reine Holzschutzmittel) und die Holzschutzlasuren, die Anstrich- und Holzschutzeigenschaften verbinden. Die öligen Holzschutzmittel sind nur schwer auslaugbar und damit uneingeschränkt für außen verwendbar. Sie bilden meist eine gute Grundierung für spätere Anstriche. Bei Verwendung in Innenräumen müssen die Anwendungs- und Verhaltensregeln peinlich genau eingehalten werden, im Holzschutzmittelverzeichnis ist für die lösemittelhaltigen Produkte vermerkt:
»Meist nur Belastung bis Lösemittel verdunstet sind, doch mögliche Belastung durch einzelne Wirkstoffe im Wohnbereich nicht völlig auszuschließen«.

Die Holzschutzbehandlung nach DIN 68800 sollte nach Möglichkeit gleichzeitig die Grundierung für den Anstrich bilden und bei Neuverputz von Fachwerk vor dem Verputzen ausgeführt werden. Für Anstriche auf Öl-, Lasur- oder Dispersionsbasis eignen sich öl- oder lösemittelhaltige Holzschutzgrundierungen. Vor der Holzschutzbehandlung ist zu untersuchen, ob noch lebender Befall tierischer oder pflanzlicher Schädlinge im Holz vorhanden ist, und um welche Art von Schädlingen es sich handelt, damit die Behandlung darauf abgestimmt werden kann. Ebenso sind vor der Holzschutzbehandlung alle von tierischen und pflanzlichen Holzschädlingen angegriffenen oder vermulmten Holzteile abzubeilen, besonders wichtig ist dies bei noch frischem Befall. Abgebeilte Holzteile mit lebendem Befall müssen sofort verbrannt werden. Bei Schäden durch den Echten Hausschwamm müssen besonders sorgfältige Vorkehrungen getroffen werden, unter anderem müssen alle Holzteile mit einem Sicherheitszuschlag von 1 m um die äußersten Befallstellen ausgewechselt und verbrannt werden.

Die Druckinjektion ist eine Methode zum Einbringen von chemischen Holzschutzmitteln in das Innere von eingebautem Holz.

Zur Bekämpfung eventuell noch vorhandener tierischer oder pflanzlicher Schädlinge oder zur Vorbeugung solcher Schädlinge und zur Grundierung für den späteren Anstrichaufbau ist das Schutzmittel in der nach Werksvorschrift vorgesehenen Mindestmenge auf alle erreichbaren Teile der Holzkonstruktion aufzubringen. Die Schutzvorschriften sind genau zu befolgen. Holzschutzsalze eignen sich für eingebautes Fachwerk mit noch vorhandenen Ausfachungen weniger (siehe hierzu auch Abschnitt »Untersuchung des Fachwerks«).

Alle Arten von Holzschutzmitteln können bei eingebautem Fachwerk mit erhaltenen Ausfachungen nur durch Streichen aufgebracht werden. Ist es erforderlich, wegen der Gefahr noch vorhandener Schädlinge die Schutzmittel tief in das Holz einzubringen, so stehen besondere Verfahren wie Bohrlochimprägnierung und Druckinjektion zur Verfügung. Bei

Holzkonstruktionen/Fachwerk

frischem Schädlingsbefall ist darauf zu achten, daß benachbarte Bauteile aus Holz, zum Beispiel Dachstuhl und Dachhaut, ebenfalls mit bekämpfenden Holzschutzmitteln behandelt werden. Für nicht ausgebaute Dachstühle eignen sich auch Holzschutzsalze. Da die wassergelösten Präparate mit Erkennungsfarben ausgestattet sind, ist sorgfältig zu arbeiten, um ein Verfärben von angrenzenden Decken- oder Wandteilen zu vermeiden. Neu einzubauende (ausgewechselte) Holzteile sollen vor dem Verzimmern und vor dem Einbau mittels Trogtränkung – Kurztauchen reicht im allgemeinen nicht – geschützt werden.

Eine weitere Einbringmethode von chemischem Holzschutz für volle Querschnitte ist die sogenannte Bohrlochimpfung. Zeichnung: U. Hellweg, H. Schermeyer in »Sanierung von Holzbalkendecken«, Hrsg.: Internationale Bauaustellung Berlin, 1985.

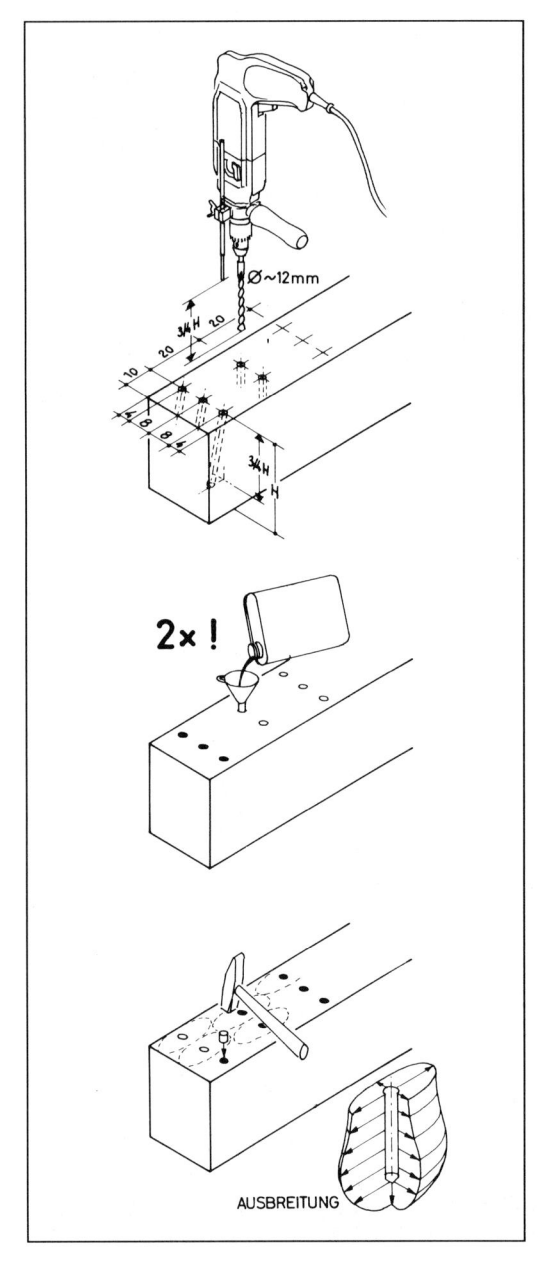

Die Abkürzungen der Prüfprädikate:

P	=	wirksam gegen Pilze (Fäulnisschutz)
Iv	=	gegen Insekten vorbeugend wirksam
(Iv)	=	nur bei Tiefschutz vorbeugend wirksam gegen Insekten
S	=	zum Streichen, Spritzen (Sprühen) von Bauholz geeignet
(S)	=	nicht zum Streichen, jedoch zum Tauchen sowie zum Spritzen von Bauhölzern in stationären Anlagen zugelassen
St	=	zum Streichen und Tauchen von Bauholz geeignet sowie zum Spritzen (Sprühen) in stationären Anlagen
W	=	auch für Holz, das der Witterung ausgesetzt ist, jedoch nicht in ständiger Berührung mit Wasser
(W)	=	bei Tiefschutz wird eine begrenzte Wetterbeständigkeit erreicht
E	=	auch für Holz, das extremer Beanspruchung ausgesetzt ist (Erdkontakt und ständiger Kontakt mit Wasser)
K_1	=	behandeltes Holz führt bei Chromnickelstählen nicht zu Lochkorrosion
L	=	Verträglichkeit mit bestimmten Klebstoffen (Leimen) entsprechend den Angaben im Prüfbescheid nachgewiesen
M	=	Mittel zur Bekämpfung von Schwamm im Mauerwerk

Holzschutz durch Heißluft und Begasung

Eine sehr umweltfreundliche Methode ist der bekämpfende Holzschutz mit Heißluft. Dazu wird in Heißluftgeräten erhitzte Luft in die Räume mit befallenem Holz geleitet bis die Raumluft auf ca. 80 bis 90°, vor allem aber die Holzkerne 60 Minuten lang auf mindestens 55° erhitzt sind. Bei dieser Temperatur werden die tierischen Holzschädlinge in allen Lebensstadien ebenso wie die pflanzlichen Holzschädlinge abgetötet.

Holzschutz bei historischen Holzkonstruktionen

Die besonderen Vorteile der Methode liegen in der »Umweltfreundlichkeit«, weiter darin, daß die Hölzer nicht abgebeilt werden müssen sowie in der Sicherheit und Sauberkeit. Es ist besonders darauf zu achten, daß die betroffenen Bauteile nicht unter den hohen Temperaturen leiden. So sind die Temperaturen z.B. für Stuckgips zu hoch.

Für Fälle, in denen alle anderen Methoden nicht anwendbar sind, kommt die Begasung mit Blausäure, Methylcromid oder Äthylenoxid in Frage. Der Holzschutz mittels Begasung in Form der Großraumbegasung oder in einer Begasungskammer darf nur von behördlich konzessionierten Unternehmen durchgeführt werden. Die Anwendung entsprechender Verfahren ist dort zu überprüfen, wo z.B. auch noch mit der Heißluftmethode Schäden befürchtet werden müssen.

Bei beiden Verfahren empfiehlt sich eine anschließende vorbeugende Schutzbehandlung, z.B. mit einem Präparat auf der Basis von Borsalz.

In den Fällen, wo z.B. ein Dachraum weitgehend abgeschlossen werden kann, eignet sich auch das Heißluftverfahren zur Bekämpfung tierischer Schädlinge. Dabei ist zu beachten, daß durch die Heißluft keine Bauteile, wie Stuck, beschädigt werden und eventuell noch ein chemischer vorbeugender Schutz, z.B. auf der Basis von Borsalz, notwendig wird. Foto: Fortbildungszentrum Johannesberg, Knesch.

Zeit	Niederdeutsches Fachwerk	Mitteldeutsches Fachwerk	Oberdeutsches Fachwerk
Bis 1320 **Mittelalter/Gotik** Meist noch Ständerbauten mit über alle Geschosse reichenden Ständern; weite Ständerstellungen; oft unregelmäßige Horizontalaussteifungen mit Schwertungen und Bändern.	Gegenüber früheren synoptischen Darstellungen der Fachwerkentwicklung (z.B. Walbe und Nebel) wurde hier auch die Zeit um 1300 erfaßt. Weiter wurden die Beispiele so gewählt, daß möglichst umfänglich alle Wandgefüge vorkommen. Zugunsten besserer Anschaulichkeit wurden die kleineren Häuser hier größer (also nicht im gleichen Maßstab) dargestellt. Insgesamt weist die Synopse nur ein „Grobraster" auf, die Fachwerklandschaften sind reich differenziert.	Marburg Schäfersches Haus ca. 1320  Ständerbau über drei Geschosse; Kopfbänder und Schwertungen.	Pfullendorf Schoberhaus 1314/1358  Zweigeschossiger Ständerbau, EG und 1. OG zum Teil massiv, 2. OG Stockwerksrahmen.
1320–1470 **Mittelalter/Gotik** Wechsel vom Ständerbau zum Stockwerksrähmbau; oft zwei Geschosse mit durchgehenden Ständern, darüber ein Geschoß mit Stockwerksrahmen. Im Süden Deutschlands nach 1400 meist schon durchgehender Schwellenkranz.	Hann.-Münden Zum Ochsenkopf 1528 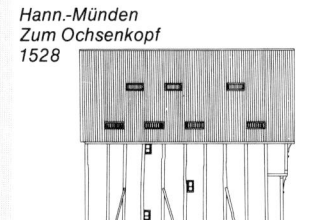 Nach 1470 errichtet, aber noch in der Tradition der Mitte des 15. Jh.	Bad Hersfeld Küsterhaus 1452  Fortschrittliche Konstruktion; Ständer über zwei Geschosse, Andreaskreuze, Rauten.	Esslingen Rathaus um 1430  Weite Ständerstellung; alle Ständer einzeln ausgesteift; Doppelrähme.
1470–1550 **Übergangszeit/Gotik** Übergang von mittelalterlichem Fachwerk, d.h. Aufgabe der Einzelverstrebung zugunsten der Bundverstrebung; wandhohe Verstrebungsformen.	Duderstadt Rathaus 1528 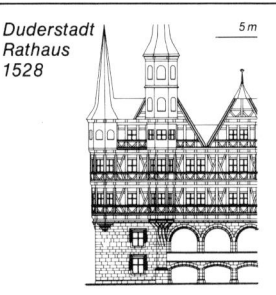 Einzelverstrebung mit Bundverstrebung kombiniert.	Büdingen Schloßgasse 11 Ende 15. Jh. 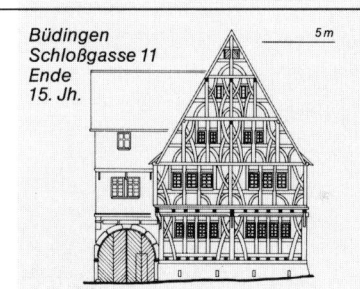 Typische Bundverstrebung der Übergangszeit, noch Reste der Einzelverstrebung.	Markgröningen Fruchtscheuer-Spital 1526  Verringerung der Ständerabstände durch einen Feldständer zwischen Bundständern.
1550–1650 **Neuzeit/Renaissance** 1556 wurde beim Melsunger Rathaus erstmals die (vollendete) „Mannform" als Strebenfigur verwendet. Insgesamt wurden die Blattverbindungen weitgehend aufgegeben und von Zapfen abgelöst. Die konstruktive Entwicklung des Fachwerks war um 1600 abgeschlossen.	Damnatz Hof Mattiesch 1650 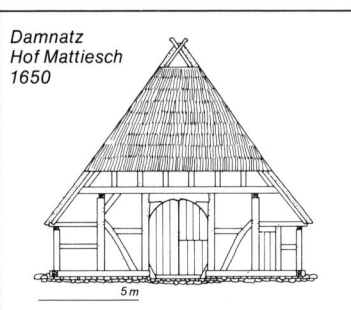 Niederdeutsches Hallenhaus; Zweiständerkonstruktion.	Melsungen Rathaus 1556 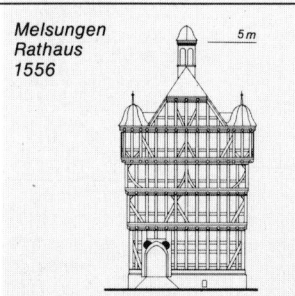 Erstmals Mannfigur aus Streben, Ständern, Kopfwinkelhölzern.	Strümpfelbach Weingärtnerhaus 1587 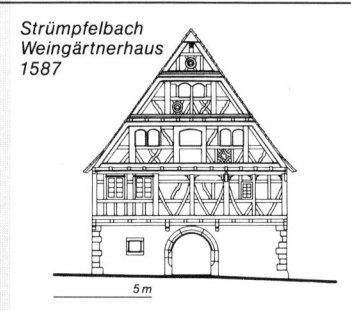 Weitgehende Verwendung mitteldeutscher Gefügeelemente.
1650–1800 **Neuzeit, Beharrungszeit, Barock, Klassizismus** Herausragende Entwicklung des Schmucks durch schmückende Hölzer, Well- oder Schweifgiebel, Schnitzwerk und farbige Fassungen; im Klassizismus schnelle Zurücknahme des Schmucks, nur noch geringe oder keine Stockwerksauskragungen und Streben von Schwelle zu Rähm.	Mammoissel Hof Voss 1801 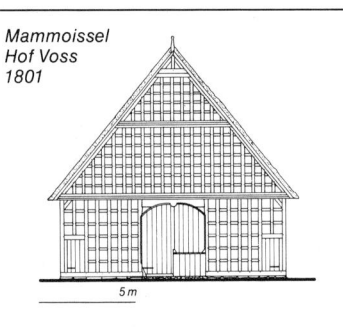 Niederdeutsches Hallenhaus; Vierständerkonstruktion.	Rhens Rathausplatz 1 1671 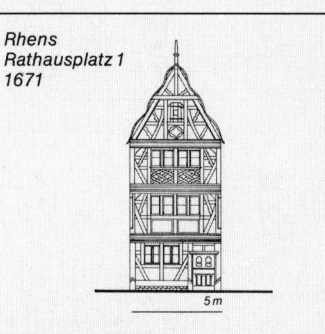 Reich geschmücktes fränkisches Fachwerk mit Schweifgiebel.	Riedlingen Alte Kaserne 1686  Typisches barockes Fachwerkgefüge, reich geschmückt.

Fachwerk

Entwicklung und Pflege

Fachwerk entwickelte sich in Mitteleuropa aus vorgeschichtlichen Flechtwerkbauten und Ständerbohlenbauten. Die frühesten erhaltenen Fachwerkgebäude stammen aus dem Ende des 13. Jahrhunderts, um 1600 war die konstruktive Entwicklung der Fachwerke abgeschlossen, in der Mitte des 18. Jahrhunderts ging der Fachwerkbau zugunsten von Steinbauten stark zurück und erlebte 150 Jahre später noch eine kurze Renaissance. Als konstruktiv wichtige Merkmale müssen die Verwendung durchgehender Schwellen ab etwa 1400, die Aufgabe der Ständerbauten zugunsten der Stockwerksrahmenbauweisen im 14. und 15. Jahrhundert, der Wechsel von der Einzelverstrebung zur Bundverstrebung um 1500 und der Wechsel von der Blatt- zur Zapfenverriegelung im 16. Jahrhundert angesehen werden.

Diese Marken sind nur sehr grobe Hinweise. Die jüngsten Recherchen zur Entwicklung ergeben, daß sich gerade im Fachwerkbau die Konstruktionen über lange Zeiträume überlappt haben. So sind Anfang des 14. Jahrhunderts schon ausgereifte Stockwerksrahmenkonstruktionen bekannt, während Ständerbauten in Form von Scheunen bis in unser Jahrhundert errichtet wurden. Ähnliches ist sowohl bei Schwellen und Schwellriegeln als auch bei Blättern und Zapfen festzustellen.

Drei übergreifende Stilgruppen von Fachwerken sind in Deutschland und den angrenzenden Gebieten zu unterscheiden:

Oberdeutsches (alemannisches) Fachwerk im Raum südlich des Neckars bis in die Schweiz, entstammt der Ständerbohlenbauweise und zeigt schon früh ein ausgesprochenes Bundsystem. Das Fachwerkbild setzt sich aus streng konstruktiven Fachwerkfiguren zusammen, weniger aus Schmuck.

Mitteldeutsches (fränkisches) Fachwerk in Hessen, Rheinhessen, im Osten bis nach Thüringen reichend und im Westen bis zum Elsaß wurde bis in die Mitte des 15. Jahrhunderts meist in Form von Ständerbauten und danach meist in ausgeprägten Stockwerksrähmkonstruktionen errichtet. Reiche Verzierungen, rustikale Fachwerkbilder, gebogene Hölzer, Fenstererker sowie die Weiterentwicklung des Bundsystems gehören zu den Merkmalen dieses Stils.

Niederdeutsches (niedersächsisches) Fachwerk findet sich nördlich von Diemel und Ruhr bis zur Nord- und Ostsee, im Osten bis nach Mecklenburg und im Westen bis in die Niederlande. Eng gestellte Ständer, Betonung der Waagerechten und Senkrechten, die Verwendung von Fußwinkelhölzern und Brüstungsplatten sowie die Vernachlässigung der Strebenanordnung und Abtragung von Windkräften durch die Ziegelausmauerung sind bestimmende Merkmale. Neben Stadthäusern wird das Fachwerk bestimmt vom ländlichen Einhaus mit einer dreischiffigen Längsteilung im Grundriß.

Tafel Seite 108:
In der Synopse sind zeitlich und geographisch die großen Unterscheidungsmerkmale dargestellt. Die Fachwerklandschaften sind stark differenziert und bestimmte Details kommen nur lokal eng begrenzt vor. Zeichnung: Fortbildungszentrum Johannesberg, Gerner, Knesch.

Das Markgröninger Rathaus aus dem 15. Jahrhundert ist ein typisches Beispiel für den oberdeutschen (alemannischen) Fachwerkbau mit weiten Ständerstellungen und durch Kopf- und Fußbänder noch einzeln ausgesteiften Ständern.

Holzkonstruktionen/Fachwerk

Die besondere Art des Gefüges und der ursprünglichen Herstellung von Fachwerkgebäuden sind der Grund dafür, daß sich Pflege- und Instandsetzungsmaßnahmen bis auf außergewöhnliche konstruktive Schäden weitgehend handwerklich bewerkstelligen lassen. Der Baustoff Holz für das tragende Gerüst ist kostengünstig und leicht zu beschaffen, ohne besondere Hebegeräte zu transportieren und mit einfachem Werkzeug leicht zu verarbeiten.

Während das Fachwerkgerüst spätestens seit den ersten Jahrhunderten n. Chr. bereits von Zimmerleuten erstellt wurde, wurden die Ausfachungen aus Flechtwerk und Lehm auf dem Lande vielfach von den Hauseigentümern, den Bauern, hergestellt. Sowohl die Reparatur von Lehmausfachungen als auch der Ersatz durch Ausmauerung sind einfach herzustellen, da das Ausmauern gewissermaßen in vorgegebenen »Lehren« – den gefachumschließenden Fachwerkhölzern – geschieht.

Der Verputz auf den Ausfachungen erfordert einiges handwerkliches Geschick. Umfangreiche Arbeiten am Holzgefüge, die die Standsicherheit beeinflussen, erfordern immer die Einschaltung eines Zimmermeisters, weitergehend auch die eines Statikers. Instandsetzungsmaßnahmen an Fachwerken bedürfen grundlegender Kenntnisse des Baugefüges Fachwerk und des Baustoffes Holz.

Gefüge

Im Gegensatz zu den Mauerscheiben des Steinbaues sind Fachwerke reine, gelenkige Skelettkonstruktionen. Alle statisch wirksamen Kräfte werden über die Holzstäbe abgeleitet. Die Ausfachungen bleiben (rechnerisch immer), bis auf die Ausnahme bei Ziegelausfachungen, statisch unwirksam. Bei einigen älteren Konstruktionen, wie z. B. Ankerbalken mit Zapfenschlössern oder mit Weich- bzw. Schwalbenschwanz ausgebildeten Bändern, sowie bei verschiedenen Dachkonstruktionen werden Zugkräfte durch die Holzstäbe abgelei-

Fachwerkensemble in Alsfeld, das berühmte Rathaus im Hintergrund. Alle Gebäude zeigen die Merkmale des mitteldeutschen Fachwerks ab dem 15. Jahrhundert mit engen Ständerstellungen.

Zwei Gebäude des Rundlingsdorfes Lübeln mit den in der Fassade erkennbaren Vierständergerüsten, dem klassischen Merkmal der vollendeten Entwicklung des niederdeutschen Hallenhauses.

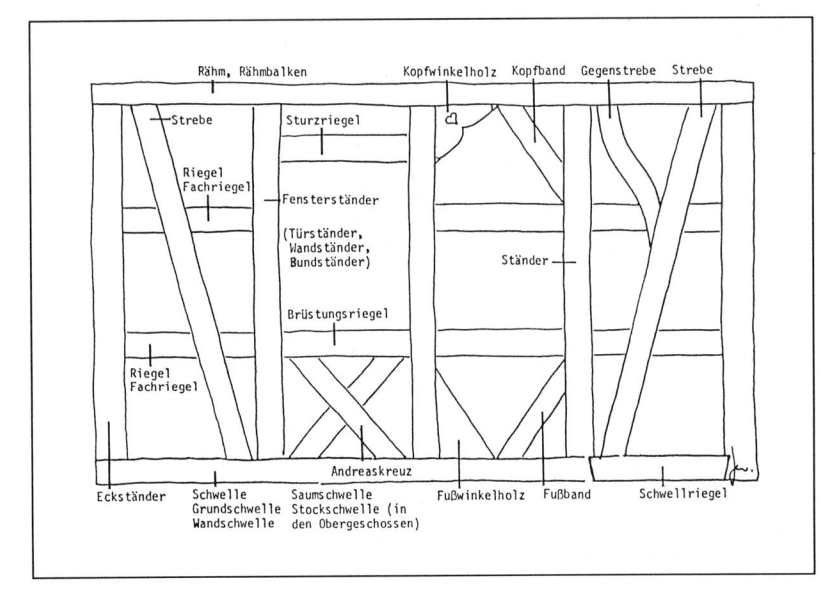

Fachwerkhölzer, in einer schematischen Fachwerkwand und ihre Bezeichnungen.

Fachwerk

tet. Im Normalfall werden die Holzverbindungen jedoch so ausgeführt, daß nur Druckkräfte, nicht aber Zugkräfte von Stab zu Stab weitergeleitet werden. Abgesehen von Biegezugkräften innerhalb der einzelnen Stäbe können diese Fachwerke keine oder nur geringe Zugkräfte bewältigen. Im übrigen hat der Baustoff Holz gute und vielseitige konstruktive Eigenschaften: Druck-, Zug-, Biegezug- und Scherfestigkeit sind ausgewogen.

Die Ausfachungen haben wand- und raumabschließende Funktionen. Als Material diente zunächst Holz und Strohlehm, dann Ziegelmauerwerk neben anderen Materialien wie Lehmpatzen und Natursteinen. Wichtig ist neben den dämmenden Eigenschaften eine gewisse Elastizität der Ausfachungsmaterialien, damit die geringen Bewegungen des Holzes aufgefangen werden können.

Die Fachwerkkonstruktion ist grundsätzlich als Ganzes zu betrachten. Die Innenwände, sowohl Mittellängswände als auch Querschotten, sind nur in Ausnahmefällen ausschließlich Raumabtrennungen und gehören fast immer als tragende und aussteifende Bauelemente zum Fachwerkgefüge. Diese Wände können deshalb auch nicht etwa ersatzlos entfernt oder verändert werden, sie sind wie die Außenwände sorgsam zu unterhalten und instandzuhalten.

Untersuchung des Fachwerks

Die Holzstäbe des Fachwerks übernehmen alle statisch-konstruktiven Aufgaben. Deshalb müssen alle Fachwerkuntersuchungen und -instandsetzungen mit den statisch und konstruktiv wirksamen Holzteilen beginnen. Selbstverständlich gehören aber auch die Ausfachungen zum wertvollen Baumaterial und sind vor allem bei Denkmälern zu erhalten. Weitere Bauelemente wie Ausbauten und Verkleidungen spielen eine untergeordnete Rolle; ihre Instandsetzung soll praktisch erst beginnen, wenn die Holzkonstruktion voll intakt ist.

In eine gründliche Fachwerkuntersuchung sind auch alle, meist beidseitig verputzten Fachwerkinnenwände sowie die Balkendecken und der Dachstuhl einzubeziehen. Bei verputzten Innenwänden oder Balkendecken künden

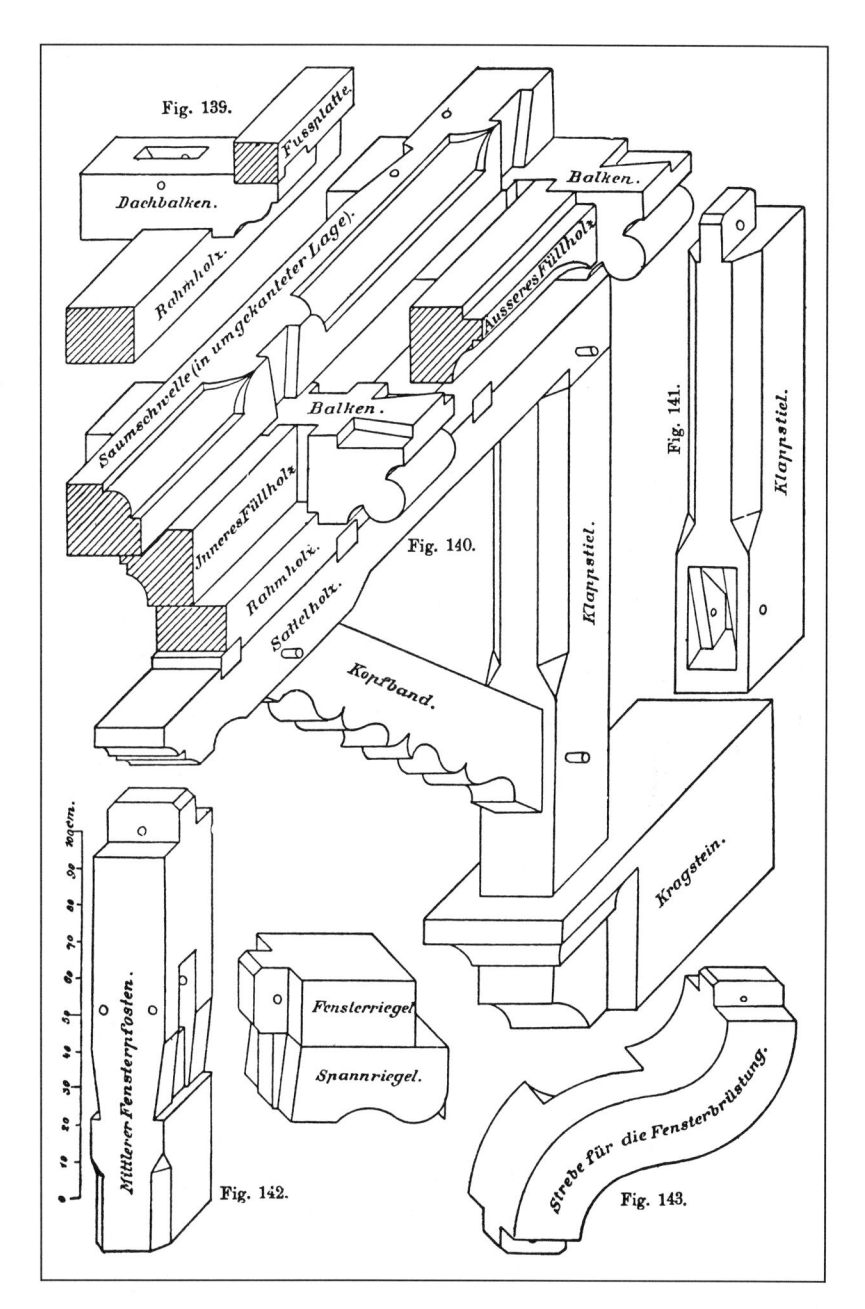

Die Gefügedarstellung von A. Opderbecke aus der Gründerzeit zeigt die »Verfeinerung« des Fachwerks mit schwachen Holzdimensionen, Fasen und komplizierten Verbindungen. Zeichnung: A. Opderbecke: Der Zimmermann.

Das gotische Hakenblatt zeigt, wie man früher auch Zugkräfte über Holzverbindungen von Stab zu Stab weiterleitete.

Holzkonstruktionen/Fachwerk

Befund einer Fachwerkwand aus der Übergangszeit nach der Freilegung. Das zugemauerte Fenster, verschiedene Ausfachungsmaterialien, der fehlende Brüstungsriegel und klaffende Holzverbindungen gehören neben dem relativ guten Holzzustand zu den ersten Feststellungen.

Einbringen einer Kernbohrung zur zweifelsfreien Feststellung der Holzsubstanz. Foto: Fortbildungszentrum Johannesberg, Knesch.

sich Schäden meist durch Risse im Putz an. Im Zweifelsfall, bei Schadensverdacht, müssen Verputz oder Verkleidungsmaterialien abgenommen werden, um die Holzteile zu untersuchen. Über bereits äußerlich sichtbare Schäden hinaus werden Schäden durch Anschlagen mit Hammer oder Beil festgestellt. Bis zum Beginn dieses Jahrhunderts wurden weitgehend Vollhölzer verwendet. Bei Vollhölzern ist der Anteil des harten tragfähigeren Kernes größer und der Splintanteil kleiner als bei Halb- und Viertelhölzern. Da der härtere Kern auch weniger leicht von pflanzlichen und tierischen Schädlingen angegriffen wird, nimmt in den überwiegenden Fällen der Schaden an Fachwerkhölzern zum Kern hin ab. Nur bei Hölzern, in die am Hirnholz Feuchtigkeit eindringen konnte, kommt oft Kernfäule vor. Faulstellen im Innern des Holzes sind am veränderten Klang beim Anschlag zu erkennen.

Zur Untersuchung der Holzsubstanz, insbesondere evtl. Schäden durch tierische oder pflanzliche Schädlinge steht neben dem schon genannten Anschlagen mit Hammer oder Beil eine ganze Palette von Untersuchungsmethoden zur Verfügung. Dazu gehören:
- Anschlagen mit der Hand,
- Anbohren mit einem Bohrdurchmesser bis 6 mm,
- Anbohren mit stärkerem Bohrdurchmesser,
- Ziehen von Bohrkernen,
- Endoskopie und
- Untersuchen mit Densistomat.

Bei der Schadensfeststellung sind zu beachten und zu unterscheiden:
- Schäden durch tierische Holzschädlinge,
- Schäden durch pflanzliche Holzschädlinge (gefährliche Schwammarten, wie der Echte Hausschwamm sind getrennt aufzuführen),
- Risse und Brüche,
- fehlende Hölzer,
- klaffende oder fehlende Holzverbindungen,
- Schiefstellungen,
- Absenkungen,
- Mängel durch frühere fehlerhafte Reparaturen,
- Mängel durch frühere fehlerhafte Um- und Anbauten,
- fehlende oder falsche Ausfachungen,
- Zustand von Verkleidungen, Einbauten und des Innenausbaues.

Die im Fachwerkbau verwendeten Hölzer, konstruktiv richtig angeordnet und ohne schädliche Beeinträchtigung (z. B. durch feuchtes Mauerwerk), behalten über Jahrhunderte ihre ursprüngliche Festigkeit. Schäden sind im wesentli-

Fachwerk

PROJEKT:	Roter Bau, Propstei Johannesberg DG, Decke über dem Festsaal					KERNBOHRUNG	
AUFTRAGGEBER:	Staatsbauamt					PROJEKT-NR:	

Bohr-kern Nr.	Holz-art	Position/Lage	Holz-stärke (cm)	Bohr-tiefe (cm)	Bohr-kern-länge	Ober-flächen-befall	An-schlag-probe	Bohrkernanalyse/Bemerkung
1	H	Deckenbalken (II)	22	22				Bohrmehl (Restbohrkern von 1 cm Länge)
1a	H	Deckenbalken (II)	22	22	22			bohrbed. Bruchstellen bei 1; 7,5 u. 13 cm (in Bohrrichtung)
2	H	DeckenbaLKEN (I. 3)	21	21	21	0	0	die letzten 3 1/2 cm des Bohrkerns abge-brochen.
3	H	Deckenbalken (I. 2)	21	21,5	21,5	0	0	schräg gebohrt, in der Mitte des Balkens deutlicher Riß; kleines Stück gehört zu Auflager (4,7)
3a	H	Deckenbalken (I. 2)	22	22	22	1	0	leichter Befall (4 cm in Bohrrichtung; bohrbedingte Bruchstelle (9 cm in Bohr-richtung.
4	H	Deckenbalken (I. 1)	21	21		1-2	1	3 cm Bohrmehl 3 cm Bohrkern, vermutlich vom Auflager
4a	H	Deckenbalken (I. 1)	21	21	20,5	1	0	10 cm von oben: auf 1,5 cm Länge leicht vermulmt ab 14 cm: 4 Bruchstellen bohrbedingt
5	H	Deckenbalken (0.4)						technisch nicht durchführbar
5a	H	Deckenbalken (0.4)	21,5	21,5	21,5	1	0	ab 13,5 cm in Bohrrichtung 3 bohrbe-dingte Bruchstellen
5b	H	Deckenbalken (0.4)	21,5	21,5	21,5	1	0	bei 17,5 cm (in Bohrrichtung) bohrbedingte Bruchstelle
6	H	Deckenbalken (0.1)	20,5	20,5	20,5	1	0	bei 8 cm (in Bohrrichtung) bohrbedingte Bruchstelle
7	H	Deckenbalken (0.2)	19,5	19,5	19,5	0	0	
7a	H	Deckenbalken (0.2)	19,5	14,5	3+3	0	1	zwischen 2 gesunden Kernen von je 3 cm Länge: 8,5 cm Bohrmehl (von 2-11,5 cm) weitere Bohrung nicht möglich, vermutlich Metallteil im Weg

Holzart:	Oberflächenbefall:	Anschlagprobe:	vermodert: pflanzlicher Befall vermulmt: tierischer Befall
H = Hartholz W = Weichholz	0 = kein Oberflächenbefall 1 = leichter Oberflächenbefall 2 = starker Oberflächenbefall	0 = hell, fest 1 = dumpf, hohl	DATUM: 19.12.1988

Exakte Bohrprotokolle gehören mit zur Voraussetzung, wenn die Untersuchung mittels Kernbohrungen effektiv ausgewertet werden soll.

chen durch Undichtigkeiten, z. B. im Dach oder an Regenrohren, mangelhafte Sanitärinstallationen, durchfeuchtetes Mauerwerk, zu dichten Verputz oder fehlerhafte Konstruktionen entstanden. Diese Schäden bzw. Ursachen von Schäden sind vor der Fachwerksanierung zu beseitigen.

Die Schäden der verschiedenen tierischen Holzschädlinge wie Hausböcke, Poch- oder Klopfkäfer, Splintkäfer, Holzwespen und deren Larven beschränken sich, besonders bei Hartholz, meist auf den weicheren Splintbereich, also die äußeren Jahresringe. Hausböcke greifen Eichenholz selten an. Bei älterem Fachwerk sind selten lebende tierische Schädlinge anzutreffen. Werden Holzteile mit noch frischem Befall von tierischen Schädlingen angetroffen, so sind evtl. abgebeilte oder ausgebaute Holzteile zu verbrennen.

Fäulnis entsteht auf der Basis von Feuchtigkeit durch verschiedene Fäulnispilze, z. B. Braun-, Weiß- oder Blaufäulepilze. Auch die Schwämme gehören zu diesen Fäulepilzen. Nach Beseitigung der Feuchtigkeit fault das Holz meist nicht mehr weiter. Es ist deshalb wichtig, daß dauernde Feuchtigkeit, beziehungsweise Feuchtigkeit unter teilweisem Luftabschluß das Holz nicht mehr angreifen kann. Zerstörte Holzteile müssen abgebeilt werden. Die verschiedenen Schwammarten, gelegentlich auch der Echte Hausschwamm, verursachen oft schwerwiegende und schwer zu beseitigende Holzschäden am Fachwerk. Die Basis und Wachstumsgrundlage aller Schwämme ist Feuchtigkeit, deshalb muß auch bei Schwammbefall als erste Maßnahme die Feuchtigkeit beseitigt werden. Der Feuchtigkeitsgehalt des Holzes darf dann 20 Prozent nicht überschreiten.

Bei Schwämmen mit geringer Zerstörungskraft bzw. »Ansteckungsgefahr«, wie dem gelbrandigen Hausschwamm und dem Blätterschwamm, genügt das Abbeilen oder Auswechseln der befallenen Hölzer. Handelt es sich dagegen um Schwammarten mit großer Resistenz, wie Porenschwämme oder Echten Hausschwamm, so sind alle befallenen Holzstäbe, einschließlich der angrenzenden Gefache auszuwechseln.

Bei Echtem Hausschwamm, der Eichenholz selten befällt, müssen darüber hinaus auch angrenzende Nachbarhölzer, wenn sie nicht mindestens 1 m von den letzten Myzeln der Schadensstelle entfernt sind, ausgewechselt werden. Das Myzel des Echten Hausschwammes durchwächst meterdickes Mauerwerk und bleibt auch in trockenem Zustand jahrelang lebensfähig. Deshalb sind

Holzkonstruktionen/Fachwerk

Das völlige Auskernen ist nur in wenigen Ausnahmefällen notwendig, vielmehr sollte darauf geachtet werden, soviel wie möglich historische Bausubstanz zu erhalten.

besonders gründlich alle Myzelwurzeln und Sporen zu entfernen. Mauerwerk kann mit der Lötlampe abgebrannt werden. Meist hilft nur das vollständige Auswechseln aller befallenen Partien – Holz, Ausfachungen, Ausbaumaterial und Mauerwerk – mit einem Sicherheitszuschlag von einem Meter um die Schadensstelle. Alle schwammbefallenen Holzteile sind nach dem Ausbau sofort zu verbrennen.

Vorbereitungsarbeiten

Die Instandsetzung des Fachwerkskeletts bedarf zwar einer gründlichen Vorbereitung, aber meist nicht – wie dies leider häufig zu beobachten ist, der völligen Auskernung, d.h. der Entfernung und damit Zerstörung sämtlicher Ausbauteile sowie der Decken- und Wandfüllungen.

Zu den wichtigsten Vorbereitungen gehört die Auswertung des Aufmaßes, der Bauuntersuchung sowie der Mängelliste und darauf aufbauend die Erstellung einer Schadensanalyse. Eine solche Schadensuntersuchung ist sowohl für den Reparaturansatz ausschlaggebend als auch zur Vermeidung zukünftiger Schäden. Wurden – wie beschrieben – umfangreiche Voruntersuchungen durchgeführt und diese als Basis für Massenermittlungen und Ausschreibungstexte benutzt, so sind die Vorbereitungsarbeiten einfach. Andernfalls müssen diese Arbeiten jetzt durchgeführt werden. Mit der Ausschreibung ist auch praktisch ein Sanierungskonzept festgelegt, sonst muß auch dieses vor Beginn der Arbeiten am Bau ausgearbeitet werden. Zu den weiteren Vorbereitungen gehört die Beschaffung geeigneten Holzes, insbesondere genügend ausgetrockneten Holzes und evtl. notwendige Abstützungsmaßnahmen. Werden beim Aufmaß Labilität, Brüche, in größerem Umfang fehlende Konstruktionshölzer oder starke Holzzerstörungen festgestellt, so ist sofort ein Standsicherheitsnachweis erforderlich. Bei nicht ausreichender Standsicherheit einzelner Konstruktionsteile oder des ganzen Gebäudes sind entsprechende Hilfs- und Abstützungskonstruktionen, bei großen Gebäuden oder schwierigen Konstruktionen auf jeden Falle gemäß rechnerischem Nachweis, zu erstellen.

Instandsetzung des Holzskeletts

Auch für die Instandsetzung und vor allem während der Instandsetzungsarbeiten ist es wichtig, das Fachwerk nicht nur in einzelnen Partien, sondern als Ganzes zu betrachten. Für die Überlegungen, wie viele Hölzer ausgebaut, angeschuht oder repariert werden, ist aus denkmalpflegerischen Grundsätzen

Fachwerk

– die Erhaltung des Originals ist das Hauptziel – darauf zu achten, daß soviel wie möglich von der originalen Holzsubstanz und soviel wie möglich von der originalen Konstruktion erhalten bleibt. Notwendiger Ersatz sollte als »spätere Zutat« kenntlich sein.

Im Normalfall werden die Schäden von unten nach oben, das heißt von der Schwelle beginnend, durchrepariert.

Bei Brüchen und fehlenden Hölzern ist der Sanierungsumfang leicht festzustellen, bei Schäden durch tierische und pflanzliche Schädlinge muß – auch nach dem Anbeilen einzelner Hölzer in der Voruntersuchungsphase – jedes Holzteil während der Sanierung einzeln untersucht und im Zweifelsfall behandelt werden. Alle von tierischen oder pflanzlichen Holzschädlingen angegriffenen und befallenen Holzteile werden vorsichtig und sauber bis auf das gesunde Holz abgebeilt. Erst nach dem Abbeilen kann die Art der Instandsetzung festgelegt werden.

Bei denkmalpflegerischen Sanierungsmaßnahmen werden in vielen Fällen richtigerweise im Sinne der Erhaltung möglichst vieler Originalsubstanz Partien mit nicht mehr aktivem (nicht mehr lebenden) Befall von tierischen oder pflanzlichen Holzschädlingen, die sich aber selbst noch tragen und unter Umständen auch den Anstrich noch tragen, stehen gelassen.

Ist starker Holzzerfall optisch sichtbar oder zeigt er sich während des Abbeilens bei einzelnen Hölzern oder größeren Partien, so sind die schadhaften Teile sofort mit Hilfskonstruktionen abzufangen (Hilfsstützen mit Brettaussteifungen).

Nach dem Abbeilen wird der Restquerschnitt (Querschnitt des stehengebliebenen gesunden Holzes) festgestellt. Danach ist zu überprüfen, ob der Restquerschnitt zur Lastabtragung ausreicht. Bei größeren Schäden, vor allem bei Zerstörungen an größeren Partien des Fachwerks, kann die Frage des ausreichenden Restquerschnitts nicht mehr mit dem »konstruktiven Gefühl« beurteilt werden, sondern bedarf des statischen Nachweises durch einen Fachmann. Reicht der Restquerschnitt aus, so kann der Holzstab bei kleinen Fehlstellen im abgebeilten Zustand belassen werden (wenn z. B. nur die Kanten angegriffen sind). Etwas größere Fehlstellen mit noch ausreichendem Holzquerschnitt werden sauber ausgestemmt. Dies geschieht durch Einschneiden des Sta-

Sorgfältig durchgeführte Holzreparaturen, Auswechslungen und Ergänzungen an einem gotischen Fachwerkgebäude.

Reparaturen an einem der ältesten Fachwerkgebäude: Kobern, Kirchstr. 1 aus dem Jahre 1326. Deutlich ist die hohe Verzimmerungskunst mit den Hängepfosten zu erkennen, aber auch das sauber eingepaßte neue Fußband.

Holzkonstruktionen/Fachwerk

Reparatur von Weichholzfachwerk mit eingepaßten Bohlen.

bes (bzw. Einstemmen) in kürzeren Abständen bis auf das gesunde Holz (mindestens aber 4 cm) und flächiges Abstemmen. Der mindestens 4 cm (besser 5 cm) starke Holzersatz soll aus trockenem imprägnierten Holz der gleichen Holzart genau eingepaßt werden.

Reicht der Restquerschnitt bei Hölzern, die senkrecht zur Faser auf Druck oder parallel zur Faser nur gering auf Druck oder Zug beansprucht werden, wie Riegel, Rähme und Schwellen nicht aus, so wird in folgender Form angeschuht: Entlastung des beschädigten Stabes (erforderlichenfalls mit Winden), Heraussägen oder Absägen des beschädigten Teiles, Einsetzen des neuen Teiles mit z. B. einfachem geraden oder schrägen Blatt und Befestigung mit Nägeln oder Holzklammern. Stumpfe Verbindungen sind zu vermeiden.

Schwieriger wird das Anschuhen bei Ständern, besonders Bund- und Eckständern, die sowohl stärkere Druck- als auch Knicklasten aufnehmen müssen. Hier ist darauf zu achten, daß die Holzverbindungen zwischen Originalholz und angeschuhtem Holz, z. B. lange, schräg eingeschnittene gerade Blätter mit Bolzen, auch die Knicklasten bewältigen können.

Muß ein Ständer ausgewechselt werden, so sind zunächst die angrenzenden Gefache auszubauen. Die auf dem Holzstab ruhende Last wird mittels Winden um 1 bis 2 mm angehoben, das schadhafte Holz an den Zapfen herausgeschnitten und das neue Holz – trocken und in der gleichen Holzart – mit unterem Zapfen bzw. falschem Zapfen und/oder oberem Jagd- oder Schlitzzapfen eingebaut.

Gebrochene Holzteile deuten auf Überlastung. Entweder war der Stab schon beim Einbau zu gering bemessen, oder er wurde nach Umbauten zu stark belastet. Weitere Gründe können Querschnittsschwächungen durch zusätzliche Holzverbindungen oder Holzschädlinge sowie Verformungen durch Setzungen im Sockel- oder Fundamentbereich sein. Gebrochene Holzstäbe, die auf Druck parallel zur Faser beansprucht werden, sollten – mit ausreichendem Querschnitt – ausgewechselt werden. Senkrecht zur Faser beanspruchte Hölzer können meist in der oben beschriebenen Art angeschuht werden.

Über die allgemeinen Regeln bzw. Forderungen des konstruktiven Holzschutzes hinaus ist beim Fachwerk besonders darauf zu achten, daß

– Holzskelett und Ausfachungen bündig liegen, zumindest keine Vor- oder Rücksprünge zwischen den Holzstäben und Ausfachungen entstehen.
– Pfetten und Unterzüge nicht überstehen oder anderenfalls abgedeckt werden.
– Die Holzverbindungen dicht sind oder ausgekeilt werden.
– Keine zu großen Tauwassermengen in der Wand (dem Gefach) ausfallen. Die Werte in der DIN 4108 sind Höchstwerte!
– Beim Sockelmauerwerk vor den Schwellen keine Mörtelaufkantungen angebracht werden, da Wasser hinter

Fachwerk

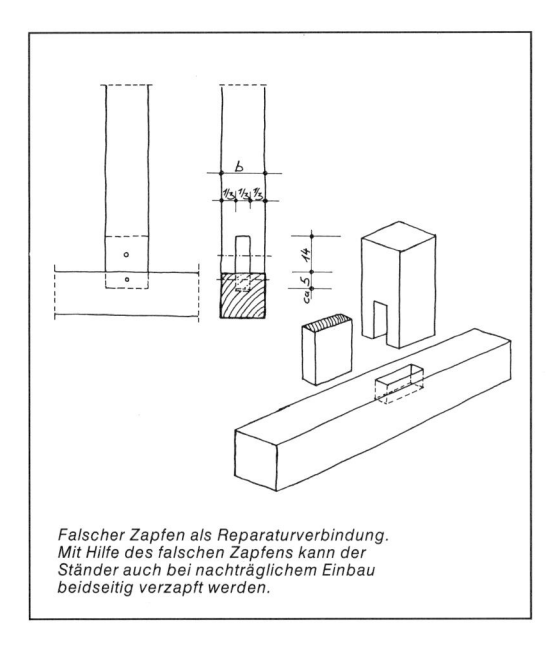

Falscher Zapfen als Reparaturverbindung. Mit Hilfe des falschen Zapfens kann der Ständer auch bei nachträglichem Einbau beidseitig verzapft werden.

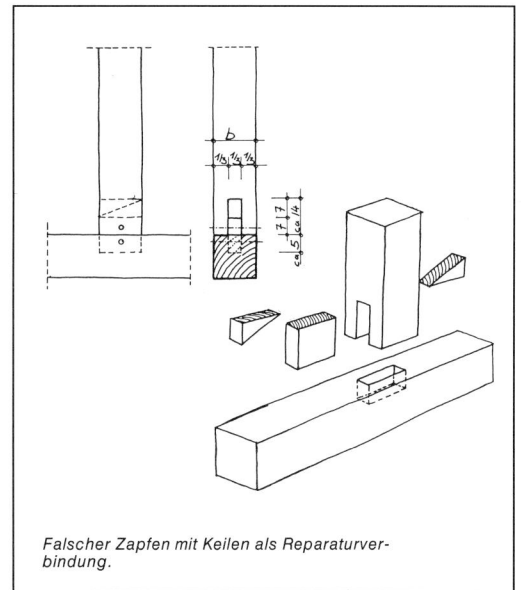

Falscher Zapfen mit Keilen als Reparaturverbindung.

Für Reparaturmaßnahmen kannten die Zimmerleute besondere Reparaturverbindungen, die das Anschuhen oder Auswechseln erlaubten, ohne das Gefüge weiter auseinandernehmen zu müssen. Zeichnung: Fortbildungszentrum Johannesberg, Schwerd.

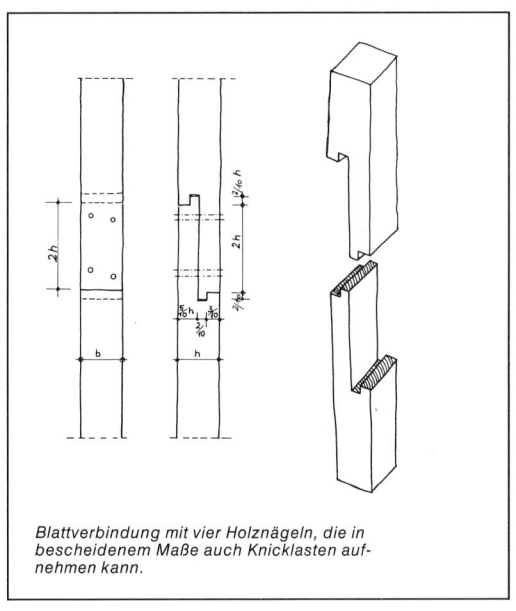

Blattverbindung mit vier Holznägeln, die in bescheidenem Maße auch Knicklasten aufnehmen kann.

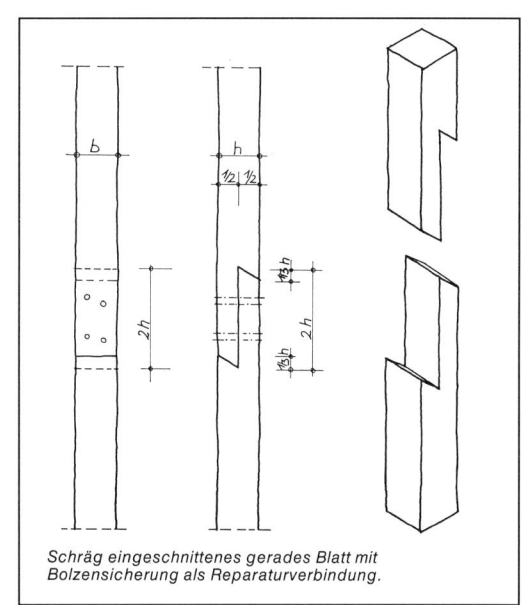

Schräg eingeschnittenes gerades Blatt mit Bolzensicherung als Reparaturverbindung.

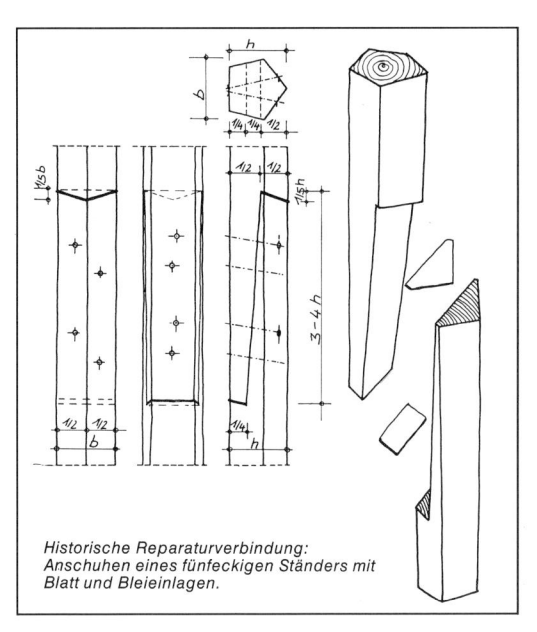

Historische Reparaturverbindung: Anschuhen eines fünfeckigen Ständers mit Blatt und Bleieinlagen.

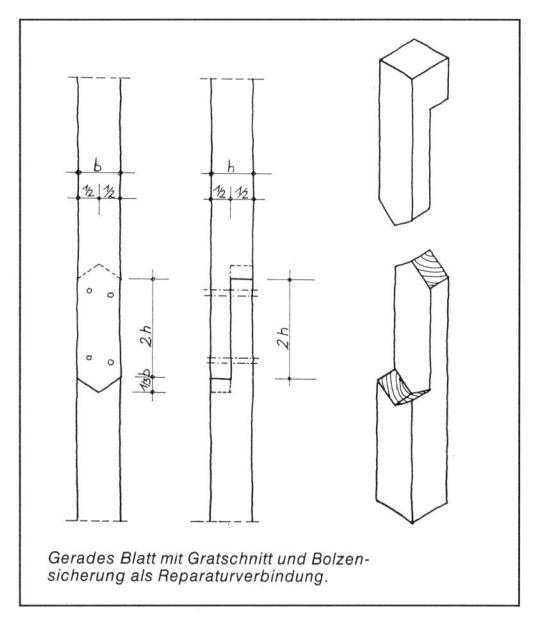

Gerades Blatt mit Gratschnitt und Bolzensicherung als Reparaturverbindung.

Holzkonstruktionen/Fachwerk

sie dringt und die Schwellen faulen. Das Sockelmauerwerk oder aufgebrachter Glattstrich ist unterhalb der Schwelle nach außen abzuschrägen, damit Wasser ungehindert ablaufen kann.
- Die Wände insgesamt dampfdurchlässig bleiben, d. h. auch nicht mit Spachtelmassen, Holzersatzmassen oder dampfdichten Anstrichen abgesperrt werden. Der Aufbau sollte von innen nach außen immer mehr wärmedämmend und immer geringer dampfbremsend sein.
- Fachwerkaußenwände nicht mit Fliesen verschlossen werden, da dadurch das Ausdiffundieren von Feuchtigkeit verhindert wird.
- Fehlstellen, meist Fäulnis, in den Fachwerkhölzern, nicht mit Beton, Putzmörtel, Spachtelmassen, Blechen oder dünnen Holzbrettern repariert werden, da hinter Bleche oder Holzbretter Wasser eindringt und zu Fäulnis führt, bzw. hinter Beton oder Spachtelmassen Feuchtigkeit zu Wasser kondensiert und ebenfalls Fäulnisschäden hervorruft.

Reparaturen mit Metall und Kunstharz

Für Holzverbindungen im Ingenieurholzbau, aber auch bei neuerrichteten allgemeinen Holzkonstruktionen, wie Dächern oder Balkenlagen werden vielfach Nagelbleche und Stahlformteile verwendet. Bleche werden in verschiedenen Formaten, auch abgewinkelt, und z. B. als Versteifungsdreiecke zur Befestigung von Balken, Schwellen und Rähmhölzern geliefert. Als Formteile sind sie u. a. unter dem Namen Balkenverbinder und Balkenschuhe bekannt.

Bei denkmalpflegerischen Sanierungen sind diese Ersatzlösungen nur als zweit- oder drittbeste Lösung anzusehen, da im Sinne der originalen Zeugnisse zunächst die Erhaltung der originalen Substanz, dann der Austausch mit neuem, aber dem Original möglichst nahem Material, gefordert werden muß. Bei der Instandsetzung von Holzkonstruktionen heißt dies, daß Reparaturen möglichst in der gleichen Holzart und mit traditionellen Holzverbindungen durchgeführt werden.

In Außenwänden mit Feuchtebelastung, z. B. durch Wasserdampf und/oder Kondensat ist weitergehend die Gefahr zu beachten, daß an den gegenüber Holz- und Ausfachungsmaterialien »kalten« Stahlformteilen oder Nagelblechen der Wasserdampf kondensiert und zu Rostschäden an den Verbindungsmitteln bzw. zu Fäulnis an der Holzkonstruktion führen kann.

Entsprechende Stahlformteile und Verbindungsmittel können deshalb nur in bauphysikalisch unbedenklichen Konstruktionen und bei Denkmälern nur in Ausnahmefällen, wo z. B. durch den Einsatz der Stahlformteile besonders gut Originalsubstanz erhaltbar ist, verwendet werden.

In Ausnahmefällen sind Holzergänzungen und Prothesen auch mittels chemischem Holzersatz, zum Beispiel Beta-Verfahren, auszuführen. Die Verfahren, Methoden und Materialien sind patentiert, und nur Lizenzunternehmen sind zu entsprechenden Arbeiten legitimiert.

Sechs verschiedene Anwendungssysteme und -methoden sind zu unterscheiden:
- Statisch-konstruktive Sanierung in Form von voll tragfähigen Kunststoffprothesen mit Glasfaser-Armierungsstäben und Reaktionsharzmörtel.
- Stabilisieren und Verstärken von Balken zur Erhöhung der Verkehrslasten.
- Festigen oder Ergänzen von zerstörten oder klaffenden Holzverbindungen.
- Eine weitere neu hinzugekommene Methode ist der Ersatz mit natürlichem Holz, wobei die Verbindung des Restholzteiles mit dem Reparaturstück verklebt wird und die Zugkräfte über Glasfaserstäbe übertragen werden.

(Für die bisher genannten Systeme liegt eine allgemeine bauaufsichtliche und baurechtliche Zulassung vor.)
- Ergänzen von fehlenden Holzteilen, Wiederherstellung von angegriffenen Profilen usw.
- Festigen von verwitterten oder durch Schädlingsbefall angegriffenen Holzteilen.

Die vier erstgenannten Methoden umfassen Arbeiten, die in das Gewerk der Zimmerer gehören, während die beiden letztgenannten mehr im Bereich

Fachwerk

der Schönheitsreparaturen am Holz liegen und damit in das Aufgabengebiet des Malers fallen. Die konstruktiven Sanierungen mit chemischem Holzersatz ohne bauphysikalische Problemstellungen mit Wasserdampf oder Kondensat haben sich gut bewährt. Dagegen führten bei Außenwänden außen auf die Hölzer aufgetragene Harzmassen (praktisch als Spachtelmassen) in verschiedenen Fällen zu schweren Schäden. Mit dem Harz wurde bei Schadensfällen das Holz außen abgesperrt. Der natürliche Dampfdruck in der Wand führte Was-

Kaiserstiel, der Mittelständer eines Kirchturms mit den Resten der kleinen Balkenlage vor und nach der Sanierung mit chemischem Holzersatz. Fotos: Lömpel Bautenschutz.

Holzkonstruktionen/Fachwerk

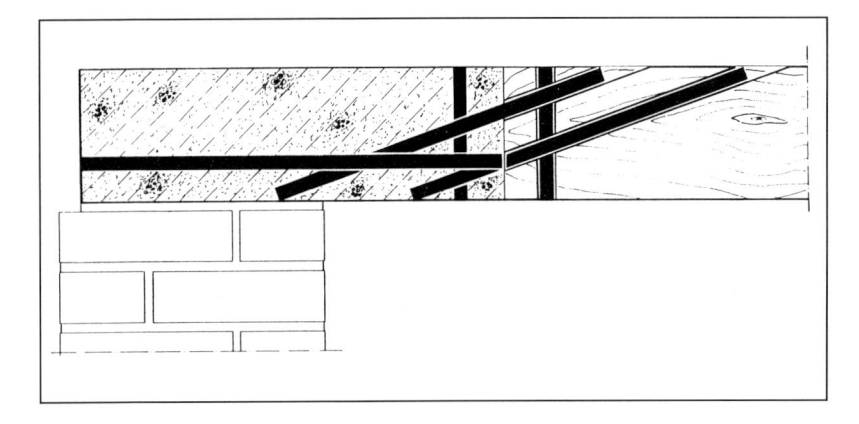

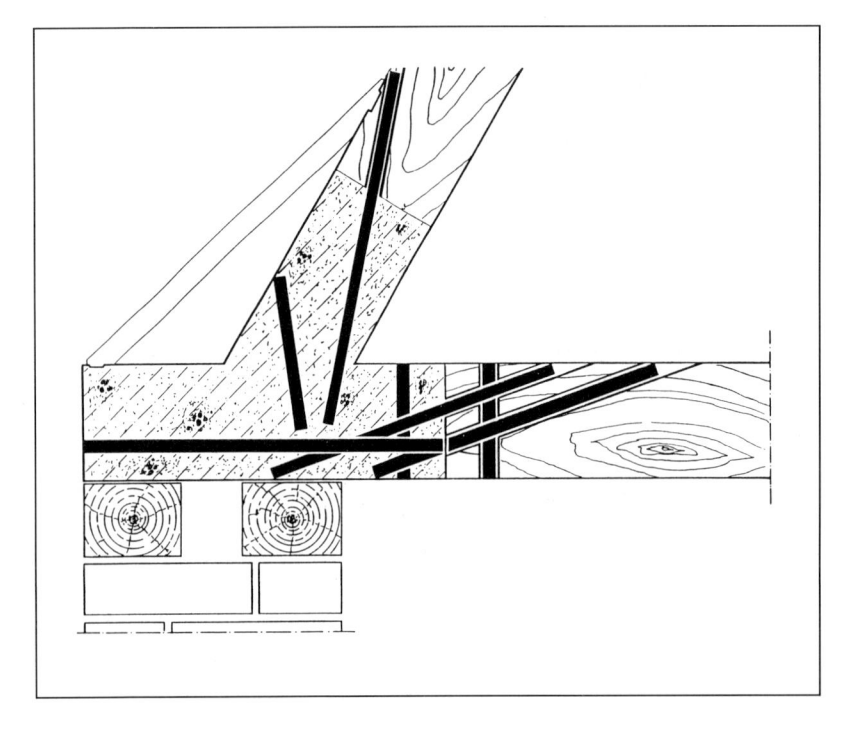

Oben: Reparatur eines zerstörten Balkenkopfes mit chemischem Holzersatz im Betaverfahren. Zeichnung: Lömpel Bautenschutz.

Reparatur mit chemischem Holzersatz im Betaverfahren des Anschlußpunktes Sparren und Dachbalken an einem Sparrendach. Zeichnung: Lömpel Bautenschutz.

serdampf bis an die Innenseite der Harzprothesen, der Dampf kondensierte dort, fiel als Wasser aus und führte zu Fäulnisschäden.

Die Holzergänzungen werden in Schal- oder Spachteltechnik ausgeführt, das heißt, entweder wird um das zu ergänzende Holz eine Schalung gefertigt, diese mit Trennmittel ausgestrichen und dann die Holzersatzmasse eingefüllt, oder die Masse wird mit dem Spachtel aufgetragen und geformt.

Die Holzersatzmasse ist thixotrop eingestellt und weist folgende Eigenschaften auf:
– Gute Penetrierfähigkeit in die Holzfaser und damit gute Anschlußhaftung,
– ausreichende Eigenfestigkeit für Armierungshaftung,
– UV- und witterungsbeständig sowie farbecht,
– standfest ... und geschmeidig sowie
– modellierbar und strukturierfähig. [27]

Morsches oder stark angewittertes Holz ist vor Auftrag des Holzersatzes zu entfernen oder zu festigen.

Die Verfestigung des Holzes erfolgt mittels eines niedrigviskosen Zweikomponenten-Copolymerisates. Das Tränkharz wird aufgestrichen oder injiziert. Beim Streichen mit einer lösemittelhaltigen Einstellung des Harzes ist darauf zu achten, daß das Harz einerseits tief genug eindringt, um alle morschen und verwitterten Holzteile auch bis etwa 2 cm Tiefe zu festigen, andererseits aber keine filmbildende Reste des Materials an der Oberfläche zurückbleiben.

Injektionen werden mit ebenfalls dünnen, aber lösemittelfreien Harzen ausgeführt. Die Injektionen erfolgen mit Handdruckpistolen oder Airless-Hochdruckgeräten über eingepreßte oder eingedrehte Preßnippel (Packer). Die zu behandelnden Hölzer und der Holzzustand müssen genau geprüft werden, um die geeignete Methode auszuwählen. Nach der Aushärtung bleibt das Tränkharz zähelastisch mit etwa der Festigkeit von Eichenholz.

Ausrichten der Holzkonstruktion

Geringe Schiefstellungen und krumme Hölzer sind unwesentlich für die Standsicherheit, gewissermaßen fachwerktypisch, und sollten auf jeden Fall belassen werden. Bei starken Schiefstellungen, besonders bei weiten Abweichungen der Seitenwände (Traufwände) von der Lotrechten ist ein Standsicherheitsnachweis erforderlich. Bei geringen Mängeln sollte man möglichst ohne Richten auskommen.

Ist die Standsicherheit durch Schräglage einzelner Holzteile oder »Anlehnung« an Nachbargebäude gefährdet, so muß das Fachwerk, auch wenn hierbei Teile der Ausfachungen zerstört oder in Mitleidenschaft gezogen werden, ausgerichtet werden. Nur bei historisch wertvollen Fachwerkgebäuden sollte auf das Richten der Konstruktion ganz verzichtet und die Standsicherheit auf andere Weise, z. B. Winkelaussteifung mit Stahlwinkeln, erzielt werden.

Fachwerk

Das Ausrichten von Fachwerk ist nur unter Anleitung von Fachleuten und der Mithilfe einer ausreichenden Anzahl von Mitarbeitern, die die Holzverbindungen beobachten, durchzuführen. Es soll nicht mit Vorschlaghammer und Axt, sondern mit Hilfe von Winden und Seilen ausgerichtet werden. Dabei ist darauf zu achten, daß keine zusätzlichen Spannungen in den Stäben entstehen, nötigenfalls sind die Holzverbindungen nachzuarbeiten. Nach Erreichen des gewünschten Ausrichtungszustandes ist die Konstruktion durch Auskeilen der Zapfenlöcher beziehungsweise der Blätter von Kopfbändern, Schwertern, Ständern, Streben und Knaggen (letztere zur Verstrebung und Unterstützung auskragender Bauteile) zu fixieren. Die Holznägel sind eventuell nachzubohren. Bei mangelhaften Verbindungen sind im Ausnahmefall Stahlbänder zu verwenden. Die Ausfachung soll nicht zur Fixierung des Fachwerks oder gar zu Standsicherheit herangezogen werden.

Spätestens nach dem Ausrichten sind evtl. chemische Holzschutzmaßnahmen durchzuführen.

Freilegung/Verputztes Fachwerk

Die Frage, inwieweit verputztes Fachwerk freigelegt und damit wieder als Sichtfachwerk dargestellt werden soll, wird heute vielfach kontrovers behandelt. Zahlreiche Faktoren sind zu berücksichtigen, z. B. die Frage ob es sich ursprünglich um ein Sichtfachwerk gehandelt hat, aber auch ob mit dem Verputz eine neue architektonische Fassung geplant wurde, weiter, daß der Putz ja auch längst zur Geschichte des Bauwerks gehört, wie Sichtfachwerk in das Straßen- und Stadtbild passen würde und letztlich die Technik und Bauunterhaltung.

Seit der Mitte des 18. Jahrhunderts werden, wegen der nie bewiesenen Brandunsicherheit oder um Fachwerke als Steinbauten darzustellen, Sichtfachwerke vielfach verputzt. Die möglichen Vorteile der Putzschicht (zusätzliche Wärmedämmung und Verringerung des Unterhaltungsaufwandes) sind sehr gering und fallen kaum ins Gewicht. Da der Putz jedoch vielfach das Holz dicht abschließt und die eindringende Feuchtigkeit nicht schnell genug oder gar nicht wieder verdampfen kann, wird er oft zur Gefahr für die ganze Holzkonstruktion.

Entschließt man sich nach dem Abwägen von Für und Wider zur Freilegung, so werden vorhandene Schäden, die durch einen zu dichten Putz entstanden sind, gestoppt und lassen sich beseitigen. Eventuell auftretende Schäden sind kontrollierbar, im Frühstadium zu erkennen und leicht abzuwehren.

Außerdem ist das Fachwerk als solches sichtbar und trägt zur Gestaltung von Dorf-, Stadt- oder Landschaftsbild mit der Wirkung seiner feingliedrigen Maßstäblichkeit bei. Zum Teil wurden allerdings auch Fachwerkputzbauten errichtet, die nicht auf Sicht konzipiert sind und deshalb auch verputzt bleiben sollten. Es ist dann dafür zu sorgen, daß der Putz gut dampfdurchlässig ist.

Geraderichten einer Fachwerkaußenwand mittels Seilzug.

Holzkonstruktionen/Fachwerk

Ob Putz- oder Sichtfachwerk vorlag, ergibt sich, wenn nicht am Schmuck sichtbar, aus Qualität und Stärke der Hölzer. Im Zweifelsfall sollte ein Fachmann zu Rate gezogen werden. Bei Denkmälern ist zur Entscheidung der Frage, ob Fachwerk als Sichtfachwerk oder verputzt ausgebildet werden soll, die zuständige Denkmalschutzbehörde einzuschalten.

Ein großer Teil der Arbeiten bei Freilegungsmaßnahmen läßt sich leicht durchführen. Zunächst wird der Verputz vollständig abgeschlagen. Alle Rohr- und Drahtmattenreste müssen entfernt und das Holz gesäubert und entnagelt werden. Die Nägel sind meist eingerostet und sitzen sehr fest. Um spätere Rostflecken in der Fassade zu vermeiden,

Bei ursprünglich auf »Sicht« angelegten Fachwerken kann eine Freilegung in Erwägung gezogen werden. Die Fotos zeigen eine Hauszeile vor und nach der Freilegung in Runkel an der Lahn. Leider sind der »Sanierungsmaßnahme« die Sprossenfenster zum Opfer gefallen. Fotos: F. Kynast.

Fachwerk

sind trotzdem möglichst alle Nägel zu entfernen. Damit sich die Nägel vom Holz besser lösen, erhalten sie vor dem Herausziehen einen kurzen Schlag (nicht tiefer als 1 mm).

Je nach Dichte, Stärke und Alter des Putzes zeigt das Fachwerk darunter kleinere oder größere Schäden. Bei Weichholzfachwerk sind häufig flächig über größere Fassadenteile die Fachwerkhölzer 1 bis 4 cm tief angegriffen und vermulmt. Die vermulmten Holzteile werden in mindestens 4 cm Dicke abgestemmt und mit trockenem, imprägnierten Bohlenmaterial, gleich der vorhandenen Holzart und auf die Breite der Holzstäbe geschnitten, ergänzt. Die

Im Barock, noch mehr aber in der Zeit des Klassizismus, wurden zahlreiche Fachwerkbauten als »Putzfachwerk« errichtet. Bei diesen Gebäuden ist von Beginn an eine »Putzarchitektur« vorgesehen, eine Freilegung würde die ursprüngliche Gestaltung zerstören. Die Fotos zeigen das Melsunger Kasino während der Sanierung und in neu verputztem Zustand. Fotos: Stadt Melsungen.

Holzkonstruktionen/Fachwerk

Bohlen werden gut angenagelt oder verschraubt.

Ergänzungen in dieser Art sollen keinesfalls nur Brettstärke aufweisen, da die Gefahr des »Werfens« der Bretter bestünde und dann Feuchtigkeit eindringen könnte. Ebenso sollen Fachwerke in keinem Falle durchgehend mit Brettern aufgedoppelt werden – um so etwa ein Vorspringen des Putzes zu vermeiden.

Instandsetzung der Ausfachungen

Fachwerkgefache sind nach Bauzeit und den landschaftlich vorkommenden Materialien sehr unterschiedlich ausgefacht. Unter anderem findet man als Ausfachungen
- Holzbohlen,
- Holzbohlen mit Lehmauftrag,
- Lehm auf Stakung,
- Lehmziegel,
- Torfziegel,
- gebrannte Ziegel und
- Natursteine.

Am häufigsten kommen Lehmstakungen vor. Diese sind bezüglich der Stärken und des Abstandes der Staken sowie der Art des Flechtwerkes verschieden ausgeführt. So sind unter anderem bekannt
- stockwerkshohe Staken mit engem Geflecht,

Verschiedene, teilweise stark angegriffene, Ausfachungen in einem landwirtschaftlichen Nebengebäude.

Fachwerkgebäude mit Pappstreifen über den Hölzern und durchgehender Drahtbespannung zum Verputz vorbereitet.

Fachwerk

Die häufigste Ausfachung im mittleren Deutschland: Stakung mit beidseitigem Strohlehm und Lehmverputz. Der Lehm ist hier einseitig entfernt.

Bohlenausfachung mit Eichenkeilen als Träger für eine Wärmedämmschicht aus Strohlehm.

Stakung aus Windelhölzern mit beidseitiger Strohlehmschicht.

Ausfachung aus dicht gestellter Stakung mit relativ dünnen Strohlehmschichten.

– enge Stakung (die Stakhölzer fast aneinander) ohne Geflecht,
– mittelweite Stakung (Abstand der Stakung 12 bis 18 cm) mit Strohseilen anstatt dem sonst üblichen Flechtwerk umwunden,
– mittelweite Stakung mit Sprickelwerk, d.h. kurzen Ruten, die jeweils nur über drei Staken reichen,
– Staken mit Strohlehm umwickelt wie bei Wellerdecken (Wellerwand) und
– Stakung mit durchgehendem Geflecht aus verschiedenen Holzarten.

Die letztgenannte Art hat sich in vielen Teilen Deutschlands im 18. und 19. Jahrhundert durchgesetzt. Lehm war praktisch über Jahrhunderte der Werkstoff zum Ausfachen. Auch wegen der guten Wärmedämmung des Strohlehms sollten Lehmausfachungen nach Möglichkeit erhalten werden.

Der früher verwendete Kalk als Anstrich auf dem Gefach wird heute zu stark von der Witterung angegriffen. Da andere Anstrichmittel auf Lehm schlecht haften, muß auf vorhandene Lehmgefache meist ein Putz auf Putzträger aufgebracht werden. Dazu wird der Lehm bis etwa 1 cm (am Rand ca. 3 cm) hinter Vorderkante der Fachwerkhölzer entfernt und punktverschweißter und verzinkter Rabitzdraht oder rostfreies Maschengitter aus

Edelstahl befestigt. Auf einen Spritzbewurf wird dann ein Kalkputz mit geringem Zementanteil (je nach Festigkeit der Ausfachung) aufgebracht und bündig an die Hölzer angezogen. Verwendbar ist auch Fertigputz mit wenig Zementanteil, besser sind Putzaufbauten auf der Basis von Traßkalk, bzw. hydraulischem Kalk.

Fehlende oder zerstörte Ausfachungen können auf traditionelle Weise wieder hergestellt werden: In die mittig angeordneten Nuten der Fachwerkstäbe werden gespaltene, bis zu 5 cm dicke Stakhölzer aus rohen, trockenen Eichenscheiten in Abständen von ca. 20 cm eingeschlagen. Mit Weidenruten bis zu 2 cm Durchmesser werden die Stakhölzer, bis an die Fachwerkstäbe reichend, ausgeflochten. Der Lehmmörtel wird aus feinem Lehm ohne zuviel Fremdstoffe oder Steine mit Strohhäcksel zur Armierung vermischt und mit Wasser angeteigt. So muß man ihn etwa 12 Stunden ziehen lassen. Dann wird das Geflecht beidseitig damit beworfen und holzbündig abgezogen.

Statt eine neue Lehmausfachung einzubringen, ist es meist einfacher, die Gefache auszumauern. Als Ausfachungsmaterialien kommen Ziegel, Leichtziegel, Hochlochziegel, Leichtbetonvollsteine und Gasbetonsteine in Frage. Welches Material sich dabei am besten bewährt, wird z. Z. in Forschungsvorhaben erprobt. Mit der Ausmauerung und dem Putz muß eine gute Wärmedämmung erreicht werden.

Darüber hinaus darf keine starre Platte im Feld entstehen, d. h. die Steine dürfen nicht geklebt werden, sondern sind in »weichem« Mörtel (Mörtelgruppe III mit hydraulischem Kalk ohne Zementanteil) zu vermörteln. Bei der Ausfachung ist besonders das »Schwinden« des Holzes zu berücksichtigen. Deshalb sollen zur dauernden Festigkeit und zum besseren »Halten« der Ausmauerung seitlich und unten in den Gefachen etwa mittig Dreikantleisten oder Trapezleisten angenagelt oder geschraubt werden, deren Profil in die Mauersteine einzuarbeiten ist. Es gibt inzwischen auch Steine, in denen ein entsprechendes Profil eingearbeitet ist. Auf jeden Fall sollte vor Ausmauerung der Gefache das Holz bereits auf eine Holzfeuchte, die etwa bei der Ausgleichsfeuchte liegt, ausgetrocknet sein. Das Mauerwerk soll 2 cm hinter der Vorderkante der Hölzer zurücksitzen. Der Putzaufbau erfolgt dann wie oben beschrieben, außen fachwerkbündig, jedoch ohne Putzträger. Bei Neuausmauerung ist zu überlegen, ob man die Steine nicht nur die üblichen 2 cm, sondern 4 bis 6 cm hinter die Vorderkante der Fachwerkhölzer zurücksetzt und einen Wärmedämmputz aufbringt.

Klinker- oder Zierklinkerausfachungen

Die Gefache sollen nicht verändert, sondern durch Ziegelersatz und Fugenausbesserungen repariert werden. Sind die gleichen Ziegel nicht mehr erhältlich, verwendet man ein ähnliches Format der gleichen Farbe.

Bei Ziegelausfachungen sind besonders oft die äußeren Fugen zwischen Ausfachungsmaterial und Holzskelett derart beschädigt, daß der Fugenmörtel herausgebrochen ist. Auch in solchen Fällen soll, wie bei allen anderen Ausfachungsmaterialien, die Fuge nicht mit dauerelastischen Materialien repariert werden, sondern mit einem Mörtel mit wenig Zementanteil, besser noch mit einem Traßkalkmörtel oder, je nach Steinfestigkeit mit Mörtel mit hydraulischem Kalk nachgearbeitet werden.

Holzbalkendecken

Bis zum Ende des vergangenen Jahrhunderts wurden praktisch ausschließlich Holzbalkendecken gebaut. Im Ein- und Zweifamilienhaus war die Holzbalkendecke bis 1950 noch üblich. In den früheren Jahrhunderten wurden zahlreiche verschiedene Deckenkonstruktionen wie Bohlenbalkendecken, Dübelbalkendecken, Decken mit Stakung oder Kreuzstakung errichtet, in den vergangenen 100 Jahren fast ausschließlich sogenannte Einschubdecken.

Bedingt durch Feuchteschäden, aber auch durch eingemauerte Deckenauflager sind Deckenbalken häufig sanierungsbedürftig. Als Untersuchungsmethode für Balkenköpfe hat sich neben dem manuellen Öffnen von Fußböden oder Decken die Endoskopie bewährt,

Holzbalkendecken

die auch bei bewohnten Räumen eine fast zerstörungsfreie Untersuchung zuläßt (siehe hierzu Abschnitt: »Endoskopie«).

Das Auswechseln von Deckenbalken ist besonders schwierig und kostenträchtig wegen der Beschädigungen von Fußboden, und/oder Unterdecke und der Auflage von Schwellen oder Wänden. Es soll deshalb möglichst so saniert werden, daß die vorhandenen Balken bzw. die noch gesunden Balkenteile belassen werden. Als Lösungsansätze für gebrochene oder stark von tierischen, bzw. pflanzlichen Schädlingen angegriffene Balken kommen unter anderem in Frage:
- Verstärkung des Balkens durch das Anbolzen hölzerner Zangen,
- Verstärkung des Balkens durch U- oder Winkelstähle,
- Auswechslungen und
- Einlegen von neuen Balken zwischen die vorhandenen alten Balken.

Ausschlaggebend für die zu wählende Sanierungsmethode ist neben dem substanzschonenden Umgang mit der Decke und den angrenzenden Bauteilen die technische Durchführbarkeit.

Daß es gerade bei denkmalpflegerischen Sanierungsaufgaben nicht ein Rezept geben kann, sondern aus der Vielzahl der Lösungsmöglichkeiten eine bestmögliche Lösung herauszukristallisieren ist, zeigt das Beispiel der zerstörten Balkenauflager. Mit der Zielsetzung möglichst viel Originalsubstanz zu erhalten, angrenzende Bauteile und Konstruktionen zu schonen, örtliche Besonderheiten, technische Realisierungsmöglichkeiten, statisch-konstruktive Effektivität und wirtschaftliche Fragen zu berücksichtigen, gibt es zur Sanierung z. B. eines zerstörten Balkenkopfes zahlreiche Lösungsansätze. Eine Auswahl zeigt die Übersicht auf Seite 128.

Im Norden Deutschlands, wie hier beim Siemenshaus in Goslar, wurde vielfach mit Mauerziegeln, Vormauerziegeln oder Klinkern ausgefacht.

Holzbalkendecke (die Balken sehen wegen der vorher daran befestigten Spalierlatten gestreift aus) mit U-Stahl-Verstärkungen.

Holzkonstruktionen/Fachwerk

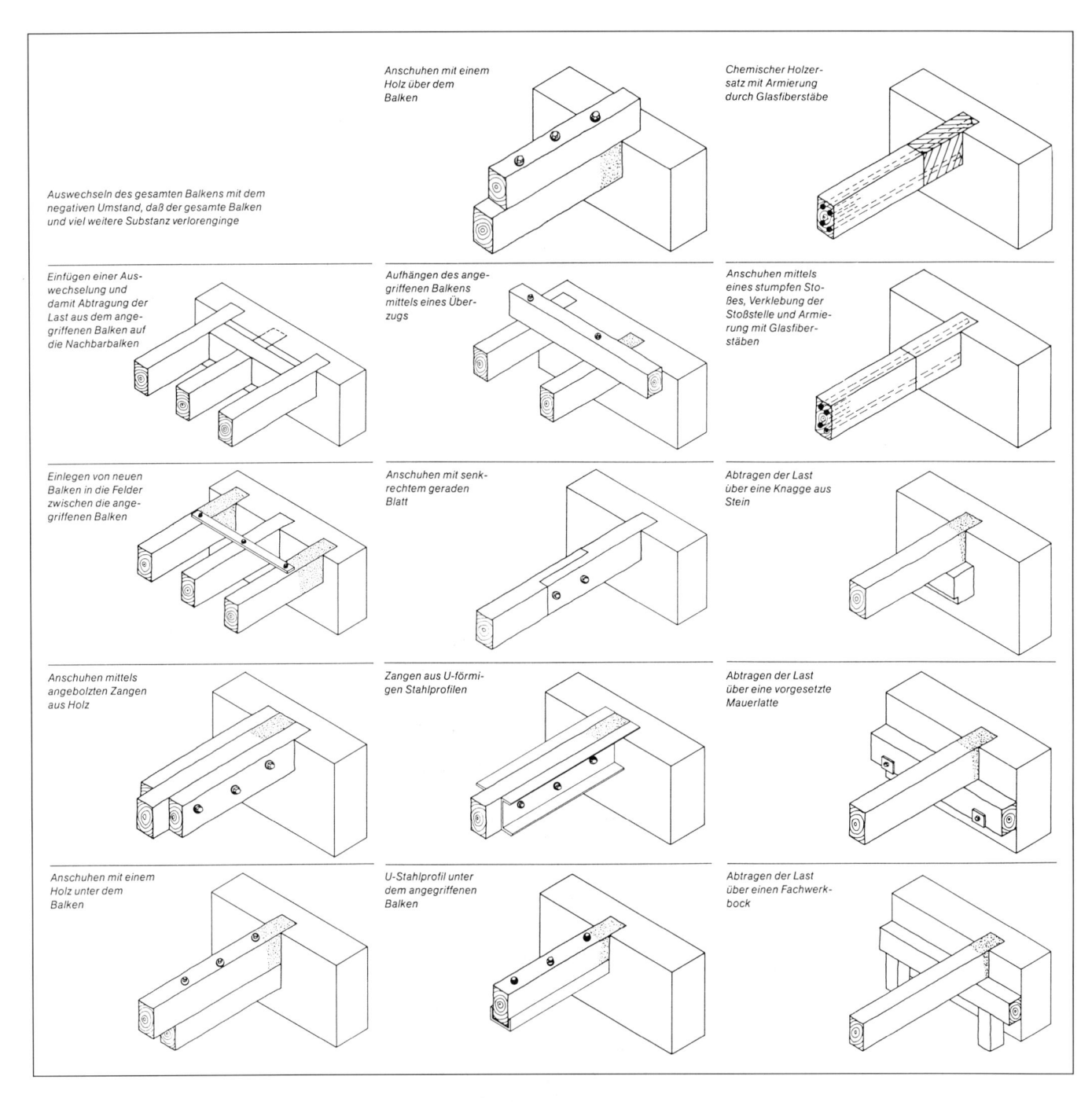

Die verschiedenen Möglichkeiten zur Sanierung zerstörter Balkenköpfe zeigen, daß es selten nur eine Sanierungsmöglichkeit gibt, allenfalls eine optimale Lösung. Zeichnung: Fortbildungszentrum Johannesberg, Schwerd.

Informationen

Weiterführend wird auf folgende Normen, Regelwerke, Literatur und Beratungsmöglichkeiten durch Verbände und Institutionen hingewiesen:

Normen

DIN 96	Halbrund-Holzschrauben mit Schlitz
DIN 97	Senk-Holzschrauben mit Schlitz
DIN 571	Sechskant-Holzschrauben
DIN 1052	
T 1 u. 2	Holzbauwerke; Berechnung und Ausführung
DIN 1074	Holzbrücken; Berechnung und Ausführung
DIN 1101	Holzwolleleichtbauplatten; Maße, Anforderung, Prüfung
DIN 1151	Drahtstifte, rund; Flachkopf, Senkkopf
DIN 1152	Drahtstifte, rund; Stauchkopf
DIN 4052	Gespundete Bretter aus Nadelholz
DIN 4074	
T 1	Bauholz für Holzbauteile; Gütebedingungen für Bauschnittholz
DIN 18119	
T 1	Holzschindeln; Dachschindeln
DIN 18334	Zimmer- und Holzbauarbeiten
DIN 62175	Holz; Begriffe, Grundlagen
DIN 68365	Bauholz für Zimmerarbeiten; Gütebedingungen

Informationen

DIN 68800
T 1   *Holzschutz im Hochbau; allgemein*
DIN 68800
T 2   *Holzschutz im Hochbau; vorbeugende, bauliche Maßnahmen*
DIN 68800
T 3   *Holzschutz im Hochbau; vorbeugender chemischer Schutz von Vollholz*
DIN 68800
T 4   *Holzschutz im Hochbau; Bekämpfungsmaßnahmen gegen Pilz- und Insektenbefall*
DIN 68800
T 5   *Holzschutz im Hochbau; vorbeugender chemischer Schutz von Werkstoffen*

Literatur

Bertig, Rudolf: Sanierung von Holztragwerken – Der Einsatz eines neuen Bauverfahrens (In der Serie: Denkmalpflege). – In: Das Bauzentrum 2/1988, S. 12-16

Binding, Günter/Mainzer, Udo/Wiedenau, Anita: Kleine Kunstgeschichte des Deutschen Fachwerkbaus, 2. Auflage. – Darmstadt: Wissenschaftliche Buchgesellschft 1975, 1977

Bundesgesundheitsamt (Hrsg.) Vom Umgang mit Holzschutzmitteln. – Berlin: Bundesgesundheitsamt 1983

Gerner, Manfred: Fachwerk; Entwicklung, Gefüge, Instandsetzung, 5. Aufl. 1989. – Stuttgart: DVA 1979

Gerner, Manfred: Farbiges Fachwerk; Ausfachung, Putz- und Farbgestaltung. – Stuttgart: DVA 1983

Gerner, Manfred: Fachwerksünden, Hrsg. Deutsches Nationalkomitee für Denkmalschutz, 2. Auflage. – Bonn 1989

Gerner, Manfred: Das Holzskelett des Fachwerks und seine Instandsetzung. Arbeitsanleitung Nr. 4 der Arbeitsgemeinschaft Historische Fachwerkstädte in Hessen und Niedersachsen. – Hann.-Münden/Alsfeld 1988

v. Halász, Robert/Scheer, Claus: Holzbau-Taschenbuch, Band 1, Grundlagen, Entwurf und Konstruktion, 8. Aufl. – Berlin: Verlag W. Ernst & Sohn 1986

Hansen, W./Kreft, H.: Fachwerk im Weserraum. – Hameln: Verlag C. W. Niemeyer 1980

Institut für Bautechnik (Hrsg.) Verzeichnis für Holzschutzmittel. – Berlin/Bielefeld/München: E. Schmidt Verlag GmbH & Co.

Johannsen, Carl Ingwer: Das Niederdeutsche Hallenhaus und seine Nebengebäude im Landkreis Lüchow und Dannenberg. – Braunschweig: Landbuch-Verlag 1979

Knöfel, Dietbert: Stichwort: Holzschutz, 2. Auflage. – Wiesbaden und Berlin: Bauverlag GmbH 1982

Krauth, Theodor/Meyer, Franz Sales: Das Zimmermannsbuch, Leipzig 1988 (Neudruck) – Hannover: Edition »Libri rari« Verlag Th. Schäfer 1981

Kress, Fritz: Der Zimmerpolier, 6. Auflage. – Ravensburg: O. Maier Verlag 1939

Maier, Hermann: Die Austragungen und Schiftungen des Zimmermanns, Leipzig 1905 (Neudruck) – Hannover: Edition »Libri rari« Verlag Th. Schäfer 1988

Minke, Gernot: Bauen mit Lehm. Heft 3: Lehm im Fachwerkbau. – Kassel: Ökobuch-Verlag 1985

Mönck, Willi: Holzbau; Grundlagen für Bemessung und Konstruktion, 8. Auflage. – Berlin: VEB Verlag für Bauwesen 1982

Ostendorf, Friedrich: Die Geschichte des Dachwerkes, Leipzig 1908 (Neudruck) – Hannover: Edition »Libri rari« Verlag Th. Schäfer 1982

Paul, Oswald: Hitze tötet Hausbock, Heißluft – eine sichere und ungiftige Methode zur Bekämpfung von Holzschädlingen in Dachstühlen. – In: Bauhandwerk 2/1984

Peek, Rolf Dieter: Vorbeugender Holzschutz, Bauliche und chemische Schutzmaßnahmen. – In: Deutsches Architektenblatt 1987, S. 1033-1038

Phleps, Hermann: Alemannische Holzbaukunst. – Wiesbaden: Franz Steiner Verlag 1967

Rheinisches Freilichtmuseum und Landesmuseum für Volkskunde (Hrsg.) Lehm im Fachwerkbau. – Bonn: Rheinland-Verlag 1986

Sacherer, Franz Adolf: Bauholzzerstörungen in der Reihe Bauerneuerung. – In: Deutsche Bauzeitung 12/1979, S. 1891-1894

Schäfer, Carl: Die Holzarchitektur Deutschlands vom XIV. bis XVII. Jh., Berlin 1883 bis 1888 (Neudruck) – Hannover: Edition »Libri rari« Verlag Th. Schäfer 1981

Schübler, Johann Jacob: Nützliche Anweisung zur Zimmermannskunst, Nürnberg 1731 (Neudruck) – Hannover: Edition »Libri rari« Verlag Th. Schäfer 1982

Walbe, Heinrich: Das Hessisch-Fränkische Fachwerk, Gießen 1954 (Neudruck) – Gießen 1979

Warth, Otto: Die Konstruktionen in Holz, Leipzig 1900 (Neudruck). – Hannover: Edition »Libri rari« Verlag Th. Schäfer 1982

Wilhelm, Johann: Holzbaukunst, Nürnberg 1668 (Neudruck). – Hannover: Edition »Libri rari« Verlag Th. Schäfer 1977

Verbände, Institutionen, Beratungsstellen

Arbeitsgemeinschaft Historische Fachwerkstädte in Hessen und Niedersachsen
Geschäftsstellen: 3510 Hann.-Münden 1, Rathaus
6320 Alsfeld, Rathaus

Arbeitsgemeinschaft Holz e.V., Füllenbachstr. 6, 4000 Düsseldorf 30

Arbeitskreis Denkmalpflege (AKD) im Bund Deutscher Zimmermeister im Zentralverband des Deutschen Baugewerbes e.V., Godesberger Allee 99, 5300 Bonn 2

Bundesarbeitskreis Altbauerneuerung e.V., Simrockstraße 4-18, 5300 Bonn 1

Bund Deutscher Zimmermeister (BDZ) im Zentralverband des Deutschen Baugewerbes e.V., Godesberger Allee 99, 5300 Bonn 2

Deutsche Gesellschaft für Holzforschung e.V. Schwalmthaler Straße 79, 8000 München 2

Fortbildungszentrum für Handwerk und Denkmalpflege,
Propstei Johannesberg, Fulda e.V., 6400 Fulda

Zentralverband des Deutschen Baugewerbes, Godesberger Allee 99, 5300 Bonn 2

Dächer

Die Materialien, Formen, Farben, Oberflächen und Aufbauten der Dächer bestimmen wesentlich die Architektur historischer Gebäude, die »Dachlandschaften«, darüberhinaus die Gestalt von Städten und Dörfern.

Dächer besitzen den hohen Symbolgehalt des den Menschen schützenden Elements, des Geborgenseins, haben entscheidende Bedeutung für die Architektur des einzelnen Gebäudes, bestimmen die Dachlandschaft einer Stadt oder eines Dorfes und sind das charakteristische Merkmal landschaftsgebundener Architekturen. Dachform, Dachneigung, Material der Dachhaut und die Dachaufbauten sollen jeweils eine stilistische Einheit bilden. Wird bei der Sanierung, der Neueindeckung oder dem Umbau gegen diese Einheit verstoßen, so entstehen Diskrepanzen, die die architektonische Gesamtheit eines Gebäudes, aber auch das Stadt- und Landschaftsbild erheblich stören.

Maßnahmen an Dächern umfassen zwei große Gruppen:

– Dachkonstruktionen, Dachstühle
– Dachhaut mit Dachrinnen, Kaminen, Abzugsrohren, Gaupen und allen weiteren Aufbauten.

Wird nur die Dachhaut erneuert, so sollte die Dachkonstruktion nach Entfernen der alten Dacheindeckung untersucht und, falls erforderlich, ausgebessert werden. Grundsätzlich können Maßnahmen an Dachhaut oder Konstruktion jedoch getrennt durchgeführt werden. So sind Auswechslungsarbeiten am Dachstuhl meist möglich, ohne daß deswegen die Dachhaut entfernt werden muß.

Dachkonstruktionen

Da bei Dachkonstruktionen im Laufe der Jahrzehnte oder Jahrhunderte häufig leichtfertig einzelne Holzteile herausgenommen und keine oder ungenügende konstruktiven Ersatzmaßnahmen durchgeführt wurden, sind Dachstühle zunächst auf ihr ursprüngliches statisches System und anschließend auf Mängel in diesem zu untersuchen. Im statisch-konstruktiven Aufbau sind dabei grob zu unterscheiden:

Sparrendächer, bei denen die Sparren zur Dachkonstruktion zählen. Zu diesen gehören:
– Einfaches Sparrendach,
– Sparrendach mit Hahnenbalken oder Kehlbalken,
– einfach stehender Kehlbalkendachstuhl,
– doppelt stehender Kehlbalkendachstuhl und
– doppelt liegender Kehlbalkendachstuhl.

Dächer mit Dachstuhl, bei denen die Sparren zur Dachhaut zählen. Zu diesen gehören:
– Einfach stehender Pfettendachstuhl,
– doppelt stehender Pfettendachstuhl,
– einfaches Hängewerk,
– doppeltes Hängewerk,
– einfaches Sprengewerk und
– doppeltes Sprengewerk.

Statik

Bei den statisch-konstruktiven Überlegungen zu historischen Dachstühlen sind evtl. Veränderungen der auftretenden Lasten bei Neueindeckung mit schwereren Materialien und die Eigenschaften des Baustoffes Holz zu berücksichtigen, daneben die frühere und heutige Nutzung des Daches und die Ansätze, wie der Zimmermeister seine Holzdimensionen ermittelt hat. So fällt bei der Nachrechnung von Holzkonstruktionen auf, daß bei Berechnungen mit festen Auflagern fast immer Sparren und Balken zu stark dimensioniert sind, während Pfetten und Unterzüge zu schwach ausgeführt scheinen. Rechnet man die gleichen Beanspruchungen mit beweglichen Auflagern – was den tatsächlichen Belastungen durch das Zusammenpressen von Holzauflagern,

Einfaches Sparrendach

Sparrendach mit Hahnenbalken oder Kehlbalken

Doppelt stehender Kehlbalken-Dachstuhl

Doppelt liegender Kehlbalken-Dachstuhl

Einfach stehender Pfettendachstuhl

Doppelt stehender Pfettendachstuhl

Doppelt liegender Pfettendachstuhl

Einfaches Hängewerk

Doppeltes Hängewerk

Doppeltes Sprengwerk

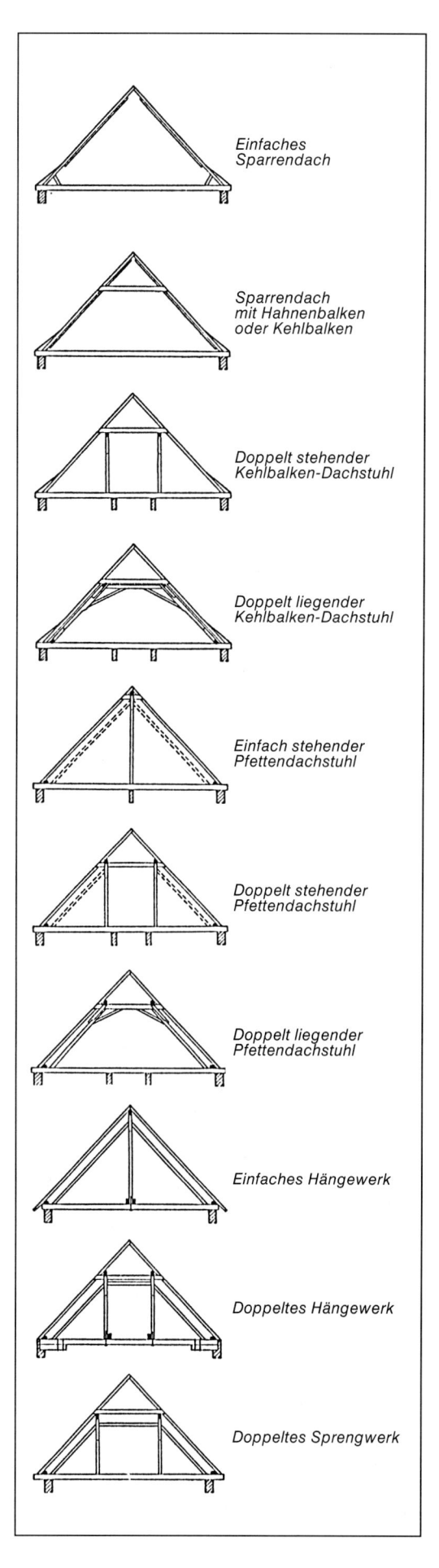

Die Dachkonstruktionen in Mitteleuropa basieren auf zwei Grundformen: dem Sparrendach aus dem germanischen Bereich und dem Pfettendach aus der römischen Bautradition. Zeichnung: M. Mittag »Baukonstruktionslehre«, 12. Aufl., Gütersloh 1961.

Dächer

In Dachkonstruktionen, wie hier bei einem doppelten Hängewerk, kommen oft komplizierte Holzverbindungen vor, deren Kraftschlüssigkeit zu überprüfen ist.

Der über einen Meter durchhängende First dieser Tabaktrockenscheune aus dem Jahre 1695 weist auf schwere Schäden in der Gesamtkonstruktion hin.

mehr noch den großen Durchbiegungen gerecht wird – so werden die Sparren und Balken stärker und die Pfetten sowie die Unterzüge schwächer, so wie wir die Ausführungen auch vorfinden. Allein dieser eine Hinweis macht deutlich, daß die Zimmermeister über große empirische Erfahrungen verfügten, und daß Holzkonstruktionen nicht mit den im Massivbau üblichen Methoden behandelt werden sollten. Darüber hinaus ist festzustellen, daß alle komplizierten und großen Dachstühle spätestens seit dem 18. Jahrhunderte bereits gerechnet wurden. Die Methoden dieser statisch-konstruktiven Rechnungen sind zwar anders als die heutigen, die Ergebnisse aber oft verblüffend ähnlich.

Schäden

Die Schäden an historischen Dachkonstruktionen lassen sich in drei große Gruppen einteilen:
1. Veränderung, meist Schwächung der Konstruktion durch herausgenommene Teile wie Kopfbänder und Streben. Diese wurden z. B. bei Schüttböden entfernt, um die Getreidesäcke leichter transportieren zu können.

Dachkonstruktionen

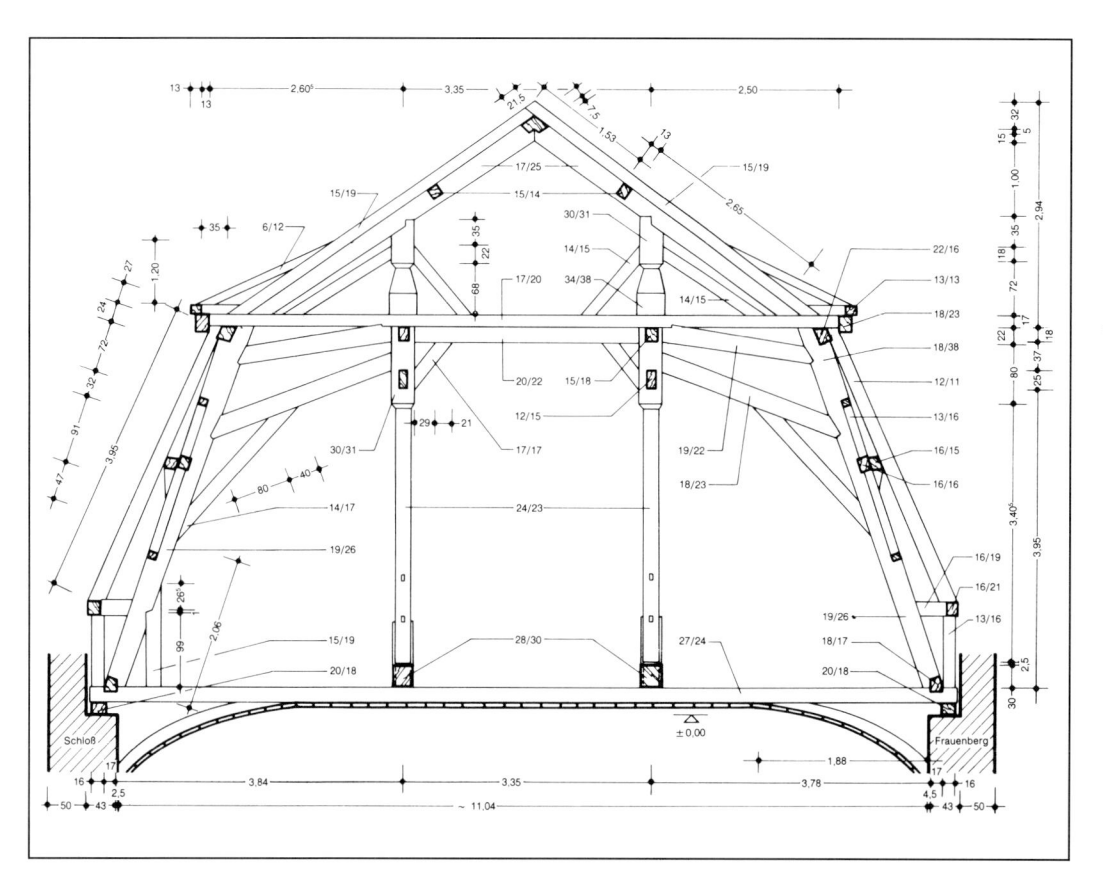

Schnitt durch eine komplizierte, aber auch elegante barocke Dachkonstruktion mit dopppeltem Hängewerk und Überzügen.
Zeichnung: Ing. Büro Gehring und Pescara in »Historische Dachstühle I«, Arbeitsblätter des Fortbildungszentrums Johannesberg, Bauhandwerk 4/84.

Weiter wurden bei An- und Umbauten oft Dachverbandshölzer herausgeschnitten, ohne für entsprechende Ersatzmaßnahmen zu sorgen.
2. Holzzerstörungen durch tierische und pflanzliche Schädlinge einschließlich der bei Schwächung der Hölzer erfolgten Brüche.
3. Schiefstellungen und klaffende, nicht mehr kraftschlüssige Verbindungen, resultierend aus den Schäden tierischer und pflanzlicher Schädlinge bzw. entfernter Konstruktionshölzer.

Untersuchung

Die Untersuchung von Dachkonstruktionen ist in der Regel relativ einfach und durch Inaugenscheinnahme sowie Anklopfen bzw. Anbohren der Dachverbandshölzer zu bewerkstelligen. Dazu wird bei einer ersten Betrachtung das konstruktive System festgestellt und eingeordnet. Danach wird genauer untersucht auf
– fehlende Holzteile,
– Brüche oder Risse,
– klaffende, nicht mehr kraftschlüssige Verbindungen,
– zu starke Durchbiegungen,
– Holzschäden durch tierische Schädlinge und
– Holzschäden durch pflanzliche Schädlinge.

Besonders gefährdet sind Sparrenfüße, bzw. die unteren Enden von stehenden oder liegenden Stuhlsäulen sowie die Fußschwellen; diese Holzteile sind deshalb besonders gründlich zu prüfen. Weiterhin werden alle Hölzer mit Hammer oder Handbeil abgeklopft, um z. B. Kernfäule oder den Befall von Anobien (holzzerstörende Klopf- oder Pochkäfer) und Hausböcken zu ermitteln. Jeder Zweifel über die Holzbeschaffenheit oder evtl. Schäden läßt sich mit Hilfe einfacher Bohrungen beseitigen; durch die Bohrspäne oder aus dem aufzuwendenden Druck können Rückschlüsse gezogen werden.

Noch besser läßt sich die Holzsubstanz mittels einer Kernbohrung von 20 bis 25 mm Außendurchmesser an Hand des Kerns von etwa 10 mm Durchmesser beurteilen. Ebenso ist auch die Endoskopie in vielen Fällen eine geeignete Methode zur Holzuntersuchung, aber auch zur Untersuchung von Hohl- oder Dachräumen, die sonst nur schwer oder gar nicht zu erreichen sind.

Dächer

Zangenverstärkungen der Knotenpunkte eines liegenden Dachstuhls aus dem 16. Jahrhundert als zusätzliche konstruktive Sicherung.

Sanierung einer Balkendecke und der Fußpunkte von liegenden Dachstühlen durch Auswechseln, Zangenverstärkungen und Stahlschuhe – letztere sollten aber mit starker Perforierung ausgeführt werden.

Beendet werden die Untersuchungsarbeiten im Normalfall mit einer Skizze der Dachkonstruktion, besser einem Aufmaß in nicht zu kleinem Maßstab und einer Mängelliste, deren Aufzeichnungen mit entsprechenden Markierungen in der Skizze oder dem Aufmaß korrespondieren sollen. Bei angegriffenen Holzteilen müssen auch die tragenden Restquerschnitte festgestellt und erfaßt werden. Zur genauen Untersuchung des Dachstuhls wird man immer auch die Dachhaut und Eindeckung mituntersuchen, um alle Schadensursachen eindeutig zu klären.

Sanierungskonzept

Nach der abgeschlossenen Untersuchung muß ein Sanierungskonzept erstellt werden. Die Sanierung kann im geringsten Falle aus kleineren Reparaturen lokal eingegrenzter Mängel bei vollständigem Erhalt der vorhandenen Dachkonstruktion und Dachhaut bestehen, aber auch größere Instandsetzungen und Verstärkungen umfassen und in Extremfällen den Austausch von Dachkonstruktion und Dachhaut beinhalten. Neben der Bewertung der vorhandenen Konstruktion und den Mängeln spielen bei der Erarbeitung des Sanierungskonzeptes für die Dachkonstruktion folgende Fragenkomplexe eine besonders wichtige Rolle:

- Erhalt, Reparatur oder Erneuerung der Dachhaut (Erhalt des Originalmaterials der Dachhaut, Ersatzmaterialien).
- Gewicht des Eindeckmaterials (die älteren Eindeckmaterialien waren fast durchweg leichter als die heute üblichen Materialien, insbesondere Stroh, Reet, Lehmschindeln, Holz und Biberschwanzeindeckungen).
- Abstimmung des Eindeckmaterials auf die Dachkonstruktion bzw. Verstärkung der Dachkonstruktion.
- Nutzung des Dachraums, Belastungen aus der Nutzung für die Dachkonstruktion, Feuerschutz.
- bei notwendigen statischen Berechnungen müssen Kraftüberlagerungen, relativ große Durchbiegungen von Hölzern und die elastischen Auflager bei Holzkonstruktionen besondere Berücksichtigung finden.

Gleichgültig, ob das Sanierungskonzept vom Architekten oder Handwerker erstellt wird, es erlaubt bei der notwendigen Genauigkeit die Aufstellung detaillierter Massen-, Arbeits- und Leistungsangaben (z. B. für eine Leistungsbeschreibung), so daß auch frühe und exakte Angaben zu den Kostengrößen vorliegen.

Reparieren, Anschuhen und Auswechseln

Wenn die erhaltene Restsubstanz von Dachstühlen nicht zu gering ist, lassen sich praktisch alle Dachstühle sanieren – auch die Dachstühle, die neuen stati-

Dachkonstruktionen

schen Berechnungen nicht mehr standhalten und verstärkt werden müssen.

Hölzer, deren gesunder Restquerschnitt zur Abtragung der Lasten noch ausreicht, werden bis auf das gesunde Holz abgebeilt und in diesem Zustand belassen. Reicht der Querschnitt nicht mehr aus, so wird das beschädigte Holz durch eine aufgenagelte oder verbolzte Verstärkung repariert, angeschuht oder ausgewechselt. In Dachkonstruktionen werden die Hölzer in der verschiedensten Art wie Druck, Zug, Biegezug, Abscheren und von Knicklast beansprucht. Deshalb ist besonders sorgfältig darauf zu achten, daß die bei Reparaturen oder beim Anschuhen gewählten Holzverbindungen, auch z. B. Knickbelastungen aufnehmen können. Insgesamt sollten soweit wie möglich traditionelle Holzverbindungen gewählt werden. Für viele Fälle haben die Zimmerleute eigens »Reparaturverbindungen« geschaffen.

Stahlformteile, Lochbleche und chemischer Holzersatz sollten für die Sanierung nur in notwendigen Ausnahmefällen angewandt werden. Sorgfältig und kritisch müssen beim Einbau solcher Verbindungen bauphysikalische Gesichtspunkte (Kondensatausfall/ Feuchteverhalten) geprüft werden.

Sind einzelne Hölzer oder Knotenpunkte schon ursprünglich zu schwach dimensioniert worden oder reichen sie bei neuen Nutzungen bzw. schwerem Eindeckmaterial nicht mehr aus, so lassen sich Verstärkungen handwerklich leicht, z. B. durch verbolzte Zangen, erreichen.

Problematisch sind vielfach die von tierischen oder pflanzlichen Schädlingen angegriffenen oder zerstörten Fußverbindungen der Sparren bei Sparrendächern bzw. der liegenden Stuhlsäulen von Pfettendächern. Kleinere Schäden an solchen Knotenpunkten, die meist aus Versatz und Zapfen bestehen, lassen sich durch schräg nach innen auf Sparren bzw. Stuhlsäulen und Balken genagelte Laschen beheben. Ist die Verbindung weitgehend zerstört, so können auch hier die Kräfte über verbolzte Zangen abgeleitet werden. In Ausnahmefällen sind auch einzeln angefertigte Stahlschuhe möglich, die den Fuß von Sparren oder liegenden Säulen aufnehmen.

Die Horizontalkräfte sind über einen Arm des Schuhs, der mit dem Balken verbolzt ist, auf diesen abzuleiten. Es ist darauf zu achten, daß die Stahlschuhe genügend große Löcher aufweisen, damit Kondensat wieder austreten kann. Gute Erfolge sind bei entsprechenden Schadensfällen auch mit der Verkürzung der Sparren bzw. Stuhlfüße und Aufdoppelung der Balken sowie mit chemischen Prothesen erzielt worden.

Bei allen Sanierungsmaßnahmen an Dachkonstruktionen ist darauf hinzuwirken, daß die Kräfte nicht über neue Wege geleitet werden. Auch wenn repariert, angeschuht, ausgewechselt oder verstärkt wird, sollten die aufzunehmenden Kräfte über die ursprünglichen Kräftelinien laufen. Wird der Kräfteverlauf verlegt, so besteht die Gefahr neuer Schwächungen bis zu Brüchen an Stellen, die bisher die vorhandenen Lasten problemlos bewältigt haben.

Holzschutz

Dachstühle sind stark durch tierische Holzschädlinge gefährdet. Bei Sanierungen sollte deshalb in jedem Fall der Einsatz von Holzschutzmaßnahmen nach DIN 68800 geprüft werden. Der neue Normentwurf fordert nicht mehr in jedem Falle chemischen Holzschutz. Da die Hölzer im Dachverband meist nicht farblich behandelt werden, können Mittel auf Öl- und Lösungsmittelbasis und auch salzhaltige Lösungen verwendet werden.

Neu einzubauendes Holz sollte kesseldruckimprägniert, mindestens jedoch troggetränkt sein. Das im Dachstuhl verbleibende Holz ist mittels Spritzen, Streichen oder Sonderverfahren wie Bohrlochimpfungen zu behandeln. Auch Heißdampf- und Begasungsverfahren eignen sich unter Umständen für Dächer gut.

Ausrichten

Durch das Herausnehmen von Kopfbändern oder Streben aus Dachstühlen oder Längsverbänden, um z. B. auf den Fruchtböden bei Bauernhäusern die schweren Säcke leicht transportieren zu können, oder um ausreichende Kopf-

Dächer

Die Dacheindeckungsmaterialien von Stroh und Reet beginnend, über Holzschindeln, Bohlen, Steine, Schiefer, Biberschwänze, Tonziegel, Metalle bis zu Dachsteinen sind nicht nur besonders eng an Landschaften und Materialvorkommen gebunden, sondern haben auch viele Entwicklungsstufen mit großem Formenreichttum durchlaufen.

höhe zu erreichen, sind Dachstühle und damit Dächer oft instabil geworden und haben sich zu einer Giebelseite geneigt. Betragen die Schrägstellungen nur wenige Zentimeter, so sollten sie im Normalfall belassen, d.h. im Schrägzustand durch den Wiedereinbau der früher entfernten Aussteifung fixiert werden. Ist durch die Schrägstellung die Standsicherheit gefährdet, sollte nach Möglichkeit das Dach wieder gerade gerichtet werden. Dazu müssen bei Sparren- wie Pfettendächern die Dacheindeckung und Schalung oder Lattung entfernt werden, bei Pfettendächern unter Umständen auch ein Teil der Sparren. Dann wird vorsichtig mit Winden gerade gezogen, wobei darauf zu achten ist, daß in den Holzverbindungen nicht zusätzliche Spannungen entstehen.

Große Sparrenabstände

Die Dächer der Bürger- und Bauernhäuser vergangener Jahrhunderte, in manchen Gegenden auch bis in unsere Zeit, waren meist mit Weichdeckungen, wie Stroh, Reet, Brettern, Schindeln oder Lehmschindeln eingedeckt. Diese Materialien waren alle leicht, und man konnte die Sparren mit weiten Abständen verlegen; 1,50 bis 1,70 m Sparrenabstand sind keine Seltenheit. Bei früheren Umdeckungen, z.B. mit Biberschwanzeindeckung, behalf mit sich oft mit dickeren Latten oder mit »Sparrenhilfen«, wobei unter die alten Latten mittig zwischen zwei Sparren Bretter oder Kanthölzer genagelt wurden. Solche Konstruktionen sind natürlich keine dauerhaften und fachgerechten Sanierungsmaßnahmen. Andererseits muß auch ein Dach mit zu großen Sparrenweiten nicht abgerissen werden. Voraussetzung zur Ermittlung der notwendigen Sparrenabstände ist in erster Linie das Gewicht der Eindeckungsmaterialien. Um die Lasten auf die Dachstühle nicht zu hoch werden zu lassen, muß das Eindeckungsmaterial mit der möglichen Belastbarkeit in Einklang gebracht werden.

Müssen die Sparrenabstände wesentlich verringert werden, so wird am günstigsten zwischen die vorhandenen Sparrenpaare jeweils ein weiteres Sparrenpaar gelegt. Bei Pfettendächern ist dies meist unproblematisch; bei Sparrendächern stößt man auf Schwierigkeiten, da der Balken zur Aufnahme der Sparrenfüße fehlt. In solchen Fällen ist zu überlegen, ob das Sparrendach in ein Pfettendach umkonstruiert werden kann und dann die neuen wie die alten Sparren auf Fuß-, Mittel- und Firstpfetten ruhen.

Dachhaut

Die Dacheindeckungen waren landschaftlich gebunden. Stroh, Schindeln, Bretter, Schiefer, Biberschwänze, Pfannen, Kremp-, Falz- und Doppelfalzziegel waren die wichtigsten Eindeckungsmaterialien. Diese Materialien gehören in ganz besonderer Weise zu den typischen Gebäudemerkmalen. Bei Denkmälern ist deshalb höchst sensibel mit dem Eindeckungsmaterial, der Art der

Dachhaut

Dächer

Die Schieferdeckung mit den verschiedenen, technisch perfekten Eindeckungsmöglichkeiten von Graten, Kehlen und Orten erfordert höchstes handwerkliches Können.

Verschiedene Möglichkeiten der Befestigung einzeln auszuwechselnder Schiefersteine mit Reparaturhaken. Zeichnung: H.G. Griep »Übersicht über Dachdeckungs- und Wandbekleidungsmaterialien – Schieferdeckerarbeiten Hrsg. Arge Historische Fachwerkstädte, Alsfeld/Hann-Münden.

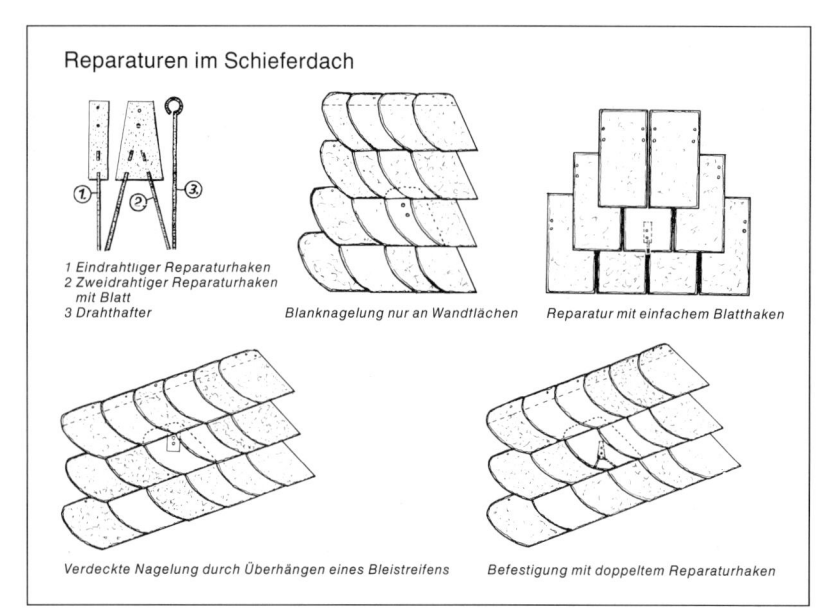

Reparaturen im Schieferdach

1 Eindrahtiger Reparaturhaken
2 Zweidrahtiger Reparaturhaken mit Blatt
3 Drahthafter

Blanknagelung nur an Wandflächen

Reparatur mit einfachem Blatthaken

Verdeckte Nagelung durch Überhängen eines Bleistreifens

Befestigung mit doppeltem Reparaturhaken

Deckung und den Verwahrungen sowie den Dachaufbauten umzugehen. Regionale Besonderheiten, wie z. B. das Eindecken von Kehlen, Graten, First und Orten auf Biberschwanzdächern mit Schieferstreifen oder das Aufsetzen einer Giebel- bzw. Firstzier, sind zu beachten.

Stroh und Reetdächer

Stroh- und Reetdächer wurden vor allem in Norddeutschland bis in die jüngste Vergangenheit hergestellt. Bei qualitätvollen Gebäuden, insbesondere denkmalgeschützten, ist auf jeden Fall auf die Reparatur oder Neueindeckung mit Stroh, heute meist Reet, zu drängen.

Eines der Gegenargumente gegen die Weichdachdeckungen ist die Brandunsicherheit. Es gibt inzwischen chemische Behandlungsmethoden, um Stroh oder Reetdächer weitgehend feuersicher zu machen. Ersatzmaterialien für Stroh und Reet aus Kunststoff sind bei denkmalgeschützten Gebäuden nicht denkbar und erscheinen auch bei nichtdenkmalgeschützten Bauten als Ersatz ungeeignet.

Schiefer

Schiefer gehört mit zum lebendigsten Dachmaterial und kommt der Fachwerkbauweise am nächsten. In Gegenden mit Schiefervorkommen, in Westfalen, im Westerwald, im Siegerland, im Rheingau, Harz und Thüringen, wurde ausschließlich verschiefert. Wenn irgend möglich sollte auf die Reparatur oder Neueindeckung mit Naturschiefer nicht verzichtet werden. Auch die ursprüngliche Deckungsart ist nach Möglichkeit wieder anzuwenden. Historische Gebäude vor der Gründerzeit waren oft als »altdeutsche Schieferdoppeldächer« mit von der Traufe zum First kleiner werdenden Gebinden oder als »deutsche Schuppenschablonendächer« ausgebildet, Bauten seit dem Historismus daneben vielfach mit »englischen« Schablonen eingedeckt [28]. Wenn an Schieferersatzmaterial gedacht wird, so kommen dem Schiefer am nächsten Materialien aus Schiefermehl mit Harz gebunden.

Dachhaut

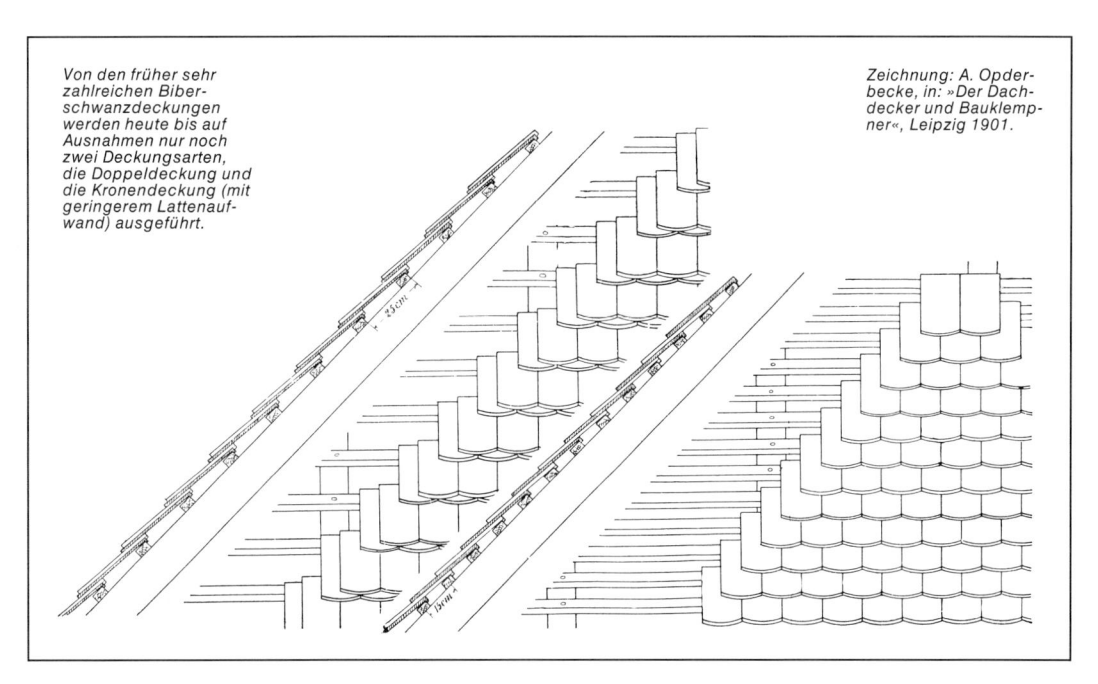

Von den früher sehr zahlreichen Biberschwanzdeckungen werden heute bis auf Ausnahmen nur noch zwei Deckungsarten, die Doppeldeckung und die Kronendeckung (mit geringerem Lattenaufwand) ausgeführt.

Zeichnung: A. Opderbecke, in: »Der Dachdecker und Bauklempner«, Leipzig 1901.

Zu den lokalen Besonderheiten gehört, daß in einigen Regionen, wie zwischen Fulda und Bamberg, Kehlen, Grate und Gaupen in Biberschwanzdächern mit Schiefer eingedeckt wurden.
Foto: Fortbildungszentrum Johannesberg, Knesch.

»Weiche« Öffnungen im Dach, wie die sogenannten Fledermausgaupen, lassen sich sehr gut mit Materialien wie Reet, Schiefer oder Biberschwänzen eindecken.

Biberschwänze

Biberschwänze sind in Mitteleuropa etwa seit dem 11. Jahrhundert bekannt. Sie gehören damit bei uns zu den ältesten noch verwendeten Eindeckungsmaterialien aus gebranntem Ton. Die Biberschwänze wurden je nach Landschaften und Zeitepochen in den unterschiedlichsten Formaten und Formen hergestellt. Dabei reichen die Formate von ca. 10 cm Breite bis weit über 30 cm und zu den Formen zählen unter anderem Rauten und Spitzbiber, Herzbiber, Schüppenbiber, die Wiener Tasche und Biber, die in Rundbogen bzw. Segmentbogenformen enden. Diese Vielfalt wurde unterstützt durch eine Reihe unterschiedlicher Deckungsarten, wie einfache Deckung mit Holzspließen, Doppeldeckung und Kronendeckung. Im 19. Jahrhundert kommen zu den Biberschwänzen auch gefalzte Biber und Strangfalzziegel, die den normalen Biberschwänzen ähnlich sehen, aber ein geringeres Gewicht bringen.

Biberschwanzdächer sind zu reparieren, zu ergänzen oder wieder mit neuen Biberschwänzen zu decken. Es werden praktisch noch alle Biberschwanzarten gebrannt. Nach Möglichkeit sollten verschiedene Brandfarben gemischt werden.

Durchgefärbte Biberschwänze ergeben sehr gleichmäßige Dacheinfärbungen gegenüber nichteingefärbten Materia-

Dächer

lien, die mit zunehmendem Alter lebhaftere Dachflächen ergeben – ähnlich den früher mit der Hand gestrichenen und durch unterschiedlichen Brand farblich sehr differenzierten Bibern. Engobierte Biberschwänze ergeben noch weitergehend völlig gleichmäßige Dacheinfärbungen – wegen des sterilen Aussehens sind sie für Denkmäler oft ungeeignet. Auch Biberschwänze, die mit »Handstrich« ähnlich aussehen, wie die bis ins 19. Jahrhundert mit der Hand »gestrichenen« oder »geschlagenen« und in Feldbrandziegeleien gebrannte Biberschwänze werden wieder hergestellt.

Statt gebrannter Biberschwänze können z. B. bei nicht denkmalgeschützten Gebäuden auch Biberdachsteine aus Beton verwendet werden. Die Materialkostenersparnis beträgt dabei rund 30 Prozent. Biberdachsteine haben das Format 168 x 420 mm, mit Bogen oder gerade geschnitten.

»Dachlandschaft« mit Biberschwänzen und Schiefer.

Dachhaut

Bei handgestrichenen Kremp- und Hohlziegeln wurde die einwandfreie Deckung und Dichtigkeit oft mit Strohdocken erreicht.

Mönch- und Nonnendeckungen, Klosterziegel und Nonnendeckung mit Kalkmörtelverstrich

Mönch- und Nonnendeckungen wurden ursprünglich von den Römern nach Mitteleuropa gebracht. Erst ab dem 12. Jahrhundert entwickelten sich hier mit eigenen Formen Mönch- und Nonnenziegel, die heute wieder hergestellt werden. Eine Alternative zur Mönch- und Nonnendeckung sind gefalzte Klosterziegel, die Mönch und Nonne praktisch in einem Ziegel vereinen.

Diese Ziegel können für flachgeneigte Dächer ab ca. 22° eingesetzt werden. Eine Besonderheit in diesem Bereich stellen die historischen Dächer dar, die nur mit Nonnen eingedeckt waren und deren offene Zwischenräume mit Kalkmörtelleisten geschlossen wurden.

Hohlpfannen, S-Pfannen und Krempziegel

Die Hohlpfannen kommen ursprünglich aus Holland und wurden deshalb auch als »Holländische Pfannen« bezeichnet. Sie sind etwa seit dem 15. Jahrhundert bekannt und fanden wegen ihres Ursprungs vor allem im Norden Deutschlands, im 16. und 17. Jahrhundert eine weite Verbreitung.

Krempziegel gab es im Norden Deutschlands wahrscheinlich schon im 10. Jahrhundert, häufiger wurden sie erst im 15. und 16. Jahrhundert angewendet. Viele gefalzte Ziegelarten decken diesen Formenbereich heute ab, wie z. B. der Hohlfalzziegel.

Kehlenausbildungen bei Ziegeldächern. Zeichnung: H.G. Griep, in: »Dachdeckerarbeiten – Tonziegel«, Hrsg. Arge Historische Fachwerkstädte, Alsfeld/Hann-Münden.

Hauptkehle aus Kehlziegeln
Formziegel. Bei über 30° Neigung ohne Unterschalung möglich.

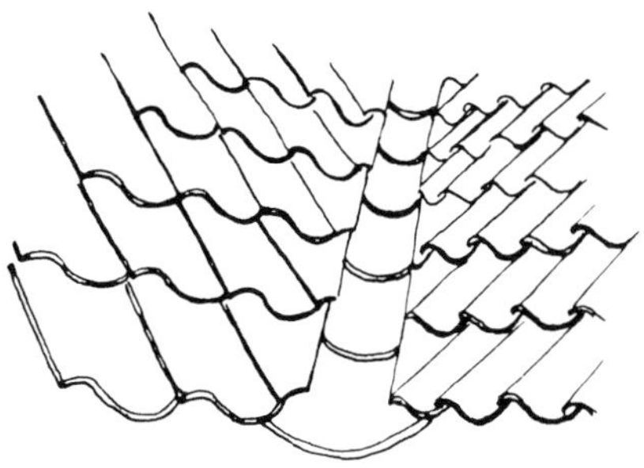

Hauptkehle aus Biberschwänzen
Kehlsparren mind. 30° Neigung. Biberschwanz-Doppeldeckung in der unterschalten Kehle.
52 cm

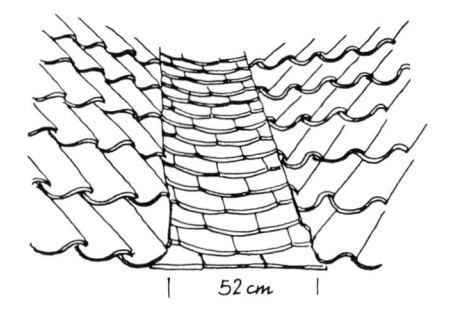

Dreipfannenkehle im Hohlziegeldach
Ablenkblech in der Rinne
Kehlsparren mind. 30° unterschalte Kehle.

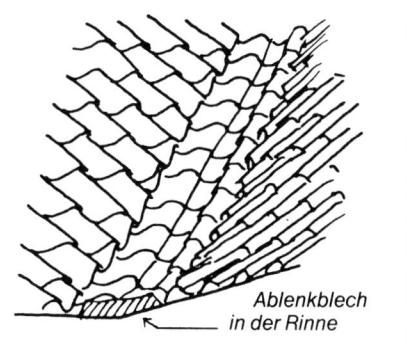

Dächer

Doppelmulden- und Rautenfalzziegel

Im Bauboom der Gründerzeit, in der zweiten Hälfte des 19. Jahrhunderts, wurden die Doppelmuldenfalzziegel erfunden, 1881 patentiert, und in großen Stückzahlen maschinell produziert. Zu den Sonderformen dieses Ziegels zählen die Rautenziegel. Auch die Doppelmuldenfalzziegel werden wieder gebrannt.

Viele der früher sehr zahlreichen Formteile für Biberschwanz- und Tonziegeldächer werden heute in Einzelanfertigung wieder hergestellt.
Zeichnung: A. Opderbecke, in: »Der Dachdecker und Bauklempner«, Leipzig 1901.

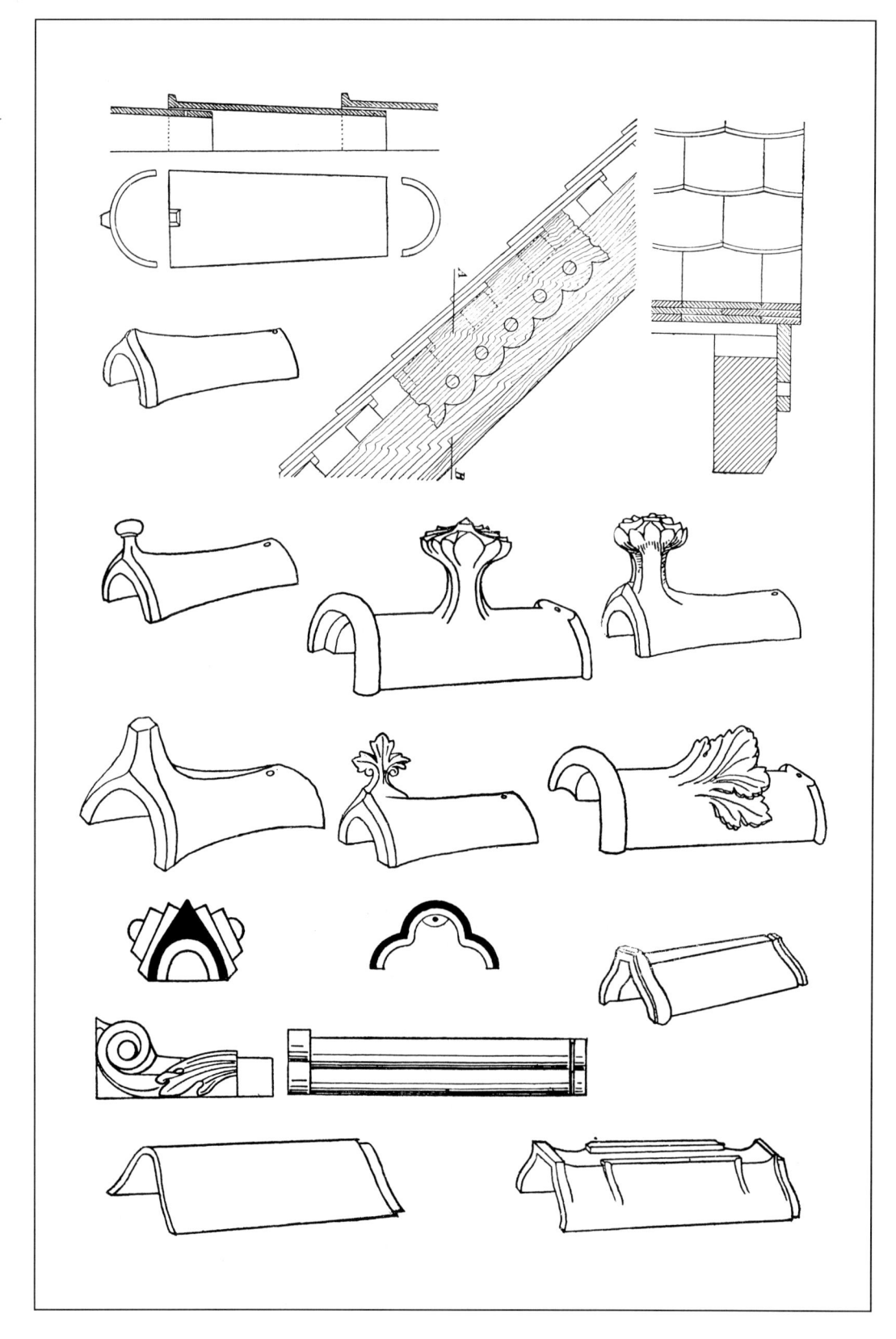

Dachaufbauten

Dachlandschaften leben nicht nur von großen Dachflächen, sondern ebenso von den kleinen Aufbauten und dem Zierat. Gaupen, Türmchen, Firstreiter, Schornsteine und Zwerchgiebel dürfen deshalb nicht geschleift werden, sondern sind ausnahmslos zu reparieren und instand zu halten. In der Dachfläche liegende großformatige Fenster oder Sonnenkollektoren stören fast immer, bei Denkmälern können sie erheblich die Denkmaleigenschaften schmälern.

Wird zusätzliche Belichtung erforderlich, so ist dies oft nur über einen Kompromiß erreichbar, indem Gaupen als Schlepp- oder Walmgaupen zum Stil des Hauses passend ausgebildet werden. Sind liegende Fenster nicht zu vermeiden, so sollten sie bei Denkmälern nicht die Größe eines Dachfensters, also 40 x 60 cm, wesentlich überschreiten.

Neben den eigentlichen Dacheindeckungsarbeiten kommen am Dach noch einige andere Arbeiten wie Gesimse, Ortgänge, Dachrinnen und Fallrohre vor. Auch hier ist vielfach Handwerkskunst notwendig wie bei diesem rekonstruierten Wasserspeier in Form eines Drachens.

Zahlreiche »moderne« Materialien aus Pappen und Platten eignen sich nicht für historische Dächer.

Dächer

Informationen

Weiterführend wird auf folgende Normen, Regelwerke, Literatur und Beratungsmöglichkeiten durch Verbände und Institutionen hingewiesen:

Normen

DIN 274
T 1   Asbestzement-Wellplatten; Maße, Anforderungen, Prüfungen

DIN 274
T 2   Asbestzement-Wellplatten; Anwendung bei Dachdeckungen

DIN 456   Dachziegel; Anforderungen, Prüfung, Überwachung

DIN 1052
T 1   Holzbauwerke, Berechnung und Ausführung

DIN 1052
T 2   Holzbauwerke, Bestimmungen für Dübelverbindungen besonderer Art

DIN 1052
Erg.   Dachschalungen aus Holzspanplatten oder Baufurnierplatten

DIN 1115   Betondachsteine; Anforderungen, Prüfung, Überwachung

DIN 4178   Glockentürme, Berechnung und Ausführung

DIN 4422
T1 u. 2   Arbeits- und Schutzgerüste

DIN 7864
T 1   Elastomer-Bahnen für Abdichtungen, Anforderungen, Prüfung

DIN 18338   VOB Verdingungsordnung für Bauleistungen; Teil C: Allgem. Vorschriften für Bauleistungen; Dachdeckungs- und Dachabdeckungsarbeiten

DIN 52130   Bitumen-Dachdichtungsbahnen; Begriffe, Bezeichnung, Anforderungen

DIN 52131   Bitumen-Schweißbahnen; Begriffe, Bezeichnung, Anforderungen

DIN 52132   Polymerbitumen-Dachdichtungsbahnen; Begriffe, Bezeichnung, Anforderungen

DIN 52133   Polymerbitumen-Schweißbahnen; Begriffe, Bezeichnung, Anforderungen

DIN 52143   Glasvlies-Bitumendachbahnen; Begriffe, Bezeichnung, Anforderungen

DIN 59231   Wellbleche, Pfannenbleche, verzinkt

DIN 68119
T 1   Holzschindeln; Dachschindeln

Literatur

Fingerhut, Paul: Schieferdächer: Technik und Gestaltung der Altdeutschen Schieferdeckung unter besonderer Berücksichtigung der Denkmalpflege. – Köln: Verlag R. Müller 1982

Freckmann, Klaus/Wierschem, Franz: Schiefer; Schutz und Ornament. – Köln: Rheinland Verlag 1982

Griep, Hans-Günther: Übersicht über Dachdeckungs- und Wandbekleidungsmaterialien, Schieferdeckerarbeiten. Hrsg. Arbeitsgemeinschaft Historische Fachwerkstädte in Hessen und Niedersachsen. - Hann.-Münden und Alsfeld

Griep, Hans-Günter: Dachdeckerarbeiten – Tonziegel. Hrsg.: Arbeitsgemeinschaft Historische Fachwerkstädte in Hessen und Niedersachsen. – Hann.-Münden und Alsfeld

Grützmacher, Bernd: Reet- und Strohdächer; Alte Techniken wieder belebt. – München: Callwey 1981

Matthaey, Carl Ludwig: Der vollkommene Dachdecker, Ilmenau 1833 (Neudruck). – Hannover: Edition: »libri rari« Verlag Th. Schäfer 1984

Mönck, Willi: Zimmererarbeiten, 2. Auflage. – Berlin: VEB Verlag für Bauwesen 1981

Opderbecke, Adolf: Der Dachdecker und Bauklempner. – Leipzig. Bernhardt Friedrich Voigt Verlag 1901

Ostendorf, Friedrich: Die Geschichte des Dachwerks, Teubner 1908 (Neudruck) – Hannover: »libri rari« Verlag Th. Schäfer 1982

Preißler, H. A.: Dachentwässerung bei denkmalwerten Gebäuden. – In: Sanitär- und Heizungstechnik 11/1988

Zentralverband des Deutschen Dachdeckerhandwerks e.V. (Hrsg.): Regeln für Deckungen mit Schiefer, Berlin 1977, Nachdruck 1983

Zentralverband des Deutschen Dachdeckerhandwerks e.V. (Hrsg.):: Regeln für Dachdeckungen mit Dachziegeln und Dachsteinen, Ausgabe Mai 1984, Berlin 1984

Verbände, Institutionen, Beratungsstellen

Arbeitsgemeinschaft Historische Fachwerkstädte in Hessen und Niedersachsen
Geschäftsstellen: 3510 Hann.-Münden 1, Rathaus
6320 Alsfeld, Rathaus

Arbeitsgemeinschaft Ziegeldach e.V., Schaumburg-Lippe-Str. 4, 5300 Bonn 1

Bayerischer Ziegelindustrieverband e.V., Bavariaring 35, 8000 München

Bundesvereinigung der Fachverbände des Deutschen Handwerks (BFH) – Gruppe Bau-Handwerk, Johanniterstraße 1, 5300 Bonn

Fachverband Beton und Fertigteilwerke Niedersachsen, Hamburg, Bremen e.V., 3006 Burgwedel 1

Fachverband Ziegelindustrie Nord e.V., Postfach 1809, 2900 Oldenburg

Fachverband Ziegelindustrie Nordrhein-Westfalen und Niedersachsen, Am Zenthof 197-203, 4300 Essen 13

Fachverband Ziegelindustrie Südwest e.V., Friedrich-Ebert-Str. 11-13, 6730 Neustadt/Weinstraße

Fortbildungszentrum für Handwerk und Denkmalpflege, Propstei Johannesberg, Fulda e.V., 6400 Fulda

Zentralverband des Deutschen Dachdeckerhandwerks (ZVDH) – Fachverband Dach-, Wand- und Abdichtungstechnik e.V. -, Fritz-Reuter-Str. 1, 5000 Köln 51

Verkleidungen

Zum Schutz vor starken Witterungseinflüssen, gegen Schlagregen und Wind, aber auch zur Verbesserung der Wärmedämmung wurde vielfach an Fachwerkhäusern, weniger auch bei Massivgebäuden, die »Wetterseite«, in exponierten Lagen das Gesamtgebäude verkleidet. In vielen Fällen wurden die Verkleidungen bei der Planung von Gebäuden mit konzipiert, d.h. die architektonische Wirkung der Verkleidungen wurde von Anfang an geplant. In anderen Fällen entstanden die Verkleidungen aus Gründen architektonischer Moden, eines Stilwandels, einem veränderten Aussehen ganzer Stadtteile und Dörfer, oder einem Schutzbedürfnis nicht in dem Zusammenhang mit der Errichtung der Gebäude, sondern erst zu einem späteren Zeitpunkt. Dazu verwendete man unter anderem Verkleidungen aus Stroh, Verbretterungen, Verschindelungen, Verkleidungen aus Ziegeln und Biberschwänzen sowie Schiefer. Diese historischen Verkleidungsmaterialien sind luftdurchlässig und lassen evtl. eingetretene Feuchtigkeit wieder »auslüften«, so daß Fäulnis in hölzernen Verkleidungsmaterialien und Verrottungsprozesse in den Baumaterialien unter der Verkleidung weitgehend ausgeschlossen werden.

Noch heute prägen Verkleidungen aus Schiefern, Brettern und Kurzschindeln oder Ziegel Stadt- und Ortsbilder.

Am Fachwerkrathaus in Osterrode wurde der von der Witterung am stärksten betroffene Giebel mit einem Schieferschirm geschützt. Die Schieferverkleidung mit Ornamenten und Symbolen zeugt nicht nur von hoher Handwerkskunst, sondern gehört auch zum »Denkmalwert« des Rathauses.

Verkleidungen

Die historischen Verkleidungsmaterialien waren entsprechend dem Vorkommen landschaftsgebunden. In eine Lehmschicht eingestecktes Stroh kam im Westerwald und in der Eifel z. B. als Verkleidung vor. Schieferverkleidungen finden sich besonders häufig in Gegenden mit Schiefervorkommen wie an der Mosel und am Mittelrhein, aber auch im Sauerland, in den Hessischen Mittelgebirgen, im Harz und in Thüringen. Verkleidungen aus waagerechten Verbretterungen, z. B. Stulpschalungen bzw. Profilbrettern sowie mit Tonziegeln und Biberschwänzen kommen besonders häufig in Norddeutschland vor.

Senkrechte Verbretterungen, die verschiedensten Arten von Kurzschindeln, Langschindeln und Wettbrettern (Nutschindeln) sind typische Verkleidungen im hessischen Raum. Senkrechte Bretterschalungen in verschiedenen Ausführungen sind auch das hauptsächlichste Verkleidungsmaterial im Süden Deutschlands.

In den Mittelgebirgslandschaften mit exponierten Wetterlagen wurden die Gebäude vielfach ganz mit Verkleidungen – hier Buchenschindeln – geschützt.

*Tafel Seite 147:
Die Verkleidungsmaterialien, wie Eichen- und Buchenschindeln, Tonziegel, Bretter mit Leisten, Nutschindeln, Schiefer und Zinkblechtafeln, waren praktisch immer an die örtlichen Materialvorkommen und damit landschaftlich gebunden. Bei Neuverkleidungen sollte, bei Denkmälern muß dies Berücksichtigung finden.*

Verkleidungen

147

Verkleidungen

Nach der Mitte des 18. Jahrhunderts, als der Steinbau den Fachwerkbau immer mehr ablöste, begann man, verbunden mit der nie bewiesenen Brandgefahr, Steinbauten zu kopieren. Dazu verputzte oder verkleidete man vorhandene Sichtfachwerke und errichtete Fachwerkputzbauten bzw. Fachwerkbauten bei denen eine Verkleidung von vorne herein vorgesehen war. Diese Fachwerkbauten wiesen dann ein entsprechend sparsames Holzwerk auf. Ende des 19. Jahrhunderts fing man an, Verkleidungen aus neuen Materialien – immer noch kleinformatig -, etwa in Form profilierter Blechschindeln, herzustellen.

Insbesondere in den Jahren nach 1955 wurden unter den Schlagworten »pflegeleicht«, »alterungsbeständig« und »preiswert« zahlreiche Gebäude mit Materialien wie Kunststoffplatten, Kunststoffpaneelen, Asbestzementplatten, Aluminiumpaneelen, Asphalt- und Bitumenplatten verhüllt. Zur Anbringung des Plattenmaterials wurden teilweise kostbare Stilfassaden ihres gesamten Fassadenschmuckes beraubt. Vielfach haben die »neuen« Verkleidungsmaterialien ihr Versprechen schon in den ersten Jahren nicht halten können. Einige der Platten und Paneele reagieren empfindlich auf Temperaturunterschiede und starke Sonneneinstrahlung, andere zerspringen bei punktuellem Druck durch Ballwurf, Leiteranlegen oder unsaft angelehnte Fahrräder. Das Aussehen wird oft erheblich gemindert durch ungleichmäßige, deutliche Verschmutzung auf glatte Platten, Verfärbung von

Nicht nur, daß die »modernen« Verkleidungsmaterialien nicht zu den historischen Gebäuden passen – vielfach halten sie auch bei weitem nicht, was mit ihnen versprochen wurde.

Verkleidungen

Platten oder Paneelen und die schlecht gelösten Details an Ecken und Anschlüssen.

Darüber hinaus besteht bei Verkleidungen, die nicht ausreichend hinterlüftet sind, die Gefahr von Kondesatbildung und Fäule. Aus kunsthistorischer und denkmalpflegerischer Sicht sind solche Verkleidungen grundsätzlich nicht vertretbar. Bei Fachwerkgebäuden kommt dazu, daß nicht sichtbares Fachwerk seinen optischen Wert als Fachwerk und zur Strukturierung von Dorf- und Stadtlandschaften verloren hat.

Bei historischen Verkleidungen hingegen ist die evtl. Freilegung eines darunterliegenden Fachwerks sehr genau zu überlegen. In vielen Fällen ist der Grund, der zur Verkleidung geführt hat, bis heute gleich geblieben. Darüberhinaus wurde mit den Verkleidungen oft eine neue architektonische Lösung geschaffen. Bei Denkmälern gehört auch die historische Verkleidung inzwischen zum Denkmal. Zur Frage der evtl. Freilegung ist in jedem Falle das Einvernehmen mit den Denkmalschutzbehörden herbeizuführen.

Vorhandene Schiefer-, Ziegel-, Biberschwanz-, Holzschindel-, oder Bretterverkleidungen sollen einschließlich ihrer Unterkonstruktion repariert, ergänzt und gepflegt werden. Die notwendigen Verkleidungsmaterialien wie Kurzschindeln in den historischen Formen oder Wettbretter werden heute alle wieder hergestellt.

Wird bei nicht denkmalgeschützten historischen Bauten in Ausnahmefällen, z. B. zur Abdeckung einer zusätzlichen äußeren Wärmedämmung, eine Verkleidung angebracht, so sind in architektonischer Abstimmung mit dem Bauwerk echt hinterlüftete, also mit Lattung und Konterlattung ausgestattete Verkleidungen möglich.

Nachträgliche Verkleidungen an denkmalgeschützten Gebäuden sind nur analog den vorkommenden Verkleidungsmaterialien als Verschieferung, Verschindelung, Verbretterung (Stulpschalung, senkrechte Schalung bzw. Profilbretter) oder Verkleidungen aus Biberschwänzen bzw. Tonziegeln denkbar.

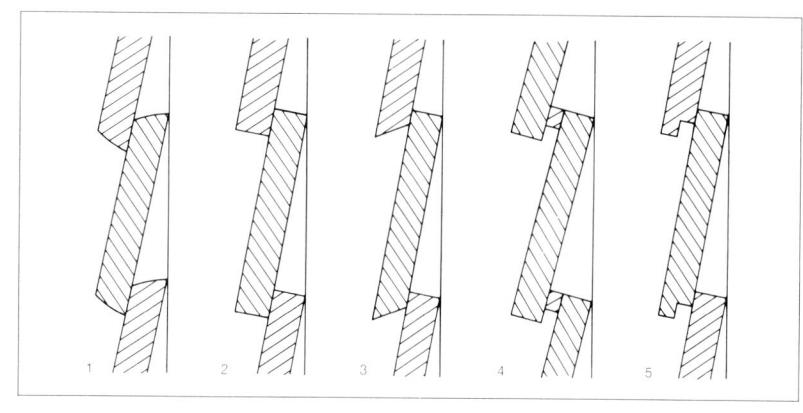

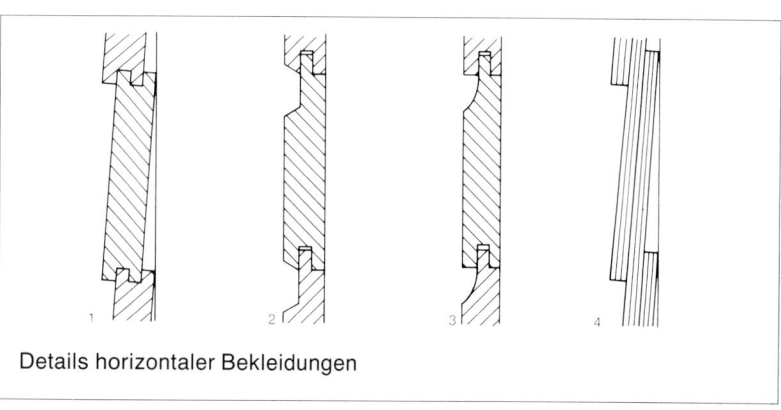

Details horizontaler Bekleidungen

Verkleidungen sind als Wetterschutz dem Wetter besonders ausgesetzt. Deshalb müssen ihre Details besonders gut überlegt und ausgeführt werden.

Großer Wert ist z.B. bei allen Holzverkleidungen auf den sogenannten baulichen oder konstruktiven Holzschutz zu legen.

Zeichnung: Arbeitsgemeinschaft Holz e.V. Düsseldorf. – In: Außenverkleidung aus Holz (Informationsdienst Holz).

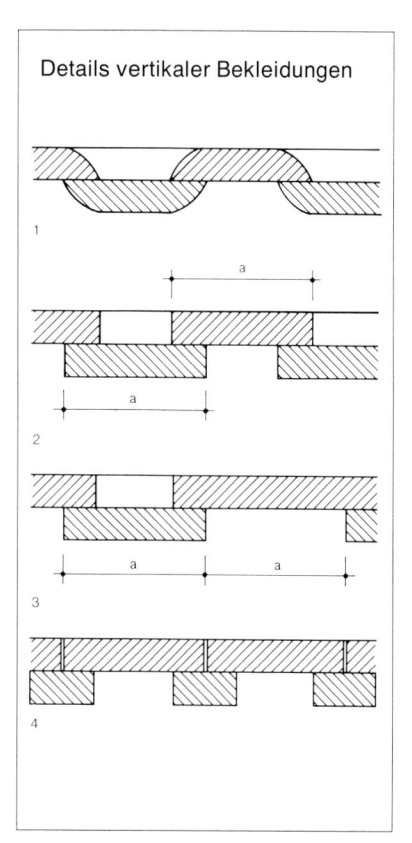

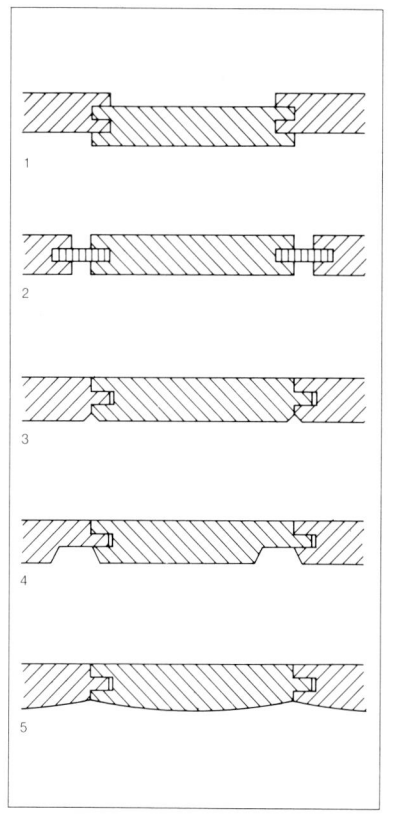

Details vertikaler Bekleidungen

Verkleidungen

Informationen

Weiterführend wird auf folgende Normen und Beratungsmöglichkeiten durch Verbände und Institutionen hingewiesen:

Verkleidungen wurden aus zahlreichen Materialien, wie Holz, Holzschindeln, Schiefer, Blechschindeln und Tonziegel hergestellt, an dieser Herstellung waren viele Gewerke beteiligt.
Es werden deshalb hier nur die Normen der Gewerke nach VOB genannt, weitere Normhinweise finden sich z. B. bei den Kapiteln Dächern oder Holzkonstruktionen.

DIN 18330	– Maurerarbeiten
DIN 18332	– Naturwerksteinarbeiten
DIN 18333	– Betonwerksteinarbeiten
DIN 18334	– Zimmer- und Holzbauarbeiten
DIN 18335	– Stahlbauarbeiten
DIN 18338	– Dachdeckungs- und Dachabdichtungsarbeiten
DIN 18339	– Klempnerarbeiten
DIN 18350	– Putz- und Stuckarbeiten
DIN 18352	– Fliesen- und Plattenarbeiten

Verbände, Institutionen, Beratungsstellen

Arbeitsgemeinschaft Historische Fachwerkstädte in Hessen und Niedersachsen
Geschäftsstellen: 3510 Hann.-Münden 1, Rathaus, 6320 Alsfeld, Rathaus

Arbeitsgemeinschaft Holz e.V., Füllenbachstr. 6, 4000 Düsseldorf 30

Arbeitskreis Denkmalpflege (AKD) im Bund Deutscher Zimmermeister im Zentralverband des Deutschen Baugewerbes e.V., Godesberger Allee 99, 5300 Bonn 2

Bundes-Arbeitskreis Altbauerneuerung e.V., Simrockstr. 4-18, 5300 Bonn 1

Bundesverband des holz- und kunststoffverarbeitenden Handwerks, Abrahahm-Lincoln-Str. 32, 6200 Wiesbaden

Fortbildungszentrum für Handwerk und Denkmalpflege, Propstei Johannesberg, Fulda e.V., 6400 Fulda

Zentralverband des Deutschen Baugewerbes e.V., Godesberger Allee 99, 5300 Bonn 2

Zentralverband des Deutschen Handwerks, Johanniterstr. 1, 5300 Bonn 1

Putz und Stuck

Putz und Stuck, unterschieden u. a. in Außenputz und Außenstuck sowie Innenputz und Innenstuck, haben völlig verschiedene Anforderungen zu erfüllen. Außenputz soll schützen und schmücken, Außenstuck meist nur schmücken, während Putz und Stuck im Inneren im Wesentlichen der Gestaltung dienen.

Die Putzarten sind landschaftlich bedingt und an Baustile gebunden sehr verschieden. Schon früh sind Putzschichten aus Lehm wie auch aus Sand und Kalk, mit der Kelle geglättet oder mit der Scheibe abgerieben, nachgewiesen.

Obwohl Stuck zunächst als Lehmstuck bekannt wurde, versteht man heute unter Innenstuck praktisch ausschließlich die geformten und schmückenden Teile aus Stuckgips. Außenstuck diente seit der Renaissance als Gestaltungselement für die Fassaden, spielte im Barock eine große Rolle, aber auch wieder in der Gründerzeit.

Putzuntersuchung

Historisch bedeutende Putze oder der Verputz bedeutender Baudenkmäler bedarf – auch wenn er nur noch fragmentarisch vorhanden ist – sowohl zur wissenschaftlichen Dokumentation als auch für das Sanierungskonzept und die daraus resultierenden Maßnahmen einer genauen Untersuchung. Basis einer solchen Untersuchung sollten die archivalischen und historischen Quellen des Gesamtgebäudes sein, wobei vor allem Bauzeit, Umbauten, Anbauten, Veränderungen und Reparaturen eine wichtige Rolle spielen.

Historischer Verputz mit Wärmedämmung: in den ca. 4 bis 5 cm dikken Lehmputz war von unten Stroh eingesteckt und glatt gestrichen worden.

Putz und Stuck

Die Untersuchung vor Ort sollte sich in folgendem Spektrum bewegen:
- Untergrund
    - Mauerwerksart
    - Mörtel
    - Steine
    - andere Untergründe
    - Dimensionen
- Putzmörtel
    - Bindemittel
    - Zuschläge
    - Sieblinie, Kornzusammensetzung, Farbe
    - Zusatzstoffe wie Strohhäcksel, Heuhäcksel, Kälberhaare oder Schweineborsten
- Struktur/Oberfläche
    - Putzdicke, maximum – minimum
    - Putzlagen
    - Anwurf- und Glättetechnik
    - Oberflächenstruktur (gespritzt, mit Reibebrett bearbeitet, geglättet, abgezogen oder poliert)
    - unterschiedliche Oberflächen, Gewände, Eckverquaderungen
    - farbige Fassungen
- Veränderungen/Überputzungen
- Datierungsversuche
- Chemische und physikalische Untersuchungen, Analysen
    - Feuchtbelastungen
    - Salzbelastungen
- Mängel
    - Abblätterungen
    - Abfallende Putzteile
    - Krusten
    - Hohlstellen
    - Zustand der Oberflächen
    - Absanden
    - Mechanische Beschädigungen
    - Risse
    - Ausblühungen
    - Verschmutzungen
- Dokumentation
    - Fotos
    - Skizzen
    - Zeichnungen

Zweilagiger Kalkputz auf halbrunden Latten mit Maschendrahtarmierung auf einem landwirtschaftlichen Nebengebäude.

Lehmputz mit Haar- und Stroharmierung in einem Fachwerkgefach.

Außenputz

Der Außenputz muß die Fassade vor Witterungseinflüssen schützen. Zu diesen Witterungseinflüssen zählen Wasser als Regen, Nebel oder Eis, aber auch Hitze, Kälte, Wind und Hagel. Von außen eingedrungene Feuchte, aber auch die dampfförmige Feuchte von innen, müssen durch den Putz möglichst schnell wieder ausdiffundieren können.

Mineralisch-, silikatisch und organisch gebundene Putze

Nach den Bindemitteln sind Außenputze in drei große Gruppen einzuteilen:
- Mineralische Putze sind mit Kalk und/oder Zement gebunden, der Abbindeprozeß geschieht durch Carbonatisierung und Hydratisierung.
- Silikatputze werden mit Calciumsilikat (Wasserglas) gebunden, auch dabei handelt es sich um einen chemischen Vorgang, der allgemein als »Verkieselung« bezeichnet wird.

Außenputz

- Organisch gebundene Putze werden mit Polymerisatharz gebunden. Der Abbindevorgang geschieht rein physikalisch durch die Verdunstung des Wassers.

Fast alle historischen Putze und auch die neueren Putze bis zur Mitte unseres Jahrhunderts gehören zur Gruppe der mineralischen Putze, wobei fast ausschließlich Kalk, teilweise mit Hydraulefaktoren als Bindemittel verwendet wurde. Erst in unserem Jahrhundert wurde mehr und mehr Zement zugesetzt. Zu den besonderen Vorteilen von mineralischen Putzen gehört deren gute Wasserdampfdurchlässigkeit, zu den Nachteilen die offenen, Wasser aufsaugenden Kapillaren (kann durch wasserabweisende Mittel vermindert werden) und die relativ geringe Widerstandskraft gegenüber dem »Sauren Regen«, dessen Schwefelsäure das Calciumcarbonat in Gips umwandelt und dieser Gips dann bei Feuchtigkeitsaufnahme durch Volumenvergrößerung den Putz sprengt.

Die Festigkeit und Witterungsbeständigkeit läßt sich durch den Zusatz von geringen Mengen Traß oder Zement wesentlich verbessern.

Die mineralischen Putze werden heute in drei Mörtelgruppen unterteilt:
- Mörtelgruppe PI: Kalkmörtel mit Luftkalk, Wasserkalk oder hydraulischem Kalk (bei Luftkalk dürfen geringe Mengen Zement zugesetzt werden),
- Mörtelgruppe PII: Kalkzementmörtel aus hochhydraulischen Kalken und Kalkzementgemischen und
- Mörtelgruppe PIII: Zementmörtel

Silikatisch gebundene Putze sind bei den gleichen Vorteilen wie mineralische Putze bei mechanischer Beanspruchung wesentlich widerstandsfähiger.

Die »modernen« organisch gebundenen Putze haben eine Reihe technischer Vorteile, wie die Haftung auf fast allen Untergründen, Elastizität, Abriebfestigkeit, Schlagregensicherheit und Widerstandsfähigkeit gegen »Sauren Regen«. Sie sind aber weit weniger wasserdampfdurchlässig wie mineralische oder silikatische Putze und kommen deshalb den historischen Putzen am wenigsten nahe.

Historische und zeitgenössische Putzarten

Zu den historischen Putzstrukturen zählen:
- Schlämmputz, auch Schlämme oder Schlempe genannt.
  Der Schlämmputz bestand früher aus einer Mischung aus Kalk, Sand und Wasser, die so flüssig war, daß man sie mit einem breiten Pinsel auftragen konnte. Heute wird als Bindemittel gelegentlich ganz oder teilweise Zement verwendet.
- Steinsichtiger Putz, bei dem die Köpfe von z. B. unregelmäßigem Bruchsteinmauerwerk noch sichtbar bleiben.
- Kellenwurfputz oder Kellenwurf, auch Rapputz genannt, bei dem der Putz angeworfen und gar nicht oder nur gering mit der Kelle abgezogen wird.
- Glättputz, der meist als Einlagenputz auf einem Spritzbewurf aufgebracht und mit der Kelle geglättet wird.
- Reibeputz, auch gescheibter Putz genannt, ein ein- oder zweilagiger Putz, der mit dem Reibebrett oder der Filzscheibe abgerieben wird.
- Rauhputz, wie z. B. »Münchner Rauhputz«, mit Zusatz von Grobkörnung zum Sand. Die Dicke von Rauhputz soll mindestens das 1,5-fache des größten Korndurchmessers betragen.
- Nagelbrettputz, bei dem die noch frische Lage eines Oberputzes mit einem Nagelbrett bearbeitet wird.
- Kammzugputz bei dem die noch frische Oberfläche des Oberputzes mit einem Kamm gerade oder auch z. B. gewellte Linien erhält.
- Quader- oder Rustikaputz, bei dem in den Oberputz ein Quader- oder Rustikamuster eingeschnitten wird.
- Stupfputz oder Stippputz wurde ursprünglich hergestellt, um die Putzoberlage besser mit dem Untergrund, z. B. Lehm, mechanisch zu verbinden. Später geschah das Stupfen mehr aus schmückenden Gründen. Gestupft wurde mit verschiedenen Werkzeugen, insbesondere aber mit Reiserbesen.
- Sgraffito- oder Kratzputz. Bei dieser Putzart wurde ursprünglich eine dunkel eingefärbte Unterputzlage mit einem Kalkanstrich oder einer Kalkschlämme überzogen, in die in noch frischem Zustand das Motiv eingekratzt

Putz und Stuck

Kellenwurfputz oder Kellenwurf, ein rauh angeworfener und nur wenig bearbeiteter Putz, der sich z.B. als Sockelputz eignet.

Steinsichtiger Putz, ein früher sehr häufig verwendeter sparsamer Verputz für Bruchsteinmauerwerk.

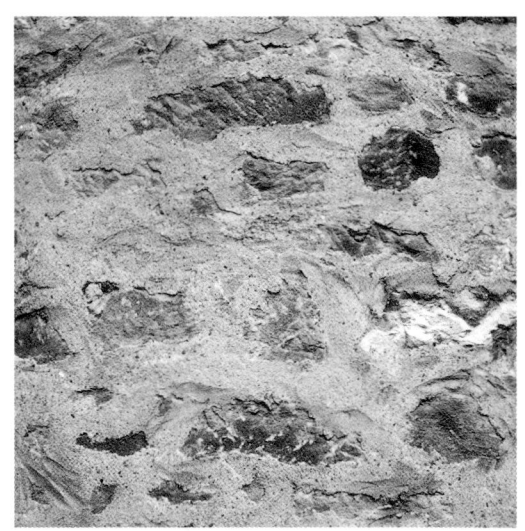

Reibeputz, hier ein fast zu glatt gescheibter Putz in Fachwerkgefachen.

Stipputz wurde ursprünglich nur mit einem Besen »gestippt«, später wurde eine Schmucktechnik daraus.

Rauhputz mit geglätteten (in den Putz eingearbeiteten) Gesimsen, Faschen und Eckverquaderungen.

Feiner Spritzputz, der bereits zu den »Edelputzarten« gehört.

wurde. Später erarbeitete man auch ähnliche Wirkungen mit mehreren eingefärbten Putzschichten.
– Edelputz. Seit einigen Jahrzehnten sind sogenannte »Edelputze« in Gebrauch. Sie werden meist als Werktrockenmörtel mit allen Bindemitteln, Zuschlägen und Zusatzmitteln, nach Wunsch eingefärbt, fertig konfektioniert an die Baustelle geliefert und brauchen nur noch mit Wasser angemischt zu werden. Bei entsprechend unterschiedlichen Körnungen sind praktisch alle Oberflächen wie Kratzputz, Spritzputz und abgeriebener Putz erzielbar.

Schon seit vielen Jahrhunderten werden dem Putzmörtel zur Verbesserung seiner Eigenschaften Zusätze beigegeben. So benutzte man zur Verbesserung der Eigenschaften des Kalkes die Kalk-Kasein-Technik derart, daß hundert Litern Kalkmörtel bis zu 3 Liter Magermilch zugegeben wurden. Gegen Moos und Algenbildung sollte der Zusatz gemahlener Holzkohle oder Hochofenschlacke dienen und schließlich wurden zur Vermeidung von Rissen Tierhaare, insbesondere Rehhaare und Kuhhaare, seltener auch Schweineborsten oder gehäckseltes Stroh bzw. gehäckseltes Heu, beigegeben.

Putzschäden

Entsprechend der starken Beanspruchung als äußere Haut eines Gebäudes, praktisch als »Verschleißschicht« und der damit zwangsweise eingeschränkten Lebensdauer, weisen Putze vielfach zahlreiche Schäden und Mängel auf. Diese Mängel sind teilweise offenkundig sichtbar, in geringerem Umfang lassen sie sich erst bei detaillierter Untersuchung feststellen.

Abplatzende Putze sowie Hohlstellen im Putz rühren in erster Linie von mangelnder Haftung des Putzes auf dem Untergrund oder den Putzschichten untereinander her, aber auch von Bewegungen im Untergrund, durch Mauerrisse oder aus Setzungen im Fachwerk und von Salz-, bzw. Frosteinwirkungen bei vorhandener Feuchte im Putzuntergrund.

Netzrisse im Putz sind meist durch zu fetten Putz, zu langes Abreiben oder zu schnelle Abbindung entstanden. Schalenrisse rühren von zu dicken Putzlagen, zu viel Bindemittel oder einer zu schnellen Trocknung.

Mauerfugenrisse entstehen dort, wo unterschiedliches Mischmauerwerk verputzt wurde, der Fugenmörtel schlecht war, oder die Fugen schlecht ausgebildet wurden, aber auch dort, wo nicht vollfugig gemauert wurde.

Konstruktive bedingte Risse haben eigentlich nur sekundär mit dem Putz zu tun. Dies sind Risse im Mauerwerk, z. B. an Fensterbänken oder Fensterstürzen, durch Deckenschub, Fundamentbrüche oder Erschütterungen, die der Putz natürlich nicht auffangen kann und die sich dann auch durch den Putz fortsetzen.

Rohrmatten und Drahtverspannung waren nicht ausreichend, um diesen Putz vor den Bewegungen der Fachwerkhölzer abzuschirmen.

Putz und Stuck

Die Ursache dieses Putzschadens liegt in dem konstruktiv bedingten Riß des Untergrundes. Die Rißursache muß vor der Putzreparatur beseitigt werden.

Sehr oft sind Putzschäden an historischen Bauten durch Salzausblühungen festzustellen. Hier verhindert der als Quader dargestellte Zementsockelputz das Ausblühen der Salze im Fundamentbereich. Feuchtigkeit und Salze sind auf dem Kapillarwege weiter nach oben gewandert und haben dort zu Schäden geführt.

Sandende Putze entstehen durch zu geringen Bindemittelanteil bzw. zu schnelles Austrocknen, aber nach einiger Zeit z. B. auch durch Witterungseinflüsse.

Konzepte zur Putzsanierung

Entgegen der weitläufigen Meinung bedarf die Putzsanierung bei Denkmälern immer, bei anderen Sanierungen meist, eines gut durchdachten Sanierungskonzeptes. Bei Denkmälern muß das Konzept in erster Linie auf die Konservierung aller originalen Putzschichten, d. h. also nicht nur auf die der untersten, also der ersten Schicht, sondern auch auf die der darüberliegenden, geschichtlich gewachsenen Schichten zielen. Zu den Methoden der Sanierung gehören die Festigung des Putzes, die Anreicherung mit Bindemitteln und Verklebungen mit dem Untergrund bzw. einzelner Putzschichten untereinander.

Sind schon Teile des Putzes abgefallen, so ist der erste Schritt die Ergänzung von Putzfragmenten, d. h. kleine Fehlstellen sind durch Reparaturen zu schließen, bei großen Flächen größere Teile des Putzes zu rekonstruieren. Die auf Grund der Untersuchungen und Auswertungen ermittelten Bindemittel, Zuschläge und Zusatzstoffe, Sieblinien, Sande und Korngrößen sollen dabei die Vorgabe für die Putzrekonstruktion bilden. Bei diesen Überlegungen muß aber auch mit einkalkuliert werden, daß durch heutige Baumethoden und Umwelteinflüsse z. B. nicht alle historischen Putzrezepte heutigen Anforderungen genügen können. Reiner Kalkputz z. B. benötigt für den Abbindeprozeß über längere Zeit (viele Monate) wassergelöste Kohlensäure, wobei das Abbinden zunächst in den äußeren Schichten beginnt und dann nach innen fortschreitet. Aus diesem Grunde wurden dickere Kalkputzschichten in mehreren Einzelschichten mit langen Abbindezeiten dazwischen aufgebracht und relativ grobe Zuschlagstoffe verwendet. Erst wenn eine der dünnen Schichten abgebunden hatte, wurde die nächste Schicht geputzt und dadurch die vollkommene Karbonatisierung, d. h. das vollkommene Erhärten möglich gemacht.

Bei den heute aufgebrachten dicken Kalkputzschichten besteht einmal die Gefahr von Spannungsrissen, noch mehr ist aber zu befürchten, daß der Kalkputz nicht durchgehend erhärten kann.

Bei nur noch geringen, fragmentarischen Putzresten, die z. B. auch nicht witterungsbeständig sind oder sich zu schlecht im Original in eine Sanierung einbinden lassen, gibt es verschiedene konzeptionelle Lösungsansätze. Im einfachsten Falle werden die Putzreste nach der ausführlichen Dokumentation überputzt, weitergehend können die originalen Putzreste (wenn z. B. auch Fassungsreste von Malereien vorhanden sind) mit einem vorgesetzten Putzträger z. B. Streckmetall, überspannt und auf diesen Träger eine neue Putzschicht

Außenputz

aufgebracht werden. Auf diese Weise werden die Originalputzreste als Primärdokumentation bewahrt, während der neue Putz die notwendige Reversibilität besitzt. Da die Originalputzreste aber nicht jeder Zeit offen zur Verfügung stehen, ist auch hier die Dokumentation mittels Farbbildern und Zeichnungen oder Skizzen empfehlenswert.

Unbedingt erforderlich werden solche Dokumentationen bei der weitreichendsten denkmalpflegerischen Maßnahme, die nur als »letztes Mittel« angewendet werden sollte, bei der Abnahme und Sicherstellung originaler Putzreste in einem Archiv. Da mit einer solchen Maßnahme die Putzreste aus ihrem baulichen Originalzusammenhang gerissen werden, wird der Denkmalwert der Putzreste und des Baues geschmälert. Diese Maßnahmen sind nur dann sinnvoll, wenn sich kein anderer Weg der Originalerhaltung finden läßt. Bei historischen Gebäuden, die nicht unter Denkmalschutz stehen, ist die Frage der Putzsanierung anders zu sehen. Der Außenputz gehört zu den »Verschleißteilen«, eines Gebäudes, d.h. die Aufgabe, das Gebäude vor Witterungseinflüssen zu schützen, bedingt einen schnellen Verschleiß gegenüber z.B. den geschützten Bauteilen.

Ungeachtet dessen haben Putze oft viele Jahrhunderte standgehalten und auch heute sollte ein guter Putz mindestens eine Generation schadensfrei überdauern.

Zahlreiche Putzschäden lassen sich lokal oder auch über die Gesamtfläche reparieren.

Einzelne Hohlstellen werden repariert, indem der hohl liegende Putz abgeschlagen wird und nach gutem Vornäs-

Ergänzung eines vorhandenen Putzes, ohne sichtbare Anschlußstellen. Foto: Fortbildungszentrum Johannesberg, Knesch.

Bei der Suche nach historischen Putzbefunden stößt man oft auf viele Schichten und Putzgestaltungen. Zur Klärung der Frage nach Reparatur und Oberfläche sind Putzmuster unbedingt notwendig. Foto: Fortbildungszentrum Johannesberg, Knesch.

Putz und Stuck

Vielfach wird versucht, historischen Bauten durch pseudohistorische Putze gerecht zu werden. Solche Putzarten sind jedoch ungeeignet, mit Denkmalpflege haben sie nichts zu tun.

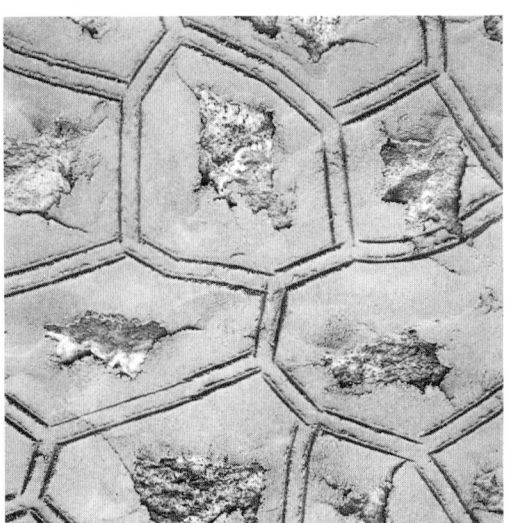

sen die schadhafte Fläche mit Putz in der gleichen Struktur ausgebessert wird. Ebenso wird mit Fehlstellen oder Hohlstellen des Oberputzes verfahren. Farbliche Angleichung kann durch einen deckenden Anstrich oder Lasuren, nur auf dem Reparaturstück oder auf der Gesamtfläche erreicht werden. Netzrisse lassen sich meist durch einen Anstrichaufbau mit Armierung aus eingelegten Glasfaserbahnen bzw. in die Farbe eingemischten Glasfasern beseitigen. Auf gute Wasserdampfdurchlässigkeit des Anstrichaufbaues (auch nach weiteren Renovierungsanstrichen) ist zu achten. Muß bei historisch wertvollen Gebäuden die Putzstruktur sichtbar bleiben, so hilft meist nur das Erneuern des Putzes.

Bei Schalenrissen in kleinerem Umfang läßt sich u. U. eine ähnliche Reparatur wie bei den Netzrissen durchführen.

Größere Schalenrisse, bei denen die Putztafeln aufschüsseln, lassen sich oft nicht mehr reparieren; dann muß der Putz wiederum ganz erneuert werden. Bei konstruktiven Rissen muß zunächst die konstruktive Rißursache (siehe hierzu Abschnitt: »Mauerwerksrisse«) beseitigt werden. Danach wird der Riß verbreitert und mit Reparaturmörtel geschlossen.

Auf der Oberfläche sandende Putze können mittels chemischer Putzfestiger wieder verfestigt und gehärtet werden. Auch bei den chemischen Putzfestigern ist auf die Wasserdampfdurchlässigkeit und auf das Festigkeitsgefälle (von innen nach außen weicher werdend), zu achten.

Wenn Putz aber größere Mängel wie durchgehende starke Risse, durchgehend zu geringen Bindemittelanteil, starke Abwitterung der Oberfläche,

Fehlstellen oder Abplatzen durch zu geringe Haftung aufweist, sollte er erneuert werden. Selbstverständlich soll auch bei nicht denkmalgeschützten historischen Gebäuden darauf geachtet werden, daß der Putz ein »Stück« der Architektur des Gebäudes ausmacht. In diesem Sinne ist auf die Putzart, Verarbeitungsmethoden, Oberflächentechnik und Verschmutzungsgefahren sowie auf die Farbigkeit neben der mechanischen Beanspruchbarkeit und der Witterungsbeständigkeit zu achten. Ebenso sollte beim Erneuern von Putz auf Details wie Fensterfaschen, Veränderungen der Putzstruktur im Sockelbereich, Gewände, Eckverquaderungen oder Lisenenausbildungen Wert gelegt werden. Schwierig werden entsprechende ästhetische Fragen oft in Verbindung mit Wärmedämmsystemen, da ein Schichtaufbau von mehreren Zentimetern die Architektur eines Gebäudes schon stark beeinflussen kann.

Hinweise für alle Putzreparaturen und Erneuerungen

- Bei Ausbesserungen oder Neuverputz an historischen Gebäuden ist zunächst einmal auf die Erzielung der vorhandenen oder alten Struktur und Farbigkeit zu zielen.
Die Verwendung neuer Materialien, insbesondere anderer Bindemittel spielt dabei eine etwas untergeordnete Rolle.
- Bei glatten Scheibenputzen sind bei historischen Gebäuden im Normalfall keine Richtlatten zu verwenden und ebenso auch keine Putzstreifen zum späteren Abziehen. Lebhaftigkeit und auch Unregelmäßigkeiten in der Oberfläche gehören oft zum Bild von historischen Putzen. Dies bedeutet jedoch nicht, daß unsauber gearbeitet werden kann.
- Auf Eckschutzschienen und ähnliche Hilfsmittel sollte bei der Sanierung historischer Putze möglichst verzichtet werden.
- Pseudohistorische Putze eignen sich nicht für historische Gebäude.
- Der Wandaufbau, einschließlich des Putzes und des Anstrichs, muß so beschaffen sein, daß die Wasserdampfdurchlässigkeit von innen nach außen fortlaufend größer wird.
- Die Festigkeit des Putzes soll von der unteren zu den oberen Putzlagen abnehmen.
- Der Putzuntergrund ist immer gründlich zu reinigen und vorzunässen, dabei ist darauf zu achten, daß neben dem Schmutz auch evtl. vorhandene kleinere Algen- und Moosansätze entfernt werden müssen.
- Als Putzgrund wird heute meist ein Spritzbewurf zur besseren Putzhaftung nicht volldeckend oder volldeckend aus Kalkzementmörtel mit Grobsand (Gruben- oder Brechsand 0 bis 7 mm) aufgetragen. Bei Beton als Untergrund wird reiner Zementmörtel verwendet.
- Bei einfachen Außenputzen wird heute ein- oder zweilagig verputzt, z. B.: Spritzbewurf (Sp), erste Lage Unterputz 10 bis 15 mm dick aus 1 Raumteil hydraulischem Kalk und 3 Raumteilen (RT) Sand 0 bis 4 mm oder 2 RT Kalk, 1 RT Zement und 9 RT Sand; zweite Lage Oberputz 8 bis 10 mm dick aus 1 RT hydraulischem Kalk und 3,5 RT Sand 0 bis 2 mm oder 2,5 RT Kalk, 0,5 RT Zement und 11 RT Sand.
Wegen der Schwindgefahr soll der Sand des Oberputzes nicht zu viele Feinteile (0 bis 0,02 mm) enthalten.
- Als Bindemittel dienen heute im wesentlichen Kalk, Traßkalk und Zement. Sowohl mit Werktrockenmörteln als auch Mörtelmischungen und mit neuen Methoden lassen sich Strukturen und Oberflächen erzielen, die den historischen Putzstrukturen nahe kommen. Mit den heutigen Mörteln und Methoden lassen sich jedoch die lebendigen Putzstrukturen historischer Putze nicht erreichen, da alle Unregelmäßigkeiten, die bei den Mörtelmischungen und beim Auftrag von Hand selbstverständlich sind, wegfallen.
- Zement ist nur in ganz geringen Mengen zuzusetzen, der Zusatz von Zement soll vom Unterputz zum Oberputz »magerer«, also weniger werden.
- Gips darf nur für Innenputze, nicht aber für Außenputze zugesetzt werden.
- Bei Verwendung hydraulischer Kalke ist die Nachbehandlung, d.h. längere Feuchthaltung, zu beachten.
- Gut bewährt hat sich als Bindemittel für »elastische Putze« der Traßkalk, wobei die Feuchthaltung über längere Zeit Voraussetzung ist.

Putz und Stuck

Reparatur eines gekalkten Lehmputzgefaches mit neuem Lehmputz.

Schon viele Jahrzehnte alter Fachwerkverputz. Wichtig ist, daß auch bei bündig ausgefachten Gefachen der Putz an die Holzkante gezogen wird und tatsächlich nur ein Haarriß entsteht.

- Bei allen Putzmörteln ist darauf zu achten, daß das Anmachewasser nicht zu schnell entzogen wird, da sich andernfalls zu viele Kapillaren und Poren bilden und der Putz zu stark Wasser aufnimmt.
- Für feuchtes und salzhaltiges Mauerwerk stehen besonders eingestellte Sanierputze zur Verfügung. Die Wirkung beruht bei diesen Putzen darauf, daß die Verdunstung von Feuchtigkeit nicht erst auf der Oberfläche außen beginnt, sondern bereits im Inneren der Putzschicht. Dadurch ergeben sich eine Reihe vorteilhafter Eigenschaften, insbesondere werden z.B. bauschädliche Salze nicht mehr bis zur äußeren Schicht transportiert.

Verputzer Sockel eines Fachwerkhauses. Die Schwelle darf nicht eingeputzt werden. Die Abschrägung des Putzes unterhalb der Schwelle sollte noch wesentlich steiler sein, um Spritzwasser gegen das Holz zu vermeiden.

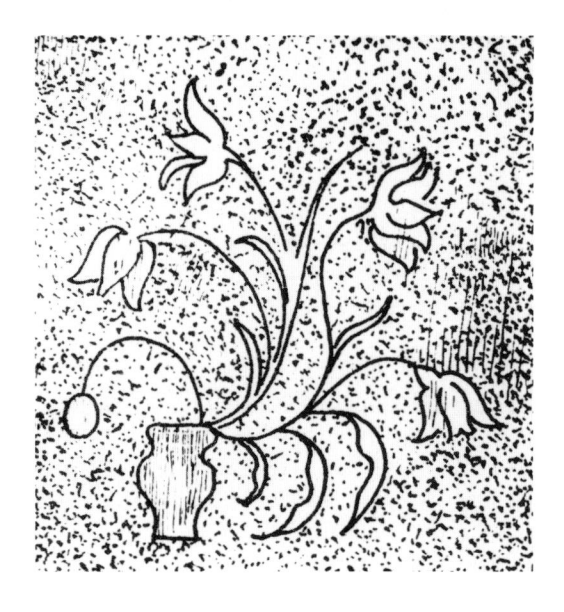

Der Stippputz muß naß in naß sehr schnell und ohne große Vorzeichnung ausgeführt werden. Die Handwerker stellten sich deshalb leicht nachvollziehbare Vorlagen her.

Verputz auf Natursteinmauerwerk

Natursteinmauerwerk ist als Putzgrund kritisch zu betrachten. Zum einen kommen Natursteine vor, die so hart und glatt sind, daß die Putzmörtel nur geringe Haftung bieten, andererseits aber auch sehr weiche Steinarten.

Besonders häufig sind bei Natursteinmauerwerk Durchfeuchtungen mit allen Nebenwirkungen wie Absanden, zermürbter Fugenmörtel und Salzausblühungen zu beobachten.

Grundsätzlich gilt, wie bei allen Putzuntergründen, daß »weiche« Untergründe entsprechend »weiche« Putze mit geringer Festigkeit erfordern, während auf harte Gesteine feste Putzmörtelmischungen aufgetragen werden sollen.

Sandende oder abblätternde Natursteinschichten sind für einen Putz nicht tragfähig. Solche Schichten müssen vor dem Putzen verfestigt (Vorsicht vor Schalenbildung) oder abgenommen werden. Tonig gebundene Sandsteine oder ähnliche weiche Gesteinsarten eignen sich schlecht als Putzgründe. Sollen solche Wände verputzt werden, so muß sichergestellt sein, daß sie auf Dauer trocken sind und bleiben.

Außerdem soll der Putz möglichst stark dampfdurchlässig und wasserabweisend ausgerüstet sein. Für harte Gesteine sollte als Haftbrücke ein Spritzbewurf aus Zementmörtel verwendet werden. Darüber kann dann zum Beispiel ein Kalkzementmörtel (Mischungsverhältnis etwa 1:3:10) aufgetragen werden.

Innenputz

Vielfach liegt auch für den Innenputz der Anfang bei Lehmputzen. Lehmputz läßt sich leicht reparieren, sehr wichtig ist dabei das Annässen des Untergrundes und der Anschlüsse an die vorhandene Substanz.

Wird die Arbeit nicht sehr sorgfältig ausgeführt, so zeichnen sich die Reparaturansätze deutlich ab.

Neben den Lehmputzen wurden dort, wo Geld und Material vorhanden waren, auch bereits bis in vorgeschichtliche Zeiten zurückreichend weitgehend reine Kalkputze für Innenräume und Decken verwendet. Im Barock wurden die Kalkputze an der Decke oft auf Rohrmatten als Putzträger geputzt. Eventuelle Stuckierungen wurden aus Gips auf den Kalkputz aufgesetzt.

Etwa seit der Gründerzeit wird dem Deckenputz allgemein zum schnelleren Abbinden, aber auch um eine feinere Oberfläche zu erreichen, Gips beigegeben. Bei der Verarbeitung mit Hilfe von Putzmaschinen wird seit etwa 1970 auch der Wandputz aus Fertigmörtel mit Kalk und Gips als Bindemittel hergestellt.

Für Nebenräume und Keller wurden Rappputzarten und Schlämmen auch innen angewendet. Die ein- oder zweilagigen Innenputze werden im Normalfall wie die Außenputze auf einen Spritzbewurf zur besseren Haftung aufgetragen. Großer Wert muß darauf gelegt werden, daß z. B. nicht auf einen zementhaltigen Spritzbewurf ein gipshaltiger Oberputz aufgetragen wird, um ein »Gipstreiben«, das die Folge sein könnte, zu vermeiden. Sanierungskonzepte sind mit dem Unterschied von speziell für innen eingestellten Putzmörteln ähnlich wie beim Außenputz zu erarbeiten.

Innenstuck

Der Unterschied zwischen Innenstuck und Außenstuck beruht insbesondere auf dem völlig anderen Material des Innenstucks: dem Gips. Die Arbeitsweisen sind wesentlich verfeinerter und weitreichender als beim Außenstuck. Innenstuck wird u. a. gegossen, gezo-

Rokokodeckenstuck aus gezogenen, angesetzten und mit der Hand angetragenen Stuckteilen.

Putz und Stuck

Außenstuck

Außenstuck oder Fassadenstuck war ein besonders in der Renaissance, dem Barock, Rokoko und in der Gründerzeit beliebtes Gestaltungsmittel. Simse, Lisenen, Verdachungen sowie floraler und ornamentaler Schmuck von teilweise beträchtlicher Größe und weiten Ausladungen wurden zur Gliederung und zum Schmuck der Fassade gezogen, versetzt oder angetragen.

Als Mörtel dienen sog. Grob-, Fein- und Bankzugmörtel sowie Gußmörtel die mittels Traßkalk, hydraulischem Kalk und u. U. mit kleinen Mengen von Zement oder Traßzement witterungsbeständig eingestellt werden. Um gerade den weit ausladenden Teilen genügend Haftungsmöglichkeiten und Halt zu geben, wird in Form vorspringender Steinschichten oder mit Rabitzkästen ein »Kern« an der Fassade gebildet, über den dann der Stuck gezogen oder angetragen wird. In der Gründerzeit wurde Außenstuck vielfach aus vorgefertigten Teilen mit Romanzement (heute: Romankalk) als Bindemittel hergestellt und dann angesetzt.

Die Reparatur von Außenstuck erfordert wie die Neuherstellung und Ergänzung größtes handwerkliches Können vom

Ziehen von Stuckteilen an der Wand.
Foto: Fortbildungszentrum Johannesberg, Knesch.

Zugschablone aus Holz und verzinktem Stahlblech mit Schlitten und Führung.
Foto: Fortbildungszentrum Johannesberg, Knesch.

Außenputz aus der Gründerzeit. Deutlich sind die herausstehenden Ziegel zu sehen, die zur Verzahnung des Außenstucks mit dem Untergrund dienten.

gen, gedreht oder angetragen. Für kleinere auf der Werkbank gezogene oder gegossene Stuckteile wird reiner Gips verwendet, der schnell abbindet. Für auf der Wand gezogenen oder angetragenen Stuck wird ein Kalkgipsmörtel bzw. Gipskalkmörtel verwendet, mit dessen Mischungsverhältnis auch die verlängerte Abbindezeit festgelegt wird. Gute Stukkateure und staatlich geprüfte Restauratoren im Stukkateurhandwerk beherrschen alle vorkommenden Techniken, insbesondere auch die Abform- und Rekonstruktionstechniken und sind so in der Lage alle Reparaturen am Stuck auszuführen bzw. zerstörte Stuckteile zu ergänzen oder zu rekonstruieren.

Zu den Reparaturtechniken gehört das Neuansetzen der nicht mehr fest mit dem Untergrund haftenden Stuckteile ebenso wie das Festigen von mürbem Gipsstuck mit Barytwasser.

Stukkateur. Besondere Beachtung ist der Vorbereitung des Untergrundes bzw. der Anschlußstellen durch Reinigen, Aufrauhen und gründliches Vornässen zu schenken. Weiter ist u. a. darauf zu achten, daß der Stuck glatt genug wird und alle Formen so ausgebildet werden, daß Wasser nicht in den Stuck eindringt und auch von allen Teilen schnell genug ablaufen kann. Besonders bei Reparaturen und Ausbesserungen ist es notwendig, auf der Basis von Mörtelanalysen des vorhandenen Außenstucks den Mörtel für die Reparaturteile in Bezug auf Bindemittel, Kornaufbau den Zuschlag und die Korngrößen so einzustellen, daß er dem ursprünglichen Mörtel möglichst nahe kommt.

Herstellen der Bewehrung für weit auskragenden Außenstuck. Foto: Fortbildungszentrum Johannesberg, Knesch.

Informationen

Weiterführend wird auf folgende Normen, Regelwerke, Literatur und Beratungsmöglichkeiten durch Verbände und Institutionen hingewiesen:

Normen

DIN 1060	Baukalk
DIN 1164 T1-8	Portland-, Eisenportland-, Hochofen- und Traßzement
DIN 1168	Baugips
DIN 1169	Lehmmörtel
DIN 4121	Hängende Drahtputzdecken, Putzdecken mit Metallputzträgern, Rabitzdecken
DIN 4207	Mischbinder
DIN 4208	Anhydritbinder
DIN 4211	Putz- und Mauerbinder
DIN 18 163	Wandbauplatten aus Gips
DIN 18 169	Deckenplatten aus Gips
DIN 18 180	Gipskartonplatten
DIN 18 181	Gipskartonplatten im Hochbau
DIN 18 183	Montagewände aus Gipskartonplatten, Ausführung von Metallständerwänden
DIN 18 184	Gipskartonverbundplatten
DIN 18 350	Putz- und Stuckarbeiten (VOB, Teil C)
DIN 18 550	Putz; Baustoffe und Ausführung

Literatur

Beard, Geoffrey: Stuck. Die Entwicklung plastischer Dekorationen. – Herching: Pawlak-Verlag 1983

Binder, Paul u. a.: Stukkateur-Handbuch. Die Gipserfibel. 1955 (Neudruck der 3. Auflage): Hannover: Edition »Libri rari« Verlag Th. Schäfer 1985

Böttinger, Albrecht: Putze in der Denkmalpflege. Arbeitsblätter des Fortbildungszentrums für Handwerk und Denkmalpflege, Propstei Johannesberg, Fulda. – In: Bauhandwerk 5/1984 S. 407-408 und 6/1984 507-508

Bohnagen, Alfred: Der Stukkateur und Gipser. Leipzig 1914 (Neudruck). – München: Callwey-Verlag 1987

Bundes-Arbeitskreis Altbauerneuerung (Hrsg.): Außenputze. – Bonn, o. J.

Leixner, Siegfried / Raddatz, Adolf: Der Stukkateur: Handbuch für das Gewerbe. – Stuttgart: Hoffmann-Verlag 1985

Minke, Gernot (Hrsg.): Bauen mit Lehm. Heft 3: Lehm im Fachwerkbau. – Kassel: Ökobuch-Verlag 1985

Pursche, Jürgen: Zur Erhaltung historischer Putzfassaden. – In: Das Bauzentrum 2/1987, S. 15-21 (Folge 1) und 3/1987, S. 14-20 (Folge 2)

Rheinisches Freilichtmuseum und Landesmuseum für Volkskunde in Kommern (Hrsg.): Lehm im Fachwerkbau. – Köln: Rheinland Verlag 1986

Vierl, Peter: Der Stuck. Aufbau und Werdegang, erläutert am Beispiel der neuen Residenz Bamberg. – München: Callwey-Verlag 1969

Vierl, Peter: Putz und Stuck. Herstellen / Restaurieren. – München: Callwey-Verlag 1984

Verbände, Institutionen, Beratungsstellen

Bundes-Arbeitskreis Altbauerneuerung e. V., Simrockstr. 4-18, 5300 Bonn 1

Bundesverband der Deutschen Kalkindustrie, Annastr. 67-71, 5000 Köln 51

Bundesverband der Gips- und Gipsbauplattenindustrie e. V., Birkenweg 13, 6100 Darmstadt

Fortbildungszentrum für Handwerk und Denkmalpflege Propstei Johannesberg, 6400 Fulda

Hauptgemeinschaft der Deutschen Mörtelindustrie, Annastr. 67-71, 5000 Köln 51

Institut für Kalk- und Mörtelforschung e. V., Annastr. 67-71, 5000 Köln 51

Zentralverband des Deutschen Baugewerbes (ZDB) – Bundesfachgruppe Stuck – Godesberger Allee 99, 5300 Bonn 2

Fenster, Fensterläden, Rolläden und Türen

Fenster, die »Augen« des Hauses, und Eingangstür bestimmen vielfach allein die Architektur einfacherer Gebäude.

»Fenster sind die Augen des Hauses« sagt eine alte Bauweisheit und gerade bei den einfachen Bürger- und Bauernhäusern legten die Baumeister großen Wert auf die Gestaltung der Fenster. Fenster und Läden, aus einer Wurzel hervorgegangen, hatten ursprünglich nur die Aufgabe der Belichtung und Belüftung. Die Aufgaben des Fensters wuchsen und schließlich wurde in unserem Jahrhundert daraus das technisch komplizierteste Bauglied: Belichtung, Belüftung, Aus- und Einblickmöglichkeiten, Wärmedämmung, Schalldämmung, Verdunklung, Verschattung und gliederndes Architekturelement gehören zu den Aufgaben und Anforderungen an das Fenster.

Ältere Fenster sind häufig mit Mängeln versehen und genügen in vielen Fällen den derzeitigen Erfordernissen, wie dem Gebot des sparsamen Umgangs mit Energie und dem heutigen Wohnkomfort, nicht. Auch bei Verbesserungsmaßnahmen an Fenstern ist es unbedingt wichtig, die Maßstäblichkeit durch Beibehaltung der ursprünglichen Fensterteilung, durch Sprossen und Flügel, zu erhalten. Da evtl. Mängel an Fenstern auch dem Laien schnell augenfällig bzw. fühlbar werden – z. B. durch Zugerscheinungen – beginnen Modernisierungsmaßnahmen oft bei den Fenstern. Meist bedeutete dies den Verlust der historischen Fenster. Administrative Energieeinsparungsprogramme setzten

Entwicklung des Fensters

dazu oft bei dem Bauelement Fenster ein. Nach Schätzungen wurden allein im Jahrzehnt zwischen 1975 und 1985 mehr als 60 Prozent der historischen Fenster durch Austausch vernichtet.
Dabei ist nicht genug deutlich zu machen wie stark Fenster die Architektur beeinflussen und die Atmosphäre der Räume mitbestimmen.

Die Fensterentwicklung geht auf zwei Ursprünge: den drehbaren Laden und den Schiebeladen zurück, und bis in unser Jahrhundert wurden Dreh- und Schiebefenster nebeneinander gebaut. Weitere Entwicklungsmerkmale wurden vom Glas und den Beschlägen bestimmt. Im Barock konnte man schon relativ große Glastafeln fertigen, daneben gab es auch bei den Fenstern viele runde und geschwungene Formen. Im 19. Jahrhundert wurde in vielen Gegenden das einfache Wohnhaus durch das Galgenfenster mit zwei Dreh- und einem Kippflügel geprägt.

Fenster, Fensterläden, Rolläden und Türen

Entwicklung des Fensters

In der technischen und stilistischen Entwicklung des Fensters wird sein Wert als Baudetail deutlich.

In der Romanik waren die Fensteröffnungen noch klein, die Last über den Maueröffnungen wurde durch Entlastungsbögen abgetragen und die eigentlichen Lichtöffnungen wurden mit Textilien geschlossen bzw. mit einfachen Bretterläden und darin ausgeschnittenen, bescheidenen Lichtausschnitten.

Durch die Auflösung der massiven, romanischen Wände in der Gotik zu skelettartigen Konstruktionen mit großen Öffnungen erhielten die Fenster herausragende Bedeutung. Die Entwicklung der Fenster wurde entscheidend von der Glas- und Beschlagtechnik beeinflußt. Seit dem 5. Jahrhundert gibt es in Mitteleuropa Hinweise zu Glasfenstern. Spätestens im 11. Jahrhundert sind bleiverglaste Butzenscheiben in Gebrauch und viereckige Fensterscheiben kennt man seit dem 15. Jahrhundert. Das mit Bogen geschlossene Zwillings- oder Drillingsfenster mit größeren Dimensionen wurde nicht nur im Sakralbau zunächst beibehalten, sondern auch im Profanbau übernommen. Im 14. und 15. Jahrhundert begann man, mehr und mehr einfache Rechteckfenster mit steinernen Unterteilungen zu bauen. In Holz- und Blockbauten wurden einfache Schiebeläden und Schiebefenster verwendet. In Fachwerkhäusern sind Fensteröffnungen in der frühen Gotik von ca. 30 x 40 cm bis zu 50 x 100 cm bekannt. Diese Öffnungen wurden bei einfachen Gebäuden von Bretter- bzw. Kantholzrahmen, die direkt in die Stakung eingearbeitet waren, umschlossen. Für den Fensterverschluß wurden sowohl Vorbilder aus dem Sakralbau gewählt als auch die Schiebeläden weiter entwickelt.

In der Renaissance war das große Rechteckfenster die Regel, anfänglich mit Steinkreuzen, später auch mit Holzkreuzen geteilt. Der Fensterverschluß war im Oberteil oft noch eine Festverglasung, während das Unterteil aus einem beweglichen Laden bestand. Als Fensterkonstruktionen waren sowohl Zargenfenster als auch Blendrahmenfenster in Gebrauch.

Während in der Renaissance noch vielfach Steinkreuze die Fenster gliederten, wurden diese Steinkreuze im Barock durch Holzkreuzstöcke abgelöst, anfänglich oft mit zwei Kämpferstücken, dann mit einem Kämpfer. Auf diesen einen Kämpfer wird am Ende des Barock ebenfalls vielfach verzichtet und das Fenster mit zwei übereinanderschlagenden Flügeln geschlossen. Durch die Entwicklung des Tafelglases wurde im 18. Jahrhundert die Verglasung mit Butzenscheiben aufgegeben und statt dessen die lichtdurchlässigeren großen Tafelglasscheiben eingesetzt. Winkelbänder, Stützkloben und Vorreiber sind im Barock noch die wichtigsten Beschläge. Schiebefensterkonstruktionen wurden weitgehend beschlaglos hergestellt.

Im Klassizismus wurden die Fenster mit zwei bzw. vier Flügeln von einem Kämpfer geteilt, meist aber die Fenster mit zwei unteren Flügeln mit Kämpfer und festem oder kippbarem Oberlicht geschlossen. Schnelle Veränderungen der Fensterkonstruktionen führten zu fortlaufenden Verbesserungen, z. B. die Fortentwicklung der vorgesetzten Winterfenster zu Doppel- bzw. Kastenfenstern. Ausgefeilte Rolladenkonstruktionen wurden nach der Mitte des 19. Jahrhunderts gebaut.

*Gründerzeitlicher, aufliegender Beschlag für ein Galgenfenster bzw. Fenster mit vier Drehflügeln.
Zeichnung: T.H.Krauth u. F.S. Meyer: Das Schreinerbuch, Leipzig 1899, Neudruck Hannover 1981.*

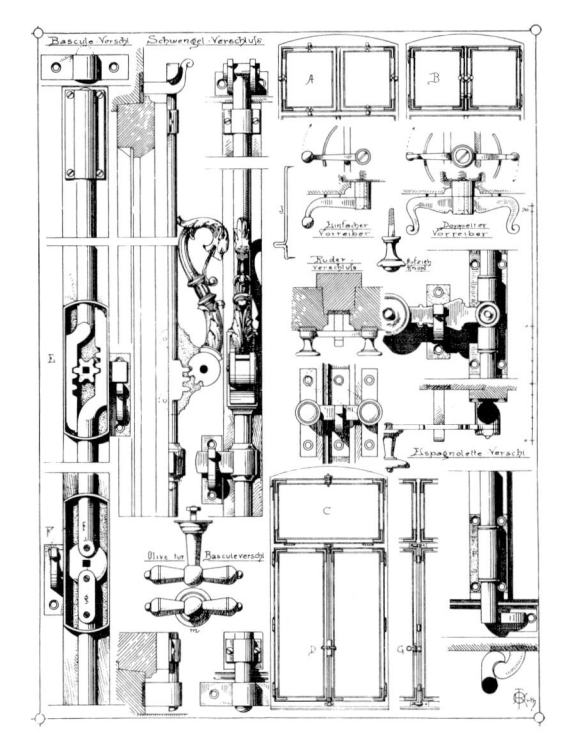

Fensterreparaturen

Seit Anfang unseres Jahrhunderts kann eine stürmische Entwicklung sowohl der Fenster als auch der Läden, Rolläden und Verschattungseinrichtungen verfolgt werden. Dabei knickt die Entwicklung gelegentlich auch nach unten ab, z. B. derart, daß in den Fünfziger Jahren vielfach kurzlebige Fenster hergestellt und eingebaut wurden.

Untersuchung historischer Fenster

Nach dem rapiden Rückgang originaler, historischer Fenstersubstanz in den vergangenen Jahrzehnten ist es bei Denkmälern besonders wichtig, zuerst an die Reparatur historischer Fenster zu denken. Vor allen Maßnahmen gilt auch für das Bauelement Fenster: zuerst gewissenhaft und exakt untersuchen. Entsprechende Untersuchungen dürfen sich nicht nur allein auf technische Aspekte stützen, noch weniger dürfen Bewertung und Festlegung der zu treffenden Maßnahmen allein technische Gründe haben.

Die Untersuchung historischer Fenster sollte folgende Faktoren berücksichtigen:
- Stilistische und zeitmäßige Einordnung des Fensters,
- Untersuchung auf historische Farbfassungen,
- eventuell verformungsgerechtes Aufmaß,
- technische Analyse und Mängelfeststellung bei besonderer Berücksichtigung von
  Holzart, weitergehend Werkstoff
  Oberflächenbehandlung
  Wandanschluß
  Standfestigkeit von Rahmen und Flügel
  Beschläge
  Verglasung
  Schlagregensicherheit
  Fugendichtigkeit
  Wärmeschutz
  Schallschutz
- Prüfung der Reparaturmöglichkeit bzw. der Beschlagfunktionen,
- Festlegung gewünschter Verbesserungen,
- Festlegung der Reparatur und Verbesserungsmaßnahmen.

Die Untersuchung ist in geeigneter Weise zu dokumentieren. Bei denkmalpflegerisch bedeutenden Fenstern gehört zur Dokumentation ein Aufmaß.

Im Gegensatz zur landläufigen Meinung lassen sich historische Fenster sehr wohl, z.B. durch Anschuhen von Schenkeln, Auswechseln der Wetterschenkel oder Richten der Beschläge, reparieren. Foto: Fortbildungszentrum Johannesberg, Knesch.

Fensterreparaturen

Fensterreparaturen können aus der Ausbesserung des Anstrichs bzw. einem kompletten Neuanstrich bestehen, weitergehend lassen sich verwitterte Wetterschenkel, zerstörte Holzverbindungen und Beschädigungen an den Holzteilen durch Auswechslung der beschädigten Schenkel bzw. Anschuhen bei größtmöglicher Schonung der originalen Substanz reparieren.

Beschädigte bzw. nicht gängige Beschläge müssen z. B. durch Rostlösen und Richten gangbar gemacht oder durch neue Beschlagteile ersetzt werden. Bei beschädigten Beschlagteilen ist es besonders wichtig, die Ursache der Beschädigung zu analysieren und diese Ursache auch zu beseitigen.

Abgerissene Kittfalze bzw. klaffende oder beschädigte Verkittungen werden glasbündig entfernt und mindestens eine Kante lang nach Vorbehandlung der Haftflächen mit einem neuen Dichtstoff, z. B. Leinölkitt repariert. Bei inne-

Fenster, Fensterläden, Rolläden und Türen

ren Glashalteleisten soll die Nachversiegelung außen auf jeden Fall mit elastischem Dichtstoff geschehen, bei äußeren Glasleisten sind alle Fugen zwischen Rahmen, Glas und Glasleiste elastisch abzudichten. Bei großen Flügeln wie sie in jüngeren Bauten vorkommen, ist auch bei Einfachverglasung elastischer Dichtstoff zu verwenden. Bei Isoliergläsern ist in jedem Fall elastisch und mit entsprechender Vorbehandlung der Haftflächen zu verkitten.

Undichtigkeiten im Anschluß vom Blend- zum Flügelrahmen sind durch mangelhafte Arbeit oder schlechte Holzauswahl bei der Herstellung, Verziehen der Fenster, durch zu starke Nachbearbeitung bei früheren Reparaturen, durch Witterungseinflüsse oder ungleichmäßig dicke Anstriche entstanden. Die Schäden werden beseitigt oder gemindert durch Aufschrauben eines äußeren Dichtungsprofils am Blendrahmen oder durch Einspritzen einer dauerelastischen Dichtungsmasse von 3 bis 5 mm Stärke im Falz. Im letzten Falle ist im Gegenfalz ein Trennmittel aufzubringen, damit die Dichtungsmasse nicht Flügel und Blendrahmen verklebt. Besser ist das Einarbeiten (Einfräsen) eines vorgeformten Dichtungsprofils im Flügel. Weniger günstig ist das Einfräsen eines solchen Profils im Blendrahmen wegen der komplizierten und langwierigen Handarbeit in den Ecken. Selbstklebende Dichtungsbänder halten meist nicht sehr lange und bergen die Gefahr, sich bei Schlagregen mit Wasser vollzusaugen. Äußere Dichtungsprofile und Dichtungsmassen müssen als Provisorien (oft nicht lange haltbar) angesehen werden. Handwerklich richtiger können die Schäden durch Auswechseln oder Reparieren einzelner Flügel- bzw. Blendrahmenteile beseitigt werden.

Auch Mängel, Zugerscheinungen, Wärmeverlust und/oder Eindringen von Schlagregen zwischen Blendrahmen und Mauerwerk sind durch schlechte handwerkliche Arbeit oder Schwinden des Holzes entstanden. Die Beseitigung geschieht durch Ausstopfen mit Glaswolle, Mineralwolle, Kokosfaser, Kompriband sowie durch Verleistung und eventuelles Einbringen geeigneter Fugendichtmassen (siehe hierzu Tabelle Anschlußausbildung zwischen Fenster und Baukörper, die vom Institut für Fen-

Aufnahmebogen zur Erfassung des Istzustandes der Fenster als Entscheidungshilfe. Aufnahmebogen: R. Daler, B. Hepp, H. Laurich und I. Schmidt in: Forschungsbericht Fenster in der Stadtsanierung, Rosenheim, 1989.

		gewünschte Funktionsverbesserung							
		Wärme-schutz	Tauwasser-freiheit	Schall-schutz	Schlag-regen-dichtheit	Fugen-durch-lässigkeit	Einbruch-hemmung	Bedien-barkeit	Dauer-haftigkeit
Beschreibung des Fensters	Fensterart								
	Werkstoff								
	Verglasung								
	Außenwand								
getroffene Feststellungen	Zugerscheinungen Falz								
	Bauanschluß								
	Wassereintritt Falz								
	Bauanschluß								
	Verglasung								
	Tauwasser Scheibenoberfläche								
	Scheibenzwischenraum								
	Wandleibung								
	Bedienungsstörung Beschlag								
	Falzpassung								
	Schäden Rahmen								
	Beschlag								
	Oberfläche								

Kurzzeichen für Instandsetzungsmaßnahmen und Nachrüstung *)	Gruppe A (Instandsetzungs- und Wartungsarbeiten mit geringem Aufwand)	Gruppe B (Instandsetzungs- und Wartungsarbeiten mit größerem Aufwand)	Gruppe C (Fenstererneuerung)
	A1 Verglasung abdichten	B1 Glas neu verklotzen	C1 Fenstererneuerung unter Beibehaltung des alten Blenrahmens
	A2 Falzbereich abdichten	B2 Verglasung erneuern	C2 Totalerneuerung
	A3 Baukörperanschluß abdichten	B3 Falzdichtung erneuern	
	A4 Scheibenzwischenraum zur Außenseite öffnen	B4 Regenschiene erneuern	
	A5 Flügel gangbar machen	B5 Oberfläche erneuern	
	A6 Beschlag einrichten	B6 Beschlagteile erneuern	

*) Das Kurzzeichen für Instandsetzungsmaßnahmen und Nachrüstung ist an der Stelle der gewünschten Funktionsverbesserung einzutragen

Fensterreparaturen

Beanspruchung	Beanspruchungsgrößen					
Zu erwartende Fugenbewegungen	≤ 1 mm	≤ 4 mm	> 4 mm			
Beanspruchungsgruppe nach DIN 18 055 Schlagregendichtheit und Fugendurchlässigkeit	A	B, C				
Erschütterungen	Normale Verkehrsbelastung	Starke Verkehrsbelastung				
Beanspruchungsgruppen	1*	2	3.1		3.2	3.3
Anschlußausbildung	Blendrahmen eingeputzt	Abdichtung mit Dichtstoffen	Abdichtung mit Dichtstoffen und Bewegungsausgleich in der Konstruktion		Anschluß mit Zarge	Anschluß mit Bauabdichtungsfolie
A Putzfassade mit stumpfem Anschlag						
B Putzfassade mit Innenanschlag						
C Fassade mit stumpfem Anschlag bei Sichtbeton, Naturstein, metallischen oder keramischen Baustoffen						
D Fassade mit Innenanschlag bei Sichtbeton, Naturstein, metallischen oder keramischen Baustoffen						

* gilt nur für Holzfenster

Äußere Anschlußausbildung zwischen Fenster und Baukörper zur Abdichtung gegen Wind und Regen unter Beachtung der Bewegung der Fuge (Stand 11/1989) Tabelle: Institut für Fenstertechnik e.v. Rosenheim.

stertechnik e.V., Rosenheim im Rahmen der Forschungsarbeit »Anschluß der Fenster zum Baukörper« erarbeitet wurde).

Verbesserungsmaßnahmen an Fenstern

Da die Wärmedämmung (die Meßwerte für die Wärmedurchgangszahl k und für die Durchlässigkeit der Fugen a müssen möglichst niedrig sein) und die Schalldämmung (Schalldämmaß dB muß möglichst hoch sein) von einfach verglasten Fenstern in der Regel nicht ausreichen, muß eine Verbeserung durch Einbau anderer, meist mehrschaliger Scheiben angestrebt werden.

Die Schalldämmung wird verbessert durch die Beseitigung von Undichtigkeiten, wie oben beschrieben, und den Einbau dickerer (schwerer) Scheiben, Spezialgläser, z.B. Phonstop, besser noch einer zweiten Scheibe mit Abstand zur ersten bzw. einer Isolierglasscheibe.

Bei zwei oder mehreren Scheiben ist der Abstand der Scheiben untereinander von ausschlaggebender Bedeutung für den Schallschutz. Gute Schalldämmung kann z.B. durch Ausbildung eines Kastenfensters mit 15 bis 25 cm Scheibenabstand erreicht werden. Ein zweites Fenster wird dabei innenseitig mit dem größtmöglichen Abstand und eventuell sprossenloser Isolierverglasung hinter das alte Fenster gesetzt.

Eine Verbesserung der Wärmedämmung ist u.a. durch nachträgliche Mehrscheibenverglasung zu erreichen. Die Wärmedurchgangszahl k = 6 bei 4 mm Einfachverglasung wird durch fachmännischen Einbau einer zweiten Scheibe oder von Isoliergläsern um etwa die Hälfte gemindert. Der Erfolg bei der Schalldämmung ist geringer.
Folgende Maßnahmen sind als Kompromißlösungen denkbar:
– Aufdoppelung von Nurglasscheiben

Fenster, Fensterläden, Rolläden und Türen

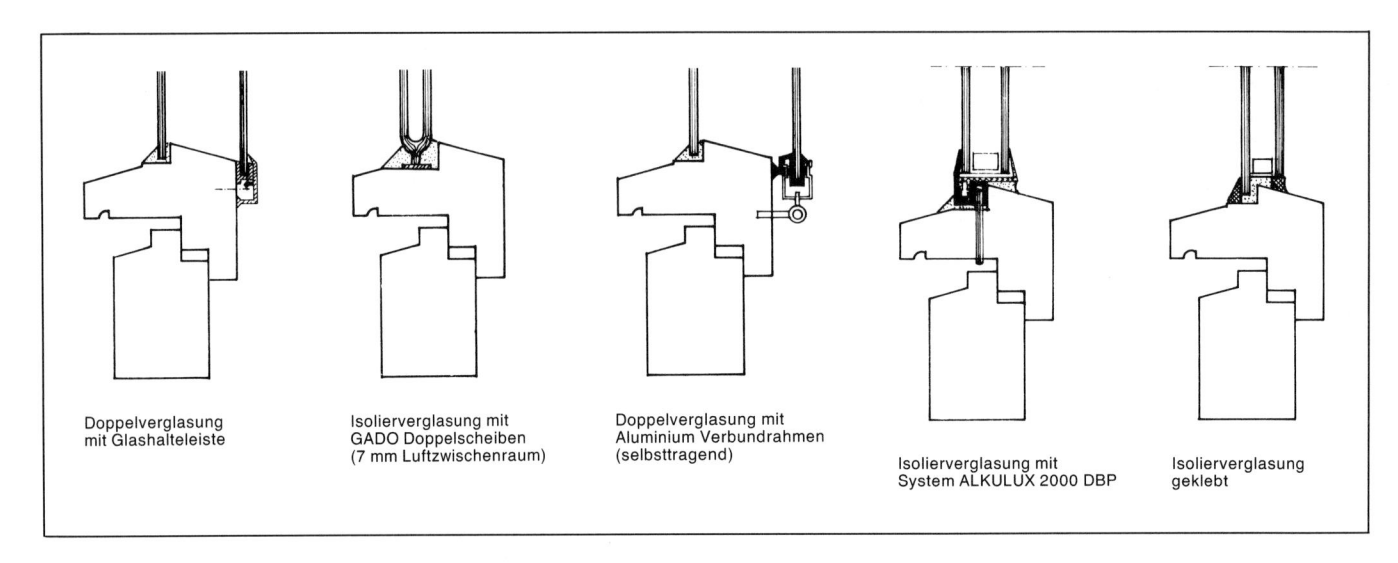

| Doppelverglasung mit Glashalteleiste | Isolierverglasung mit GADO Doppelscheiben (7 mm Luftzwischenraum) | Doppelverglasung mit Aluminium Verbundrahmen (selbsttragend) | Isolierverglasung mit System ALKULUX 2000 DBP | Isolierverglasung geklebt |

Umrüstung vorhandener Fenster von Einfach- auf Isolierglas.
Zeichnung: C. Arendt, I. Schulze, P. Schafft u. R. Pohl: Fenstersanierung, Hrsg.: Arbeitskreis Bautechnik der Vereinigung der Landeskonservatoren, München 1984.

Keinesfalls denkmalgerecht ist das Ersetzen historischer, geteilter und durch Sprossen untergliederter Fenster durch Einscheibendrehkippfenster.

mit Scharnieren als Vorsatzflügel innen auf die vorhandenen, ausreichend stabilen Fensterflügel,
– Aufdoppelung neuer Fensterflügel mit Schraub- oder Scharnierverbindung (zur Reinigung) als Vorsatz oder Doppelflügel innen auf die vorhandenen, ausreichend stabilen Fensterflügel,
– Einbau von Ganzglasdoppelscheiben in die alten Glasfälze, ebenfalls nur bei ausreichend stabilen Flügeln möglich,
– Einbau zusätzlicher Profile in den Fensterflügeln und Verglasung mit Isolierglasscheiben (ist nur bei einwandfreiem Zustand und ausreichender Stärke von Flügeln und Blendrahmen möglich),
– Einbau neuer Fensterflügel mit Isolierscheiben in die alten Blendrahmen (nur in Ausnahmefällen, da meist kompliziert und teuer),
– Einbau eines zweiten Fensters innen mit möglichst großem Abstand zum alten Fenster als Doppel- oder Kastenfenster.

Ersatz historischer Fenster durch neue Fenster

Können mit den beschriebenen Maßnahmen alte Fenster nicht oder nur mit einem viel zu hohen Aufwand wirkungsvoll verbessert werden, so sind die Fenster insgesamt auszutauschen. Bei Denkmälern kann dies nur als letzte Möglichkeit angesehen werden. Alle Bewertungskriterien sind dabei abzuwägen. Die alten Blendrahmen können u. U. als Zargen verwendet und müssen dann nicht ausgebaut werden. Als Fensterkonstruktionen kommen in Frage:

– Einfachfenster mit Doppelfalz, stark dimensionierten Flügelhölzern mit Zwei- oder Dreifachisolierglas,
– Doppelfenster, Sprossenteilung im äußeren Fenster, innen eventuell größere Scheiben auch als Isolierglasscheiben ohne Sprossenteilung,

Ersatz historischer Fenster durch neue Fenster

Verbundfenster, der äußere Flügel mit Sprossenteilung, der innere Flügel mit durchgehender Scheibe und ohne Sprossen.

Rekonstruiertes Barockfenster, die unteren Flügel je dreigeteilt, die oberen Flügel mit einer Sprosse unterteilt.

- Verbundfenster, Sprossenteilung im äußeren Fenster, innen eventuell größere Scheiben, auch als Isolierglasscheiben ohne Sprossenteilung,
- Kastenfenster, Sprossenteilung im äußeren Fenster, innen eventuell größere Scheiben, auch als Isolierglasscheiben.

»Sprossen in Aspik«

Es gibt zahlreiche Versuche, Kompromisse derart herzustellen, daß Sprossen und Flügelteilungen, z. B. durch Sprossen zwischen den zwei Scheiben von Isoliergläsern eingebaut bzw. hölzerne Sprossenrahmen auf das Fenster mit einigem Abstand zum Glas aufgeschraubt werden. Solche und ähnliche Maßnahmen haben sich aus denkmalpflegeri-

Ergänzung eines bestehenden Einfachfensters zu einem Kastenfenster durch raumseitiges Setzen eines zweiten Einfachfensters ohne Sprossen.
Zeichnung: C. Arendt, I. Schulze, P. Schafft u. R. Pohl: Fenstersanierung, Hrsg.: Arbeitskreis Bautechnik der Vereinigung der Landeskonservatoren, München 1984.

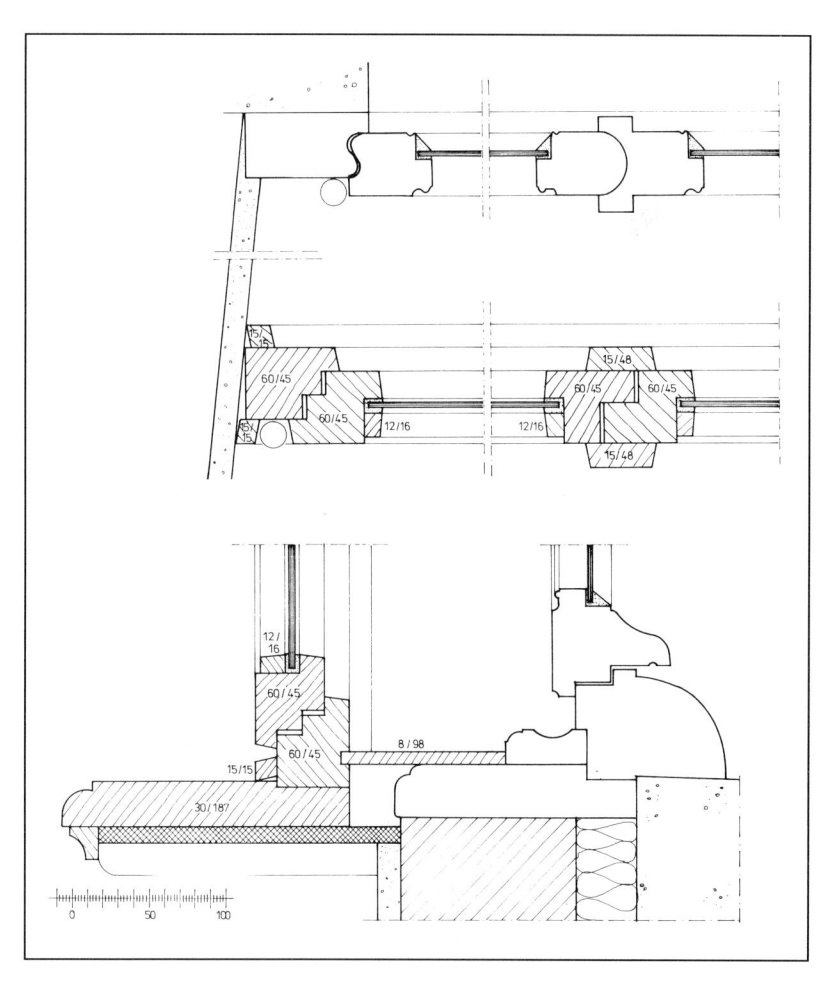

»Sprossen in Aspik« d. h. Sprossen zwischen den Scheiben von Isolierglas, hielt man gelegentlich auch bei Denkmälern für einen noch möglichen Kompromiß. Das Foto zeigt deutlich, daß solche Lösungen nicht denkmalgerecht sind.

scher Sicht auch als Kompromisse nicht bewährt, vielmehr sollte wegen der zahlreichen schon genannten Gründe die alte Flügel- und Sprossenteilung wieder angestrebt werden.

Stahl-, Aluminium- und Kunststoffenster

Bereits im 19. Jahrhundert wurden in großem Umfang, z. B. bei Fabrikbauten und landwirtschaftlichen Gebäuden, Stahlfenster, im wesentlichen aus T-Profilen, gebaut. Auch die Bauten der »Neuen Sachlichkeit«, wie z. B. die Faguswerke in Alfeld an der Leine von Walter Gropius, weisen teilweise großflächige Verglasungen in Stahlprofilen auf.

Nach dem Zweiten Weltkrieg, in den sechziger und siebziger Jahren, wurden im weitesten Umfang Aluminium- und Kunststoffenster entwickelt, fabriziert und eingebaut, die im einen oder anderen Falle mit dem Gebäude, in dem sie verbaut wurden, zu Denkmälern geworden sind. Da zum Beispiel Stahlfenster mit Einfachverglasung bautechnisch wie bauphysikalisch höchst unvollkommen sind und einen fortlaufenden Unterhaltungsaufwand benötigen, führt dies bei Denkmälern oft zu großen Schwierigkeiten, während bei nicht denkmalgeschützten Bauten sich leicht ausreichende Ersatzkonstruktionen, die in Material, Teilung und Funktionen weit vom Original abweichen, finden lassen.

Gerade bei den Fenstern gibt es häufig Grundsatzfragen zum Material. Aus denkmalpflegerischer Sicht ist diese Frage unter dem denkmalpflegerischen Leitgedanken der Erhaltung originaler Substanz als Zeugnis der Geschichte und Entwicklung eindeutig derart zu beantworten, daß zunächst versucht werden muß, das originale Fenster durch Reparatur mit oder ohne Verbesserung zu erhalten, und wenn dies nicht möglich ist, das Fenster in den alten Dimensionen, Teilungen und dem Material des alten Fensters entsprechend im Sinne der wissenschaftlichen Definition der Rekonstruktion zu erneuern. Die Veränderung des Materials würde ein Abweichen vom Original bedeuten und damit einen zu Ungunsten des Kulturdenkmals weitergehenden Kompromiß.

Fensterläden

Wie im Abschnitt Fenster ausgeführt, gehen Fenster und Fensterläden auf gemeinsame Wurzeln zurück. Die ältesten Formen von Fensterläden sind feststehende Fensterblenden, danach folgten Einsatzläden aus Brettern und im 12. Jahrhundert Klappläden, die an oben sitzenden Scharnieren befestigt waren.

Im 14. Jahrhundert kamen Schiebeläden auf und im 16. Jahrhundert wurden drehbare Läden entwickelt. Diese bestanden zunächst aus zusammengespundeten Brettern, später aus Rahmen und Füllungen. In der weiteren Entwicklung wurden statt geschlossener Füllungen einzelne Brettchen mit Abstand schräg eingesetzt, damit war die Jalousie erfunden. Mit feststehenden Brettchen nannte man die Läden Persiennen. Noch größeren Komfort erreichte man mit Jalousien mit beweglichen Brettchen, die man ganz schließen oder öffnen kann. Spezialformen von Klappläden sind z. B. Spalettläden, die im geöffneten Zustand zusammengefaltet in der inneren Leibung liegen, und Vorsatzläden bei Schaufenstern.

Ursprüngliche Klappläden – eine sehr frühe Art von Fensterläden, deren Namen teilweise bis heute für drehbare Fensterläden gebraucht werden.

Fensterläden

Bis zum Beginn des 19. Jahrhunderts bei sämtlichen ländlichen Bauten bis in die Mitte des 20. Jahrhunderts wurden zur Verdunkelung, zum Schutz gegen Einbrüche und zur Verbesserung des Wärmeschutzes praktisch ausschließlich Klapp-, Dreh- oder Schiebeläden gebaut.

Fensterladenreparatur

Fensterläden, fast immer als drehbare Läden gebaut, erfüllen ebenso wie die Fensterteilung eine wichtige Funktion in der Fassadengliederung und können deshalb ebensowenig entfernt werden, ohne daß das Bild der Fassade erheblich leidet. Bei Beschädigungen werden Läden durch das Anschuhen oder den Austausch einzelner Holzteile repariert. Selbstverständlich müssen dazu auch wie bei den Fenstern alle Beschlagteile wieder voll funktionsfähig gemacht werden, d. h. z. B. vom Rost befreit und gerichtet werden.

Sind Fensterläden bereits soweit zerstört, daß eine Reparatur nicht mehr möglich ist, so sollen insbesondere bei Denkmälern analog der alten Form und Konstruktion neue Fensterläden angefertigt und angeschlagen werden.

Rolläden

Aus den Fensterläden mit beweglichen Jalousien entwickelte man die Rolläden. Die frühesten Rolläden bestanden aus eisernen oder hölzernen an Kettengliedern befestigten Stäben oder aus dünnen profilierten Leisten auf Leinwand geleimt bzw. mit Gurten oder Stahlbändern verbunden. In der zweiten Hälfte des 19. Jahrhunderts wurden zunächst die Holzrolläden durch die Verwendung verschiedener und ineinandergreifender Holzlatten schnell weiterentwickelt. Auch auseinanderziehbare Rolläden, die noch eine bestimmte Menge Licht einlassen, stammen aus dieser Zeit. Daneben wurden auch eiserne Rolläden aus gebogenen Blechstreifen oder gewelltem Gußstahlblech bzw. dünnem, durchgehendem Wellblech gefertigt. In den letzten Jahrzehnten werden nebeneinander Holzrolläden wie auch Rolläden aus Kunststoff- und Aluminiumhohlprofilen verwendet.

Ausgewechselte Fenster und drehbare Holzläden in einem Mansardgeschoß. Es wird gut sichtbar, wie wichtig Teilung und Maßstäblichkeit sind.

Der drehbare Holzladen, Ursprung für Drehfenster wie für alle drehbaren Läden.

*Renaissancefenster mit Steinkreuzstock und aufgesetztem Minirolladen. Trotz der behutsamen Ein- und Anpassung des neuen Bauelements stellen solche Lösungen Kompromisse dar, die in jedem Einzelfall abgestimmt sein müssen.
Foto: E. Krug.*

Fenster, Fensterläden, Rolläden und Türen

Dieses schon einige Jahrzehnte alte Beispiel zeigt, daß es in Ausnahmefällen bei sensibler Detailgestaltung auch möglich ist, in alten Fachwerkgebäuden Rolläden einzubauen.

Vorhandene Rolläden lassen sich durch Austausch von beschädigten, mangelhaften oder verschlissenen Einzelteilen meist leicht reparieren.

Der Einbau von Rolläden oder sogenannten Minirolläden in denkmalgeschützte historische Gebäude, die vor der Mitte des 19. Jahrhunderts errichtet wurden, ist oft gar nicht oder nur schwer zu bewerkstelligen, da der optische Eindruck des Denkmals meist stark verändert wird. Müssen in einzelnen Fällen Rolläden in ältere Gebäude eingebaut werden, so müssen sie so angeordnet werden, daß sie im geöffneten Zustand nicht oder kaum sichtbar sind. Eine solche Anordnung bedeutet meist einen relativ hohen Bauaufwand.

Türen

Ähnlich wie bei Fenstern gilt für die Türen, daß sie gerade bei einfacheren Bauten als die stilbildenden Mittel eingesetzt wurden.

Haustüren

Haustüren müssen den Eingang signalisieren und gleichzeitig Schutz vor unliebsamen Eindringlingen bieten. Oft repräsentieren sie den Schmuckwillen des Eigentümers wie des Architekten, meist sind sie aber auch im besonderen Maße handwerkliche Kunst. Bis zur Gotik wurden vielfach Bretter- oder Bohlentüren verwendet, danach mehr und mehr gestemmte Rahmentüren mit Füllungen.

Im ländlichen und kleinstädtischen Bereich waren die Haustüren oft zweigeteilt. Über Sommer wurde das Oberteil tagsüber offen gelassen, damit Licht und Luft in den Hausflur gelangte, während der untere Türteil verschlossen wurde, um das Hinauslaufen von Kleinkindern und das Hineinlaufen z. B. des Federviehs zu verhindern.

Reparatur von Haustüren

Undichtigkeiten im Türfalz sind durch Einarbeiten von Dichtungsprofilen im Falz zu beseitigen. Sind die Unebenheiten zu groß, so sind Anschlag und Falz nachzuhobeln bzw. nachzufräsen und evtl. durch Leisten aufzufüttern. Wenn auch diese Maßnahme nicht den gewünschten Erfolg verspricht, gibt es auch die Möglichkeit den Türstock auszubauen und durch einen neuen zu ersetzen, wobei der Anschlag den Unebenheiten des Falzes der alten und wieder einzubauenden Tür angepaßt werden muß.

Bei Setzung und noch festem Rahmen genügt es meistens die Türbänder zu versetzen, haben sich jedoch schon die Zapfen gelöst, und die Tür ist nicht mehr im Winkel oder stark verzogen, so muß sie demontiert, auseinandergenommen und neu verleimt werden. Keinesfalls sollten Türen durch Aufdoppelung von Sperrholz bzw. Hartfaserplatten gerichtet oder modernisiert werden. Die meist stark profilierten Türbekleidungen und Deckleisten gehören nicht nur technisch, sondern auch optisch zur Tür und

Türen

Die Eingangstüren repräsentieren für das ganze Haus. Sowohl die zweigeteilten Renaissancetüren als auch die Barocktüren und der gründerzeitliche Eingang demonstrieren den Wert, den Hausbesitzer wie Architekten und Handwerker auf die Haustüren gelegt haben.

Fenster, Fensterläden, Rolläden und Türen

*Ein zweiflügliges barockes Tor mit Schlupftür ist für das Aufmaß, die Dokumentation und anschließende Sanierung aufgelegt.
Foto: Fortbildungszentrum Johannesberg, Knesch.*

*Zweiflüglige Barocktür während der Reparaturarbeiten.
Foto: Fortbildungszentrum Johannesberg, Knesch.*

Das linke Reihenhaus besitzt noch seine originale, dem Haus eine besondere Note verleihende, Eingangstür. Die ersetzte Tür rechts ist eine »Allerweltstür«.

sind ebenfalls zu erhalten oder zu erneuern. Schiefstellungen zwischen Tür und Wand können durch entsprechendes Anpassen der Bekleidung und Deckleisten verdeckt, d.h. technisch und optisch überbrückt werden. Für historisch wertvolle Bauten kommen modernistische Haustürkonstruktionen aus Glas, Stahl oder Aluminium nicht in Frage. Sind alte Türen nicht zu erhalten, sollten die neuen als Rekonstruktion der historischen Tür gefertigt werden.

Innentüren

Abgesehen von nur noch sehr selten vorkommenden Brettertüren wurden Innentüren früher als Zwei-, Drei-, Vier-, Fünf- oder Sechs-Füllungstüren herge-

Fensterläden

stellt, im letzten Jahrhundert mehr oder weniger verglast. Erst in jüngster Zeit werden fast ausschließlich Türen aus leichten Sperrholzblättern verwendet bzw. Türblätter aus starken Spanplatten in Röhrenkonstruktion gefertigt. Bei den Füllungstüren treten die gleichen Mängel wie bei den Haustüren auf, sie sind auch auf die gleiche Weise zu beheben. Auch bei Innentüren soll keine Aufdoppelung vorgenommen werden. Sind Innentüren nicht mehr reparabel, so sollten neue Türen wiederum Rücksicht auf den Maßstab nehmen, d. h. bei historisch wertvollen Gebäuden, insbesondere bei Denkmälern müssen wiederum Füllungstüren verwendet werden.

Die Nachahmung von Füllungstüren durch das Aufsetzen von Profilleisten auf glatte Türblätter muß als zu stark improvisierte Behelfslösung abgelehnt werden.

Schäden an Sperrholztüren entstehen meist durch Lösen oder Herausbrechen der Fitschen- oder Kegelbänder, hier hilft Nachnageln oder Schrauben bzw. das Versetzen der Bänder und Neuanschlagen der Tür.

Auch bei den Türen kommt es auf die Details an. Dieser Türgriff gibt der Tür eine besondere Individualität.

Niederdeutsche Hallenhäuser werden heute vielfach zum Wohnen umgenutzt, wobei oft auch die Diele eine neue Nutzung erhält.

Zur Wahrung des ursprünglichen Charakters ist es dabei wichtig, die Einheit des großen Dielentores zu erhalten. Schon ein anderer Anstrich und eine andere Türform würden das untere Beispiel verbessern.

Informationen

Weiterführend wird auf folgende Normen, Regelwerke, Literatur und Beratungsmöglichkeiten durch Verbände und Institutionen hingewiesen:

Normen

DIN 1055	Lastannahmen im Hochbau, Verkehrslasten – Windlast
DIN 1249	Fensterglas; Dicken, Sorten, Anforderungen
DIN 2719	VDI-Richtlinien »Schalldämmung von Fenstern«
DIN 4108	Wärmeschutz im Hochbau
DIN 4109	Schallschutz im Hochbau
DIN 4443	Stahlfensterprofile
DIN 18051	Holzfenster für den Wohnungsbau
DIN 18052	Einfachfenster
DIN 18055	Fugendurchlässigkeit, Schlagregensicherheit
DIN 18056	Fensterwände; Bemessung und Ausführung
DIN 18058	Stahlfenster für Keller und Waschküche
DIN 18059	Stahlfenster, Ausführung
DIN 18060	Stahlfenster für den Wohnungsbau
DIN 18061	Einfachfenster, nach innen aufgehend
DIN 18062	Verbundfenster, nach innen aufgehend
DIN 18355	Tischlerarbeiten (VOB, Teil C)
DIN 18357	Beschlagarbeiten (VOB, Teil C)
DIN 18358	Rolladenarbeiten (VOB, Teil C)
DIN 18361	Verglasungsarbeiten (VOB, Teil C)
DIN 18545	Abdichten von Verglasungen
DIN 52460	Prüfung von Materialien für Fugen- und Glasabdichtungen im Hochbau
DIN 68121	Holzfenster-Profile
DIN 68360	Holz für Tischlerarbeiten, Gütebedingungen
DIN 68602	Holz-Leim-Verbindungen, Beanspruchungsgruppen
DIN 68603	Holz-Leim-Verbindungen – Prüfung–
DIN 68706	Sperrtüren, Begriffe, Vorzugsmaße, Konstruktionsmerkmale für Innentüren

Literatur

Arendt, C.: Fenster – Arbeitsblatt BAU 1 der Arbeitsblätter des Bayerischen Landesamtes für Denkmalpflege

Arendt, C. / Schulze, J. / Schafft, P. / Pohl, R.: Fenstersanierung. Heft 1 des Arbeitskreises Bautechnik der Vereinigung der Landesdenkmalpfleger, 2. Auflage. – München 1984

Balkowski, D.: Wenn Fenster nachträglich eingebaut werden. – In: Altbau-Modernisierung 11-12/1981

Blaschke, K. / Schmid, J. / Stiell, W.: Anschluß der Fenster zum Baukörper. – Forschungsbericht des Instituts für Fenstertechnik Rosenheim. – Rosenheim: Institut für Fenstertechnik e. V. o. J.

Böttcher, W.: Sprossenfenster. – In: Fenster und Fassade 1/1981

Böttcher, W. / Hartmann, H. / Schmid, J.: Verbundfenster (Abschlußbericht eines Forschungsauftrags, Institut für Fenstertechnik Rosenheim 7/1981). – In: Fenster und Fassade 3/1981

Böttinger, Albrecht: Rolläden (Arbeitsblätter zur Denkmalpflege des Fortbildungszentrums für Handwerk und Denkmalpflege, Propstei Johannesberg) – In: Deutsche Bauzeitung 6/1987, S. 73-78

Brunschwiler, J.: Stilkunde für Schreiner, Zürich 1957, (Neudruck) – Hannover: Edition »libri rari« Verlag Th. Schäfer 1986

Froelich, H.: Entscheidungskriterien für Fenster. Kurzfassung, Forschungsbericht des Bundesministeriums für Raumordnung, Bauwesen und Städtebau. – Bonn 1981

Gerner, M. / Gudzent, K.: Historische Fenster, Teil I, Fenster der Romanik (Arbeitsblätter zur Denkmalpflege des Fortbildungszentrums für Handwerk und Denkmalpflege, Propstei Johannesberg). – In: Bauhandwerk 11/1987

Gerner, M. / Gudzent, K.: Historische Fenster, Teil II und III, Fenster der Gotik (Arbeitsblätter zur Denkmalpflege des Fortbildungszentrums für Handwerk und Denkmalpflege, Probstei Johannesberg). – In: Bauhandwerk 12/1987, 1-2/1988

Gerner, M. / Gudzent, K.: Historische Fenster, Teil IV, Fenster der Renaissance (Arbeitsblätter zur Denkmalpflege des Fortbildungszentrums für Handwerk und Denkmalpflege, Propstei Johannesberg). – In: Bauhandwerk 4/1988

Gerner, M. / Gudzent, K.: Historische Fenster, Teil V, Fenster des Barock (Arbeitsblätter zur Denkmalpflege des Fortbildungszentrums für Handwerk und Denkmalpflege, Propstei Johannesberg). – In: Bauhandwerk 6/1988

Gerner, M. / Gudzent, K.: Sanierung historischer Fenster. – In: Deutsche Bauzeitung 2/1987, S. 66-70

Gudzent, K.: Historische Fenster, Teil VI, Fenster des Klassizismus (Arbeitsblätter zur Denkmalpflege des Fortbildungszentrums für Handwerk und Denkmalpflege, Propstei Johannesberg). – In: Bauhandwerk 12/1988

Habel, H.: Sprossenlose Fenster in Baudenkmälern? – In: Deutsche Kunst und Denkmalpflege 1/1981, S. 35-38

Hartmann, H. / Heinrich, R. / Schmid, J.: Wärmedurchgangskoeffizienten k von Fenstern – Forschungsbericht des Instituts für Fenstertechnik Rosenheim. – Rosenheim: Institut für Fenstertechnik e. V. o. J.

Institut für Fenstertechnik e. V. (Hrsg.) Anstrichgruppen für Fenster und Außentüren (Merkblatt 5/1983). – Rosenheim: Institut für Fenstertechnik e. V.

Institut für Fenstertechnik e. V. (Hrsg.) Anforderung an lasierende und deckende Beschichtungen für Holzfenster (Merkblatt 9/1983). – Rosenheim: Institut für Fenstertechnik e. V.

Jungsten, N. und weitere: Augen, meine lieben Fensterlein, Merkblatt: Stil- und fachgerechtes Restaurieren des Oberwalliser Heimatschutzes

Krauth, T. / Meyer, F. S.: Das Schreinerbuch I, Leipzig 1899 (Neudruck) – Hannover: Edition »libri rari« Verlag Th. Schäfer 1981

Krewinkel, H. W.: Darauf kommt es bei Fenstern an. – In: Althaus-Modernisierung 9-10/1983

Lietz, S.: Das Fenster des Barock. – München: Deutscher Kunstverlag 1982

Lüfkens, K.-O.: Altbau neu. – In: Deutsche Bauzeitung 8/1987, S. 52-59

Lüfkens, K.-O.: Das Fenster zwischen Müllkippe und Erhaltung. – In: Bausubstanz 4/1988, S. 100-102

Informationen

Nolte-Bürner, L.: 350 Türen und Tore, Stuttgart 1921, (Neudruck) – Hannover: Edition »libri rari« Verlag Th. Schäfer 1987

Pracht, K.: Fenster, Planung, Gestaltung und Konstruktion. – Stuttgart: DVA 1983

Reitmeyer, U.: Holzfenster. 7. Auflage. – Stuttgart: Verlag Julius Hoffmann 1980

Reitmeyer, U.: Holztüren und Holztore. 8. Auflage. – Stuttgart: Verlag Julius Hoffmann 1979

Schmid, J.: Anforderungen an den Wärmeschutz von Fenstern. – In: Fenster und Fassade 2/1982

Schmid, J. / Stiell, W.: Falzausbildung an Fenstern – Forschungsbericht des Instituts für Fenstertechnik Rosenheim. – Rosenheim: Institut für Fenstertechnik e.V.

Schmid, J. / Stumpp E. / Rauch, D.: Klassifizierung von Fenstern. Forschungsbericht des Instituts für Fenstertechnik Rosenheim. – Rosenheim: Institut für Fenstertechnik e.V.

Schmitz, H.: Altbau-Modernisierung, Konstruktions- und Kostenvergleiche. – Köln: Verlag R. Müller 1979

Seifert. E. / Daler, R. / Heine, F.: Fenster bei Altbauerneuerung. Forschungsarbeit des Instituts für Fenstertechnik Rosenheim. – Rosenheim: Institut für Fenstertechnik e.V. 1979

Seifert, E.: Instandhaltung von Fenstern. – In: Das deutsche Malerblatt 5/1979

Seifert, E.: Die Bedeutung der Fenster im Denkmalschutz. – In: Deutsche Kunst und Denkmalpflege 1/1981, S. 25-34

Seifert, E./Schmidt, J.: Fenster aus Holz – Informationsdienst Holz, Hrsg. Arbeitsgemeinschaft Holz. – Düsseldorf o. J.

Seifert, E./Schmidt, J.: Fenster und Fensterwände, Forschungsbericht des Instituts für Fenstertechnik Rosenheim. - Rosenheim: Institut für Fenstertechnik e.V. 1979

Spengler, G.: Das Fenster im Altbau, Fenstererneuerung unter denkmalpflegerischen Gesichtspunkten. – Bremen: Landesamt für Denkmalpflege 1979

Warlich-Schenk, B.: Fenster in historischen Gebäuden, Hrsg. Magistrat der Stadt Kassel. – Kassel: Magistrat der Stadt Kassel, Untere Denkmalschutzbehörde 1986

Westfälisches Freilichtmuseum Detmold (Hrsg.): Fenster aus Westfalen. – Detmold 1987

Wilke, G.: Die Sanierung alter Holzfenster – eine echte Alternative zum Fensteraustausch? – In: I-Punkt Farbe 1/1981

Verbände, Institutionen, Beratungsstellen

Aluminium-Zentrale e.V., Königsallee 30, 4000 Düsseldorf

Arbeitsgemeinschaft Holz, Füllenbachstraße 6, 4000 Düsseldorf 30

Arbeitskreis Holzfenster e.V., Bockenheimer Anlage 13, 6000 Frankfurt 100

Bundes-Arbeitskreis Altbauerneuerung e.V., Buschstr. 32, 5300 Bonn

Bundesinnungsverband des Glaserhandwerks, An der Glasfachschule 6, 6253 Hadamar

Bundesverband des holz- und kunststoffverarbeitenden Handwerks, Rheinstraße 36, 6200 Wiesbaden

Bundesverband Rolladen und Sonnenschutz e.V., Kölner Landstraße 304, 5160 Düren

Fortbildungszentrum für Handwerk und Denkmalpflege, Propstei Johannesberg, Fulda e.V., 6400 Fulda

Gütegemeinschaft Holzfenster, Bockenheimer Anlage 13, 6000 Frankfurt 100

Institut für Fenstertechnik e.V., Tulpenweg 16, 8200 Rosenheim-Aisingerwies

Farbgebung, Befunde, Farbgestaltung, Anstriche

Historische Farbgebungen

Historische Farbgebung im Außenbereich war fast immer zugleich Schutz und Schmuck. Bei einfachen Gebäuden, Scheunen, Ställen, gelegentlich auch bei Wohnhäusern, insbesondere in Block- oder Fachwerkbauweise wurde oft zur Kostenersparnis weder mit Farbe geschützt noch geschmückt, d.h. es wurde nicht gestrichen. Die Art der farbigen Gestaltung hing vom Stand der Farbtechnik, den charakteristischen Merkmalen der Baustile, landschaftlich gebundenen Farbtraditionen und dem Vorkommen bzw. den Herstellungsmöglichkeiten verschiedener Pigmente ab.

In allen Bauepochen wurden jeweils bestimmte Farbgebungen und Farbkombinationen – auch bei den einfachen Bauten – bevorzugt. So wurden im Barock kräftige »erdige« Farbtönungen verwendet, im Klassizismus fast durchweg nur zarte, meist kühle Pastelltönungen, in der Gründerzeit stark verschattete, aber kräftige Farben und im Jugendstil schließlich leuchtende Farben mit Einschluß auch »gewagter« Farbgebungen an Fassaden wie grasgrün, nachtblau und lila. Stark beeinflußt wurde die Farbigkeit der Fassaden von den Möglichkeiten, entsprechende Pigmente zu beschaffen sowie den Kosten der Pigmente, da ja immer große Mengen benötigt wurden. Oft vorkommende Farbtöne wie das Eisenoxid oder die Rot-, Braun- und Ockertönungen aus den Pigmenten gebrannter Erden hängen allein mit der Verfügbarkeit und leichten Herstellung zusammen. Während z.B. Blau, solange es von Mineralien wie Lapislazuli oder Kobalterz abgerieben, bzw. aus dem Indigostrauch gewonnen werden mußte, praktisch nur für Schriften, Bänder oder kleine Flächen außen verwendet wurde, konnte diese Farbe nach der synthetischen Produktion ab der Mitte des 19. Jahrhunderts großzügiger und großflächiger verwendet werden.

Als Bindemittel dienten bei Anstrichmaterialien für den Außenbereich früher insbesondere Kalk, pflanzliche Öle wie Leinöl oder tierische Eiweiße wie Eiweiß und Blutwasser. Da diese Bindemittel der Witterung nur wenig widerstehen, mußten des öfteren Wiederholungsanstriche ausgeführt werden, zum anderen war der Perfektionsanspruch nicht so ausgeprägt wie heute und teilweise ausgeblichene, abgewitterte oder durch Ausblühungen angegriffene Anstriche wurden überhaupt bzw. länger in Kauf genommen.

Farbmoden müssen auch an historischen Bauten als solche eingestuft werden. Nachdem z.B. in der Gründerzeit Fachwerk vielfach mit »braunen Holztönen« behandelt wurde, streicht man auch die Fachwerkgebäude aus früheren Jahrhunderten bis heute vielfach braun, ohne die bedeutenden ursprünglichen farbigen Fassungen z.B. in Rot oder Goldocker zu beachten. Ebenso ist die Mode der Sechziger- und Siebziger Jahre dieses Jahrhunderts einzuschätzen. In einer Art »Materialfetischismus« wurden die Baumaterialien Holz, Naturstein, Ziegel und Beton farblos, d.h. mit Klarlack oder lasierend und nicht mit einem deckendem Anstrich versehen. Diese Mode ist nicht auf historische Gebäude umzusetzen, da der Außenanstrich früher fast immer deckend angelegt wurde.

Ein Beispiel, wie gerade bei Farbgebungen sich schnell falsche Meinungen zur historischen Farbgestaltung zu »festem Wissen« fixiert haben, ist damit zu belegen, daß in unserem Jahrhundert lange Zeit davon ausgegangen wurde,

Historische Farbgebungen

daß Fachwerk und Holz im Außenbereich früher mit Ochsenblut gestrichen wurde. In Wahrheit wurde nur das Blutwasser des Rinderblutes als eiweißhaltiges Bindemittel verwendet, wie eine Rezeptur deutlich macht.

L. Hüttmann schreibt im »Neuen Schauplatz der Künste und Handwerke«, 18. Band, Cementir-, Tüncher- und Stuccaturarbeit, 1842:
»Vom Farbeanstriche mit Blutwasser.

Das Blutwasser der Thiere ist der wässerige durchsichtige Theil des Blutes, der sich vom Blutkuchen absondert. Diese Flüssigkeit nun, welche man in den Schlachthäusern oder bei den Fleischern bekommt, wird zum Anmachen der Farbe auf ähnliche Weise, wie die geronnene Milch, benutzt. Man muß das Blut der geschlachteten Thiere in ganz reinen Gefäßen auffangen und diese an einen kühlen Ort stellen. Nach Verlauf von 4 oder 5 Stunden hat sich das Blutwasser vom Blutkuchen getrennt, und wenn man es vorsichtig abgießt, so kann man es sehr rein und fast farbelos erhalten. Sollte es einige fremdartige Körper enthalten, so müßte man es durch ein Sieb schlagen.

Die Farbe wird auf folgende Weise bereitet: 8 Pfund ungedichteter pulversirter und durch's Sieb geschlagener Kalk nebst 2 Pfund pulverisirter Farbe, welche dem Kalke die gewünschte Färbung giebt, werden mit 6 bis 7 Berliner Quart Blutwasser angemacht. Man kann das Verhältnis des Kalkes vermehren; aber das Gewicht der pulverisirten Farben darf niemals mehr betragen, als den vierten Theil vom Gewichte des Kalkes. Man kann sich das Pulverisiren des Kalkes ersparen, sobald man den Kalk mit so wenig, wie möglich, Wasser frischt löscht und ihn dann durch ein seidenes Sieb schlägt.

Die Dauerhaftigkeit dieser Farbe hängt von dem Zustande des Blutwassers in dem Augenblicke ab, wo man dasselbe zum Anmachen der Farbe benutzt. Es geht so rasch in Fäulnis über, daß man es denselben Tag noch, wo man die Farbe damit angemacht hat, zum Anstriche verwenden muß. Man thut deshalb wohl, nicht mehr Farbe anzumachen, als man in 4 oder 5 Stunden consumiren kann; denn sobald der faulige Geruch sich kund giebt, ist es auch schon so weit verdorben, daß der Anstrich, den man damit ausführt, bald wieder in Gestalt von Schuppen oder von Staub abfällt...« [29]

Auch die Gestaltungen (Fassungen) der Räume waren früher meist reicher als heute allgemein angenommen. Entsprechende Befunduntersuchungen bringen auch bei den einfachen Bürger- und Bauernhäusern oft reiche Malereien und Stukkierungen und dies noch mehrfach übereinander, zu Tage. Hier gilt es bei Denkmälern nicht nur die herausragenden – meist bekannten – darstellenden Malereien, sondern z. B. auch die mit Schablonen in Kalk oder Leimfarbe auf Lehmputz, Kalkputz oder Tapeten aufgebrachten Ornamente, Bordüren und Friese zu untersuchen und im Zweifelsfalle zu restaurieren oder zu rekonstruieren.

Die Details zweier farbiger Fachwerkfassungen zeigen nicht nur Schutz und Schmuck als Ziel, sondern auch den deutlichen Willen, mit der farbigen Fassung zu gestalten.

Seiten 181–185: Historische Farbfassungen auf Fachwerkgebäuden und Massivhäusern, auf Domen und einfachen Bürgerhäusern bis hin zu den Fassungen der Innenräume waren oft fantasievoll gestaltet, gelegentlich auch mit kräftigen Farben, nie aber grell oder bunt.

Farbgebung, Befunde, Farbgestaltung, Anstriche

Historische Farbgebungen

Farbgebung, Befunde, Farbgestaltung, Anstriche

Die Frage, welche der ursprünglichen Fassungen herausgearbeitet oder rekonstruiert werden soll oder wie der Befund, z. B. als Primärdokumentation behandelt werden soll, liegt in der Entscheidungskompetenz der Denkmalschutzbehörden.

Bei nicht denkmalgeschützten Gebäuden gibt es zwar keine Auflagen zur Erhaltung oder Rekonstruierung historischer Raumfassungen, es hat sich aber dennoch vielfach bewährt, auch hier gute originale Fassungen zu erhalten, allein schon deshalb weil die Qualität solcher Gestaltungen kaum mit neuen Fassungen erreicht werden kann, und der »Wohnwert« mit der originalen Fassung steigt. Bei nur noch fragmentarisch erhaltenen oder primitiven Fassungen bestehen breite Variationsmöglichkeiten, die Räume nach heutigen Gestaltungsprinzipien zu behandeln.

Befunde, Befunduntersuchungen

Den historischen Farbbefunden und Befunduntersuchungen an Gebäudefassaden wurde lange Zeit – auch als aus denkmalpflegerischen Gründen längst anderen Baustoffen, Methoden und den Farbfassungen von Innenräumen größter Wert beigemessen wurde – viel zu wenig Aufmerksamkeit geschenkt, sodaß in den Jahrzehnten nach dem Zweiten Weltkrieg hier besonders viel an Befunden und Originalsubstanz verlorengegangen ist und bis heute noch verloren geht. Bei jedem historischen Bau ist es wichtig und richtig, die historischen Befunde in das Gestaltungskonzept einzubeziehen. Bei Kulturdenkmälern und Gebäuden in geschützten Gesamtanlagen (Ensembles) sind restauratorische Befunduntersuchungen unerläßlich und die Auswertung und Einbindung des Befundes in das Gestaltungskonzept eine der Aufgaben der Denkmalschutzbehörden. Die Befunduntersuchungen zu Anstrich und Malereien werden in Form von Farbschnitten und Freilegungen rein mechanisch mit dem Skalpell oder unter Zuhilfenahme von Lösungs- und Abbeiztechniken durchgeführt. Um weitgehende Aufschlüsse zu erhalten sind entsprechende

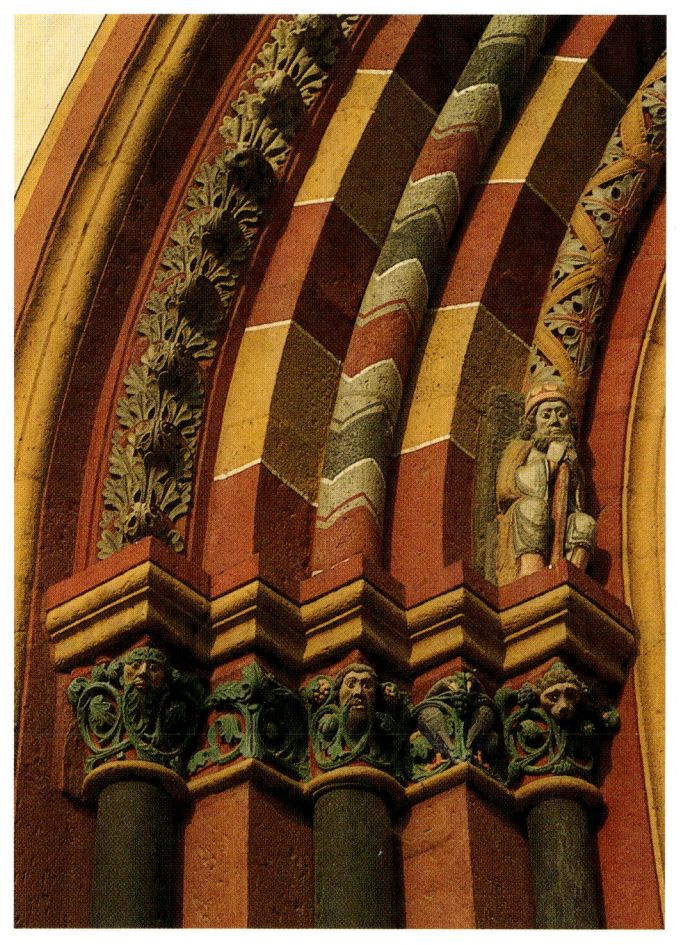

Befunde, Befunduntersuchungen

Farbgebung, Befunde, Farbgestaltung, Anstriche

Gut ausgeprägter und ablesbarer Originalbefund einer Fachwerkfassung (innen und außen) aus dem Jahre 1481/82 mit Englischrot auf den Hölzern, einem grauen Begleiter und schwarzen Ritzer.

Originalbefund einer aufgemalten Eckverquaderung.

Schnitte in allen Räumen, auf den verschiedenen Untergründen wie Holz, Eisen, Putz, Mauerwerk und Naturstein notwendig. Bei der Befundsuche nach Fassadenfassungen ist es wichtig, und für den Erfolg oft maßgeblich, geschützte Partien, z. B. unter Gesims-, Trauf- oder Ortgangvorsprüngen oder an Stellen, die z. B. durch spätere Anbauten verdeckt und damit geschützt waren, zu untersuchen. Zur richtigen Einordnung der Befunde und zur Erzielung zweifelsfreier Aufschlüsse ist es unerläßlich, die Befunde mit den baugeschichtlichen Fakten korrespondieren zu lassen. Wenn nicht schon geschehen, sind dazu alle Quellen zu erschließen. Befunduntersuchungen sind verantwortungsvolle Aufgaben, die sowohl der handwerklichen Erfahrung, wie wissenschaftlicher Kenntnisse bedürfen. Deshalb sollen solche Aufgaben nur von gut ausgebildeten Restauratoren oder geprüften Restauratoren im Maler- und Lackiererhandwerk durchgeführt werden. Die Untersuchungsergebnisse sind in Fotos, Skizzen, Situationsplänen und Berichten zu dokumentieren.

Gestaltungshinweise

Während bei Kulturdenkmälern die Gestaltungskonzeption aus der Befundauswertung aufgebaut und daraus dann das Konservierungs- oder Restaurierungskonzept streng nach historischen Gesichtspunkten entwickelt werden muß, sind bei Gebäuden die in den Bereich von Gestaltungssatzungen fallen, innerhalb des Rahmens solcher Satzungen, mehr Gestaltungsmöglichkeiten gegeben.

Noch mehr Spielraum besteht bei den nicht unter Schutz stehenden Gebäuden bzw. bei Gebäuden, die nicht einer Gestaltungssatzung unterliegen. Dieser Spielraum kann jedoch nicht Freiraum für grelle oder disharmonische Fassadengestaltungen sein. Nachfolgend sind hierzu eine Reihe von Hinweisen aufgeführt:
– Grundlage für die Farbgestaltung sollte auch bei nicht denkmalgeschützten Gebäuden die dem Stil entsprechende historische Farbigkeit sein, d. h. es sollten Befunde ausgewertet werden oder zeitliche und örtlich analoge Gestaltungsprinzipien angestrebt werden.

Die vier Beispiele aus dem Bereich farbiger Fachwerkfassungen zeigen die heute des öfteren anzutreffende Neigung, Farbfassungen grell und bunt, ohne Bezüge zu historischen Farbbefunden, auszuführen.

Gestaltungshinweise

- Gebäudedimension, bereits vorhandene und nicht änderbare Farbtöne, wie die von Natursteinen und Dachmaterialien, sind mitbestimmend für Ton- und Farbwert.
- Die Umgebung des Gebäudes, das Ensemble, Straße, Platz oder Landschaft, sind für die Farbwahl bedeutend.
- Durch Überhöhung oder Untersetzung der Farbe können Gebäude nach ihrer Wertigkeit und Stellung hervorgehoben oder zurückgesetzt werden. Es ist jedoch darauf zu achten, daß nicht, in falsch verstandenem Stolz, die Farbwerte fortlaufend gesteigert werden.
- Die Architektur eines Gebäudes soll nicht totgestrichen, sondern durch die Farben unterstützt werden, d.h. besondere Architekturglieder sind mittels Farbe auch besonders herauszuheben.
- Für Wandflächen sollten zurückhaltende, verschattete, gedeckte Töne (keine Pastellfarben) verwendet werden, kleinere Bauglieder, wie Klappläden und Türen können stärkerfarbig behandelt werden.
- Natursteine sollten dort gestrichen werden, wo historische Befunde bzw. der notwendige Schutz dies verlangen.

Hinweise zur Anstrichtechnik

Da Fassadenanstriche sehr unterschiedliche, vielfältige und teilweise extreme bauphysikalische und bautechnische Beanspruchungen und Forderungen erfüllen müssen, sind bei Anstrichen und Beschichtungen zahlreiche grundsätzliche physikalische und technische Faktoren zu beachten. Daß dies bei vielen »Do it yourself«- und Schwarzarbeitsmaßnahmen nicht berücksichtigt wird, ist beredt an Sanierungsschäden und Anstrichmängeln zu sehen.

Zur Anstrichtechnik muß insbesondere auf die zwingenden bauphysikalischen Notwendigkeiten aufmerksam gemacht werden. Der Anstrich auf Fassaden muß schmücken und schützen – er muß aber auch als äußere Schicht so dampfdurchlässig sein, daß der durch den natürlichen Dampfdruck in der Wand bewegte Dampf durch die Anstrichschicht diffundieren kann. Für Natursteine, Mauerwerk und Putz sind deshalb vielfach rein silikatische zweikomponentige Anstrichstoffe nach DIN 18363, Punkt 2.4.1, Abs. 3 mit einer zusätzlichen Hydrophobierung oder silikatische einkomponentige Anstrichstoffe mit einem Dispersionsanteil nach DIN 18363 Punkt 2.4.1, Abs. 4 und mit einem Bautenschutzmittel die geeigneten Anstrichstoffe.

- Zur Auswahl des Anstrichsystems ist es bei Anstrichen auf Holz wichtig, zwischen nicht maßhaltigen Holzteilen, z.B. Fachwerk, Verbretterungen oder Schindeln und maßhaltigen Bauelementen bzw. Holzteilen wie Fenster, Türen und Klappläden usw. zu unterscheiden.
Bei nicht maßhaltigen Holzteilen muß mit Rissen, sowie durch die Ausgleichsfeuchte bedingt, mit Quellen und Schwinden gerechnet werden.
- Auch alle Anstriche auf Fachwerkhölzern außen müssen (auch nach mehreren Anstrichschichten) noch ausreichend dampfdurchlässig sein. Dünnschichtlasuren erfüllen zwar diese Forderung, sie müssen jedoch gut pigmentiert sein und es ist zu beachten, daß sie an den wetterbeanspruchten Fassaden relativ schnell abwittern.
- Zu den bewährten Anstrichmitteln auf nicht maßhaltigen Holzteilen gehört die Ölfarbe. Zur Verbesserung der Witterungsbeständigkeit setzte man der Ölfarbe geringe Mengen eines »aktiven Pigments« (Zinkweiß) hinzu. Wird diese Ölfarbe halb- bzw. dreiviertelfett eingestellt und dünn aufgetragen, so erfüllt sie die Forderung nach ausreichender Dampfdurchlässigkeit und wittert auf den wetterbeanspruchten Fassadenteilen erst nach 12 bis 15 Jahren ab. Ölfarben müssen vom Maler selbst angemischt werden. Das Mischen und Verarbeiten erfordert umfangreiche (leider nur noch selten vorhandene) gründliche Fachkenntnisse.
- Für Holz eingestellte Dispersionsanstrichsysteme haben sich vielfach bewährt. Ihre Vorteile liegen bei dünnen Schichtstärken in einer noch ausreichenden Wasserdampfdurchlässigkeit sowie dem hohen Dehnvermögen.

Kritisch wird die Wasserquellbarkeit angesehen. Die sogenannten Dispersionslacke auf Alcyd- oder Acrylbasis sind wasserverdünnbar. Zu den Vorteilen gehört, daß diese Anstrichmittel lösemittelarm sind, zu den Nachteilen der etwas schlechtere Verlauf, die geringere mechanische Beanspruchbarkeit und die Wasserquellbarkeit. Zu den Vorteilen offenporiger Anstrichsysteme (für maßhaltige Bauteile auch Ventilationsgründe) auf Lösemittelbasis gehört, daß diese nicht wasserquellbar sind, zu den Nachteilen der Lösemittelanteil. Bei Außenanstrichen ist auf gute Pigmentierung zu achten, um das Holz vor den ultravioletten Strahlen der Sonne zu schützen.
– Bei den technischen Aspekten, insbesondere bei der Wahl des Anstrichsytems ist heute auch der Entsorgung große Beachtung zu schenken, und zwar sowohl bei der Entfernung von Altanstrichen jetzt als auch vorausschauend bei zukünftigen Neuanstrichen.

Anstrichschaden durch Salzausblühungen. Der Anstrichfilm wurde von den ausblühenden und auskristallisierenden Salzen angegriffen und abgedrückt.

Anstrichschaden auf Putz durch Hinterfeuchtung und Versprödung des Anstrichfilms.

Anstrichmängel und deren Sanierung

Schadensanalyse

Anstrichmängel bedürfen genauer Schadensanalysen in denen vor Festlegung des Sanierungskonzeptes auch die Ergebnisse der Untersuchungen des Untergrundes einzubeziehen sind. Viele Anstrichmängel basieren auf Untergrundmängeln oder falscher Vorbehandlung.

In die Untersuchungen sind insbesondere mit einzubeziehen
– Beschaffenheit, Festigkeit und Oberfläche des Untergrundes,
– evtl. Feuchtebelastung,
– evtl. Salzbelastung,
– Haftung von Altanstrichen,
– Dampfdichtigkeit alter Farbschichten und
– Verträglichkeit des Altanstriches als Untergrund für den Neuanstrich.

Aus den zahlreichen Anstrichmängeln können hier nur einige herausgegriffen werden.

Anstriche auf Putz, Mauerwerk oder Beton

Die Ursachen für Risse im Anstrichfilm sind falscher Anstrichaufbau oder Anstrichversprödung. Bei Dispersionsanstrichen sind die losen Anstrichteile zu entfernen und mit einem Anstrichsystem auf gleicher Bindemittelbasis ist der Neuanstrich vorzusehen. Bei Lacken und Ölfarben muß die alte Beschichtung meist ganz mit einem Abbeizfluid abgelöst werden. Danach kann ein neuer Anstrichaufbau erfolgen.

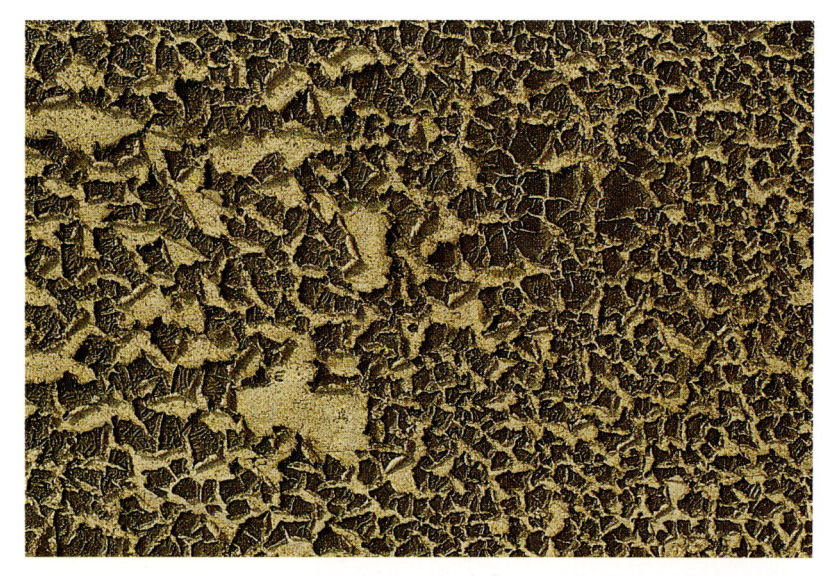

Farbgebung, Befunde, Farbgestaltung, Anstriche

Anstrichschaden auf Putz durch falschen Anstrichaufbau, insbesondere durch zu mageren Schlußanstrich.

Anstrichschaden auf Ziegelmauerwerk durch zu dampfdichten Anstrich, der zu Feuchtestau und Abdrücken der Anstrichschicht weitergehend auch zu Frostabsprengungen an den Mauerziegeln, geführt hat.

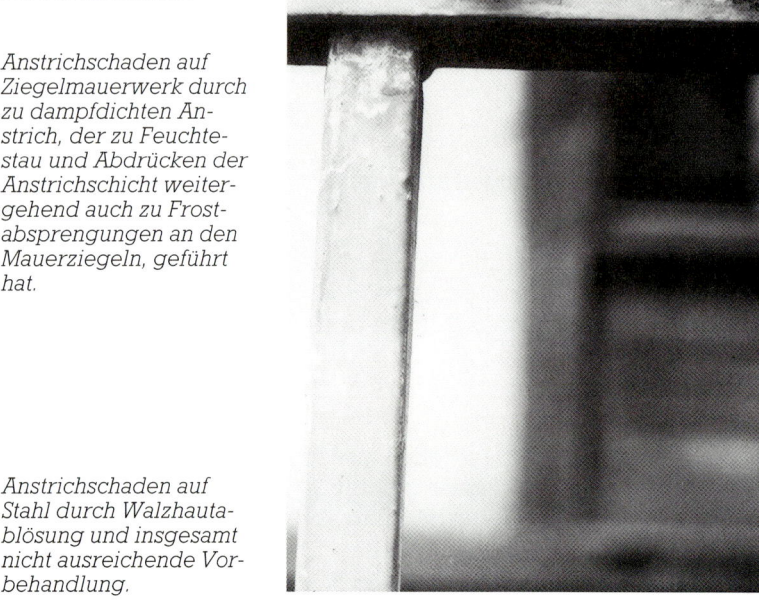

Anstrichschaden auf Stahl durch Walzhautablösung und insgesamt nicht ausreichende Vorbehandlung.

Bautechnische Risse können nicht durch Armierungsanstriche saniert werden, sondern nur durch die Beseitigung der Rißursachen im Untergrund, Schließen der Risse und anschließende Anstrichsanierung.

Alte Mineralfarbenanstriche sind vor Neuanstrich mit einer Drahtbürste restlos zu entfernen.

Bei abblätternden Anstrichen waren unter Umständen der Untergrund und das Anstrichmittel nicht aufeinander abgestimmt. Abblätterungen können aber auch durch Dampfdruck oder durch Netzrisse entstehen. Nach dem Entfernen des Altanstriches (bei Dispersionen mit Dispersionsabbeizer, bei Ölfarben und Lacken mit einem Abbeizfluid) erfolgt ein völlig neuer Anstrichaufbau.

Schlägt Rost, z. B. bei zu gering überdecktem Bewehrungsstahl durch oder sind starke Ausblühungen bei durchfeuchteten Mauern auf dem Anstrich festzustellen, so sind zunächst einmal die Ursachen zu beseitigen und dann der Anstrich auszubessern bzw. zu erneuern.

Anstriche auf Stahl, Eisen, Blech und Gußeisenteilen

Die Anstrichschäden auf diesen Materialien entstehen z. T. durch zu dünnen Anstrichaufbau an den Kanten, durch Walzhautablösungen, Fettreste oder mechanische Beschädigungen. Die Roststellen sind metallisch blank zu entrosten, evtl. Walzhautrückstände vollständig zu entfernen und die Eisenteile anzuschleifen. Dann ist der Anstrichaufbau aus zweimaligem Anstrich mit einem Korrosionsschutz, z. B. Bleimennige, und zwei deckenden Anstrichen, z. B. Lackfarbe, aufzubringen.

Anstriche auf Zinkblech oder verzinkten Blechen

Die Anstrichmängel auf Zinkblech basieren meist auf falschem Anstrichmaterial, der Durchrostung von verzinkten Blechen, Weißrost auf Zinkblech oder aus Rückständen einer Säurebehandlung. Bei Durchrostung müssen die verrosteten Bleche ausgewechselt werden. Anstriche auf Zink werden auf einem Grundanstrich mit wässrigem Haftprimer

Anstrichmängel und deren Sanierung

mit Zinkhaftfarbe ausgeführt bzw. ausgebessert. Vielfach hat es sich bewährt Zinkblech nicht zu streichen. Der Glanz neuen Zinkblechs, z. B. bei Dachrinnen und Fallrohren verschwindet schon nach kurzer Bewitterungszeit und das Zinkblech erhält einen matten Grauton.

Anstriche auf Holz

Gerissene oder abblätternde Ölfarben oder Lackanstriche treten oft bei Fenstern, Türen und Klappläden, also maßhaltigen Bauteilen auf. In Einzelfällen ist der Anstrichfilm bei hohem Alter versprödet, meist sind es jedoch andere Mängelursachen, wie undichte Kittfalze, aufgesprungene Verleimungen, nicht gestrichenes Stirnholz oder nicht abgefaste, scharfe Holzkanten. Der Altanstrich muß durch Abbeizen, Heißluftbehandlung oder Abschleifen völlig entfernt werden. Dann ist die neue Beschichtung aufzubringen, bei blankem Holz mit Holzschutzgrundierung mit mindestens zwei deckenden Lackanstrichen.

Die Haltbarkeit eines Außenanstrichs bei Fenstern und Türen ist auch vom Zustand der Innenseiten abhängig. Deshalb empfiehlt es sich Anstrichrenovierungen von Fenstern und Türen allseitig vorzunehmen.

Klarlacke allein sind ungeeignet für Außenanstriche auf Holz, da sie oft überarbeitet werden müssen.

Bei abgewitterten oder vergrauten Lasuranstrichen sind lose Holz- und Farbteile abzubürsten, dann ist mit Holzlasur, gut pigmentiert, zu überstreichen. Alte Holzlasuren können mit Lack deckend überstrichen werden. Will man früher lackierte Teile lasieren, so muß der Lack vorher voll entfernt werden. Zur längeren Haltbarkeit ist für die abschließende Schicht u. U. eine Dickschichtlasur zu verwenden.

Kiefernholz wird bei Feuchtigkeitseinwirkung blau. Die »verblauten« Teile sind abzuschleifen und danach ist ein Anstrichaufbau anzuordnen, der das Eindringen von Feuchte verhindert. Vorher ist mit Bläueschutz zu grundieren.

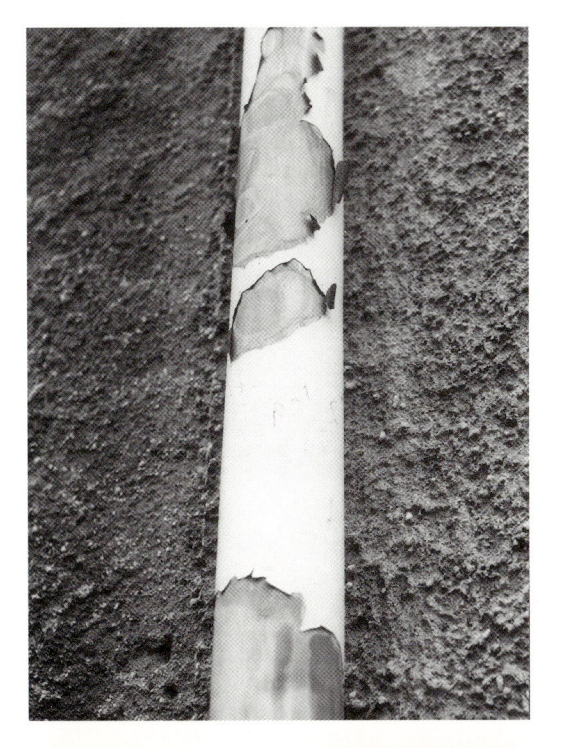

Anstrichschaden auf Zinkblech durch ungenügende Vorbehandlung des Bleches.

Anstrichschaden auf Holz durch zu geringe Elastizität des Anstrichfilms und Versprödung.

Farbgebung, Befunde, Farbgestaltung, Anstriche

Anstriche auf Fachwerk

Anstriche von Fachwerkhölzern sollten dann ausgeführt werden, wenn man möglichst gut auch die Kanten behandeln kann. Wird auch der Putz erneuert, sollte nach dem Entfernen des Altputzes und vor dem Neuverputz die Grundierung (evtl. mit Holzschutz oder ausschließlich als Holzschutzgrund) um die Vorderkanten herum und soweit man die Flanken erreichen kann, aufgebracht werden. Dadurch wird auch verhindert, daß zuviel Mörtelanmachwasser des Neuputzes in das Holz eindringt. Vor dem Neuanstrich müssen Altanstriche – abgesehen von deren geminderter Festigkeit – meist deshalb vollständig entfernt werden, weil sonst zu dicke und damit waserdampfundurchlässige Schichten entstehen. Als Anstrichsysteme werden neben den altbekannten Ölfarben, Lasuranstriche, für Holz eingestellte Dispersionsanstrichsysteme, Alcydharz bzw. Acryllacke verwendet. Der sd-Wert sollte keinesfalls über 0,80 m liegen (sd-Wert = diffusionsäquivalente Luftdicke, die angibt, wie dick eine ruhende Luftschicht ist, die einer Wasserdampfdiffusion den gleichen Widerstand entgegensetzt wie der Anstrich). (Siehe hierzu: Hinweise zur Anstrichtechnik). Breite Risse sollen mit Holz ausgespänt werden, schmale Risse sind (z. B. mit dem Heizkörperpinsel) auszustreichen. Weder die Risse im Holz noch die Fugen zwischen Holz und Gefach sollen mit dauerplastischem oder dauerelastischem Material ausgefüllt werden. Der Verputz muß auf die Holzkanten auslaufen, im Zweifelsfall ist er schräg an die Hölzer anzuziehen. Gefach- und Holzanstrich sind an den Gefachrändern exakt zu beschneiden.

Anstrichschaden auf Fachwerk durch nicht sauberes Beschneiden der Gefachanstrichmaterialien und überstreichen auf das Holz.

Anstrichschaden auf Fachwerk durch ungenügende Holzreparatur und flächige Spachtelung.

Informationen

Weiterführend wird auf folgende Normen, Regelwerke, Literatur und Beratungsmöglichkeiten durch Verbände und Institutionen hingewiesen:

Normen

DIN 18 299	Allgemeine Regelungen für Bauarbeiten jeder Art
DIN 18 363	Maler- und Lackiererarbeiten (VOB, Teil C)
DIN 18 364	Korrosionsschutzarbeiten an Stahl und Aluminiumarbeiten (VOB, Teil C)
DIN 55 900	Beschichtungen für Raumheizkörper
DIN 55 945	Lacke, Anstrichstoffe und ähnliche Beschichtungsstoffe, Begriffe
DIN 68 805	Bläueschutz- und Grundbeschichtungsstoffe

Literatur

Apel, Karl: Handbuch der Altbaurenovierung. – Stuttgart: DVA 1981

Baur-Heinhold, M.: Bemalte Fassaden. Geschichte, Vorbild, Technik, Erneuerung. – München: Callwey-Verlag 1975

Böttinger, Albrecht: Kalkanstriche, Arbeitsblätter des Fortbildungszentrums für Handwerk und Denkmalpflege, Propstei Johannesberg. – Fulda: Fortbildungszentrum für Handwerk und Denkmalpflege

Brasholz, Anton: Beschichtungs- und Anstrichschäden bei Alt- und Neubauten. – Wiesbaden und Berlin: Bauverlag GmbH 1981

Brasholz, Anton: Handbuch der Anstrich- und Beschichtungstechnik. 2. Auflage. – Wiesbaden und Berlin: Bauverlag GmbH 1989

Brasholz A./Waldau, I. und Wallenfang, W.: Lexikon der Anstrichtechnik, Bd. II, 3. Auflage. – München: Callwey-Verlag 1985

Christ, A.: Die Kalkfarbentechniken. – München 1935

Christen, C.: Die Technik der Holzmalerei, 1924 (Neudruck).– Hannover: Edition »libri rari« Verlag Th. Schäfer 1985

Gerner, Manfred: Farbiges Fachwerk. – Stuttgart: DVA 1983

Hebing, Cornelius: Die Grundlagen der Holz- und Marmormalerei, 1937 (Neudruck). – Hannover: Edition »Libri rari« Verlag Th. Schäfer 1988

Klopfer, Heinz: Anstrichschäden. - Wiesbaden und Berlin: Bauverlag GmbH 1976

Küppers, Harald: Die Logik der Farbe. – München: Callwey-Verlag 1976

Oldenbruch, Ernst: Holz- und Marmormalerei / Graining and Marbling, Wien: ca. 1925 (Neudruck). – Hannover: Edition »libri rari« Verlag Th. Schäfer 1986

Schleifer, Luitpold: Techniken des Malers I. – Ulm-Söflingen: Karl Gröner Verlag 1965

Schleifer, Luitpold/Federl, Siegfried: Techniken des Malers II. – Ulm-Söflingen: Karl Gröner Verlag 1966

Teynac, Francoise / Nolot, Pierre / Vivien, Jean-Denis: Die Tapete. – München: Callwey-Verlag 1982

Verbände, Institutionen, Beratungsstellen

Bundes-Arbeitskreis Altbauerneuerung e.V., Simrockstr. 4-18, 5300 Bonn 1

Bundesausschuß Farbe und Sachwertschutz, Börsenstr. 1, 6000 Frankfurt/M.

Fortbildungszentrum für Handwerk und Denkmalpflege, Propstei Johannesburg, 6400 Fulda

Hauptverband des deutschen Maler- und Lackiererhandwerks, Börsenstr. 1, 6000 Frankfurt/M.

Technische Beratungsstellen des Maler- und Lackiererhandwerks Stuttgart / Dortmund / Köln

Verband der Deutschen Feuerverzinkungsindustrie e.V., (VDF) Sohnstr. 70, 4000 Düsseldorf 1

Verbesserungen des Innenausbaues, Dachgeschoßausbau und zusätzliche Wärmedämmaßnahmen

Breites Maßnahmenspektrum

Zur Verbesserung der Raumatmosphäre, der Raumdimensionen und allgemein der Raumqualität sind unterschiedlichste Maßnahmen notwendig. Historisch wertvolle und wertvollste Ausbausubstanz wie Parkettfußböden, Wandpaneele, Stuckdecken und insgesamt künstlerisch bedeutende Raumfassungen wurden in den vergangenen Jahrzehnten vielfach – weil angeblich unmodern – zerstört, verkleidet, verschalt oder unter abgehängten Decken versteckt. In solchen Fällen besteht die Verbesserung des Innenausbaues und der Raumqualität aus der vorsichtigen Entfernung von Verkleidungsmaterialien oder abgehängten Decken und Sanierung bzw. Restaurierung zur Wiedergewinnung der ursprünglichen Raumfassung.

Umgekehrt läßt sich bei schon früher durchgehend entfernten Ausbaudetails mit Einbauten wie Verkleidungen, Brettverschalungen, abgehängten Decken und neuen Fußbodenbelägen oft schon mit relativ geringem Aufwand wieder eine hohe Wohnqualität erzielen. In diesen Bereich von Sanierungsmaßnahmen fallen auch Reparaturen und Ersatz stark abgenutzter oder angegriffener Bauteile wie ausgetretene Treppenstufen, ungleichmäßig abgelaufene und dadurch unebene Holzböden und nicht

Uneingeschränkt kann heute festgestellt werden, daß die Raumqualitäten von historischen Bauten denjenigen von Neubauten entsprechen, ja diese oft weit übertreffen. Foto: Stadt Alsfeld.

haftende (hohle) bzw. völlig unebene Wandputzflächen.

Im Rahmen der Innensanierung sollte bei weitreichenden Maßnahmen das Gebäude auch auf ausbaufähige Raumreserven hin untersucht werden, insbesondere im Keller und Dachgeschoß. Kellerräume sind meist nicht zum Wohnen, d.h. zum dauernden Aufenthalt von Menschen geeignet. Sie sind als Arbeits-, Hobby- und Sporträume, bei Einfamilienhäusern, u.U. auch zum Einbau von Bad- und/oder Sauna jedoch vielfach gut nutzbar.

Dachböden wurden früher in landwirtschaftlichen Gebäuden als Speicher, Vorrats- und Trockenräume, in der Stadt als Abstell- und Trockenräume verwendet. Heute werden Dachböden oft nicht mehr in der früheren Art genutzt und bieten sich deshalb zum Ausbau an. Bezüglich des Wohnwertes und der Gestaltung lassen sich durch Betonung der Dachschrägen und durch das Zeigen von Konstruktionsteilen reizvolle Lösungen erzielen. Dabei ist aber auch peinlich darauf zu achten, daß der Ausbau zusätzlicher Räume nicht übertrieben wird, das Gebäude nicht übernutzt wird oder Mängel bzw. zu starker Verschleiß wegen Übernutzung auftreten.

Die veränderte Nutzung von Räumen oder Gebäudeteilen ist bauaufsichtlich genehmigungspflichtig. Die Genehmigung kann mit Auflagen verbunden sein, z.B. zur Brandsicherheit, – abhängig von Geschoßzahl, Wohnungszahl, Gebäudegröße usw. – bis zum zusätzlichen Nachweis von PKW-Abstellflächen (beim Einbau kompletter Wohnungen).

Fußböden

Über viele Jahrhunderte war Holz als Dielenboden, Parkett- oder Intarsienboden – das wichtigste Material für Wohnraumböden. In Küchen, Fluren, Naßräumen und Hallen kamen Böden aus Natursteinen sowie künstlichen Steinen und Platten dazu. Nach 1950 wurden praktisch alle kleinstrukturierten Böden, insbesondere alle Holzdielenböden »unmodern«, überspachtelt und mit Platten oder Bahnen aus Linoleum, PVC, Filz oder Teppichboden überdeckt. Unter vielen solchen Belägen lassen sich wertvolle Dielenböden oder gar Parkett finden.

Ein »rustikaler« Ausbau kann zur Verbesserung bescheidener Innenraumgestaltungen helfen, für Denkmäler sind sie meist nicht geeignet, aber auch z.B. nicht geschützte gründerzeitliche Raumfassungen lassen sich mit solchen Ausbauten gründlich verderben.

Dachgeschosse sind oft eine willkommene Raumreserve. Auf eine eventuelle Übernutzung und auf bauphysikalische Fehler ist bei der Überlegung zu einem Dachausbau besonders zu achten.

Dielenböden

Alte Dielenböden sind aus bis zu 60 cm breiten, teilweise verleimten Fußbodenbrettern aus Hart- oder Weichholz hergestellt. Im 19. Jahrhundert wurden die Riemen immer schmäler. Neben einfachen Riemenböden wurden auch viele Arten von Fußböden verwendet, bei denen die Weichholzriemen durch Harthölzer untergliedert und umgrenzt waren. Wenn die alten Dielenböden noch nicht zu stark abgelaufen (vor allem ungleichmäßig abgelaufen) und nicht zu stark von tierischen oder pflanzlichen Holzschädlingen angegriffen sind, lassen sie sich durch Aufnehmen und Neuverlegen (u. U. mit umgedrehten Dielen), bzw. nach dem Versenken aller Metallnägel durch mehrmaliges Schleifen mit der Parkettschleifmaschine und Reparieren von Fehlstellen wieder in Ordnung bringen. Die Oberfläche kann dann mit einem flüssigen, möglichst heißen Wachs behandelt oder versiegelt werden. Dabei erscheinen diffusionsoffene Ölkunstharzlacke gerade bei historischen Gebäuden geeigneter als die zwar widerstandsfähigeren, aber »dichteren« Polyurethanlacke.

Sind die alten Dielen nicht mehr verwendungsfähig, so ist zu überlegen, ob sie ausgebaut werden oder dem neuen Boden als Unterboden (Blindboden) dienen sollen. Neue Dielungen können in folgender Weise ausgeführt werden:

Holzdielen auf Balkendecken

Ca. 24 mm starke Holzdielen mit Nut und Feder oder z. B. 3 cm starke verleimte Riemen – immer mindestens auf 12 Prozent Holzfeuchte getrocknet – können direkt auf die Balken oder auf die alte Dielung genagelt werden, wobei diese dann als Blindboden dienen. Die alten Dielen sind vor dem Aufbringen des neuen Bodens gut nachzunageln. Im Normalfall werden alle Dielenböden verdeckt genagelt. Die neuen Holzdielen werden wie vor beschrieben gewachst oder versiegelt.

Holzdielen mit Trittschalldämmung

Hierbei wird der alte Holzboden und ein Teil der Auffüllung zwischen den Balken herausgenommen. Auf den Balken wird ein Streifen Trittschalldämmplatte aufgelegt und in gleicher Höhe werden zwischen den Balken auf der Auffüllung Lagerhölzer 4/6 oder 5/5 cm angeordnet. Die neue Holzdielung (auch verleimte Spanplatten 22 mm, als Untergrund für PVC-, Linoleum- oder Teppichboden) wird nur auf die Lagerhölzer genagelt, so daß keine starre Verbindung zwischen Balkendecke und Fußboden zustande kommt und dadurch der Trittschall gemindert wird.

Parkett

Parkett wurde früher aus Parkettstäben in den verschiedensten Verlegearten wie Schiffsboden- oder Fischgratparkett, zwei bis drei Zentimeter stark mit fließenden Übergängen zu schmuckvollen Intarsienböden verlegt. Die Befestigung auf dem Blindboden geschah mit kleinen Holznägeln, später auch mit gezogenen Stahlstiften in verdeckter Nagelung. In den vergangenen Jahrzehnten kamen viele neue Parkettarten dazu wie Mosaikparkett, Mosaikparkettlamellen, Parkettriemen, Parkettplatten und Fertigparkettelemente.

Etwa von der Jahrhundertwende an wurde Parkett durchgehend genagelt, bzw. zuerst mit Heißasphalt, dann mit Bitumen- und Steinkohlenpechkleber und nach etwa 1950 mit schubfesten Klebemassen verklebt. Bei den wegen ihres hohen Arbeitsaufwandes immer wertvollen Parkettböden ist besonders gut die Weiterverwendung, also Reparatur und Aufarbeitung zu prüfen. Die Sanierung kann sich aus folgenden Arbeitsschritten zusammensetzen: Nach der eventuell notwendigen Abnahme jüngerer Oberbeläge wird der Parkettboden sauber gefegt und evtl. vorhandene Nägel tief genug versenkt sowie

Mittels Filzstreifen auf den Balken kann der Dielenboden »schwimmend« verlegt werden. Damit wird die Trittschalldämmung wesentlich verbessert. Zeichnung: V. Hellweg, H. Schuhmeyer, in: »Sanierung von Holzbalkendecken«, Hrsg. Internationale Bauausstellung Berlin 1985.

die Fehlstellen mit trockenem Holz der gleichen Holzart repariert. Danach wird in mehreren Schleifgängen mit der Parkettschleifmaschine mit grobem Schleifpapier (Körnung 24) beginnend und immer feiner werdend (bis Körnung 100 oder 120) geschliffen. Als Schlußbehandlung erfolgt das Versiegeln oder Wachsen wie oben beschrieben.

Parkett, das längere Zeit durchfeuchtet war oder nach einer Durchfeuchtung z. B. durch einen Wasserrohrbruch »hochgegangen« ist, muß, wenn es überhaupt noch verwendet werden kann, aufgenommen und neu verlegt werden.

Neues Parkett

Neues Parkett wird auf den vorhandenen, nachgenagelten und verspachtelten alten Dielenboden, auf einen neuen Blindboden oder 22 mm starke, mit Nut und Feder verleimte und aufgeschraubte Spanplatten aufgebracht.

Teppichboden, PVC oder Linoleum

Teppichböden, PVC, Linoleum und ähnliche Bodenbeläge werden auf den vorhandenen noch guten, verspachtelten und nachgenagelten Dielenboden oder neu aufgebrachte 22 mm starke, mit Nut und Feder verleimte und aufgeschraubte Spanplatten geklebt oder verspannt. Wird der alte Dielenboden dabei als Blindboden belassen, so reichen Spanplatten mit 16 mm Stärke.

Fliesenböden

Fliesenböden sind gelegentlich wegen der nur geringen zur Verfügung stehenden Konstruktionshöhe problematisch. Für geringe Konstruktionshöhen gibt es 6 mm dicke Fliesen. Meist werden komplizierte Schichtaufbauten notwendig.

Fliesen auf Erdreich

So wird z. B. bei Kellern mit gestampftem Lehmboden folgender Schichtaufbau über dem Erdreich (dieses ist vorher in der notwendigen Tiefe auszuheben) vorgeschlagen:
– 10 cm Dränung aus Packlage oder Schotterschicht,
– 8 cm Magerbeton,
– zweilagige Feuchtigkeitssperre aus voll verklebter 500er Bitumenpappe bzw. Kunststoff- oder Metallfolie als Wanne ausgebildet bis zur waagerechten Feuchtigkeitssperre der Wand oder über Höhe des Fliesensockels,
– Ca. 5 bis 10 cm starke Wärmedämmschicht (Glas- oder Steinwolleplatten/ Hartschäume), Mindestdämmung 0,81–0,93 m² h/kcal
– Abdeckung aus Bitumenpapier oder Kunststoffolie,
– 3,5 cm Mörtelbett.
– Steinzeugfliesen.

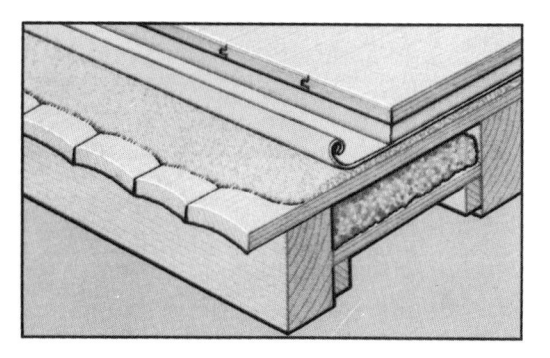

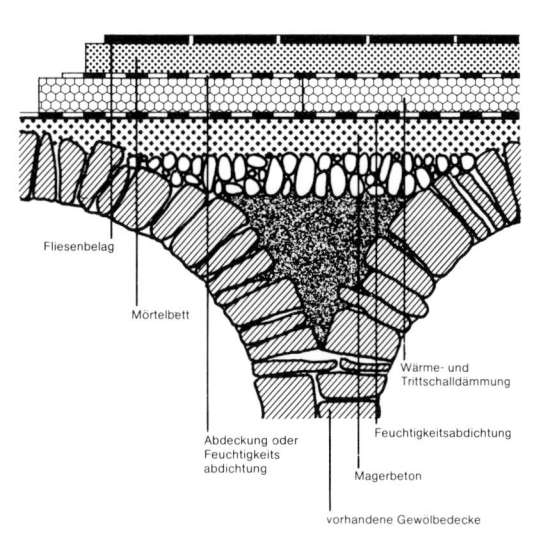

Parkett auf alten Dielen mit ausgleichender Wärmedämmschüttung, Abdeckfolie und Spanplatte.
Zeichnung: Arbeitsgemeinschaft Holz e.V., in: Altbauerneuerung mit Holz.

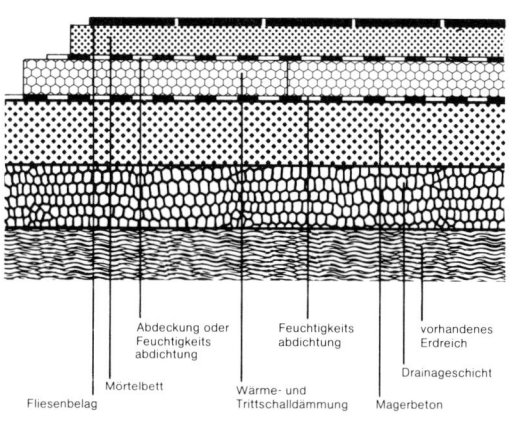

Fliesenverlegung auf Erdreich mit Dränschicht, Magerbeton, Feuchtigkeitsabdichtung sowie Wärme- und Trittschalldämmung.
Zeichnung: Verband der keramischen Fliesenindustrie e.V., in: Fliesentips 1/76.

Fliesenverlegung über einem Gewölbe mit gleichem Schichtaufbau wie bei der Verlegung über Erdreich.
Zeichnung: Verband der keramischen Fliesenindustrie e.V., in: Fliesentips 1/76.

Verbesserungen des Innenausbaues, Dachgeschoßausbau und Wärmedämmmaßnahmen

Fliesenverlegung über einer Kappendecke mit dünner Trittschalldämmung und Mörtelbett. Zeichnung: Verband der keramischen Fliesenindustrie e. V., in: Fliesentips 1/76.

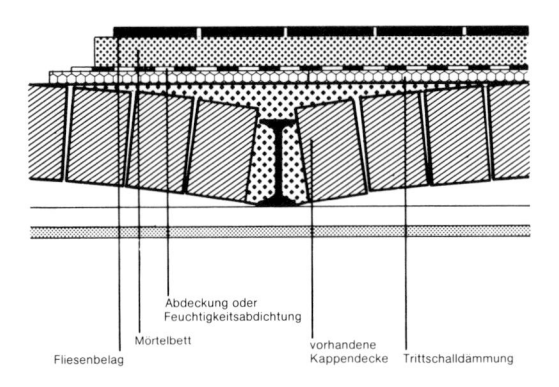

Fliesen auf Gewölbedecken

Da die Gewölbe meist sehr feucht sind, gleicher Aufbau wie bei Fliesen über Erdreich.

Fliesen auf Holzdielen

Bei noch gutem alten Dielenbelag wird dieser nachgenagelt und verspachtelt. Darauf wird eine 16 mm starke Spanplatte verschraubt und Fliesen im Dünnbettverfahren (geklebt) aufgebracht.

Besser, besonders bei Feuchträumen:
– Entfernung des Dielenbelages und der Auffüllung zwischen den Balken,
– Anordnung einer Feuchtigkeitssperre über Balken und Einschub,
– Auffüllung mit Wärmedämmschüttung,
– durchgehend bewehrter Leichtbeton, ca. 5 cm,
– Fliesenverlegung im Dünnbettverfahren.

Fliesenverlegung über einer Holzbalkendecke, im ersten Fall bei Belassung des Füllmaterials und des Dielenbodens, im zweiten Fall mit neuem Schichtaufbau über dem Einschub. Zeichnung: Verband der keramischen Fliesenindustrie e. V., in: Fliesentips 1/76.

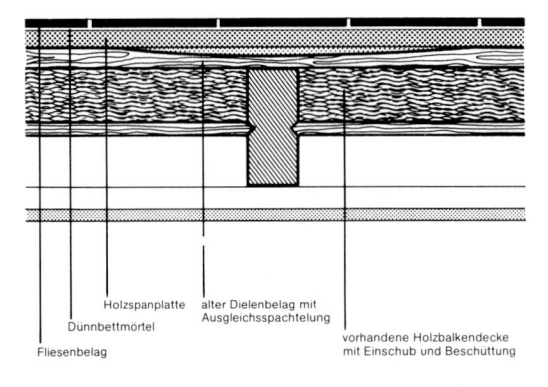

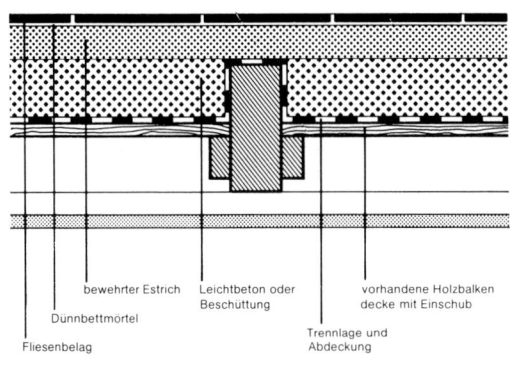

Historische Treppe mit aufgesattelten Keilstufen, wie sie spätestens seit dem frühen Mittelalter und vereinzelt bis in unser Jahrhundert gebaut wurden.

Treppen

Historische Treppen, massiv in Stein oder aus Holz sind meist bedeutende und wertvolle Baudetails, die in noch etwas größerer Zahl als Fenster und Türen vorhanden sind. Gut gepflegt, gehören Treppen zu den Bauteilen mit langer Nutzungszeit; die intensive Nutzung erfordert aber regelmäßige Wartung und Pflege. Trotz bester Pflege läßt sich bei Holztreppen das »Knarren« nicht immer ganz vermeiden und bei Treppen aus weichen Natursteinen, wie z. B. Sandstein sowie bei allen Holztreppen nutzen sich die Oberflächen der Trittstufen ab, d. h. sie werden »ausgetreten«. Entsprechende Mängel werden seit eh und je mit handwerklichen Methoden saniert.

Steintreppen

Steinerne Spindeltreppen, meist als Blockstufen mit angeformter Wange (Spindel) waren insbesondere in der Renaissance üblich. Hier sind die Stufen meist stark, d. h. zwischen 2 und 5 cm ausgetreten. Am besten und denkmalpflegerisch wohl richtig ist die Reparatur mit natürlichem Steinersatz. Dazu wird vorsichtig ein Rechteck oder Trapez mit einer Tiefe von fast der tiefsten ausgetretenen Stelle herausgestemmt und eine Vierung in Form einer Platte aus dem gleichen Steinmaterial eingesetzt. Überstehende Flächen oder Kanten werden steinmetzmäßig den vorhandenen Treppenteilen angepaßt.

Eine andere Möglichkeit der Reparatur ist der künstliche Steinersatz. Auch hierzu muß die Auffütterungsstelle steinmetzmäßig vorbereitet werden, da der Steinersatzmörtel nicht »auf null« auslaufen soll. Um eine gute Verbindung von Treppenstufe und Mörtel zu erreichen, muß gut gereinigt und vorgenäßt werden. Dünne Schichten bis zu etwa 2 cm werden unbewehrt aufgebracht, bei dickeren Steinersatzschichten ist mit eingeklebten Edelstahlbewehrungen zu arbeiten. Die Farbe des Steinersatzmaterials sollte so abgestimmt sein, daß der abgebundene Mörtel in der Farbe dem Originalstein entspricht. Im Zweifelsfalle ist nach der steinmetzmäßigen Anpassung die farbliche Anpassung mit einer Lasur zu erzielen.

Holztreppen

Man unterscheidet die historischen Holztreppen nach ihrer Stufenart in Treppen mit aufgesattelten Block- oder Keilstufen, eingeschobene oder gestemmte Treppen. Holztreppen wurden bis zur Jahrhundertwende weitgehend ganz aus Eichenholz gefertigt, danach waren auch Mischkonstruktionen mit Kiefernwangen und Kiefernsetzstufen sowie Eichen- oder Buchentrittstufen üblich. In öffentlichen Gebäuden wurden vielfach Eichenstufen auf einer Stahlkonstruktion verschraubt, und für die aufgedübelten Stufen auf Betontreppenläufen wurden fast ausschließlich gedämpfte Buchenstufen verwendet.

Knarrgeräusche

Knarrgeräusche entstehen insbesondere durch Luft und Bewegung der Setzstufennut in den Trittstufen. Werden unterschiedliche Bewegungen von Tritt- und Setzstufen vermieden, so hört auch das Knarren auf. Dies geschieht entweder durch Ankeilen oder Setzstufen und Verschrauben mit den Trittstufen von oben oder Ankeilen der Setzstufen sowie Anschrauben und Anleimen einer Leiste

Gotische Sandsteinspindeltreppe. Die ausgetretene Trittfläche wurde sauber ausgestemmt und ein Reparaturstück eingesetzt. Foto: Fortbildungszentrum Johannesberg, Knesch.

Reparatur der Wangen und des Geländers einer kostbaren barocken Holzspindeltreppe.

Weichholztreppe mit eingefrästen Reparaturbohlen auf den Trittstufen, die bereits wieder stark abgelaufen sind. Die jetzt neuerlich fällige Sanierung läßt sich leicht bewältigen.

Verbesserungen des Innenausbaues, Dachgeschoßausbau und Wärmedämmmaßnahmen

Beseitigung von Knarrgeräuschen durch das Anschrauben der Setzstufen an die Trittstufen. Der gleiche Effekt läßt sich durch Anschrauben einer Leiste im Winkel zwischen Setz- und Trittstufe erreichen. Skizze nach Althausmodernisierung 7/8 1986.

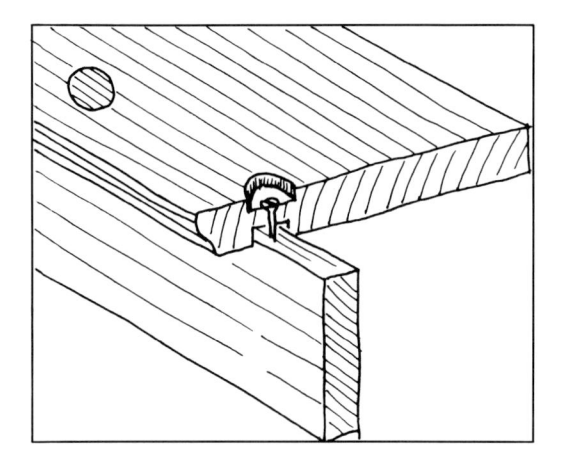

*Das Aufsatteln von Tritt- und Setzstufen auf stark ausgelaufene Holztreppen ist die einfachste Sanierungsmöglichkeit, die aber durch die Höhendifferenzen bei der Antritts- und Austrittsstufe oft nur schwer lösbare Probleme bringt.
Zeichnung: Arbeitsgemeinschaft Holz e. V., in: »Altbausanierung mit Holz«.*

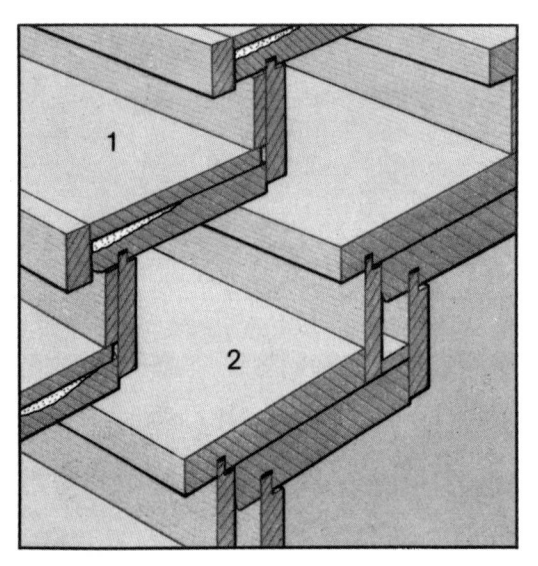

*Arbeitsschritte der Reparatur einer stark ausgetretenen Holztreppe durch Ausfräsen, Einleimen eines Paßstückes und Auswechslung der Trittstufenkante.
Zeichnung: Willibald Mannes: Renovieren von ausgetretenen hölzernen Trittstufen, in: Treppe und Geländer 3/1986.*

*1 Abstemmen der Stufennase
2 Ausfräsen der Stufenoberfläche mit Hilfe einer Schablone
3 Einpassen, einleimen und bündig verputzen der Deckbretter
4 Dübel für den Profilstab einbohren und einleimen
5 Profilstab anleimen und bündig verputzen*

unter dem Vorsprung der Trittstufe. Das Vorsetzen einer neuen, leicht überhöhten Setzstufe vor die alte Setzstufe wird hier nicht empfohlen, da der Trittstufenvorsprung zu gering wird und die Treppe ihre ausgewogenen Proportionen verliert.

Ausgetretene Trittstufen

Stark ausgetretene Stufen wurden früher gelegentlich derart »repariert«, daß ca. 4 cm starke Holzstufen auf die vorhandenen Stufen aufgesattelt wurden, wobei man die ausgetretene Stelle unterlegte, oder es wurden neue Tritt- und Setzstufen aufgesattelt. Dabei nahm man die größere Tritthöhe der Antrittsstufe und eine Schwelle an der Austrittstufe bzw. eine geringere Stufenhöhe der letzten Stufe in Kauf. Aus Sicherheitsgründen wie auch des bequemeren Gehens wegen sollten die Tritthöhen aber maximal nur 0,5 cm differieren.

Es gibt heute eine ganze Reihe von Methoden zur Reparatur ausgetretener Trittstufen. Bei praktisch allen Methoden müssen dabei die Stufennasen (Stufenvorsprünge) setzstufenbündig oder annähernd setzstufenbündig abgestemmt werden. Dabei können im Zweifelsfall auch Knarrgeräusche durch Verschrauben von Setz- und Trittstufen beseitigt werden. Am denkmalgerechtesten erscheint dann das Ausfräsen der abgetretenen Stufenteile und Einleimen von Holzplatten, ähnlich wie bei den Steintreppen. Daß Holz der gleichen Holzart in möglichst trockenem Zustand verwendet wird, ist dabei selbstverständlich.

Eine andere Methode ist das Aufbringen von vorgefertigten, ca. 15 mm starken Spezialstufenplatten. Diese Sperrholzplatten werden auf die mittleren Stufen der Treppe nach dem Ausspachteln der ausgetretenen Stellen direkt aufgeleimt. Bei den ersten drei und letzten vier Stufen werden die Stufen unterschiedlich tief abgefräst, um eine maximale Steigungsdifferenz bis etwa 4 mm zu erzielen. Auch hierbei wird die Stufennase vorher abgestemmt und eine neue Nase angedübelt. Ähnliche Reparaturmöglichkeiten sind durch Spachteln, Aufleimen von Sperrholz und Aufleimen eines Sägefurniers zu erzielen.

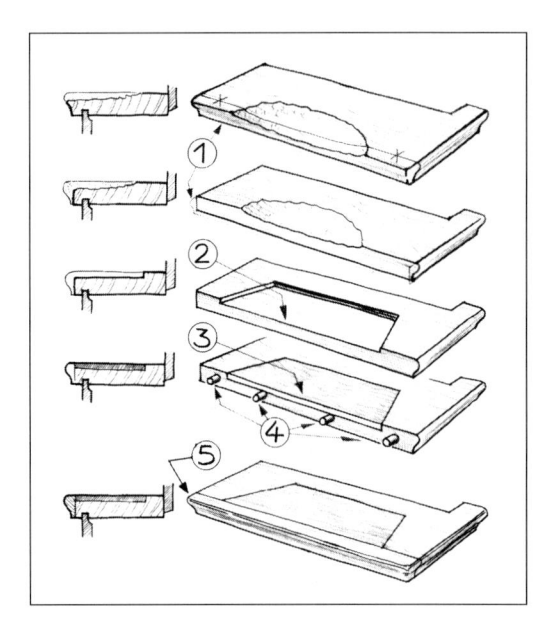

Bei Teppichbodenbelag können die ausgetretenen Stellen ausgespachtelt werden und der Teppichboden an der vorderen Unterkante einer Stufenplatte oder an der Unterseite einer anzudübelnden oder anzuschraubenden Stufennase befestigt und nach dem Aufleimen oder Andübeln über die Stufenoberseite geklebt werden.

Einfache Methoden sind das Ausspachteln und Belegen mit PVC, Linoleum oder Teppichboden.

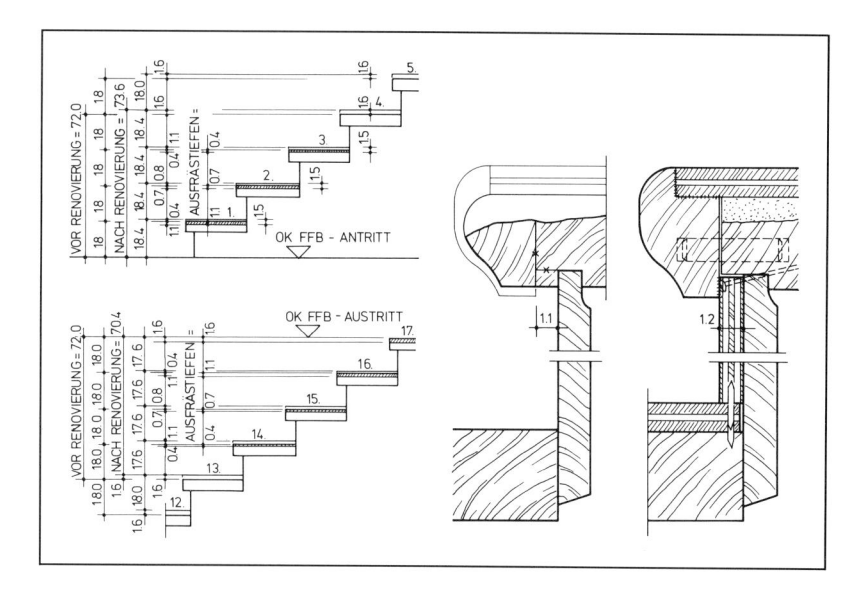

Wände

Bei der Behandlung von Wänden und Decken ist besonders darauf zu achten, daß durch zu glatte, zu einfache oder aber auch zu »rustikale« Einbauten der ursprüngliche Stil, die einheitliche Gestaltung und Atmosphäre eines Gebäudes oder einer Wohnung zerstört wird. Bei Denkmälern kann nicht deutlich genug darauf hingewiesen werden, daß die Denkmaleigenschaft das gesamte Gebäude umfaßt, also auch die Innenräume. Ebenso sollte auch bei nicht denkmalgeschützten Gebäuden das Innere zum Äußeren in Bezug stehen.

Naturstein-, Ziegel- und Klinkerwände

Unverputzte Naturstein-, Ziegel- oder Klinkerwände werden handwerksgerecht mit den ursprünglichen Materialien ausgebessert und möglichst unverputzt stehen gelassen, andernfalls können sie z.B. mit einem dünnen Schlämmputz versehen werden, der die ursprüngliche Struktur noch erkennen läßt.

Verputzte Wände

Verputzte Wandflächen werden in der vorhandenen Putzstruktur ausgebessert (siehe hierzu den Abschnitt Putz und Stuck). Zur Verhinderung des Einbringens neuer Baufeuchte kann glatter Putz auch als Trockenputz aus Gipskartonplatten aufgeschraubt, angesetzt oder genagelt und verspachtelt, hergestellt werden.

Holzverkleidungen an Wänden

Statt des Wandputzes können zur Verbesserung der Raumatmosphäre auch Holzverkleidungen aus Faser-, Glattkant- oder Profilbrettern mit Nut und Feder bzw. Holzpaneelen in den veschiedensten Holzarten aufgebracht werden. Auf den vorhandenen Putz oder direkt auf das Mauerwerk werden dazu waagerecht, im Abstand von ca. 50 cm, Latten 2,4 x 4,8 cm oder 3,0 x 5,0 cm aufgedübelt und darauf senkrechte Bretter bzw. Paneele genagelt oder geheftet. Bei waagerechten Verkleidungen werden die Latten senkrecht angedübelt. An Außenwänden kann mit der Holzverkleidung auch eine zusätzliche Wärmedämmung kombinert werden.

Fliesen auf Bruchsteinmauerwerk

Das Bruchsteinmauerwerk ist gut mit der Drahtbürste zu reinigen, danach wird ein Spritzbewurf und darauf eine Ausgleichsmörtelschicht aufgetragen.

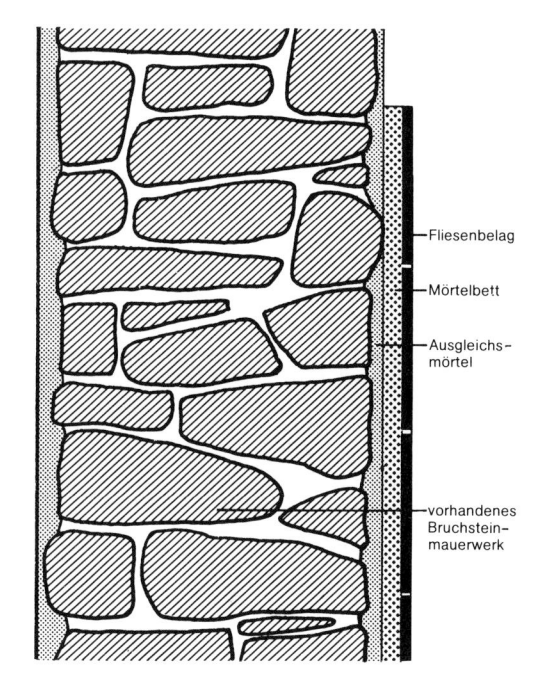

Reparatur von ausgetretenen Holztrittstufen mit aufgeleimten Spezial-Stufenplatten. Der Ausgleich der Höhendifferenzen ist für die ersten und letzten Stufen dargestellt.
Zeichnung: Willibald Mannes: Renovieren von ausgetretenen hölzernen Trittstufen, in: Treppe und Geländer 3/1986.

Fliesenverlegung auf einer Bruchsteinaußenwand.
Zeichnung: Verband der keramischen Fliesenindustrie e.V., in: Fliesentips 1/76.

Verbesserungen des Innenausbaues, Dachgeschoßausbau und Wärmedämmmaßnahmen

Anschließend erfolgt die Verlegung der Fliesen im Mörtelbett. Handelt es sich um eine Außenwand, so ist meist eine zusätzliche Wärmedämmung erforderlich. Ist die Wand durchfeuchtet, dann sollte dem Ausgleichsmörtel und dem Verlegemörtel ein Dichtungsmittel zugegeben werden. Insgesamt ist bei Fliesenverlegung an Außenwänden den bauphysikalischen Problemstellungen erhöhte Aufmerksamkeit zu schenken, d. h. es dürfen u. a. keine zu starken Dämmschichten und keine Luftschichten eingeplant werden.

Fliesen auf Fachwerkaußenwänden

Fachwerkaußenwände werden innen mit Fliesen belegt, indem zuerst als Wärmedämmung eine Holzwolleleichtbauplatte angebracht, diese mir Rabitzdraht überspannt wird und darauf Fliesen im Dickbettverfahren verlegt werden.

Weitere Möglichkeiten sind das Aufkleben vorgefertigter, mit Hartschaumrücken wärmegedämmter Fliesentafeln oder die Verlegung der Fliesen im Dünnbettverfahren auf Gipskarton-Sandwichplatten. Fliesen an Fachwerkaußenwänden werden insgesamt als problematisch angesehen. Besser ist es deshalb, die Feuchträume nach innen zu verlegen und vor allem für gute Abluftmöglichkeiten (Zwangsentlüftung) der feuchten Luft zu sorgen.

Fachwerkinnenwände

Fachwerkinnenwände dienen praktisch immer zur Windaussteifung und werden oft als tragende Elemente genutzt. Der Ausbau solcher statisch wirkenden Wände ist deshalb meist problematisch und mit komplizierten Ersatzkonstruktionen verbunden. Fachwerkwände sollten deshalb nur in unumgänglichen Fällen entfernt werden. Früher waren Fachwerkinnenwände fast immer verputzt. Sie sollten deshalb auch verputzt bleiben. Auch das Freistellen, d. h. das Herausnehmen aller Ausfachungen und Stehenlassen des Sekelettes sollte nicht die Regel, sondern die Ausnahme sein.

Decken- und Wandvertäfelungen gehören gewissermaßen zum Fachwerk und sind nach Möglichkeit zu erhalten, d. h. eventuelle Schäden sind auszubessern.

Geschlossene Fachwerkinnenwände bieten technisch wie gestalterisch weitesten Spielraum, folgende Lösungen sind möglich:

– Fachwerk sichtbar
 Die Ausfachungen werden bündig oder zurückliegend verputzt; dunkle Holzfarben, Felder weiß bzw. helle Farben.
– Fachwerk verputzt
 Bei Lehmschlag wird die Wand ganz mit Ziegeldrahtgewebe, Streckmetall oder Drahtgeflecht überspannt; bei Ausmauerung werden nur die Holzteile überbrückt, zweilagig verputzt oder mit Gispkartonplatten verkleidet und die Nagelstellen gespachtelt.
– Fachwerk verkleidet
 Alle Arten von Bretter, Paneel- und Plattenverkleidungen sind möglich, senkrechte Brettverschalungen in nicht zu feiner Ausführung kommen dem Fachwerk am nächsten.
– Fachwerkinnenwände mit Fliesen
 Fliesen auf Fachwerkinnenwänden benötigen folgende Konstruktion (Achtung bei Verfliesung: Fachwerkwände dürfen nicht luftabgeschlossen werden): Auf die Fachwerkwand wird eine Lage Bitumenpappe genagelt, darauf eine Lage Streckmetall und auf das Streckmetall werden die Fliesen im Dickbettverfahren verlegt.

Decken

Sichtbare Balkendecke

Bei Balkendecken, deren Unterseite sichtbar bleiben soll, wird unter dem Einschub zwischen den Balken ein Putzträger, z. B. Streckmetall, eingebaut und zwecklagig verputzt, oder z. B. Gipskartonplatten werden direkt auf die Latten des Einschubs, bzw. extra angeordnete Latten aufgebracht. Die Balken sollen dabei mindestens zwei bis drei cm überstehen. Bei historischen Gebäuden im ländlichen Bereich waren sowohl der Verputz als auch die Balken- auch bei hervortretenden Balken aus der Decke – vielfach durchgehend geschlämmt.

Holzschalung unter der Balkendecke

Balkendecken sind ein idealer Untergrund für alle Brett-, Profilbrett- und Paneelverkleidungen. Nach dem Ausgleich evtl. Unebenheiten wird dabei die Holzverkleidung direkt an die Balken genagelt, geheftet oder geschraubt.

Verputzte Balkendecke

Ebenso sind alle Putztechniken, besonders günstig auch hier Trockenputz aus Gipskartonplatten möglich. Je nach der Art des Putzes ist ein entsprechender Putzträger zunächst auf die Balken aufzubringen und dann ein ein- oder zweilagiger Putz anzuwerfen bzw. Gipskartonplatten anzubringen.

Abgehängte Decken

Bei zu hohen Räumen, in engen Fluren sowie in Bädern und Küchen (zur Erzielung einer Zwischendecke zum Verziehen waagerechter Leitungen) empfiehlt es sich, die Decke abzuhängen. Es stehen dazu zahlreiche Abhängekonstruktionen vom einfachen Draht bis zu justierbaren Blechprofilen zur Verfügung. Die Decke selbst kann dann zweilagig verputzt auf Putzträger, als Trockenputzdecke mit Gipskartonplatten oder aus einer Verbretterung bzw. Vertäfelung hergestellt werden.

Dachgeschoßausbau

Wird ein Dachgeschoßausbau derart vorgesehen, daß nur für eine darunterliegende Wohnung ein oder mehrere Räume zusätzlich gewonnen werden sollen, so entstehen kaum größere konstruktive oder sicherheitsmäßige Probleme, da dann meist nur eine Erweiterung des Elektronetzes und der Heizung notwendig werden.

Ausbau ganzer Wohnungen

Wenn dagegen eine oder mehrere abgeschlossene Wohnungen im Dachraum ausgebaut werden sollen, ist zu beachten, daß ausreichende Energien, sowie Ver- und Entsorgungsmöglichkeiten vorhanden sind oder entsprechend erweitert werden können, und daß die Energien und Ver- und Entsorgungsleitungen auch bis zum Dachgeschoß geführt werden müssen. Darüber hinaus müssen auch Erweiterungen an anderen Stellen, wie Abstellplätze, Müllentsorgung, Klingel- und Briefkastenanlage, vorgesehen werden, und es müssen alle bauaufsichtlichen und normenmäßigen Auflagen, wie Zugang zur Dachgeschoßwohnung, getrennter Zugang zum eventuell noch vorhandenen Spitzboden, Decken- und Wohnungstrennwände, erfüllt werden.

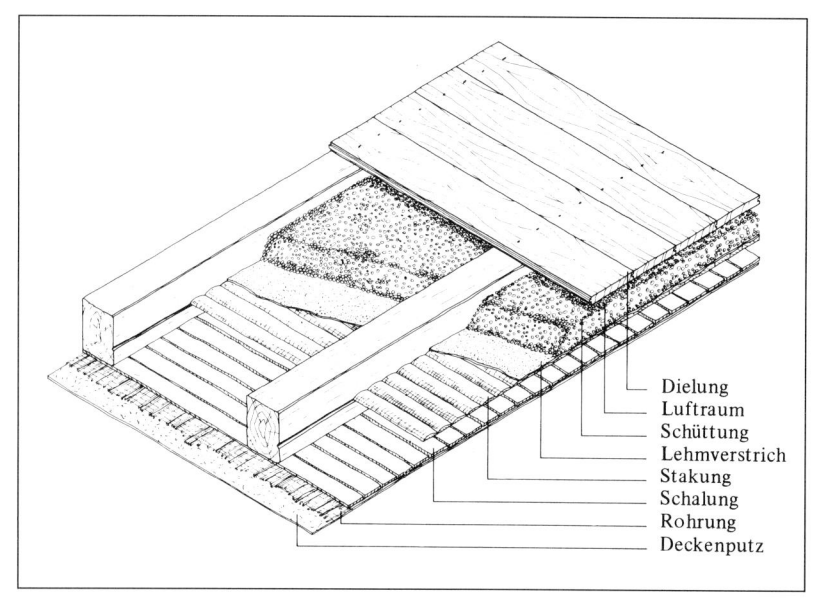

Erforderliche Wände, Abstellen der Winkel am Dachfuß

Holz- oder Metallprofilständerwände und die Beplankung derselben mit Gipskartonplatten werden in raumhohen

Traditionelle Holzbalkendecke mit Stakung, Windelboden oder Einschub und Dielung. Zeichnung: V. Hellweg, H. Schumeyer, in: »Sanierung von Holzbalkendecken«, Hrsg. Internationale Bauausstellung Berlin 1985.

Dielung
Luftraum
Schüttung
Lehmverstrich
Stakung
Schalung
Rohrung
Deckenputz

Unausgebautes Dachgeschoß mit bereits eingebauten Wohnraumfenstern. Zwei Fenster im Hochformat hätten besser zum Gebäude gepaßt. Foto: Fa. Rigips.

Verbesserungen des Innenausbaues, Dachgeschoßausbau und Wärmedämmmaßnahmen

*Dachgeschoßausbau mit Gipskartonplatten.
Foto: Fa. Rigips.*

*Systemzeichnung eines Dachgeschoßausbaues in Trockenbauweise mit Gipskartonplatten.
Zeichnung: Fa. Rigips.*

Elementen vorgefertigt oder an Ort und Stelle aus Systemteilen bzw. mit Holzverkleidungen montiert. Bei der Unterkonstruktion ist darauf zu achten, daß diese u. U. auch Heizkörperhalterungen und ähnliches aufnehmen muß. Werden an solche Wände Ansprüche an die Schalldämmung gestellt, so sind zweischalige Konstruktionen zu verwenden. Bei Wohnungstrennwänden werden besonders hohe Ansprüche, auch an die Brandsicherheit, gestellt. Bei Feuchträumen sollen wasserabweisende, imprägnierte Gipskartonplatten verwendet werden. Wände aus Ziegel, Bims- oder Gasbetonsteinen sind meist wegen der zusätzlichen Lasten problematisch und erfordern Verstärkungen im Deckenbereich. Abgestellte Zwickel am Dachfuß eignen sich oft gut zum Einbau von Schränken, bleiben sie hohl, so sollten sie möglichst zugänglich sein.

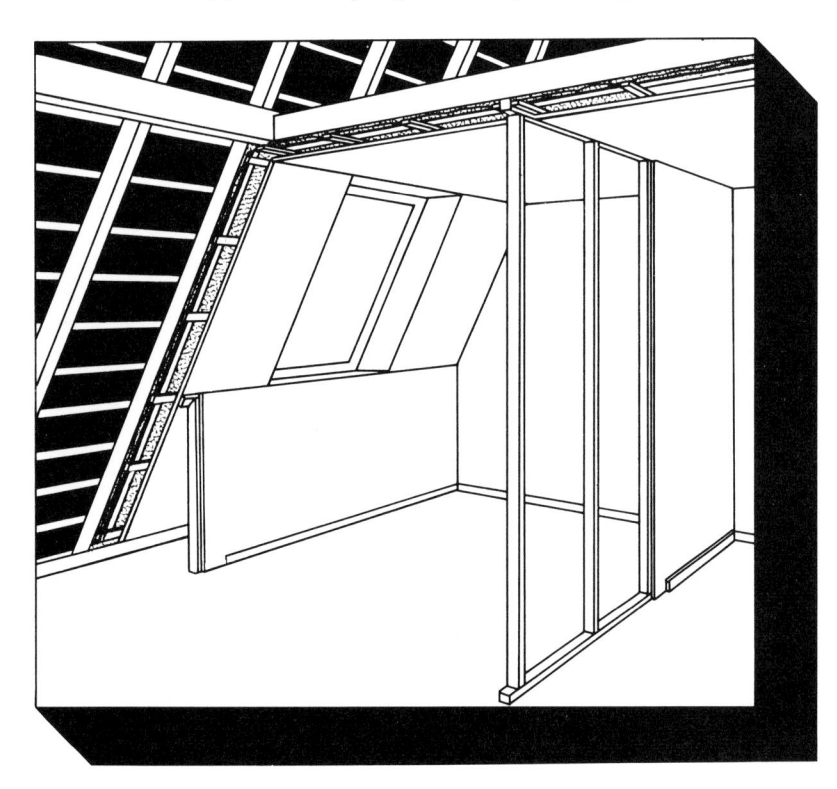

Die Wärmedämmung sollte möglichst gemäß den Werten der Wärmeschutzverordnung ausgeführt werden, da nicht nur Wärmeverluste im Winter, sondern auch eine starke Aufheizung der Räume im Sommer vermieden werden müssen.

Die Dämmschicht kann über, zwischen oder unter den Sparren angebracht werden. Eine gute Durchlüftung zwischen Dämmschicht und Eindeckung muß gewährleistet sein. Die Wärmedämmschicht muß geschlossen sein und ist an den Anschlüssen sorgfältig zu befestigen. Nicht gesteppte Dämmmatten und loses Dämmaterial sind gegen das Zusammensinken und Abrutschen zu sichern. Unterspannbahnen zwischen Dachhaut und Dämmung müssen dampfdurchlässig sein.

Werden zwischen den Sparren Dämmmatten oder -platten befestigt, dann können auf den Sparrenuntersichten Holzverkleidungen bzw. Gipskartonplatten aufgenagelt oder Putz auf einem Putzträger – Streckmetall oder Holzwolleleichtbauplatten – aufgebracht werden.

Fußboden der Dachdecke

Bei Wohnungstrenndecken müssen die Böden eine Trittschallisolierung, z. B. Trittschallmatten unter Spanplatten, erhalten.

Dachflächenfenster, Dachgaupen

Große Dachflächenfenster eignen sich nicht in historischen Gebäuden. Hier hilft oft der nachträgliche Einbau maßstabsgerechter Dachgaupen. Kleinere Dachflächenfenster z. B. 0,5 m x 0,7 m, sind meist problemlos einzubauen.

Sichtbare Dachkonstruktionen

Gestalterisch schöne Lösungen lassen sich erzielen, wenn die Sparren sichtbar bleiben. Dazu muß die Wärmedämmschicht nahe unter die Dachhaut (5 cm Abstand) und nicht in zu großer Materialstärke eingebracht werden. An die Sparrenseiten werden im Abstand von 3 bis 5 cm von der Unterkante Latten angenagelt, die dem Verkleidungsmaterial (Gipskarton, Spanplatten oder Holzbretter) als Träger dienen.

Der Reiz solcher Gestaltungen läßt sich noch erhöhen, wenn Hahnenbalken, Kehlbalken, liegende Ständer, Kopfbänder und ähnliche Bauglieder völlig frei liegen.

Ausbau von Kellerräumen

Erste Maßnahme zum Ausbau von Kellerräumen muß die vollkommene Entfeuchtung des Kellermauerwerks und -bodens sein. Weiter muß der Boden eine Wärmedämmung erhalten. Zur Sicherheit gegen Durchfeuchtung sollten Wandverkleidungen nicht nur wärmegedämmt, sondern auch hinterlüftet sein. Die Konstruktion kann z. B. aus senkrechter Lattung und Konterlattung mit mindestens 3 cm Luftraum zwischen Wand und Dämmaterial und ebenso großen Lüftungsöffnungen an Boden und Decke bestehen.

Zusätzliche Wärmedämmaßnahmen

Zusätzliche Dämmung nicht unterkellerter Räume und der Dachbalkendecke

Zur Wärmedämmung nicht unterkellerter Räume wird auf dem vorhandenen Massivboden, z. B. Magerbeton, eine Feuchtigkeitssperre eingebaut und darauf wird schwimmender Estrich (z. B. dichtgestoßene Mineralfaserplatten, die gleichzeitig den Trittschall erheblich verbessern, wannenartig an den Wänden bis zur Fußleiste hochgezogen, mit Bitumenpappe oder Folie abgedeckt und mit Zement- oder Asphaltestrich überzogen) verlegt bzw. Holzfußboden wird auf elastisch aufgelegten (Dämmattenstreifen) Lagerhölzern, die Zwischenräume mit losem Dämmaterial bzw. Dämmatten ausgefüllt, eingebaut. Bei sehr unebenen Untergründen empfiehlt es sich als Dämmaterial eine Dämmschüttung zu verwenden. Mit der Schüttung werden alle Unebenheiten ausgeglichen. Schnell abbindende Estriche sind schon nach wenigen Stunden begehbar.

Die nachträgliche Dämmung fußkalter Kellerdecken zwischen unbeheizten Kellerräumen und den Räumen des Erdgeschosses ist leicht herzustellen: auf eine Lattenunterkonstruktion oder direkt an die Kellerdecke werden von unten mindestens schwer entflammbare Dämmplatten je nach errechnetem Dämmwert zwischen 4 und 10 cm stark, befestigt. Bei nicht ausgebauten Dachgeschossen können Dämmplatten, Dämmatten oder Dämmschüttungen anstatt der vorher entfernten Auffüllung zwischen die Balken von oben eingebracht werden. Ebenso läßt sich eine Dämmschicht über den durchgehenden Dachboden – also Oberkante Balken – einbauen, auf die dann wiederum ein begehbarer Belag verlegt wird.

Zusätzliche Dämmung von Außenwänden

Für historische wertvolle Gebäude mit Fassadenschmuck oder Natursteingewänden kommen nachträgliche Außendämmungen mit Platten oder Verkleidungselementen nicht in Betracht, ebensowenig wie z. B. Wärmedämmverbundsysteme.

Bei einfacheren Altbauten (nicht denkmalgeschützt) sind Dämmungen mit hinterlüfteten Fassaden mit folgendem Aufbau möglich:
– senkrechte Lattung mit eingestellten Wärmedämmplatten und einem Luft-

Innendämmung mit Lattung, Konterlattung, Dämmplatten und Holzverkleidung. für jede zusätzliche Innendämmung ist die Berechnung des K-Wertes, noch mehr aber das Tauwasseranfalls, notwendig.
Zeichnung: Arbeitsgemeinschaft Holz e. V., in: Altbauerneuerung mit Holz.

Verbesserungen des Innenausbaues, Dachgeschoßausbau und Wärmedämmmaßnahmen

Innendämmung des Dachgeschosses mit Dämmplatten und Holzverkleidung. Zeichnung: Arbeitsgemeinschaft Holz e. V., in: Altbauerneuerung mit Holz.

zwischenraum von mindestens 25 mm zwischen Dämmmaterial und Verkleidung und darauf
- Brettschalung, Schieferverkleidung, Schindelverkleidung oder
- Zahnleiste für Stulpschalung, oder
- Konterlattung für senkrechte Holzschalung.

Eine weitere Außendämmöglichkeit bei einfachen Gebäuden sind Wärmedämmverbundsysteme aus aufgedübelten oder aufgeklebten Dämmplatten mit Putzträger und einem schützenden Kunstharzputz.

Innendämmungen

Wo Außendämmungen nicht möglich sind, muß trotz der Nachteile – wie der Gefahr von Tauwasserausfall und den Wärmebrücken – über eine Innendämmung nachgedacht werden. Hierzu ist es besonders wichtig vor Ausführung entsprechende Berechnungen des k-Wertes und des Tauwasseranfalls durchzuführen, um keine Schäden mit der Sanierung zu erzielen. Für die nachträgliche Wärmedämmung von innen können u. a. folgende Konstruktionen verwendet werden:

- Auf dem Mauerwerk oder Putz werden mit Ansetzbinder oder Baukleber punktweise raumhohe Gipskartonverbundplatten angesetzt, Fugen mit Fugenband überklebt und verspachtelt.
- Mineralfaser- oder Hartschaumdämmplatten werden auf Putz oder Mauerwerk geklebt, darauf Gipskartonplatten als Vorsatzschale angesetzt. Bei Mineralfaserplatten wird eine 5 mm starke Gipsfeinschicht zwischen Dämmplatte und Gipskarton angeordnet. Bei den Innendämmungen ist darauf zu achten, daß die gewählten Dämmaterialien nicht schon eine Dampfsperre oder -bremse darstellen. Wenn dies der Fall ist, ist besonders sorgfältig vorzubeugen, daß möglicher Tauwasserausfall z.B. durch Anschlüsse, Fugen und Deckenunterbrechungen in der Dämmschicht ausgeschlossen wird.
- Mineralfaserdämmplatten werden punktweise auf Mauerwerk oder festen Altputz ohne Farb- und Tapetenreste angemörtelt, darauf verzinktes Rabitzgewebe mit Gipsunterputz und einer weiteren Putzschicht aus Gipskalkmörtel.
- Holzleisten, ca. 30/50 mm, werden waagerecht mit Abstand der Dämmplattenbreite angedübelt, Hartschaumoder Mineralfaserdämmplatten zwischen den Latten eingestellt und eine senkrechte Verbretterung mit Spezialklammern befestigt oder genagelt. Bei Verwendung von Hartschaumplatten dürfen die Holzteile nicht mit lösemittelhaltigen Holzschutzmitteln imprägniert werden.

Wärmedämmung von Fachwerk

Fachwerkwände reagieren besonders sensibel auf Kondensatausfall in der Wand. Zu starke Dämmungen – mit inneren Dampfsperren bzw. -bremsen oder dichten Anstrichen außen – haben schon zu erheblichen Schäden an der Holzsubstanz geführt. Deshalb ist es unerläßlich, zusätzliche Dämmungen vorher nicht nur bezüglich des k-Wertes, sondern auch wegen des möglichen Tauwasserausfalles zu rechnen. Da starke Innendämmungen meist nicht in Frage kommen, kann eine Dämmung u. U. in zwei zusätzliche Schichten – außen ein Dämmputz von 2 bis 3 cm Stärke und innen eine Dämmschicht aus Holzwolleleichtbauplatten – helfen. Dabei wird davon ausgegangen, daß die Ausfachung, z. B. Strohlehmstakung, Lehmpatzen oder Ziegel erhalten bleibt. Auf Lehmmaterialien muß zum Tragen des Putzes erst ein Putzträger, z. B. Rabitzdraht aufgebracht werden. Kann der Außenputz nicht bündig ausgeführt werden, so ist

Zusätzliche Wärmedämmmaßnahmen

er schräg an die Holzkanten anzuschließen. Zur Vermeidung von Rissen ist auch auf den Holzwolleleichtbauplatten ein durchgehender Putzträger für den Kalkinnenputz anzubringen.

Wärmedämmung von Fenstern und Türen

Einfachfenster haben schlechte Wärmedämmwerte und bringen daher hohe Wärmeverluste. Deshalb sind möglichst Isoliergläser bzw. Verbund- oder Kastenfenster auszubilden, sowie Maßnahmen zur ausreichenden Dichtigkeit der Fenster durchzuführen (siehe hierzu Kapitel Fenster, Fensterläden, Rolläden und Türen).

Wärmeverluste

Wärmeverluste, z. B. durch Wärmebrücken lassen sich von außen durch Abtasten mit einem Infrarotgerät (Thermografiegerät) schnell ermitteln und dokumentarisch festhalten. Mit Hilfe der thermografisch ermittelten Daten können die entsprechenden Dämmmaßnahmen geplant und festgelegt werden (siehe hierzu Abschnitt: Thermografie).

Aufbringen eines äußeren Wärmedämmputzes in einem Fachwerkgefach mit Armierungsgewebe.
Foto: Fortbildungszentrum Johannesberg.

Oft sind es Kleinigkeiten, die zu großen Wärmeverlusten führen, wie in diesem Beispiel der Spalt zwischen Dielung und Haustür.

Verbesserungen des Innenausbaues, Dachgeschoßausbau und Wärmedämmmaßnahmen

Informationen

Weiterführend wird auf folgende Normen, Regelwerke, Literatur und Beratungsmöglichkeiten durch Verbände und Institutionen hingewiesen:

Normen

DIN EN 159	Trockengepreßte keramische Fliesen und Platten mit hoher Wasseraufnahme
DIN EN 176	Trockengepreßte keramische Fliesen und Platten mit niedriger Wasseraufnahme
DIN 273 T 1 u. 2	Ausgangsstoffe für Magnesiaestriche
DIN 280 T 1-5	Parkett
DIN 281	Parkettklebstoffe
DIN 1060 T 1-3	Baukalk
DIN 1100	Hartstoffe für zementgebundene Hartstoffestriche
DIN 1101	Holzwolle-Leichtbauplatten; Maße, Anforderungen, Prüfung
DIN 1164	Portland-, Eisenportland-, Hochofen- und Traßzement
DIN 4102	Brandschutz
DIN 4108	Wärmeschutz
DIN 4109	Schallschutz im Hochbau
DIN 4208	Anhydritbinder
DIN 4226 T 1 u. 2	Zuschlag für Beton
DIN 16850	Bodenbeläge, Homogene und heterogene Elastomer-Beläge, Anforderungen, Prüfung
DIN 16851	Bodenbeläge, Elastomer-Beläge mit Unterschicht aus Schaumstoff; Anforderungen, Prüfung
DIN 16852	Bodenbeläge; Elastomer-Beläge mit profilierter Oberfläche, Anforderungen, Prüfung
DIN 16945	Reaktionsharze
DIN 16951	Bodenbeläge; Polyvinylchlorid (PVC)-Beläge ohne Träger, Anforderungen, Prüfung
DIN 16952 T 1-5	Bodenbeläge; Polyvinylchlorid (PVC)-Beläge
DIN 18064	Treppen; Begriffe
DIN 18065	Gebäudetreppen; Hauptmaße
DIN 18156 T 1-4	Stoffe für keramische Bekleidungen im Dünnbettverfahren
DIN 18158	Bodenklinkerplatten
DIN 18161	Korkerzeugnisse als Dämmstoffe für das Bauwesen; Dämmstoffe für die Wärmedämmung
DIN 18164	Schaumkunststoffe als Dämmstoffe für das Bauwesen; Dämmstoffe für die Wärmedämmung
DIN 18165	Faserdämmstoffe für das Bauwesen
DIN 18166	Keramische Spaltplatten
DIN 18171	Bodenbeläge; Linoleum, Anforderungen, Prüfung
DIN 18173	Bodenbeläge; Linoleum-Verbundbelag, Anforderungen, Prüfung
DIN 18174	Schaumglas als Dämmstoff für das Bauwesen; Dämmstoffe für die Wärmedämmung
DIN 18332	Naturwerksteinarbeiten (VOB, Teil C)
DIN 18333	Betonwerksteinarbeiten (VOB, Teil C)
DIN 18334	Zimmer-Holzbauarbeiten (VOB, Teil C)
DIN 18352	Fliesen- und Plattenarbeiten (VOB, Teil C)
DIN 18353	Estricharbeiten (VOB, Teil C)
DIN 18354	Asphaltbelagarbeiten (VOB, Teil C)
DIN 18355	Tischlerarbeiten (VOB, Teil C)
DIN 18356	Parkettarbeiten (VOB, Teil C)
DIN 18365	Bodenbelagarbeiten (VOB, Teil C)
DIN 18366	Tapezierarbeiten (VOB, Teil C)
DIN 18367	Holzpflasterarbeiten (VOB, Teil C)
DIN 18500	Betonwerkstein; Anforderungen, Prüfung, Überwachung
DIN 18560 T 1-5	Estriche im Bauwesen
DIN 66095 T 1-4	Textile Bodenbeläge; Produktbeschreibung Merkmale für die Projektbeschreibung
DIN 68368	Laubschnittholz für Treppen; Gütebedingungen
DIN 68701	Holzpflaster GE für gewerbliche Zwecke
DIN 68702	Holzpflaster RE für Räume in Versammlungsstätten, Schulen, Wohnungen (RE-V), für Werkräume im Ausbildungsbereich (RE-W) und ähnliche Anwendungsbereiche
DIN 68750	Holzfaserplatten; Poröse und harte Holzfaserplatten, Gütebedingungen
DIN 68763	Spanplatten
DIN 68771	Unterböden aus Holzspanplatten
DIN 68800 T 1-4	Holzschutz, Allgemeines / Vorbeugende bauliche Maßnahmen / Vorbeugender chem. Schutz von Vollholz / Bekämpfungsmaßnahmen gegen Pilz- und Insektenbefall

Literatur

Arbeitsgemeinschaft Holz (Hrsg.): Treppen aus Holz. – Düsseldorf, o. J.

Arbeitsgemeinschaft Holz (Hrsg.): Altbauerneuerung und Ausbau mit Holz, Informationsdienst Holz. – Düsseldorf, o. J.

Berndt, H.: Handbuch der Parkettverlegung. – Berlin 1940

Bobran, H. W.: Handbuch der Bauphysik. – Braunschweig/Wiesbaden:

Bundesarbeitskreis Altbauerneuerung (Hrsg.): Dachausbau. (Reihe Baka-Modernisierungs-Berater) . – Bonn

Bundesarbeitskreis Altbauerneuerung (Hrsg.): Trockenausbau. (Reihe Baka-Modernisierungs-Berater). Bonn

Bundesarbeitskreis Altbauerneuerung (Hrsg.): Wärmeschutz. (Reihe Baka-Modernisierungs-Berater). Bonn

Bundesministerium für Raumordnung, Bauwesen und Städtebau (Hrsg.): Energiesparbuch für das Eigenheim. – Bonn 1988

Diehl, Wolfgang: Aktuelle Holztreppen. – Karlsruhe: Bruder-Verlag 1988

Dittrich, Helmut: Fußboden-Sanierung: Trockenunterböden mit Lagerhölzern. – In: Althaus-Modernisierung 3-4/1988

Informationen

Dittrich, Helmut: So macht altes Parkett wieder Freude. – In: Althaus-Modernisierung 7-8/1988

Dittrich, Helmut: Treppen – richtig wählen, richtig erhalten. - In: Althaus-Modernisierung, 9-10/1987, S. 54-64

Eichler, F. / Fasold, W. / Sonntag, E.: Bauphysikalische Entwurfslehre. 4 Bände. – Köln: Verlag R. Müller 1971 ff

Entwicklungsgemeinschaft Holzbau (EGH) in der deutschen Gesellschaft für Holzforschung (Hrsg.): Holzbauteile in Naßbereichen. (Reihe Informationsdienst Holz). – München 1987

Frick/Knöll/Neumann: Baukonstruktionslehre, Teil 1, 29. Auflage. – Stuttgart: Teubner-Verlag 1987

Friedrich, W.: Tabellenbuch für Bau- und Holztechnik. – Bonn: Dümmler-Verlag 1983

Gösele, K./Schüle, W.: Schall, Wärme, Feuchte. 9. Auflage. – Wiesbaden/Berlin: Bauverlag GmbH 1989

V. d. Horst, Tielemann: Treppenbaukunst, Nürnberg 1763, (Neudruck) Hannover: Edition »Libri rari« Verlag Th. Schäfer 1985

Internationale Bauausstellung Berlin (Hrsg.): Sanierung von Holzbalkendecken. – Berlin: Verlag Ernst & Sohn 1985

Kreß, Fritz: Der Treppen- und Geländerbauer, 7. Aufl. Ravensburg 1952 (Neudruck). – Hannover: Edition »Libri rari« Verlag Th. Schäfer 1988

Leszner, Tamara: Lehm-Fachwerk. Alte Technik – neu entdeckt. – Köln: Verlag R. Müller 1987

Mannes, Willibald: Abgesperrte Stufen mit Verschleißverstärkung. – In: Bauen mit Holz 3/1983, S. 493

Mannes, Willibald: Gestaltete Treppen, 2. Auflage. – Stuttgart: DVA 1978

Mannes, Willibald: Schöne Treppen. – Stuttgart: DVA 1985

Mannes, Willibald: Technik des Treppenbaus, 2. Auflage. – Stuttgart: DVA 1981

Mannes, Willibald: Renovieren von ausgetretenen Hölzern und Trittstufen. – In: Treppen und Geländer 3/1986, S. 115-117

Mantel, Juval: Schallschutz in modernisierten Altbauten. – In: Das Bauzentrum 3/1987, S. 7-12

Neue Heimat Berlin (Hrsg.): Techniken der Instandsetzung und der Modernisierung im Wohnungsbau. – Wiesbaden/Berlin: Bauverlag GmbH 1981

Pracht, Kl.: Innen und Außentreppen in Holz, Stahl, Stein und Beton im privaten und öffentlichen Bereich. - Stuttgart: DVA 1986

Scherer, Chr.: Technik und Geschichte der Intarsia. Leipzig 1891 (Neudruck). – Hannover: Edition »Libri rari« Verlag Th. Schäfer 1988

Wihr, Rolf: Fußböden: Stein, Mosaik, Keramik, Estrich, Geschichte, Herstellung, Restaurierung. – München: Callwey-Verlag 1985

Verbände, Institutionen, Beratungsstellen

Arbeitsgemeinschaft Holz e.V., Füllenbachstraße 6, 4000 Düsseldorf 30

Arbeitskreis Denkmalpflege (AKD) im Bund Deutscher Zimmermeister im Zentralverband des Deutschen Baugewerbes e.V., Godesberger Allee 99, 5300 Bonn 2

Bund Deutscher Zimmermeister (BDZ) im Zentralverband des Deutschen Baugewerbes e.V., Godesberger Allee 99, 5300 Bonn 2

Bundes-Arbeitskreis Altbauerneuerung e.V., Simrockstraße 4-18, 5300 Bonn 1

Bundesverband der Gips- und Gipsbauplattenindustrie, Birkenweg 13, 6100 Darmstadt

Fortbildungszentrum für Handwerk und Denkmalpflege, Propstei Johannesberg, Fulda e.V., 6400 Fulda

Gesellschaft für Treppenforschung (Scalalogie) e.V. Prof. Mielke, Hünenring 14, 8839 Kronstein

Zentralverband des Raumausstatter-Handwerks (ZVR), Siemensstraße 6-12, 5300 Bonn 1

Zentralverband Parkett und Fußbodentechnik (BIV), Meckenheimer Allee 71, 5300 Bonn 1

Haustechnische Anlagen

Energiebedarf, Sanitär, Elektro, Heizung

Völlig veraltete, mangelhafte Installationen, wie dieser Brauchwasserablauf, kennzeichnen vielfach den Standard von Sanitär- und Heizungstechnik in historischen Bauten.

Das gesamte Gebiet »unterversorgter« Haustechnik ist die eigentliche Schwachstelle älterer Gebäude. Dieses rührt aus der Tatsache, daß die Haustechnik sich gegenüber allen anderen Anforderungen an Gebäude, bedingt durch steigende Forderungen an Hygiene und Komfort, am weitesten entwickelt. Der haustechnische Standard eines Gebäudes ist weit vor anderen Faktoren, wie Raumgrößen und -qualität, zum Gradmesser des Nutzwertes geworden. Die großen Prozentzahlen von Wohnungen ohne Bad- oder Duscheinrichtungen und mit Einzelöfen für Festbrennstoffe zeigen den auch heute noch großen Nachholbedarf auf diesem Gebiet.

Bei der Modernisierung und Vervollständigung haustechnischer Anlagen sollten folgende Grundsatzüberlegungen vorangestellt werden:
– Ziel, auch einzelner Maßnahmen, sollte der vergleichbare Standard und Komfort in Neubauten sein.
– Besonders bei den Raumgrößen lassen sich jedoch nicht immer die Forderungen der Normen für Neubauten (z. B. DIN 18022, »Küche, Bad, WC, Hausarbeitsraum«) erfüllen.
– Die Maßnahmen sind unter weitgehender Schonung der Altbausubstanz durchzuführen, d. h. möglichst mit solchen Bausystemen und Elementen, die wenig Stemm-, Bohr- und Aufbrucharbeiten erfordern.

Bei historisch wertvollen, besonders bei denkmalgeschützten Bauten ist darauf zu achten, daß der Charakter des Gebäudes durch moderne Technik nicht zu stark in Mitleidenschaft gezogen wird.

Bei Denkmälern darf weiter die historische Substanz, besonders Malereien, Stuck, Putz und Holzverkleidungen nicht durch Installationen geschmälert werden, d. h. hier ist noch mehr darauf zu achten, daß weder durch das Stemmen von Schlitzen noch durch ungünstiges Anbringen von Armaturen, Geräten und Regeleinrichtungen Substanzverluste oder optische Einbußen entstehen.
– Ältere Gebäude mit Holzbalkendecken oder Fachwerk reagieren besonders negativ auf substanzschädigende Systeme und Installationen, sowohl im Stark- und Schwachstrombereich als auch bei der Be- und Entwässerung. Eine der häufigsten Scha-

Energiebedarf, Sanitär, Elektro, Heizung

densursachen im Decken- und Wandbereich sind neben Eingriffen in das gebäudeeigene Raumklima (Temperatur, Feuchte und Luftwechsel) fehlerhafte, undichte Be- oder Entwässerungsinstallationen. Große Partien verfaulten Holzes, in Einzelfällen Schwammbildung, sind das Ergebnis. Es folgt daraus, daß in Altbauten besonders sichere Versorgungs- und Installationssysteme zu wählen sind, die Kondensationen, Tropfflecks und Brandgefahr durch Kurzschlüsse ausschließen. Weiterhin muß substanzschonend installiert und die technischen Vorschriften und Sicherheitsvorschriften strikt eingehalten werden.

- Rohre und Leitungen sollen nicht einzeln in der Wand, sondern möglichst in Form verkleideter Rohrpakete oder Installationssschächte bzw. -wände vor der ursprünglichen Wand angeordnet werden. Am besten erscheinen weitgehend von der alten Wandkonstruktion selbständige Installationsschächte, die gut zugänglich sind, auch für Reparaturen und nachträgliche Installationen.
- Es sollen möglichst geräuscharme Armaturen und schallgedämmte Rohrschellen verwendet werden, um Lärmbelästigungen zu vermeiden.
- Anschlußwerte und Rohrdimensionen sollen auch im Altbau genau berechnet werden, um zu groß dimensionierte Anlagen (hohe Investitionskosten) oder zu gering bemessene Rohrstränge (schnelle Fließgeschwindigkeit und damit störende Fließgeräusche) auszuschließen.
- Da auch innerhalb der einzelnen Haushalte durch den ständig steigenden Wohnkomfort mit weiterer Steigerung des Geräteeinsatzes und des Energiebedarfs zu rechnen ist, sind entsprechende Reserven und Erweiterungsmöglichkeiten in Form zusätzlichen Platzes in den Rohrkanälen, z.B. durch Leerrohre usw. vorzusehen. Auch das Vorhalten ausreichender Stromkreise gehört zu den Maßnahmen für zukünftige Nachrüstungen.
- Wegen der hohen Wartungs- und Reparaturkosten haustechnischer Anlagen ist bei deren Planung bereits für leichte Austauschbarkeit, für Ersatz-, Revisions- und leichte Reparaturmöglichkeiten zu sorgen.

Konstruktive Schäden durch unzureichende und schadhafte Fallrohre.

- Neben der Beachtung von heutigem technischen Standard, ausreichendem Komfort und Nachrüstungsmöglichkeiten muß auf alle Energieeinsparungsmöglichkeiten, z.B. moderne Wärmeerzeuger, zentrale Regeleinrichtungen, Wärmepumpen, Durchlaufbegrenzer, Thermostatbatterien, Einhebelmischer oder energiesparende Beleuchtungskörper geachtet werden.

Da bei Modernisierungsmaßnahmen der technischen Gebäudeausrüstung in Denkmälern die Denkmaleigenschaft zu wenig berücksichtigt, in einigen Fällen gemindert oder sogar gestört wurde, bzw. bei Nichtbeachtung technischer und bauphysikalischer Bedingungen

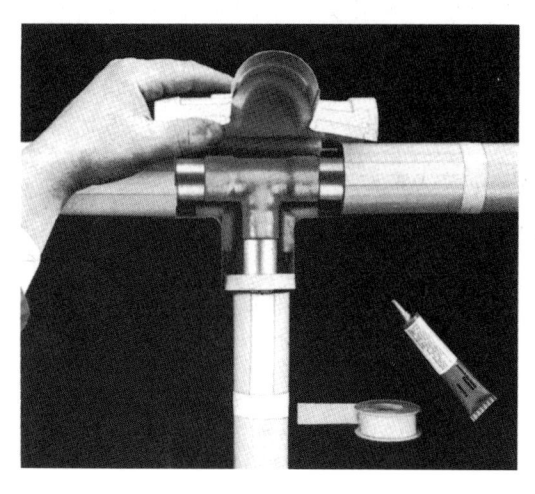

Installation mit leicht montierbaren Rohren und vorgefertigten Isoliersystemen. Foto: Lorowerk.

Haustechnische Anlagen

Zerstörung eines Bruchsteinmauerwerks durch das Einstemmen von Leitungsschlitzen.

der Altbausubstanz schadensträchtige Installationen eingebaut wurden, erarbeitet der VDI die Richtlinie 3817 »Technische Gebäudeausrüstung in denkmalwerten Gebäuden«. Bereits im Vorwort wird der dringende Nachholbedarf deutlich gemacht und deshalb die frühzeitige Einschaltung von Sonderfachleuten, eine konsequente Bauaufnahme auch von der Haustechnik vor Planungsbeginn und der Einsatz denkmalverträglicher Installationssysteme, gefordert. Weiter wird insbesondere darauf verwiesen, daß gerade bei den technischen Gewerken die Ausnahme- und Befreiungsmöglichkeiten der Landesbauordnungen auszuschöpfen sind, soweit keine Gefahren für Leib und Leben zu befürchten sind.

Eneriegiebedarf und Versorgung

Vor Planungsbeginn sind die vorhandenen Energieanschlußwerte, der Zustand und die Dimension der Anschlußleitungen und die Möglichkeiten der Erhöhung der Anschlußwerte, bzw. die Nutzung anderer Energiequellen zu prüfen. Weiter ist mit genauer Berechnung der Energiebedarf einschließlich der notwendigen Reserven festzulegen. Die Wahl der Energieart hängt sowohl von den Liefer- und Anschlußmöglichkeiten an die Netze der Energieversorgungsbetriebe als auch von den Kosten der einzelnen Energiearten ab. Ist die eine oder andere Energieart nicht in ausreichender Menge verfügbar, oder erfordert der Anschluß zu hohe Kosten (wegen langer Leitungsführungen, zusätzlich notwendiger Transformatorenstation usw.), so kann meist auf eine günstigere Energieversorgung ausgewichen werden. Der weitaus größte Energiebedarf besteht bei der Raumheizung, hier steht auch das breiteste Spektrum von Energieträgern zur Wahl.

Wasser

Die Anschlußkapazität macht meist keine Schwierigkeit, jedoch sind die Anschlußrohre oft überaltert und zu klein dimensioniert. Unter Umständen müssen deshalb Anschlüsse bis ans öffentliche Netz neu erstellt werden.

Entwässerung

Häufig sind die Grundleitungen der Entwässerung unter dem Gebäude (meist Tonrohre) so bemessen, daß zusätzliche Abwassermengen, die durch Einbau von Bädern, Duschen usw. auftreten, nicht aufgenommen werden können und zusätzliche oder größer dimensionierte Rohre verlegt werden müssen. Auf Frostsicherheit ist zu achten; bei älteren Gebäuden wurden Abwaserleitungen oft über die Fassade geführt und die Grundleitungen nicht in frostfreier Tiefe.

Auch die zwischenzeitliche Einführung des Trennsystems für Regen und Brauchwasser begründet oft neue Leitungssysteme.

Elektro

Die Anschlußwerte bis zum Zähler sind meist ausreichend, die Verteilungsleitungen vom Zähler zu den Verbrauchsstellen sind jedoch vielfach zu schwach. Darüberhinaus benötigt eine zeitgemäße Elektroinstallation sehr viel mehr Stromkreise. Bei Elektrospeicheröfen muß oft auch die Hauptzuleitung verstärkt, d.h. erneuert werden.

Gas

Stadt- oder Erdgas sind nicht überall anzutreffen. Wo Anschlüsse vorhanden sind, sind diese auch meist ausreichend dimensioniert, es sei denn, es soll z. B. eine Gasheizung neu installiert werden – dann muß auch oft der Hausanschluß größer ausgelegt werden. Flüssiggas benötigt dazu noch einen Lagertank. Durch den Einsatz von Luft- bzw. Abluftschornsteinen (LAS-Systeme) kann auf Außenwandfeuerstätten verzichtet werden.

Fernwärme

Fernwärme ist nur an wenigen Standorten mit günstigen Anschlußmöglichkeiten für Altbaubereiche verfügbar. Mit einem Wärmetauscher im Keller oder Hausanschlußraum wird die Energie verbrauchsbereit gemacht.

Sanitär

WC, Waschbecken, Bad und/oder Dusche müssen als Mindestausstattung einer Wohnung angesehen werden, wobei WC und Bad möglichst getrennt sein sollten. Muß der Baderaum neu geschaffen werden, so kann dies durch Grundrißänderung oder Anbau geschehen.

Viele ältere Wohngrundrisse weisen relativ große Wohnküchen aus. In solchen Fällen empfiehlt es sich, durch Teilung des Raumes für Bad und Küche den entsprechenden Platzbedarf zu decken. Solche Lösungen haben dazu den Vorteil, daß zwar nicht alle Leitungen, meist aber die vorhandenen Aussparungen genutzt werden können und für Küche und Bad nur eine Strangführung notwendig ist. Eine weitere Möglichkeit ist die Ausbildung der Trennwand zwischen Bad und Küche als Installationswand.

Innenliegende Bäder

Zur Be- und Entlüftung innenliegender Bäder und Wc's können unter Umständen nicht mehr benutzte Schornsteinzüge verwendet werden, andernfalls sollte der Zu- und Abluftschacht mit in den Installationsblock oder die -wand aufgenommen werden. Eine andere Lösung ist die waagerechte Führung der Zu-und Abluft durch Kanäle, eventuell im Zwischenraum zwischen alter Massivdecke und neuer abgehängter Decke, der gleichzeitig zum Verziehen waagerechter Leitungen dienen kann. Neue Be- und Entlüftungssysteme erfordern viel Aufwand. Die Entlüftungsrohre innenliegender Bäder dürfen nicht an noch in Betrieb befindliche Rauch- oder Abgasschornsteine angeschlossen werden. Die Rohre müssen aus nicht brennbarem Material bestehen und 50 cm über Dach geführt werden. Die Gefahr von Feuer-, Schall- und Geruchsgefährdung muß ausgeschlossen sein. Tauwasser in Rohren muß abgeführt werden und in kalten Räumen sind Rohre außen wärmezudämmen.

Der Einbau von Bädern in konventioneller Bauweise bringt hohe Deckenbelastungen mit sich. Es sollte zunächst die Tragfähigkeit der Decke geprüft und danach die Art der Trennwand, Fußbodenaufbau und Wandverkleidung festgelegt werden. Die Trennwand kann

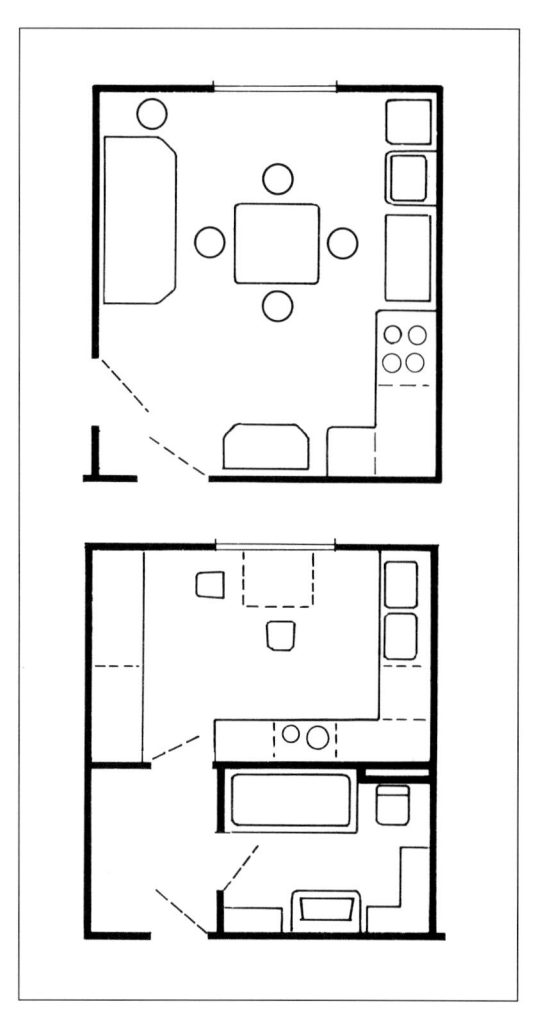

Einbau eines Bades durch Teilung einer großen Altbauküche. Zeichnungen: Deutsches Kupferinstitut, Altbaumodernisierung mit Kupferrohr.

Haustechnische Anlagen

aus Bims- oder Gasbetonsteinen bzw. als ein- oder zweischalige Wand aus Gips- oder Spanplatten errichtet werden.

Besteht die Decke aus einer Holzbalkenkonstruktion, so sind die folgenden Sperrmaßnahmen notwendig. Möglichst direkt auf der Balkendecke und allseitig an den Wänden bis zu einer Höhe von etwa 2 m ist eine Feuchtigkeitssperre in Form einer durchgehenden Wanne aus Bitumenpappe, Metall- oder Kunststoffolie herzustellen. Auf dem Boden werden Fliesen in einem etwa 25 mm starken Mörtelbett bzw. weiche Bodenbeläge auf 35 bis 40 mm starkem Estrich verlegt. Die Dichtungsbahnen an den Wänden sind zunächst in der Art aufzurauhen, daß in den noch frischen Bitumendeckanstrich oder in frischen Kleber auf Metall- bw. Kunststoffolie Sand eingestreut wird. Darauf wird eine Lage Rippenstreckmetall als Trägerschicht aufgebracht, und dann werden Fliesen im Mörtelbett verlegt oder geputzt.

Bei Außenwänden aus Fachwerk ist zwischen Wand und Isolierschicht eine zusätzliche Wärmedämmung einzubringen. Die Wärmedämmplatten müssen ausreichend steif sein, um dem nachfolgenden Aufbau als Träger zu dienen. Im normalerweise 3,5 cm starken Mörtelbett verlegte Wand- und Bodenfliesen bringen zusätzliche Gewichte, wesentlich günstiger ist deshalb die Verklebung der Fliesen, also Verlegung im sog. Dünnbettverfahren. Sind in Grenzfällen auch dabei die zusätzlichen Gewichtsbelastungen zu hoch, so kann der Bodenbelag aus verschweißten PVC-Bahnen oder -Platten und der Wandbelag als Anstrichaufbau hergestellt werden. (Konstruktionsaufbau für Fliesen auf verschiedenen Unterkonstruktionen siehe Abschnitt Fliesenböden). Bei Holzbalkendecken sollten zur Gefahrenverminderung Bäder im Erdgeschoß angeordnet werden. Vorgefertigte Systeme oder Sanitärzellen helfen Wasserschäden, z. B. durch überlaufende Wannen, zu vermeiden.

Auch Bäder lassen sich mit Holz verkleiden, dabei ist jedoch bei den Verkleidungsmaterialien auf offenporige Behandlung und allgemein auf sehr gute Durchlüftung zu achten, da sonst die Gefahr von Feuchteschäden durch Kondensat besteht.

Um Montageaufwand und -zeit zu verkürzen, sollten, wo möglich, vorgefertigte Rohrpakete, Sanitärbausteine, Installationsblöcke oder -wände mit allen Ventilen und Anschlüssen, in deren Rahmen die Halterungen für die Sanitärobjekte eingebaut sind, verwendet werden.

Da beim Einbau von Bädern in konventioneller Methode viele Handwerker unterschiedlichster Gewerke benötigt werden und dies auch bei guter Koordination zeitaufwendig ist und zu großen Belästigungen in bewohnten Wohnungen führt, ist es ratsam, weitgehend vorgefertigte Systeme zu verwenden, die nur noch wenige Handwerker bei kleinem Baustelleneinsatz erfordern. Verbilligung durch Vorfertigung ist bei kleinen Stückzahlen allerdings kaum zu erwarten.

Die weitestgehende Ausschöpfung der Vorfertigung erfolgt beim Einbau von Sanitärzellen. Zellen in einem Stück kommen dabei für den Altbau nur selten in Frage, da sie durch normale Fenster- oder Türöffnungen nicht ins Gebäude gebracht werden können. Es gibt verschiedene Sanitärzellen aus Stahl und/ oder Kunststoff, die in Einzelteilen (auf Türmaß abgestimmt) angeliefert und an Ort und Stelle, einschließlich Boden und Decke, zusammengebaut werden. Die Vorteile liegen in der kurzen Montagedauer mit praktisch einem Handwer-

Sanitärzelle aus Einzelelementen. Fertigzellen aus einem Stück lassen sich in Altbauten nur selten (Einschränkung durch Türen usw.) verwenden.
Foto: Ahlmann GmbH.

ker, im leichten Gewicht der Zelle und in der Lösung der Dichtigkeitsprobleme des Bodens (z. B. bei Holzbalkendecken). Für den Einbau vorgefertigter Teile sind besonders exakte Planungen notwendig.

Ist ein Badeinbau bei der Küchenaufteilung nicht möglich, so bietet sich u. U. die Möglichkeit im hinteren Hausbereich, eventuell in Verbindung mit einem bereits herausgezogenen Treppenhaus, einen Anbau zu erstellen, der in allen Geschossen die notwendigen Bäder aufnimmt. Solche Lösungen sind bezüglich Zeit und Kosten sehr aufwendig. Bei Denkmälern sind solche baulichen Änderungen meist nicht denkbar.

Stahl- oder Kupferrohre, Kunststoffrohre

Für die Wasserinstallation werden verzinkte Stahlrohre und/oder Kupferrohre verwendet. Vor Beginn der Neuinstallation ist zu prüfen, inwieweit die vorhandenen Teile des Rohrnetzes noch tauglich sind, zu achten ist auf Dimensionen, Korrosionserscheinungen und Inkrustationen durch Ablagerungen des Wassers in den Leitungen, die den Leitungsquerschnitt auf einen Bruchteil verengen können.

Kupferrohre bieten besonders für die nachträgliche Installation im Altbau einige Vorteile wie schnelle Montage, kleine Dimensionen und gute Anpassungsfähigkeit. Bei Verlegung von verzinkten Stahlrohren und Kupferrohren in einem Netz ist immer die sog. Fließregel zu beachten, d. h. in Fließrichtung darf Kupferrohr nur hinter verzinktem Stahlrohr eingebaut werden, da sonst Korrosionsschäden auftreten. Zunehmend werden auch Kunststoffrohre eingebaut.

Warmwasserversorgung

Die Warmwasserversorgung von Wohnungen ist heute ebenfalls kein Luxus mehr und sollte bei Modernisierungs- und Sanierungsmaßnahmen unbedingt mit vorgesehen werden. Nach Möglichkeit sollten Küche, Bad/Dusche und Waschbecken ausreichend mit Warmwasser versorgt werden.

Es gibt mehrere Möglichkeiten der Versorgung:

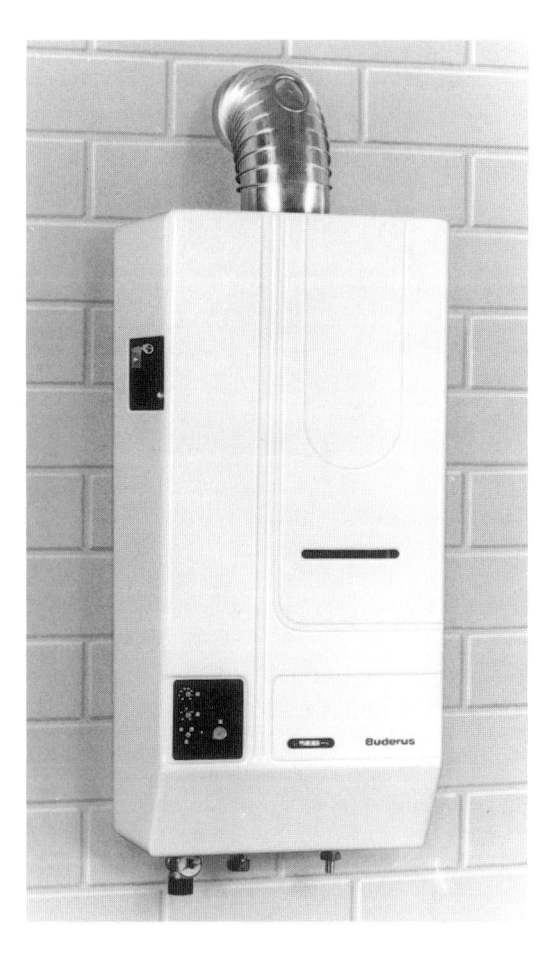

Gasheizkessel, an der Wand montiert für den Etagen- oder Wohnungsbereich. Das Gerät benötigt keine Standfläche und ist deshalb gut bei beengten Platzverhältnissen zu verwenden. Foto: Buderus.

- Zentrale Versorgung mit einem großen Speicher meist im Heizraum, von dem Verbrauchsleitungen zu allen Entnahmestellen führen. Wenn keine funktionierende Zirkulationsleitung (mit Zirkulationspumpe) vorhanden ist, fließt bei den entfernten Zapfstellen erst längere Zeit kaltes Wasser und dann erst Warmwasser. Im Altbau ist die Zentralversorgung oft nachteilig wegen der vielen Stemmarbeiten. Eine zentrale Versorgung kann u. a. mittels eines Gasvorratswasserheizers neben dem Heizkessel, einem Gasspeicherkessel mit indirekter Warmwasserbereitung, einem Elektrostandspeicher oder einer Elektro-Wärmepumpe mit indirekter Warmwasserheizung erfolgen.
- Gruppenversorgung mit einem Durchlauferhitzer oder Warmwasserspeicher, an den mehrere, möglichst nahe beieinanderliegende Entnahmestellen angeschlossen sind.
- Einzelversorgung mit kleinen Durchlauferhitzern oder Speichern an jeder Entnahmestelle. Die Einzelversorgung wird bei schwierigen Altbauverhältnissen oft günstig sein, da keine Durch-

Haustechnische Anlagen

brüche erforderlich sind. Als Energie für die Warmwasserbereitung dienen Gas oder Elektrizität. Bei Speichern ist der Energiebedarf geringer als bei Durchlauferhitzern (wichtig bei bereits stark strapazierten Elektronetzen), dafür muß aber bei Entleerung des Speichers erst gewartet werden, bis wieder neues Warmwasser aufgeheizt wird.
– Versorgung aus Combithermen oder Combikesseln, kombinierten Etagenheiz- und Warmwasserbereitungsgeräten.

Bei allen Systemen ist darauf zu achten, daß die Wassertemperatur nicht zu hoch ausgelegt wird. Hohe Warmwassertemperaturen, d. h. Temperaturen von 70° und mehr, bedingen hohe Energie- und Wasserkosten und häufige Reparaturen.

Auch die Warmwasserstränge lassen sich vorteilhaft in Kupferrohr ausführen, insbesondere, weil es hierfür bereits wärmegedämmte Kupferrohre gibt. Entscheidender Vorteil ist die schnelle Montage ohne anschließende Isolierarbeiten und die geringen Dimensionen der fertig isolierten Leitungen, die sich ohne Streichen und Nachbehandlung auch zur Montage »auf Putz« eignen. Es stehen zwei Arten fertigisolierter Rohre zur Auswahl:
– Kupferrohre mit PVC-Stegmantel (z. B. Wicu-Rohr)
– Kupferrohr mit Polyurethan-Hartschaumisolierung (z. B. Wicu-Rohr S.).

Neuerdings sind auch fertigisolierte Stahlrohre verfügbar, die ähnlich gute Eigenschaften wie Kupferrohre, z. B. Kaltbiegefähigkeiten, besitzen:
– Präzisionsstahlrohr aus Weichstahl mit Polypropylen-Schaummantel (z. B. Istathermrohr).

Elektro

Die elektrische Versorgung von Altbauten ist meist viel zu schwach ausgelegt, und die Anlagen erfüllen darüber hinaus oft nicht die heutigen Sicherheitsanforderungen.

Wichtig ist, daß neben ausreichender Beleuchtung auch genügend Steckdosen und Anschlußmöglichkeiten für elektrische Geräte, insgesamt also eine ausreichende Zahl von Stromkreisen angeordet wird. In der Kapazität sollte auch hier eine Reserve vorgesehen werden. Für jedes Elektrogerät über 2 KW Anschlußwert ist ein eigener Stromkreis mit eigenem Kabel und eigener Sicherung vorzusehen. Auch der Sicherungskasten muß genügend Reserven für weitere Stromkreise aufweisen.

Bei Altbauten ist größter Wert auf die Sicherheit elektrischer Anlagen zu legen. In praktisch allen Bauteilen (Wänden, Decken und Böden) kommen weitgehend brennbare Materialien vor (Holz, Strohlehm, Stakung), deshalb ist sorgfältigste Installation mit gut ummantelten Leitungen bei peinlichster Einhaltung der Sicherheitsvorschriften und -empfehlungen angeraten. Hausanschlußkasten, Zähler und Verteiler nicht direkt auf Holz, sondern unbedingt auf feuerbeständiges Material montieren. Die Brennbarkeit des Dachstuhls kann durch Behandlung mit schaumbildendem Flammschutz verringert werden.

Für Schwachstromanlagen (wie auch für eventuelle Erweiterungen der Starkstromkreise) sind auch hier in ausreichendem Maße Leerrohre vorzusehen.

Antennen

Hörfunk- und Fernsehantennen sollen nach Möglichkeit nicht auf dem Dach, sondern im Spitzboden montiert werden. Der Empfang wird in den wenigsten Fällen durch die Montage unter Dach beeinträchtigt.

Antennen unter Dach benötigen keinen Dachdurchbruch und keinen Anschluß an die Dachhaut. Auf dem Dach montierte Antennen stören die Dachlandschaft von Kulturdenkmälern wie allen anderen historischen Bauten erheblich. Spiegelantennen sind unter diesen Gesichtspunkten noch weniger vorstellbar.

Wegen der optischen Beeinträchtigungen muß das Anbringen von Blitzableitern bis ins Detail geplant werden. Bei Flachdächern sind praktisch alle Dachdurchbrüche wegen der Gefahr auftretender Undichtigkeiten problematischer, als bei steilen Dächern.

Heizung

Die Umrüstung von Einzelöfen mit Festbrennstoffen in Altbauten auf komfortablere und effektivere Heizsysteme ist meist eine der ersten Modernisierungsmaßnahmen. Vor Planungsbeginn ist exakt der Wärmebedarf festzustellen, wobei z. B. Form und Wärmedämmung des Gebäudes sowie Ausbildung der Fenster und Türen entscheidende Einflüsse haben. Man muß sich dabei vor Augen halten, daß fast 90 Prozent des Energiebedarfs privater Haushalte auf die Heizung und Warmwasserversorgung entfallen und nur rund 10 Prozent für Licht, elektrische Geräte usw. benötigt werden. Die Berechnungsverfahren zum Wärmebedarf sind in der DIN 4701 festgelegt. Überschlägig können angesetzt werden bei Gebäuden mit Einfachfenstern:
70–100 W/m³

Bei der Installation neuer Heizungen muß besonders auf den »schonenden Umgang« mit den Altbauten verwiesen werden. Mindestens ebenso wichtig ist der sparsame Energieverbrauch. Wichtige Faktoren dazu sind neben dem baulichen Wärmeschutz der Wirkungsgrad des Wärmeerzeugers (Kessel, Therme, Ofen), die Regelungstechnik und die Nutzungsgewohnheiten. Die größte Effektivität der eingesetzten Modernisierungsinvestitionen ist im Bereich des Heizkessels (weitergehend des Wärmeerzeugers), der Verteilung und der Regelung zu erzielen.

Zahlreiche neue Systeme, wie die Verlegung der Rohrleitungen in Sockelleisten, kommen dieser Forderung entgegen. Auch bei Heizungen können wegen der schon beschriebenen Vorteile gute Lösungen mit Kupferleitungen erzielt werden.

Für alle Heizmedien gilt, daß Strahlungswärme, wie sie z. B. zu fast 100 Prozent von einem Kachelofen abgegeben wird, auch heute noch die gesündeste Art der Heizung darstellt.

Von den zahlreichen Beheizungsmöglichkeiten mit Öfen oder zentralen Anlagen werden hier einige, jeweils mit den wichtigsten Vor- und Nachteilen im Altbaubereich, aufgeführt.

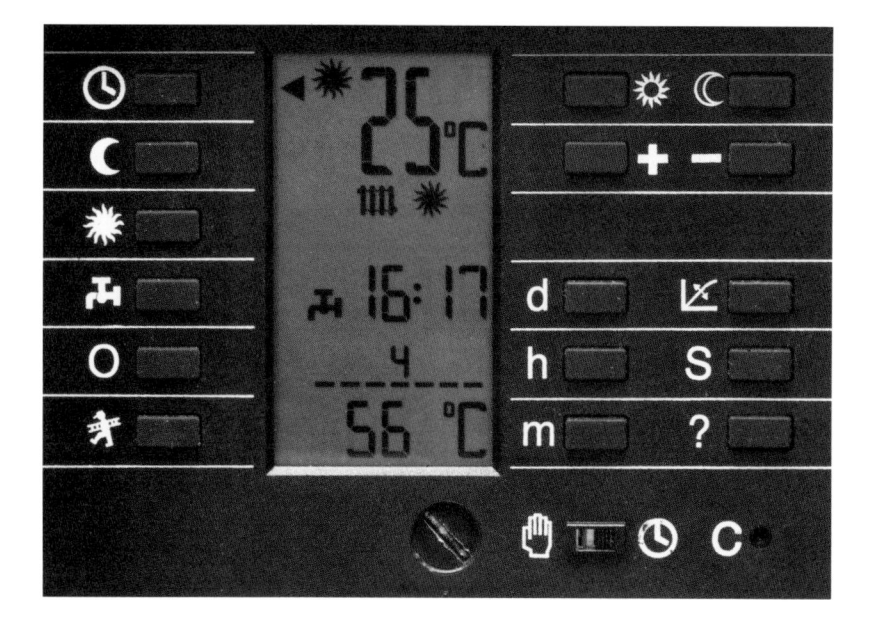

Einzelöfen

Einzelöfenheizungen sind zwar weniger komfortabel wie Zentralheizungssysteme, haben aber den großen Vorteil, daß einzelöfenbeheizte Wohnungen wegen der nicht beheizten Flure und Nebenräume und der nicht durchgehend beheizten Wohnräume bedeutend weniger Heizungsaufwand benötigen. Einen weiteren Vorteil haben die durch Kohle oder Öl einzeln beheizten Räume durch das Nachströmen frischer Außenluft, hervorgerufen durch den ständig leichten Unterdruck.

Einzelöfen mit zentraler Ölversorgung

Die Öfen werden von einem Tank, auch Batterietank im Keller oder außerhalb des Hauses, mittels einer Pumpe automatisch mit Öl versorgt. Vorteilhaft sind die geringen Investitionskosten (manuell bediente Öfen sind leicht umzustellen) und der minimale Bauaufwand ohne große Stemmarbeiten, da die Zuleitungen nur eine Stärke von ca. 10 mm haben. Zu den Vorteilen gehört auch, daß Raum für Raum einzeln ausgestattet werden kann und daß nicht die gesamte Wohnung, sondern nur einzelne Räume beheizt werden. Dadurch entsteht eine große Kosteneinsparung. Nachteilig ist der ungünstige Stand der Öfen – statt unter den Fenstern, diesen meist entgegengesetzt am Schornstein – und bei schlechter Brennereinstellung Gefahr der Kaminversottung und Umweltverschmutzung.

Digitaler Heizungsregler. Allein mit modernen Regeleinrichtungen lassen sich schon große Heizkostenersparnisse erzielen. Foto: Klöckner Wärmetechnik.

Haustechnische Anlagen

Gaseinzelöfen

Jeder Ofen ist einzeln an das Gasnetz angeschlossen. Vorteile sind die weitgehend rückstandslose Verbrennung und der verhältnismäßig geringe Bauaufwand für die Verlegung der Gasleitungen. Nachteilig ist beim Anschluß von Gasaußenwandöfen die architektonisch bei Altbauten nur selten vertretbare Änderung der Fassade durch die außen sichtbaren Abgasstutzen.

Nachtstromspeicheröfen

Nachstromspeicheröfen (Bauart III mit vollautomatischer Regelung) werden mit preisgünstigem Nachtstrom aufgeheizt und geben die Wärme am folgenden Tag ab. Vorteile sind die nur geringen baulichen Maßnahmen (nur Elektroanschluß erforderlich, wenn die Stromkreise noch ausreichend Kapazitätsreserve besitzen). Nachteilig ist u. U. die große Dimension und das Gewicht der Geräte und die konvektive Wärmeabgabe mit dem Ergebnis dauernder Luftbewegung. Wegen der Lieferung von preisgünstigem »Schwachlaststrom« ist vor Planung einer entsprechenden Heizeinrichtung mit dem zuständigen EVU (Elektroversorgungsunternehmen) Kontakt aufzunehmen.

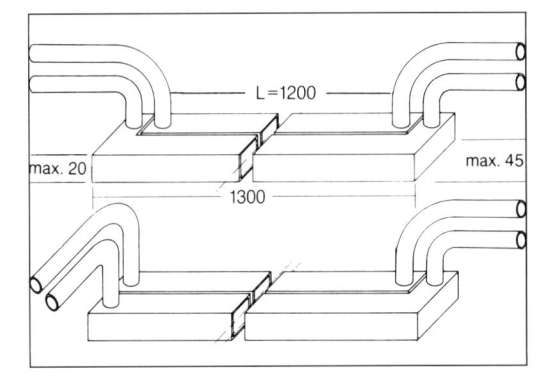

Zentrale Heizsysteme

Etagenheizungen

Ein relativ kleiner und meist problemlos unterzubringender Heizkessel oder eine Heiztherme in jeder Etage oder Wohnung versorgt in einem Ein- oder Zweirohrsystem die Heizkörper. Als Energie dient oft Gas. Die Kessel bzw. Thermen können gleichzeitig zur Warmwasserversorgung der Wohnung eingerichtet werden (Combikessel oder Combitherme). Die Regelung geschieht automatisch über Thermostate. Vorteile: Unabhängiges zentrales Heizsystem pro Wohnung oder Etage mit relativ kleinem Bauaufwand bei Verlegung der Leitungen in Sockelleisten. Nachteil: Im Sommer läuft das Gerät fast immer im Schwachlastbereich und wird dabei nicht effektiv genutzt.

Die Verlegung der Heizungsrohre in Spezialsockelleisten ist ein Weg, um »auf Putz«, aber dennoch ohne optische Einschränkungen, installieren zu können.
Foto: Benteler.

Diese kompakte Niedertemperatur-Heizzentrale mit bis zu 41 kW Nennleistung zeigt, wie gering der Platzbedarf heute für eine Heizzentrale ist.
Foto: Brötje.

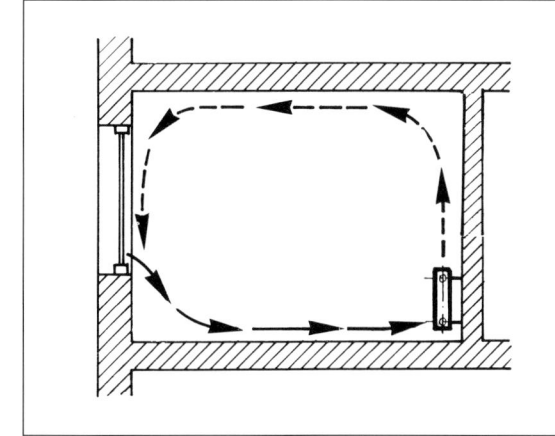

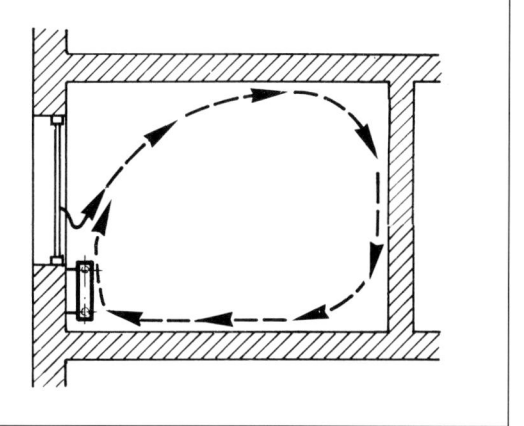

Günstige (links) und ungünstige (rechts) Heizkörperanordnung. Bei Fachwerk wäre Strahlungswärme auf die Außenwände wünschenswert. Zeichnungen: Deutsches Kupferinstitut, Altbaumodernisierung mit Kupferrohr.

Zentralheizungen

Ein Heizkessel, meist im Keller (aber auch in Nebenräumen oder auf dem Dachboden), versorgt die Heizkörper des gesamten Hauses. Als Energie können Koks, Kohle, Öl, Gas oder Elektrizität dienen. Die Kosten für die Energien sind örtlich sehr verschieden, deshalb lohnt der genaue Vergleich. Vorteile: Günstige Ausnutzung der Energie. Nachteile: Erfordernis eines Heizraumes, relativ großer Bauaufwand wegen der Steige- und Verteilerstränge, Heizkostenverteilung und der je nach Brennstoff erforderliche Lagerraum für Koks, Kohle oder Öl.

Zu den Zentralheizungen gehören auch Systeme wie die Elektrozentralspeicherheizung mit Wasser- oder Feststoffspeicher, Gasmotor oder Elektrowärmepumpe und die bivalente Wärmespeicherung.

Fernheizung

Ähnlich der Zentralheizung, die Heizenergie wird in einer Austauschstation, meist im Keller, übernommen. Vorteile sind das Entfallen eines Heizraumes und der Brennstofflagerstätte gegenüber einer Zentralheizung.

Fußbodenheizung

Fußbodenheizungen können zentral oder wohnungsweise betrieben werden. Zu den Vorteilen zählt die Abgabe der Energie als Strahlungswärme, zu den Nachteilen für historische Gebäude der zusätzlichen Fußbodenaufbau von ca. 40 mm und darüber. Die Fußbodenheizung arbeitet mit extrem niedrigen Temperaturen mit 24 bis 26° Wärmeabgabe. Es entsteht keinerlei Staubaufwirbelung. Bei Elektrofußbodenspeicherheizungen dient der Estrich als Wärmespeicher – die Konstruktionshöhen werden für Sanierungsaufgaben noch ungünstiger.

Schornsteinsanierung

Mit neuen Energien wie Öl und Gas entstanden für die Hausschornsteine neue Anforderungen, die sie in ihrer alten Form nicht erfüllen können. Vielfach sind deshalb Schornsteinzüge, an die öl- oder gasbetriebene Öfen angeschlossen sind, völlig versottet. Da die vorhandenen alten Querschnitte gleichzeitig für neue Heizungsarten und Kessel zu groß sind, bietet es sich an, die alten Schornsteinzüge neu auszukleiden. Es gibt dazu zwei grundsätzliche Möglichkeiten: die des Ausgießens und die des Einsetzens von Innenrohren.

Beim Ausgießen wird mit dem Gießvorgang ein Zylinder mit dem Durchmesser des zukünftigen Schornsteinzuges hochgezogen, während im anderen Falle korrosionsfeste Stahl-, Schamotte- oder Glasrohre eingesetzt und der Zwischenraum zwischen Innenrohr und altem Zug mit Schüttmaterial ausgefüllt wird. In beiden Fällen werden die Forderungen der Querschnittverminderung, des besseren Zuges und der Dichtigkeit erfüllt. Besonderer Wert muß auf die Sanierung des Schornsteinkopfes gelegt werden, da dieser bei ungenügender Ausführung schnell zu Schäden neigt. Deshalb sind Zug, Abdeckung und Wärmedämmung besonders zu beachten.

Haustechnische Anlagen

Informationen

Weiterführend wird auf folgende Normen, Regelwerke, Literatur und Beratungsmöglichkeiten durch Verbände und Institutionen hingewiesen:

Normen und Regelwerke

DIN 1986	Entwässerungsanlagen für Gebäude und Grundstücke
DIN 1988	Technische Regeln für die Trinkwasserinstallationen
DIN 3440	Temperaturregel- und Begrenzungseinrichtungen für Wärmeerzeugungsanlagen
DIN 3841	Heizungsarmaturen
DIN 3844	Heizungsarmaturen
DIN 3845	Heizungsarmaturen
DIN 4701	Regeln für die Berechnung des Wärmebedarfs von Gebäuden
DIN 4702 T 1-3	Heizkessel
DIN 4703 T 1+2	Wärmeleistung von Raumheizkörpern
DIN 4705	Berechnung von Schornsteinen
DIN 4720	Gußradiatoren
DIN 4722	Stahlradiatoren
DIN 4750	Sicherheitstechnische Anforderungen an Niederdruckdampferzeuger
DIN 4751 T 1-4	Ausrüstungen von Heizungsanlagen und Wärmeerzeugungsanlagen
DIN 4752	Heißwasserheizungsanlagen mit Vorlauftemperaturen von mehr als 110°C
DIN 4754	Wärmeübertragungsanlagen mit organischen Flüssigkeiten
DIN 4800	Doppelwandige Wassererwärmer aus Stahl mit zwei festen Böden für stehende und liegende Verwendung
DIN 4801	Einwandige Wassererwärmer mit abschraubbarem Deckel aus Stahl
DIN 4802	Einwandige Wassererwärmer mit Halsstützen aus Stahl
DIN 4803	Doppelwandige Wassererwärmer mit abschraubbarem Deckel aus Stahl
DIN 4804	Doppelwandige Wassererwärmer mit Halsstützen aus Stahl
DIN 4805 T 1+2	Anschlüsse für Heizeinsätze für Wassererwärmer in zentralen Heizungsanlagen
DIN 18379	Lüftungstechnische Anlagen (VOB, Teil C)
DIN 18380	Heizungs- und Brauchwassererwärmungsanlagen (VOB, Teil C)
DIN 18381	Gas-, Wasser- und Abwasser-Installationsanlagen innerhalb von Gebäuden (VOB, Teil C)
DIN 18382	Elektrische Kabel- und Leitungsanlagen in Gebäuden (VOB, Teil C)
DIN 18384	Blitzschutzanlagen (VOB, Teil C)
DIN 19226	Regelungstechnik und Steuerungstechnik
DIN 55900 T 1+2	Beschichtungen für Raumheizkörper
TVG	
W-TRGI	Technische Regeln Gasinstallation
VDE 0100	Starkstromanlagen bis 1000 Volt

Literatur

Arendt, Claus: Heizungssanierung, in der Reihe »Planen und Bauen im Bestand«. – In: Deutsches Architektenblatt

Arendt, Claus: Der Unsinn der technisch perfekten Heizung. – In: Denkmalschutzinformationen 4/1985, S. 44–58

Bundes-Arbeitskreis Altbauerneuerung e.V. (Hrsg.): Heizung / Warmwasser. – Bonn o. J.

Bundesminister für Raumordnung, Bauwesen und Städtebau (Hrsg.): Bauteile mit Fußbödenheizungen. Querschnittsbericht über die wärmeschutztechnischen und baukonstruktiven Problemstellungen und Ausführungsmöglichkeiten, in der Schriftenreihe »Bau- und Wohnforschung« Heft 04.084.1983

Dittert, Bernd G.: Möglichkeiten der Energieeinsparung im Gebäudebestand (Batelle Schriftenreihe Energie). – Frankfurt: Batelle-Institut

Huster, Frank: Industrialisierung in der Naßzelle. Einsatz von vorgefertigten Systemen. – In: Bausubstanz 4/1988, Seite 50-61

Kerschberger, Alfred: Sparen ohne Krise? Das Gebäude als Energiesystem. – In: Bausubstanz 4/1988, S. 95-98

Ohlwein, Klaus: Energiebewußte Eigenheimplanung. Planungs- und Konstruktionshilfen. Neue Energie- und Heiztechniken. 2. Auflage. – Augsburg: Augustus Verlag (Auslieferung) 1988

Verbände, Institutionen, Beratungsstellen

Bundesverband der Deutschen Heizungsindustrie e.V. (BDH), Kaiserwerther Str. 135, 4000 Düsseldorf 30

Bundesverband Heizung, Klima, Sanitär e.V. (BHKS), Weberstr. 33, 5300 Bonn 1

Bundesverband der Heizungs- und Lüftungsindustrie. Graf-Adolf-Str. 37-37a, 4000 Düsseldorf

Bundesverband Öl- und Gasfeuerungen, Mozartstr. 6, 7410 Reutlingen

Hauptberatungsstelle für Elektrizitätsanwendung, Am Hauptbahnhof 12, 6000 Frankfurt/M.

Information Erdgasheizung, Kelmannstr. 6, 4300 Essen

LBB Landesinstitut für Bauwesen und angewandte Bauschadensforschung, Theaterplatz 14, 5100 Aachen

Rohrleitungsverband e.V. (RBV), Marienburger Str. 15, 5000 Köln 51

VDM – Fachgemeinschaft Heizungs-, Klima- und Gebäudeautomation, Lioner Str. 18, 6000 Frankfurt/M. 71

Vereinigung der Deutschen Zentralheizungswirtschaft e.V. (VdZ), Kaiserwerther Str. 135, 4000 Düsseldorf 30

Zentralverband des Deutschen Elektrohandwerks (ZVED), Speyerer Str. 9, 6000 Frankfurt/M. 1

Zentralverband Sanitär, Heizung und Klima, Rathausallee 6, 5205 St. Augustin 1

Literaturquellen und Anmerkungen

[1]
Pressemitteilung des Bundesministers für Raumordnung, Bauwesen und Städtebau 113/88. – Bonn 1988

[2]
Scholl, Robert: Strukturwandel am Bau, Bedeutung von Modernisierung, Sanierung und Bauunterhaltung. – In: Bausubstanz 1/1985

[3]
Als Beispiel wird auf die Fördergesetze des Landes Hessen verwiesen. Siehe hierzu: Bauen, Mieten, Modernisieren – So hilft das Land Hessen, (Hrsg.): Der Hessische Minister des Inneren. – Wiesbaden 1985

[4]
Staatskanzlei Rheinland-Pfalz (Hrsg.): Dorferneuerung. – Mainz 1985

[5]
Allgäuer Altstadtfibel. Herausgegeben von den Städten Wangen, Leutkirch und Isny im Allgäu. – Leutkirch 1982

[6]
Wieland, Dieter: Ein Wort an den Althausbesitzer. – In: Leitfaden zur Altbaumodernisierung, von Flagge, I. und Steckeweh, C.-Stuttgart 1986

[7]
Gibbins, Olaf: Bestandsuntersuchung – aller Arbeit Anfang. – In: Bausubstanz 6/86

[8]
Magerl, Arnulf: Bauaufnahme in der Praxis des freien Architekten: wissenschaftliche, technische, wirtschaftliche Ergebnisse. – In: Erfassen und Dokumentieren im Denkmalschutz, Schriftenreihe des Deutschen Nationalkomitees für Denkmalschutz, Nr. 16, Bonn 1982. Hier werden sowohl zahlreiche Hinweise zur Durchführung gegeben als auch die Kosten entsprechender Bauaufnahmen aufgezeigt.

[9]
Siehe hierzu: Erfassen und Dokumentieren im Denkmalschutz, Heft 16 der Schriftenreihe des Deutschen Nationalkomitees für Denkmalschutz

[10]
In der Ratgeberreihe des Ministers für Stadtentwicklung, Wohnen und Verkehr des Landes Nordrhein-Westfalen sind in den Heften »Typische Schadenspunkte an Wohngebäuden« und »Beurteilen von Schwachstellen im Hausbestand« umfangreiche Hinweise zur Schadensaufnahme gegeben.

[11]
Siehe hierzu besonders: Gerner, Manfred / Kynast, Falk und Schäfer, Wolfgang: Infrarottechnik-Fachwerkfreilegung. Zerstörungsfreie Untersuchungsmethoden zur Entlastung und Gestaltung der Umwelt in den Bereichen Energieversorgung, Ökologie, Hochbau. – Stuttgart: DVA 1980

[12]
Hollstein, Ernst: Mitteleuropäische Eichenchronologie. – Mainz 1980

[13]
Dr. Ing. Wolf Schmidt, Bayerisches Landesamt für Denkmalpflege, schätzt, daß bei Sanierungen im Regelfall
40-70 Prozent der Holzkonstruktionen,
20-50 Prozent des Mauerwerks,
60-100 Prozent der Lehmausfachungen in Fachwerken,
80-100 Prozent der originalen Farbfassungen,
80-100 Prozent der historischen Fenster,
90-100 Prozent der historischen Ausstattung (Fußboden, Türen usw.) sowie 100 Prozent der oft noch handgefertigten Dachziegel der Originalsubstanz verlorengehen.

[14]
Talaska, Peter: Umnutzung. – (Arbeitsblätter des Fortbildungszentrums für Handwerk und Denkmalpflege, Propstei Johannesberg, Fulda). – In: Deutsche Bauzeitung 9/1987, S. 65-66 und 10/1987, S. 80 und 81

[15]
Siehe hierzu: Gerner, Manfred: Die Praxis des Umgangs mit Baudenkmälern und ihrer Ausstattung. – In: Heft 31 der Schriftenreihe des Deutschen Nationalkomitees für Denkmalschutz »Das Baudenkmal und seine Ausstattung/Substanzerhaltung in der Denkmalpflege«, Bonn 1986
und
Gerner, Manfred:Fachwerksünden, Deutsches Nationalkomitee für Denkmalschutz (Hrsg.): 2. Auflage. – Bonn 1989

[16]
Siehe hierzu z. B. Staatsanzeiger für das Land Hessen 16/1988 S. 338 »Vollzug der Verordnung über einen energiesparenden Wärmeschutz bei Gebäuden vom 24. Februar 1982 (BGBl I, S. 209) – Wärmeschutzverordnung; hier. bauliche Änderungen in bestehenden Gebäuden, Anwendung bei Fachwerkgebäuden.«

[17]
U. a: Kummer, Michael: Was es bis jetzt schon an Hilfen gibt. – In: »Bauen und Bewahren auf dem Lande«. – Bonn 1984, Finanzminister und Minister für Stadtentwicklung, Wohnen und Verkehr des Landes Nordrhein-Westfalen (Hrsg.): Denkmäler erhalten – der Staat hilft. – In: Steuertips für Denkmaleigentümer 7/88, und Niewodniczanska, Marieluise: Unser Dorf soll leben, Hrsg. Kulturgemeinschaft Bitburg. – Bitburg 1983

[18]
Doll, Karl-Heinz: Mauerwerksbauten. Grundlagen – Stilmerkmale – Konstruktionselemente – Bearbeitung – Schutzmaßnahmen. – In: Denkmalpflege, Sanierung, Modernisierung, Heft 5 der Architektenkammer Hessen, Wiesbaden

[19]
siehe hierzu sehr ausführlich: Behse, H. W.: Der Maurer, Eine umfassende Darstellung der sämtlichen Maurerarbeiten, Text und Atlas. Leipzig 1902

[20]
Siehe hierzu: Urban, Joachim: Gründungsprobleme und deren Lösung bei Altbausanierung von Wohn-und historischen Bauten (In der Reihe: Planen und Bauen im Bestand) – In: Deutsches Architektenblatt 2/88 S. 253-258.

[21]
Weber, Helmut: Was tun gegen Feuchtigkeit. – In: Baka-Modernisierungsberater Feuchtigkeit. – Fellbach: Fachschriften-Verlag GmbH & Co. KG

[22]
Siehe hierzu: Arendt, Claus / Schulze, Jörg / Schafft, Peter: Trockenlegung. Hrsg. Arbeitskreis Bautechnik der Vereinigung der Landesdenkmalpfleger. – München 1988 und weitergehend Arendt, Claus: Trockenlegung, Leitfaden zur Sanierung feuchter Bauwerke. – Stuttgart: DVA 1983

[23]
Meisel, Ulli: Natursteine – Erhaltung und Restaurierung von Außenbauteilen, Teil I, Grundlagen (In der Reihe: Planen und Bauen im Bestand). – In: Deutsches Architektenblatt 2/88 S. 247-252

[24]
Weber, Helmut: Steinkonservierung, 3. Auflage. – Ehningen: expert-Verlag 1987

[25]
Meisel, Ulli: Naturstein. Erhaltung und Restaurierung von Außenbauteilen. – Wiebaden / Berlin: Bauverlag GmbH 1988

[26]
Siehe hierzu: u. a. zahlreiche Fachbeiträge wie bei Literatur aufgeführt.

[27]
Paul, Oswald: 400 Jahre alter Fachwerkgiebel entdeckt und gerettet. – In: Bautenschutz und Bausanierung 1/1981 und Bertig, Rudolf: Sanierung von Holztragewerken – Der Einsatz eines neuen Bauverfahrens. – In: das bauzentrum 2/1989

[28]
Siehe hierzu die sehr differenzierten Deckungsarten in: »Regeln für Deckungen mit Schiefer« des Zentralverbands des Deutschen Dachdeckerhandwerks e.V., Berlin 1977, Nachdruck 1983 und Fingerhut, Paul: Schieferdächer, Technik und Gestaltung der Altdeutschen Schieferdeckung unter Berücksichtigung der Denkmalpflege. – Köln: Verlag R. Müller 1982

[29]
Hüttmann, L.: Neuer Schauplatz der Künste und Handwerke, Bd. 18, Cementir-, Tüncher- und Stuccaturarbeit, Weimar 1842.
Seit dem Barock sind zahlreiche Rezepte zu Bindemitteln und Pigmenten überliefert. Siehe hierzu unter anderem Gerner, Manfred: Farbiges Fachwerk. – Stuttgart: DVA 1983

Register

A
Abgasschornstein 213
Altersbestimmung, allg. 32
Altersbestimmung aus Daten am Bauwerk 33
Altersbestimmung aus konstruktiven Merkmalen 33
Altersbestimmung aus Urkunden 32
Altersbestimmung durch Radiokarbonmethode 34
Altersbestimmung mittels Dendrochronologie 38/39
Aluminiumfenster 172
Analyse 20
Anastylose 20
Anstriche auf Fachwerk 192
Anstriche auf Holz 191
Anstriche auf Putz, Mauerwerk oder Beton 189, 190
Anstriche auf Stahl, Eisen, Blech und Gußeisenteilen 190
Anstriche auf Zinkblech oder verzinkten Blechen 190
Anstrichmängel 189 ff
Anstrichtechnik 188
Antennen 216
Anzeigepflichtige Maßnahmen 48
Armaturen, geräuscharm 211
Ausbau, Begriff 20
Ausgleichsfeuchte 54, 80, 100
Außenputz 152
Außenstuck 161, 162, 163

B
Bad, innenliegend 213
Balkenköpfe, Reparatur 127, 128
Balkendecke, abgehängt 203
Balkendecke, mit Holzschalung 203
Balkendecke, sichtbar 202
Balkendecke, verputzt 203
Balkenverbinder, Balkenschuhe 118
Bauantrag 47, 48, 49
Bauanzeige 47, 48, 49
Bauaufnahmegeräte 29
Bauchemie, allg. 56, 57
Bauen im Bestand 10
Baugesetzbuch 47
Baukonsum 68, 69
Bauholz, siehe Holz
Bauphysik, allg. 54, 55, 56
Bauvorschriften, allg. 63
Befreiungsantrag, Befreiungen 63, 64
Befreiungsmöglichkeiten 48
Belüftungssystem 213
Beton, allg. 93
Beton, Carbonatisation 93
Beton, Chloridkorrosion 93
Betonklebemittel 94
Beton, konstruktive Risse 94, 95
Betonschäden 94
Beton, Schutzanstrich 94
Beton, Sulfattreiben 93
Bewehrungsstahl 93, 94, 95
Biberschwänze 139, 147, 148, 149
Binderverband 74
Bläueschutz 191
Bleimennige 190
Blitzableiter 216
Blockverband 73
Bodenverfestigung 78
Bohlenbalkendecke 126
Bohlentüren 174
Bohrkerne 76
Brandschutz, allg. 62
Brettertüren 174
Bretterverkleidungen 146 ff.
Bruchsteinmauerwerk 75
Bundseite 28
Butzenscheiben 160

C
C 14-Methode 34
Chemischer Holzersatz 118, 119, 120
Combitherme, Combikessel 216, 218

D
Dach, allg. 130
Dach, Ausrichten 135, 136
Dach, Biberschwänze 139
Dach, Doppelmuldenfalz- und Rautenfalzziegel 142
Dach, große Sparrenabstände 136
Dach, Hohlpfannen, S-Pfannen, Krempziegel 142
Dach, Holzschutz 135
Dach, Mönch- und Nonnendeckungen, Klosterziegel 141
Dach, Statik 131
Dach, Stroh- und Reeteindeckung 138
Dachaufbauten 142
Dachgeschoßausbau, allg. 194, 195, 203
Dachhaut, allg. 136
Dachkonstruktionen 131
Dachkonstruktionen, Sanierung 134, 135
Dachkonstruktionen, Sanierungskonzept 134
Dachkonstruktionen, Schäden 132, 133
Dachkonstruktionen, Untersuchung 133
Dachschiefer 138
Dampfbremse, Dampfsperre 54, 55
Dampfdruckgefälle, Dampfdruckausgleich, Dampfdurchlässigkeit 54, 118
Dendrochronologie 38
Denkmäler, Originalsubstanz 20
Denkmalbegriff 13, 20, 21
Denkmallisten, Denkmalbücher 15
Denkmalpflege, allg. 10, 18, 19, 20
Denkmalpflege, Denkmalschutz, Begriffe 21
Denkmalschutz, Aufgaben 15
Denkmalschutz, anzeigepflichtige Maßnahmen 16
Denkmalschutz, genehmigungspflichtige Maßnahmen 15, 16
Denkmalschutz, Steuererleichterungen 67, 68
Denkmalschutz, Zuschüsse 67
Denkmalschutzgesetze 13, 14, 15, 16, 67
Dielenböden 196
Dispersionsanstrichsysteme 188, 190, 192
Dispersionslacke 189
Dokumentation, allg. 26, 27
Dokumentation, Begriff 21
Dorferneuerung 12, 66
Doppelfenster 166, 170
Drehläden 173
Dübelbalkendecke 126

E
Echter Hausschwamm 105, 113, 114
Eckschutzschienen 159
Edelputz 155
Eichenholz 100
Einschubdecke 126
Einzelöfen 217, 218
Elektrofußbodenspeicherheizung 219
Elektroinstallation, allg. 216
Elektroosmose 85
Endoskopie 36, 37, 76, 112, 126, 133
Energiebedarf 211, 212, 213
Energiesparende Maßnahmen 12
Energieversorgung, Elektro 212
Energieversorgung, Fernwärme 213
Energieversorgung, Gas 213
Energieversorgung, Wasser 212
Ensemble 13, 19
Entlüftungssystem 213
Entsorgung, Entwässerung 212
Etagenheizung 218

F
Fachwerk, Auskernung 114
Fachwerk, Ausmauerung 126
Fachwerk, Ausrichten 120, 121
Fachwerk, Begriffe 110, 111
Fachwerk, Chemischer Holzersatz 118, 119, 120
Fachwerk, Entwicklung 109
Fachwerk, Freilegung 121, 122, 123
Fachwerk, Gefüge 110
Fachwerk, Instandsetzung des Holzkeletts 114, 115, 116, 117
Fachwerk, Konstruktiver Holzschutz 116, 118
Fachwerk, Pflege 110
Fachwerk, Reparatur mit Stahlverbindungen 118
Fachwerk, Reparaturverbindungen 117
Fachwerk, Schadensanalyse 114
Fachwerk, Schäden 112, 113
Fachwerk, Sichtfachwerk 121, 122, 123
Fachwerk, Ständerbau (Geschoßbau) 109
Fachwerk, Standsicherheitsnachweis, statischer Nachweis 114, 115, 120
Fachwerk, Stile 108, 109
Fachwerk, Stockwerksrähmbau (Stockwerksbau) 109
Fachwerk, Untersuchung 111, 112, 113, 114
Fachwerk, Wärmedämmung 206, 207
Fachwerkausmauerung 126
Fachwerkgefache, Instandsetzung der Ausfachung 124, 125, 126, 127
Fachwerksanierung, Vorbereitungen 114
Farbbefunde 184
Farbbefunduntersuchungen 184
Farbgebung, Anstrichmängel 189
Farbgebung, Anstrichtechnik 188
Farbgebung, Farbgestaltung allg. 180
Farbgebung, Gestaltungshinweise 186, 188
Farbmoden 180
Fassadenstuck 162
Feldsteinmauerwerk 75
Fenster, allg. 164, 165
Fensterentwicklung 166, 167
Fensterersatz 170
Fensterladenreparatur 173
Fensterläden 172, 173
Fensterreparatur 167
Fenster, Schalldämmung 169
Fenster, Stahl, Aluminium und Kunststoff 172
Fensteruntersuchung 167
Fensterverbesserungen 169
Fenster, Wärmedämmung 169, 170
Fernheizung 219
Fernsehantennen 216
Feuchtausgleich 54
Feuchtemessung, Darrmethode 81
Feuchteschäden 80, 81
Feuchteschäden, Untersuchung 81
Feuchtesperre 81, 82, 83
Feuchtigkeit, aufsteigende 80, 81

Register

Feuchtigkeitssperre nicht unterkellerter Gebäude 87
Feuchtigkeitssperre unterkellerter Gebäude 87
Feuerpolizeiliche Auflagen 48
Feuerwiderstandsklasse 62
Fichtenholz 101
Flächensanieren 21
Fliesen auf Bruchsteinmauerwerk 202
Fliesen auf Fachwerk 201
Fließgeräusche 211
Fotogrammetrische Aufmaße 39
Füllungstüren 176, 177
Fundamentbrüche 77
Fundamente 77
Fußboden, Dielenböden 196
Fußboden, Fliesen 197, 198
Fußboden, Parkett 196
Fußboden: Teppichboden, Parkett, Linoleum 197
Fußbodenheizung 219

G
Gaseinzelöfen 218
Gebäudebeurteilung, Checkliste 52, 53
Genehmigungsfreie Maßnahmen 47
Genehmigungspflichtige Maßnahmen 48, 49
Genehmigungsverfahren 47 ff
Geschichtlichkeit eines Bauwerks 20
Gestaltungssatzungen 17
Gesundes Bauen 57
Gewölbe 79, 80
Gewolbeformen 80
Gips, Gipsputz 159, 161, 162
Gipsmarken 77
Gipstreiben 84, 161
Glättputz 153
Glas, Glasfenster 166
Gotischer Verband 73

H
Hängewerk 131
Hammerrechtes Schichtenmauerwerk 75
Hausschwamm, Echter 105, 113, 114
Haustechnik, allg. 210
Haustüren 174
Haustürreparaturen 174, 176
Heizung, allg. 217
Historische Gebäude, Umgang mit 18
Historische Gebäude, Vorteile 18
Hörfunkantennen 216
Hohlpfannen 141
Holländischer Verband 73
Holz, Auswahl 102, 103
Holz, Baustoffeigenschaften 99 ff
Holz, Güteklasse, Schnittklasse 101, 102
Holz, trocken, halbtrocken 99
Holzanatomie 99
Holzbalkendecke 126 ff, 214
Holzdielenböden 196
Holzkonstruktionen allg. 99
Holzkreuzstockfenster 166
Holzlasur 191
Holzrolläden 173
Holzschädlinge, pflanzliche 81, 102, 105, 112, 113, 115, 133
Holzschädlinge, tierische 102, 105, 112, 113, 115, 133
Holzschindelverkleidung 145 ff
Holzschutz, allg. 57
Holzschutz, Begasung 107
Holzschutz, Bohrlochimprägnierung 106
Holzschutz, chemisch 104, 105, 121
Holzschutz, Dach 135
Holzschutz, DIN 68800, 104, 105

Holzschutz, Druckinjektion 106
Holzschutz, mittels Heißluft 106, 107
Holzschutz, historisch 102, 103
Holzschutz, konstruktiv (baulich) 102, 103, 116, 118
Holzschutzgrundierung 192
Holzschutzlasuren 105, 191, 192
Holzschutzmittel, ölig 105, 106
Holzschutzsalze 104 ff
Holztreppen 199
Holztreppen, ausgetretene Trittstufen 200, 201
Holztrocknung 102, 103
Horizontalsperre 78 – 88
Hydrophobierung 78, 84, 94, 188

I
Infrarottechnik, Thermographie 34 ff
Innenausbau, allg. 194, 195
Innendämmung 206
Innenputz 161
Innenstuck 161, 162
Innentüren 176
Innenwände aus Fachwerk 202
Innenwände aus Natursteinen, Ziegeln oder Klinkern 201
Innenwände, holzverkleidet 201
Innenwände, verputzt 201
Installation, Stahl-, Kupfer-, Kunststoffrohre 215
Installationsblock, Installationswand 213, 214
Installationsgeräusche 62
Installationsschächte 211
Installationssystem 211
Installationssystem, denkmalverträglich 212
Instandhalten, Instandsetzen, Begriffe 21

J
Jalousie 172, 173

K
Kachelofen 217
Kalk, Kalkanstrich 125, 181
Kalk-Kaseintechnik 155
Kalkputz 126, 156, 159, 161, 181
Kammzugputz 153
Kastenfenster 166, 170
Kellerhals 80
Kellenwurfputz 153
Kernbohrungen 112, 113
Kernholz 99, 102
Klappläden 172, 173
Klarlacke 191
Klinkerausfachung 126
Klosterziegel 141
Knarrgeräusche 199
Konservieren, Begriff 22
Konstruktive Untersuchung 30
Konstruktiver Holzschutz 102
Kostenplanung 65
Kosten von Sanierungsmaßnahmen 65
Kratzputz 153
Kredite für Sanierungsmaßnahmen 66
Krempziegel 141
Kreuzstakung 126
Kreuzverband 73, 74
Kulturdenkmal, Begriffe 20, 21, 22
Kunststofffenster 166, 170
Kunz'sches Verfahren 84
k-Wert-Berechnung 60, 61

L
Lackfarbe 190, 191
Länderbauordnungen 47
Läuferverband 74
Lasuranstriche 191, 192

Lehmputz 161
Lehmstakung, Lehmausfachung 124, 125, 126 (s. Fachwerk)
Lehmstuck 151

M
Märkischer Verband 73
Maßaufnahmen, allg. 26
Maueranker 79
Mauergefüge 72, 73
Mauersägen, Sägeverfahren 82
Mauertrennverfahren 82
Mauerwerk, Entwicklung 72
Mauerwerksrisse 77
Mauerwerksschäden 77 ff
Mauerwerksuntersuchung 76
Mineralfarbanstriche 190
Minirolläden 174
Modernisieren, Begriff 22
Modernisierung, allg. 10, 18 ff
Mönch- und Nonnendeckungen 141
Mülltonnenstandplatz 19
Münchner Rauhputz 153

N
Nachtstromspeicheröfen 218
Nadelschnittholz 101
Nagelbleche 118
Nagelbrettputz 153
Naturstein, Reinigung 90
Natursteine, Schäden durch Luftverschmutzung 88
Natursteine, Salzschäden 88
Natursteine, Schmutzkrusten 88
Natursteinersatz 91
Natursteinfestigung 92
Natursteinmauerwerk, Schäden und Mängel 88
Natursteinverbände 74
Natursteinvolltränkung 92
Nebengebäude 19
Netzplan 42
Normen, allg. 63, 64
Nutschindelverkleidung 146 – 149

O
Objektsanieren 22
Ochsenauge 139
Ökologische Grundsätze bei der Sanierung 58
Ölfarbe 188, 190, 191, 192
Orthogonalverfahren 28
Ortssatzungen 17

P
Perfektionsstreben bei Sanierung 50
Persiennen 172
Pfettendächer 131
Planungsschritte 51 ff
Polarverfahren 28
Polygonzugverfahren 28
Pseudohistorische Putze 158, 159
Putz, außen 152
Putz, innen 161
Putz, Verputz allg. 151
Putzarten 153
Putz auf Natursteinmauerwerk 161
Putzbindemittel 152
Putzfachwerk 121, 122, 148
Putzfestiger 158
Putzmörtel 159, 160, 161
Putzrekonstruktion 156
Putzsanierung 156
Putzschäden 155, 156

Q
Quadermauerwerk 75
Quaderputz 153

223

Register

R
Rapputz 153, 161
Rauchschornstein 213
Rauhputz 153
Rautenfalzziegel 142
Regelmäßiges Schichtenmauerwerk 75
Regeltechnik 217
Regenerieren, Begriff 22
Reibeputz 153
Reinzeichnung Aufmaß 29
Rekonstruieren, Begriff 22
Rekonstruktionsplanung 52
Renovieren, Begriff 21, 22
Reparieren, Begriff 21, 22
Restauratorische Untersuchung 30, 31
Restaurieren 22
Restaurierungsbericht 32
Revitalisieren 22
Richtlatten 159
Rohrpakete 211, 214
Rolläden 167, 173, 174

S
Salzausblühungen 81, 86, 87
Sanieren, Begriff 22
Sanierputz 86, 160
Sanierung, allg. 10, 18 ff
Sanierung, Fehlerquellen 50
Sanierungsbericht 32
Sanierungseffektivität 51
Sanierungskonzept 40 ff
Sanierungskonzept, Checkliste 42
Sanierungsmaßnahmen, Checkliste 49
Sanierungsmaßnahmen, Umfang 49
Sanierungsplanung 51 ff
Sanitär, allg. 213
Sanitärbausteine 214
Sanitärzellen 214
Schadensanalyse 31
Schadensliste 31
Schallschutz, allg. 61, 62
Schallschutz, Fenster 169
Schiebeläden 172, 173
Schiefer 138 (s. Dach)
Schlämmputz 153, 161
Schönheitsmängel, Begriff 22
Schornsteinanierung 219
Schrumpfrisse 77
Schwachstellen historischer Häuser 25
Schwachstromanlagen 216
Schwergewichtsmauern 79
Schwertsäge 83
Schwindprozeß des Holzes 55, 65, 99, 100
Seilsäge 83
Setzungsschäden, Setzrisse 77
Setzungsschäden, Untersuchung 30
Sgraffito 153
Sichtfachwerk 121 ff, 148
Stichbeton 94
Silikatische Anstriche 188
Sockelmauerwerk 78
Sommereiche 100
Spalettläden 172
Spannungsrisse 77
Sparrendächer 131
Sparrenhilfen 136
Sperrholztüren 177
Sperrschicht, Feuchtesperre 78 – 88
S-Pfannen 141
Spiegelantennen 216
Spindeltreppen 198
Splintholz 99, 102, 112
Sprengewerk 131
Spritzbewurf 126, 159, 161
„Sprossen in Aspik" 170
Stadtgestaltung, allg. 17

Städtebauförderung 11, 66
Stahlbeton 93
Stahlfenster 172
Stand der Technik 64
Starkstromanlagen 216
Steineiche, Wintereiche 100
Steinersatz, künstlich 91, 199
Steinersatz, natürlich 91, 198
Steinkreuzfenster 166
Steinreinigungsmittel 90
Steinsichtiger Putz 78, 153
Steintreppen 198
Strahlungswärme 217
Streckennetzverfahren 28
Stroh- und Reeteindeckung 138
Stützmauern 79
Stupf- oder Stippputz 153

T
Tannenholz 101
Tausalzbelastung 86
Technische Gebäudeausrüstung in denkmalwerten Gebäuden 212
Teilmodernisieren, Begriff 22
Thermographie 34 ff, 76
Tonnengewölbe 80
Translozieren, Begriff 22
Treppen, allg. 198
Traßkalk 159, 160, 162
Trockenlegung, Bohrverfahren 84
Trockenlegung, Elektrophysikalische Verfahren 85
Trockenlegung, Injektionsverfahren 84
Trockenlegung, Riffelbleche 84
Trockenlegung, Trockenlegungsverfahren 78, 80 – 86
Trockenmauerwerk 75
Türen, allg. 174, 175

U
Übernutzungen 46
Umgebung eines historischen Gebäudes 19
Umnutzen, Begriff 23
Umnutzungen 43 – 46
Unregelmäßiges Schichtenmauerwerk 75
Untersuchungen allg. 25, 26
Untersuchungen, rechnergestützt 34 – 40
Untersuchungen, Umfang 26
Untersuchungen, zerstörungsfrei 34 – 40

V
Verbundfenster 170
Verformungsgerechtes, verformungsgetreues Aufmaß 28, 29
Verkleidungen, Verkleidungsmaterialien 145
Vernadelung, Nadelung 79, 80
Vertikalsperrre 87
Vollmodernisieren, Begriff 23
Voranfrage zur Baugenehmigung 47
Voruntersuchungen, Umfang 26

W
Wärmebedarf 217
Wärmebild 35
Wärmedämmung 159, 204, 217, 219
Wärmedämmung, Fenster 169, 170
Wärmedämmung, zusätzliche Maßnahmen 205 ff, 217
Wärmeschutz 59
Wärmeschutzverordnung 59, 63
Wärmespeicherung 55
Wärmestrahlung 35
Wärmeverluste 207
Warmwasserversorgung 215, 218
Wasserinstallation 215
Wassernasen an Gesimsen 74

WC, innenliegend 213
Weichholzfachwerk 123
Weißrost 190
Werktrockenmörtel 159
Wettbretter 149
Winterfenster 166
Wohnküche 213
Wohnungsmodernisierung 11, 12, 66
Wohnungsteileigentum in umgenutzten Denkmälern 42 – 46
Wohnungs- und Gebäudezählung 1987 10

Z
Zeitplan, Ablaufschema 43
Zement, Zementputz 159
Zentralheizung 217, 219
Ziegelausfachung 126
Ziegelverbände 73
Zinkblechtafelverkleidung 146 – 149
Zinkhaftfarbe 191
Zirkulationsleitung 215
Zuschüsse aus öffentlichen Mitteln 66, 67
Zyklopenmauerwerk 75